KB045512

갈등과 협력의 동반자

북한과 중국의 전략적 공생

갈등과 협력의 동반자

신봉섭 지음

21세기북스

들어가면서

이 책은 1949년 중화인민공화국 건국 이후부터 현재까지 중국과 북한 사이에서 전개되어온 정책 결정과 대응이 국제체제적으로 어떤 배경에서 비롯되고, 양자관계는 상호 어떤 긴장과 갈등 과정을 반복해왔는지를 전략적 선택과 공생관계라는 관점에서 재해석하는 통시적인 북중관계의 역사를 담고 있다.

북·중 양국은 건국 직후 '항미원조抗美援朝' 명분으로 연합전쟁을 치르며 사실상의 '이데올로기 전략동맹'을 맺은 이래, 1961년에는 「조·중 우호원조조약」으로 정식 '국가동맹'을 성립시켰다. 북·중 동맹은 1970년대 중국의 대미 데탕트와 1980년대 개혁개방 시대를 거치면서 국가전략 면에서 분명한 노선 차이를 드러내다가, 1990년대 초 냉전체제 붕괴와 한중수교를 계기로 동맹관계가 사실상 무력화되었다. 그 후 1999년 김영남 상임위원장 방중을 계기로 '동반자 관계'를 회복하고, 나아가 2010년 전후 양국 관계를 '전략적 관계'로 격상하기도 했지만, 시진핑習近平 집권 이후 북핵 실험 강행과 그에 따른 대북 제재 압박이 가중되면서 양국 간 갈등은 최고조에 이르는 듯했다. 그러나 이 같은 갈등은 북한의 '의도된' 긴장 조성과 그에 대한 중국의 '길들이기' 차원의 견제 과정에서 비롯된 현상으로, 북중관계 협력과 갈등의 반복이라는 역사적 맥락에서 보면 또 한 차례의 일탈에 불과하다.

북한의 입장에서 대중국 외교전략의 역사적 맥락을 보면, 북한의 선택은 진영외교 → 등거리외교 → 진영 이탈(다변화) → 대미 편승 → 대중국 편승(복귀) → 선택적 병행 → 포괄적 확장으로 변화하는 큰 흐름을 보였다. 과거 김일성 시기 중·소 사이에서 등거리외교를 추진했던 '북방외교'와 탈냉전 이후 김정일 정권이 한국, 미국, 일본과의 관계 개선에 주력했던 '남방외교'를 넘어, 김정은 시기에는 북방과 남방을 아우르는 '포괄적 확장' 전략으로 표출되었지만 그 효과는 미미하며, 여전히 진행형이라고 할 수 있다.

북한은 2006년 10월 이래 여섯 차례 핵실험을 강행했다. 중국은 기본적으로 유엔 안보리의 대북제재 결의에 동참하면서도, 각각의 북핵 실험에 대해서는 유연하게 혹은 강력하게 각기 다른 방식으로 대응하며 전략적인 선택을 했다. 북한은 중국의 압박에 굴복하지 않고 핵·미사일 능력 고도화의 독자 행보를 견지하면서도, 때로는 중국에 대한 편승을 모색하는 전략적 대응 태도를 보였다. 이처럼 북중 관계는 다른 국가 간 관계와 마찬가지로 끊임없는 갈등과 협력의 반복이라는 구조적 특성을 갖는다.

최근 사례를 보면, 2017년 11월 시진핑 중국 국가주석의 특사인

쑹타오宋濤 당 대외연락부장이 북한을 방문했지만 김정은 국무위원장과의 면담이 무산된 채, 친서를 핵심 실세인 최룡해 당 부위원장을 통해 전달하고 귀국했다. 국제규범으로는 엄청난 외교적 결례이다. 그런데 북한의 대중국 대응 논리로 보면, 이는 쉽게 굴복하지 않고 받은 것에 덧붙여 되갚아주는 북한식 '답례'라고 할 수 있다. 4년 6개월 전 김정은 특사로 방중했던 최룡해 총정치국장이 군복을 벗고 인민복으로 갈아입은 후에야 비로소 시진핑을 면담했던 굴욕의 '뒤끝'을 보여준다.

그로부터 5개월도 지나지 않아 김정은 위원장이 탑승한 특별열차가 베이징을 전격 방문했다. 극적인 반전이다. 2018년 3월 26일 시진핑 주석과 김정은 위원장의 정상회담이 개최되었다. 김정은 집권 6년여 만의 첫 북·중 정상 간 회동이다. 그리고 40여 일 지난 5월 7일 다롄大連에서 또 한 번의 전격 회동이 있었고, 싱가포르 북미 정상회담 직후인 6월 19일 김정은이 다시 방중했다. 90여 일 사이에 세 차례 북중 정상회담을 거치면서 반전 효과의 극치를 보여주는 듯했다.

그러나 곧 뒤따를 것이라던 시진핑의 답방은 예상과 달리 해를 넘겼다. 2019년 1월 초 김정은의 제4차 방중을 거치고도 6개월이 지난 6월 20일에야 비로소 시진핑의 방북이 성사되었다. 시진핑의 북한 방문은 G-20 정상회의와 미중 정상회동을 앞두고 이루어졌다는 점에서 북한에 대한 영향력을 과시하려는 측면이 있으나, '순치脣齒관계'의 후견국을 자칭하는 중국의 최고지도자가 권력 승계 이후 6년 7개월 만에 첫 방북을 한다는 점은 분명 자연스럽지 않다. 그동안 북중관계가 동맹관계에 어울릴 만큼 순탄하지 못했음을 의미한다.

그렇다면 시진핑의 2019년 6월 방북으로 북중관계는 정상화된 것인가? 또한, '전통적 우의관계'로 완전히 복원된 것일까? 양국이 내세우는 '전통적 우의관계'의 실체는 과연 무엇인가? 이에 대한 답변은 관점에 따라 제각각 다를 수 있지만, 분명한 것은 2018년 이후 다섯 차례 양국 정상의 회동에도 불구하고 북중관계가 과거의 동맹관계로 복귀했다는 근거는 어디에도 없다는 점이다. 잠시 조정기를 거치면서 현재는 관계 재정립을 위한 탐색이 진행 중일 뿐이다.

본 연구는 이처럼 변화무쌍한 북중관계의 객관적 실체와 정치적 상관관계를 짚어내는 데 좀 더 효과적인 방법은 없을까 하는 질문에서 출발했다. 북중관계 변화의 정치적 상관관계에서 그 본질을 읽어내기 위해서는 전략적인 선택과 대응방식의 쌍방향에서 입체적으로 조감할 필요가 있었다. 그리고 북중관계의 성격을 동맹이나 '전통적 우의'라는 틀 속에 가두는 기존 논의의 관성을 벗어나 양국 관계의 현실을 있는 그대로 냉철하게 탐색하는 거시적이고 통합적인 접근 모형이 필요했다. 이에 북중관계의 전개와 정책 결정 과정을 '전략적 선택'의 관점에서 접근함으로써 양자 간 전략이익 공유의 구조를 규명하고, 나아가 북·중 갈등과 협력의 모순적인 상관관계를 '이익균형'의 틀 속에서 설명하고자 했다. 이러한 접근은 기존의 양국 관계 현상에 대한 미시적인 분석에 치우쳐 통시적인 맥락을 짚어내지 못했던 한계를 극복해야 한다는 취지에서 비롯되었다. 냉정한 현실주의적 접근과 있는 그대로를 받아들이는 객관적 추세 분석을 통해 눈앞에 직면한 현상을 설득력 있게 설명할 수 있어야 하기 때문이다.

연구 결과, 중국의 대북한 전략은 동맹과 정상국가 관계의 균형, 밀월과 냉각의 조절을 유지하는 가운데 북한체제 안정과 영향력 유지라는 '예방적 관리'에 중점을 두고 있으며, 이를 실행하기 위한 수단으로 '북핵'과 '북한문제'를 분리하여 접근하는 '투-트랙' 전략이 유효하게 작동하고 있다는 점을 확인했다. 반면에 북한의 대중국 대응전략은 동맹과 불신 구조의 양면성, 편승과 이탈의 이중적 접근이 기본적으로 정착된 가운데 '안보-경제 병진'에 의거한 자주노선으로 독자적 생존 공간 확보를 추구하는 특성을 짚어낼 수 있었다. 이에 따른 북·중 양자 간 전략적 선택의 구조는 결국 서로를 필요로 하는 공동의 전략이익을 공통분모로 하는 '공생관계' 모형으로 설명될 수 있음을 발견했다.

또한 연구를 통해서 중국은 자신의 정체성과 북한의 지정 전략적 가치를 함께 고려하여 '포용적 관여'라는 절제된 접근으로 영향력 확대 유지에 주력하는 반면에, 북한은 대중국 의존과 거부의 딜레마 속에서도 '자주'의 정체성을 지키면서 '선택적 협력'을 병행하는 편승 해법을 유효하게 활용하고 있음을 확인했다. 그리고 그 선택과 대응의 상호구조에는 전략이익을 공유하는 '공생의 공간'이 있으며, 그 공간을 지배하는 논리가 바로 '전략적 공생'이라는 연구가설의 적실성을 입증할 수 있었다. 역사적으로 중국과 북한의 상호 정책 결정은 다층적인 변화와 기복을 반복했지만, 그 바탕에는 결국 각 시대별 국가이익의 총합에 기초한 전략적 선택의 원칙이 일관되게 작동했다는 사실에 주목하는 것이 저자의 기본 시각이다.

연구의 접근방법은 양자 전략게임의 모형을 기본으로 하여 실제 북·중 상호 간에 전개되는 정책적 역학관계를 주목했다. 북중관계의 역사적 전개 과정에서 드러나는 전략적 선택과 대응의 흐름은 일련의 북핵 실험 과정에서 그 전략 대결의 특성을 함축적으로 보여준다. 중국의 관망적 관여, 포용적 관여, 강압적 관여 방식에 대해 북한이 협력과 의존, 전략적 거부, 자주와 이탈의 행태로 대응하는 게임의 결과는 탈냉전 이후 북중관계의 성격 변화를 설명하는 근거가 될 수 있다. 이에 의거한 게임의 결과, 북중관계의 끊임없는 갈등과 협력의 반복에서 그 귀결점은 결국 '전략적 이익의 균형'이라는 결론에 이르렀다. '북한'이라는 전략적 자산과 '북핵'이라는 전략적 부담 사이의 '안보 딜레마'를 해결하기 위해 중국은 '투-트랙'의 이중 접근법을 취하지만, 궁극적인 선택지는 최소의 리스크와 최대의 이익 사이에서 전략적 균형점을 지향한다는 것이 본 연구의 핵심이다. 요컨대 북·중 양국 관계는 끊임없는 갈등과 협력 속에서도 '전략적 공생'의 동반자다.

이러한 관점에서 볼 때 최근 시진핑과 김정은 사이의 다섯 차례 정상회담은 정상적인 국가 관계로의 회귀일 뿐, '동맹 복원'을 의미하지는 않는다. 향후 중국의 북한 관리방식은 역시 '포용적 관여'가 강조되는 방향이 될 것이며, 새롭게 설계될 '신형 북중관계'도 여전히 전략적 이익균형에 근거를 두게 될 전망이다. 북한도 결국 자국의 생존에 유리한 방향으로 대중국 의존과 이탈을 반복하면서 '선택적 편승'을 추구할 것이다.

이 책을 발간하는 취지는 고정관념을 넘어서는 새로운 접근을 위한 도전에 있다. 이 책은 한반도 복합 지정학과 주변국 간 전략게임 구조를 읽어내는 데 새로운 시각을 제공해줄 것이다. 미중관계가 최악으로 치닫고 있는 현 상황에서 한반도 안보지도의 미래 향배를 가늠하기 위한 작업은 계속되어야 한다. 그런 점에서 이 같은 시도가 관심 있는 학계 제현들의 추가적인 논의를 통해 보완되고 온전한 이론적 실체로 거듭날 수 있기를 기대한다.

2021년 봄, 신봉섭

차례

들어가면서 _ 004

서론 북중관계 신新관전법

1. 북중관계에 관한 기존의 논의들 _ 018

2. 전략적 선택 접근법의 이론적 검토와 개념 정의 _ 029

3. '전략적 공생'에 대한 연구설계와 분석틀 _ 040

1부 중국의 대북한 전략적 선택

1장 마오쩌둥 시기 _ 056

1. 국제체제 차원: 세력 균형 _ 057

2. 국내 정치 차원: 전통적 우의 _ 064

3. 최고지도자 차원: 영향력 유지 _ 073

2장 덩샤오핑 시기 _ 080

1. 국제체제 차원: 데탕트와 공존 _ 081

2. 국내 정치 차원: 실용적 우의 _ 086

3. 최고지도자 차원: 개혁개방 권유 _ 094

3장 장쩌민·후진타오 시기 _ 100

1. 국제체제 차원: 세계질서 편승 _ 101

2. 국내 정치 차원: 포용적 관리 _ 108

3. 최고지도자 차원: 탈전통과 정상국가 관계 _ 121

4장 시진핑 시기 _ 130

1. 국제체제 차원: 신형 대국 관계 _ 131

2. 국내 정치 차원: 전략적 관리 _ 137

3. 최고지도자 차원: 인식의 전환과 재설계 _ 150

5장 소결 _ 158

2부 북한의 대중국 전략적 선택과 대응

1장 김일성 시기 _ 178

1. 국제체제 차원: 균형과 편승 _ 179

2. 국내 정치 차원: 동맹과 이데올로기 _ 192

3. 최고권력자 차원: 등거리 자주노선 _ 205

2장 김정일 시기 _ 218

1. 국제체제 차원: 다변화와 대미 편승 _ 219

2. 국내 정치 차원: 안보와 경제의 선택적 교환 _ 229

3. 최고권력자 차원: 거부와 실용의 병행 _ 242

3장 김정은 시기 _ 252

1. 국제체제 차원: 핵-안보 교환 _ 253

2. 국내 정치 차원: 자주외교와 자력경제의 병진 _ 260

3. 최고권력자 차원: 위기 조성과 편승 _ 269

4장 소결 _ 276

3부 중국과 북한의 상호 전략적 선택 구조

1장 중국의 대북한 전략적 선택의 핵심요인 _ 294

1. 한반도 지정학과 북한의 전략적 가치 _ 298

2. 국가 정체성과 현상유지 _ 310

3. 선택적 관여와 영향력 _ 325

2장 북한의 대중국 전략적 선택과 대응 요인 _ 340

1. '자주'의 정체성과 체제유지 _ 343

2. 전략적 편승: 의존 또는 거부 _ 358

3. 협력과 이탈의 선택적 병행 _ 371

4부 북중관계 전략적 선택 모형과 공생

1장 중국과 북한의 상호 '전략적 선택과 대응' 모형 _ 392

1. 중국의 대북한 역할: 개입, 방관자, 조정자, 균형자 _ 395

2. 북한의 대중국 대응: 자주, 의존, 거부, 편승, 이탈 _ 401

3. 북·중 간 전략이익의 공통분모: 공생 _ 407

4. 북·중 '전략적 공생'의 함의: 이익 배분의 균형 _ 413

2장 '전략적 공생'과 북핵 위기(1992~2005) _ 418

1. 방관자: 제1차 북핵 위기 _ 420

2. 중재자와 이익상관자: 제2차 북핵 위기 _ 422

3. 북한의 대응: 대미 편승에서 신등거리외교로 _ 427

4. 중국의 대북 역할 한계: 균형자 역할 회귀 _ 431

3장 '전략적 공생'과 북한 핵실험(2006~2017) _ 434

1. 북핵 실험에 대한 중국의 대응 _ 437

2. 북한의 대중국 전략적 대응 _ 447

3. 북핵 전략게임의 결과 분석: 전략적 이익균형 _ 455

4장 북중관계의 '전략적 공생'과 회귀 구심력 _ 460

결론 전략적 공생

1. 북중관계에 내재된 본질적 성격 _ 474

2. 북중관계의 총체적 함의와 미래 전망 _ 480

참고문헌 _ 492

부록: 북한-중국 무역 통계 _ 528

감사의 글 _ 532

일러두기

이 책의 모든 주석은 각 챕터의 말미에 수록했습니다. 「서론」 「1부」 「2부」 「3부」 「4부」의
끝부분에서 해당 챕터의 주석을 확인할 수 있습니다.

북중관계
신新관전법

1
북중관계에 관한
기존의 논의들

이 책의 집필 동기는 변화무쌍한 북중관계 변화의 실체와 정치적 상관관계를 짚어내는 데 보다 효과적인 방법은 없을까 하는 질문에서 출발하였다. 북중관계의 성격에 대해서는 혈맹血盟과 순치에서 비롯된 '전통적 우의友誼'라는 특수관계 인식이 여전히 남아 있지만, 2010년대 이후에는 '정상적 국가 관계'론이 부각되기도 했다. 정상적인 국가 관계에 대해서는 중국 외교부도 인정을 하고 있다.[1] 하지만 북중관계 본연의 '특수성'이 완전히 사라진 것은 아니다. 비록 혈맹의 색채는 대부분 퇴색이 되었지만, 동맹조약의 제도적 장치는 아직 해체되지 않았다. 또한 지정학적 특수성과 역사적, 이념적 유대 정서도 여전히 어느 정도 남아 있는 것이 사실이다.

북중관계는 다른 국가 간 관계와 마찬가지로 끊임없는 갈등과 협력의 반복이라는 구조적 특성을 갖는다. 이와 같은 북중관계의 변화와 정치적 상관관계를 읽어내기 위해서는 보다 거시적인 관점에서 쌍방향으로의 입체적인 이해가 필요하다. 이러한 접근은 이제까지 양국 관계의 현상에 대해 미시적인 분석에 치우쳐 전략적인 상호작용의 맥락을 짚어내지 못했던 한계를 극복해야 한다는 취지에서 비롯된다.

가령 북한의 핵개발에 대한 중국의 대응을 보면, 중국은 처음 북핵 위기 발생 시 방관적인 태도에서부터 핵 위기 고조에 따라 관여정책으로 바뀌고 다시 압박으로 입장을 전환하면서, 그때마다 방관자, 중재자, 균형자로 역할 변화를 시도했지만, 북한은 이에 대해 자주와 편승, 의존과 거부, 협력과 이탈의 형태로 변화무쌍한 대응방식을 보여준다. 이러한 전략적 선택과 대응의 다층적 성격을 통합적이고 명쾌한 프레임으로 좀 더 쉽게 이해할 수 있는 방법은 없을까 하는 문제의식이 본 연구의 출발점이다.

기존의 수많은 동맹이론과 균형론적 선행 연구들이 북·중 간 특별한 관계의 속성과 개별적인 변화의 흐름을 잘 분석해주고 있음에도 불구하고, 북중관계의 보편적인 내재 규율과 복합적 성격을 설명하는 데는 일정한 한계가 있다. 이에 본 연구에서는 북·중 양국 사이의 정책적 선택은 철저하게 자국의 전략이익에 맞도록 의사결정이 이뤄진다는 인식에서 출발하여 기왕의 한계를 극복해보려는 시도를 했다.

따라서 이 책의 연구 목적은 북중관계의 성격을 먼저 전체 역사적 맥락에서 찾아보고, 그 속성이 양국의 정책 변화에 반영되는 형태를 전략적 선택의 틀 속에서 재해석함으로써 중국과 북한의 상호관계를 지배하는 내재 규율과 그 본질적인 특성이 무엇인지를 규명하는 데 중점을 둔다. 또한 더 나아가 중국의 대북한 정책의 이중적dual-track 접근과 이에 대한 북한의 선택적optional 편승의 대응방식 사이에 어떠한 전략적 함의가 내포되어 있는지를 살피려 한다. 아울러 북한의 핵실험을 구체 사례로 설정하여 중국의 대응과 그에 반응하는 북한의 태도를 결정하는 요인 및 그 역학관계의 프레임을 찾아볼 것이다.

(1) 연구 방법과 내용

연구 방법에 있어서 본 연구는 중국과 북한 사이에 작동되는 정책적 수단의 인과관계 및 그 내재적 긴장관계의 본질이 양국 간 주도권 다툼에 있다는 관점에서 출발하였다. 주도권 다툼은 전략 대결을 통해 표출된다. 한 국가의 주요 정책은 행위자, 체제, 국내외적 상황 및 환경, 시공간적 요소 등에 의한 복합적 상호작용과 충돌을 통해 최종 협의되고 결정된다.[2] 그러나 전체주의 국가, 특히 북한의 경우에는 이러한 요소들을 융합하고 결정하는 유일한 '합리적 행위자'인 최고권력자의 행위와 개인적 성향을 분석하는 것도 정책 결정의 인과관계를 이해하는 데 유용하다. 물론 북·중 양자관계를 추동하는 데는 내부요인뿐만 아니라 외부요인의 작용이 중요하다. 특히, 미·중 간 전략적 경쟁과 갈등, 그리고 주변 국가의 안정적 관리 필요성 등 중국의 대북한 정책수단 결정에는 외부요인이 크게 작용하는 것이 사실이다.[3] 그러나 이러한 부분까지 포괄하기에는 범위가 매우 광대하여 북·중 양자관계의 특성을 집중 파악하는 데 제약이 따르는 바, 효과적인 연구 결과를 도출하기 위해 본 연구에서는 제3자 요인을 보완적인 분석 수준으로 삼고, 북·중 양자관계에 내재된 정치적 동학dynamics을 살피는 데 중점을 두었다.

본 연구에서 국가는 단순히 합리적인 행위자라기보다는 합목적적 행위자로서, 자국이 최고로 선호하는 목표가 아니라 자신이 최선을 다해 달성할 수 있는 목적을 추구한다고 가정한다. 이러한 가정에서 출발할 경우 국가와 국가 사이의 일련의 정책과 대응 태도는 전략적 상호작용을 구성하며, 그 과정이 전략적 선택의 결과로 나타난다. 이러한 인식에 기초하여 정책 결정에서의 신념과 선택이 중국과 북한 양국 간 상호작용에 어떠한 영향을 미치고 어떻게 전개되는가 하는 점을 양국 정치체제와 전략적 환경 속에서 살폈다. 이와 같은 연구 방법은 기본적으로 합리적 선택이론에 바탕을 두는 '전략적 선택 접근법strategic choice approach'을 원용한다.

이와 관련, 포웰Robert Powell은 국제 갈등과 협력을 연구하는 프레임으로서 국가의 행동을 전략적으로 이해하는 것이 중요하다는 관점에서 '전략적 선택 접근' 모형을 제시했다.[4] 국가의 행위는 합리적 선택에 의거하되, 국가의 선호와 이익의 자체 특성을 고려하여 전략적으로 결정된다는 관점이다. 레이크David A. Lake와 포웰의 공동 저서 『전략적 선택과 국제관계Strategic Choice and International Relations』에서는 이러한 접근방법이 세 가지 이점을 제공할 수 있다고 주장한다.[5] 첫째, 전략적 상호작용의 분석 단위는 국제체제의 특정한 상태나 한 국가의 외교정책이 아니라 각종 정보로 세분된 환경과 그 속의 행위자 자체를 연구 대상으로 삼는다. 즉, 행위자의 전략적 행동 그 자체를 분석의 단위로 연구하여 특정 사례 연구를 진행할 수 있다. 둘째는 1차 변수의 관찰을 통해 추론된 정보, 선호, 신념 등을 바탕으로 전략적 선택을 실제 사례에 대입하여 실증함으로써 그 행위자(국가)의 속성을 파악하고, 국가 간 관계 형성을 이해하는 데 유용한 분석체계를 제공한다. 셋째로 기존의 분석 수준levels of analysis 연구의 한계를 보완할 수 있다. 분석 단위 접근법은 국제 문제의 원인이 위치한 수준을 강조함으로써 한 국가가 직면한 정치, 경제, 안보 등 전략 문제를 관통하는 문제의 본질을 모호하게 하는 경향이 있는 반면, 전략적 선택 접근법은 이러한 문제의 본질을 표면으로 가져온다. 결국 전략적인 문제를 분석의 단위로 삼음으로써 하나의 틀 안에서 국제정치·경제 및 안보 연구를 통합하여 국가 간 상호작용을 분석할 수 있는 틀을 제공한다.

다른 한편으로, 전략적 대응은 자국의 이익에 맞도록 조절하고 손해를 최소화하는 편승전략bandwagoning strategy이 기본이다. 편승전략의 주요 목적은 체제 안정과 경제 발전, 그리고 제3국으로부터의 안전 보장이다. 그러나 본 연구에서는 북한의 중국에 대한 대응전략이 좀 더 실리적이고 구체적인 맞춤형 대응으로 나타난다는 점에 주목했다. 기존의 동맹과 유화appeasement, 그리고 현안별 지지 등 개별적인 해석만으로는 설명하기 어려운 통합적인 요인을 발굴하는 데 초점을 맞추었다.

본 연구는 이와 같은 인식과 연구 방향에 기초하여 북중관계의 분석 수준을 국제체제적 수준, 국내 정치사회적 수준, 정책결정자 개인적 수준으로 구분한 뒤 각각의 분석 단위에 대한 검토를 통해 전략적 선택의 역사적 고찰을 선행하고, 이어서 그 선택의 핵심적 영향요인을 선별하여 유형화를 시도하였다. 국제체제 요인은 외교정책 결정에서 고려해야 할 중요한 요인임에 틀림없지만, 개별 국가의 특수성 및 지도부의 인식과 의지도 간과할 수 없다.[6] 이는 허드슨Valerie M. Hudson이 주장하듯이 체제적 속성의 최종 결과물은 결국 외교정책을 결정하는 사람들이 선택하고 만들어내는 것이기 때문이다.[7] 북중관계의 전략적 선택을 설명하기 위해서는 국제체제의 구조적인 조건 이외에 중국과 북한이라는 개별 행위자의 특수성을 고려해야 하며, 그런 점에서 국내적 요인과 최고정책결정자 개인적 요인을 함께 고려한 것이다. 이에 따라 본 연구는 매 시기별, 이슈별 상호 전략적 대응의 분석 수준을 양국 관계의 상호 전략게임의 틀로 유형화하여 적용했다.

연구 범위와 관련해서는, 기본적으로 1949년 중국의 건국과 1948년 북한 정부 수립 이후 현재까지 양국 관계의 전체 역사를 범위로 하지만, 본 논문의 목적이 역사 연구가 아닌 '관계적 연구relational research'를 지향하고 있고, 또한 특정 시기의 필요한 역사적 사실과 외교적 정책 결정을 연구 대상으로 한다는 점에서 선택적으로 그 대상을 선별하여 논거로 활용할 것이다.

연구의 내용은 서론에서 본 연구가 채택한 이론적 근거와 개념적 정의, 연구설계의 분석틀을 소개하고, 1부와 2부는 각각 중국과 북한이 역사적 전개 속에서 상대국에 대해 실행에 옮겼던 주요 정책을 중심으로 상호 전략적 선택과 대응의 성격을 주요 시기별로 분류하여 고찰했다. 3부는 북·중 양국 간 전략적 선택의 핵심요인을 중심으로 그 특징을 분석하고, 이어서 4부에서는 추출된 선택과 대응 요인을 '전략적 선택의 모형'으로 구조화framing를 시도하는 한편, 총 여섯 차례의 북핵 실험을 사례 분석의 대상으로 삼아 북·중 간 전략이익의 균형 및 회귀 구심력의 실체를 규명하였다. 결론에서는 전략적 선택의 '공생의 공간' 모형이 갖는 함의와 전략게임 분석 결과를 요약하고 본 연구 결과의 함의와 미래 전망을 정리하였다.

(2) 기존 논의에 대한 검토

중국과 북한의 관계에 대해서는 그간 국내외에서 수많은 연구 서적과 심도 있는 논문들이 발표되었다. 또한, 북중관계 변화에 대하여 학문적, 정책적으로 끊임없는 토론이 전개되어왔다. 그런데 중국의 대북정책에 관한 연구가 비교적 풍부한 데 비해, 북한의 대중국 정책 연구는 상대적으로 적어서 북·중 양자관계에 관한 연구에 있어 일종의 불균형 현상이 나타난다. 전자는 중국의 대북 영향력에 대한 국제사회의 관심도가 반영된 결과로 볼 수 있으며, 후자는 탈냉전 이후 북한 대외정책의 중심축이 중국에서 미국으로 넘어간 것이 주요 원인일 것이다.

기왕의 국내외 북중관계 연구는 분석 방법에 따라 △역사적인 흐름을 정리하는 방식, △사안들을 분석하여 개념적으로 파악하는 방식, △인식의 변화를 통해 정책의 변화에 대한 이해를 추구하는 방식 등으로 구분된다.[8] 냉전 시기의 북중관계 연구는 대체로 역사적 연구가 주를 이루었으며, 정책적 성격의 서적에는 일부 이념적 요소를 중시하는 진영논리가 반영되어 있다. 그러나 탈냉전 이후 북중관계에 대한 국내 학계의 연구 경향은 대체로 △후기 동맹이론의 '연루와 방기', '자율성과 안보 교환의 비대칭 동맹', '후견과 피후견', 신新안보 딜레마 등 '딜레마' 모델을 활용해서 경험적 사례를 분석하는 동맹이론적 접근과 △전통적 신현실주의에 입각한 세력 균형, 위협 균형, 연성 균형, 위기관리 등 '균형론'적 시각에서 중국의 부상에 따른 역학관계 변화의 외부요인에 주목하는 연구의 두 가지 흐름이 병존한다. 또한, 이와 별도로 북중관계의 속성을 이익균형, 헤징(위험 회피)과 편승 등 전략적 이해관계의 시각에서 접근하는 연구도 인상적인 결과를 내놓고 있다.

해외 학계에서는 북중관계의 성격과 변화 요인을 설명하는 데 있어 '국내 정치' 강조론과 '국제체제' 강조론이 병존한다.[9] 국내 정치 요인을 중시하는 관점은 북중관계가 양국 정부의 태도에 따라 결정된다는 입장으로, 중국의 대북정책의 경우 대외전략의 로드맵, 싱크탱크의 정책 건의, 중앙과 지방의 관계, 국내 정치경제 환경 등의 영향을 받아 서로 다른 정책으로 나타날 수 있다는 것이다. 구체 정책에 반영되는 형태는 ①지정학적, 지경학적 이해관계를 가지고 있는 북한 정권의 안정이 중국의 국가이익에 부합되기 때문에 우호적인 대북정책이 불가피하다는 견해,[10] ②중국 국가전략의 변화에 따라 북중관계의 외교적 지위가 하락되었고, 북한은 이미 중국에게 전략적 부담이 된다는 견해,[11] ③북한도 자주적 입장에서 대중국 의존관계를 축소하려 하기 때문에 상호 갈등과 중대한 마찰이 발생한다는 견해[12] 등이 제기된다.

국제체제 요인을 중시하는 관점은 북중관계의 심한 기복이 국제정치의 영향 때문이라는 입장으로, 냉전 종식 이후 중국이 새로운 지역 강국으로 부상하면서 주변 국가와 신형 의존관계를 형성했으며, 대북 영향력도 감소하기 시작했다고 본다.[13] 중국의 대북정책이 동맹관계에서 정상국가 관계로 전환된 것도 바로 이러한 국제체제의 영향이라는 것이다.[14] 1980년대 중국의 개혁개방, 1990년대 한중수교, 그리고 21세기 북한 핵개발에 따른 갈등으로 북중관계가 크게 악화되면서 북중 동맹조약은 사문화된 '가장동맹virtual alliance'에 불과한 것으로 간주된다.[15] 북핵 해결 역할에 있어서도 중국은 국제사회에 맞춰 입장을 조정하는 모습을 보이면서 역내 현상유지를 추구한다는 주장[16]도 이에 근거한다.

그러나 이처럼 서로 상반되는 강조 입장은 모두 북중관계의 변화무쌍한 파동의 특징을 전면적으로 해석하기에는 무리가 있다. 국내 이익집단의 서로 다른 대북 인식이 서로 다른 정책을 만들어내고, 다양한 국제요인이 중국으로 하여금 북한에 대한 정책의 전환을 압박한다는 각각의 해석은 북중관계의 단면을 짚어낼 뿐, 총체적인 원인을 설명하는 데는 한계를 보인다.

그런데 위와 같은 국내외 서로 다른 흐름 속에서도 이들 연구의 주 관심에는 공통점이 있다. 바로 북중관계 변화의 속성과 배경이 어디에 있는지 답을 찾는 일이다. 북한이 합의와 파기를 반복하며 핵개발을 계속하는 상황에서, 중국은 왜 비핵화 원칙을 견지하면서도 대북 제재와 압박에는 소극적인 태도를 보이는지, 그리고 매번 거부와 배척을 당하면서도 중국은 왜 북한 감싸기와 경제적 지원을 계속하는지, 그 이유를 명쾌하게 설명할 수 있어야 한다는 점이다. 이와 같은 설명력을 갖추기 위해서는 무엇보다 새로운 G2 구조와 동북아 패권 경쟁에서의 한반도 전략가치를 반영하되, 좀 더 다층적이고 실증적인 분석이 필요해 보인다. 오직 동북아 세력균형론의 관점으로만 북중관계를 고찰하면 양국의 긴장과 갈등의 역사는 그 의미를 상실한다.[17] 북중관계는 긴밀한 유대의 시기가 오히려 예외적 현상일 정도로 끊임없는 갈등의 연속이었기 때문이다. 그래서 스칼라피노Robert A. Scalapino 교수는 북중관계를 대외적으로는 동맹관계, 대내적으로는 '상호 비판적 현상유지 관계'로 간주하기도 한다.[18]

한편, 북중관계에 대한 기존의 논의 중에 대다수는 미중관계의 변화를 중국의 대북정책 결정의 주요 변수로 설정하여 대북정책 변화의 메커니즘을 설명하고 있다.[19] 물론 미국과의 관계 변화는 중국이 대북정책 결정 과정에서 가장 중요하게 고려하는 사항 중의 하나다. 하지만 대다수 연구들이 미중관계의 변화에만 집중함으로써 중국의 대북정책 결정에 실질적인 영향을 미치는 '북한체제의 안정 유지'와 관련된 양국의 내재요인에 대한 연구는 소홀한 상황이다. 북중관계 연구에서 미중관계의 외생요인만을 지나치게 중시하는 접근방법은 북·중 사이에 작동하는 전통적, 역사적, 지정학적 제반 영향요인과 양국 사이에 작동하는 불신과 갈등의 내재적 요인을 경시한다는 점에서 그 취약성을 드러낸다.

대부분 기존 연구들의 결론은 북중관계가 소원과 정상화를 반복해왔음에도 중국은 북한에 대해 가지고 있는 전략적 이익을 포기할 수 없기 때문에 북한체제의 붕괴를 방관하지 않을 것이며, 지속해서 특수관계로 관리해 나갈 것이라는 전망을 내놓고 있다. 그러나 이러한 분석들이 개별 흐름의 변화를 잘 대변해주고 있음에도, 북중관계의 보편적인 내재 규율과 변화의 동태성dynamics을 설명하는 데는 일정한 한계가 있다. 이에 본 연구는 북·중 간에는 각각 철저하게 자국의 전략이익에 맞도록 의사결정 시스템이 작동하고 있다는 인식에서 출발하여 중국과 북한의 상호관계를 지배하는 내재 규율과 그 본질적인 특성이 무엇인지를 살피려 한다.

2
전략적 선택 접근법의
이론적 검토와 개념 정의

본 연구는 중국과 북한 간 표면적으로 드러난 정책수단의 인과관계를 추적하여, 양국이 서로 상대방을 의식한 전략적 행위를 하고 있으며 동시에 전략이익의 일정 부분을 공유하고 있음을 밝히고자 했다. 이 같은 연구 목표를 위해 먼저 북중관계의 성격 변화 및 현재의 북중관계 구조를 짚어내는 데 필요한 이론적 검토를 아래와 같이 진행하였다.

(1) 이론적 검토

국가와 국가의 관계에 관한 기존 연구는 두 가지 방법론으로 접근해왔다. 하나는 체제이론의 연장선에서 국가의 행동이 양자관계로서의 구조 안에서 이루어진다는 관점이고,[20] 다른 하나는 국가 간 접촉transactional approach으로 상호 영향을 주는 특징에 근거하여 양자관계를 공동의 이익과 가치 인식에 따른 새로운 공통의 규범(또는 제도)을 만들어가는 과정으로 이해하는 관계이론적 관점이다.[21] 이 책의 접근은 후자인 국가의 자유의지와 선택에 관한 연구이지만, 결국 선택 행위도 구조적 제약 속에서 결정된 것이라는 입장이다. 여기에서는 단위체 중심의 기존 연구보다 '관계' 중심의 틀로 접근하는 연구에 주목하고 있다.[22] 그런데 대표적인 관계이론 적용 사례에 속하는 강대국과 약소국의 관계 연구의 경우, 주로 후견과 피후견 국가 관계, 안보와 자율성 교환의 동맹 모델, 방기와 연루 모델 등에 집중되어 있으며, 그동안 연구 중에 관계의 향배를 직접적으로 결정하는 국가의 선택을 유형화하여 개념을 정립한 시도는 찾아보기 어렵다.

본 연구에서 사용하고자 하는 '국가의 선택' 개념은 당사국의 '자의적인 선택selective choice'과 '대안적 선택optional choice'을 포함하는 것으로, 그 의미는 아래 논의에 근거하여 개념화하였다. 신고전현실주의자Neoclassical Realism인 슈웰러Randall L. Schweller는 국가별 다양한 행동의 표출은 국가의 대전략 수립과 국가이익의 정의에 따라 결정된다고 주장하며,[23] 더 나아가 이러한 국가전략과 국가이익은 발생된 위협에 대한 재再계산에 따라 한 국가의 지도자 또는 엘리트 집단이 결정하는 것으로 본다.[24] 요컨대, 국가는 자신의 국가이익을 먼저 결정하고 결정된 이익에 따라 균형을 추구한다는 입장이다.

또한 국가의 전략은 한 국가가 자국의 이익을 사수하고 실현하고자 하는 선택의 집합체이다. 이러한 국가의 선택 행위는 국제체제 내 '힘power'이라는 개념 아래 강대국의 '관여'와 약소국의 '편승'에 대한 연구로 양분되어 관련 연구가 누적되어왔다. 강대국은 자신의 중요한 이익과 가치를 보호하는 체제를 설정하고, 국제기구의 신설, 양자 관계 규정 등 자신의 입지를 관철시키는 데 필요한 포괄적인 수단으로서 국가 역량을 동원할 수 있는 존재이다. 강대국의 역량은 강대국이 스스로 국내외 문제를 통제하려는 속성을 갖도록 하며,[25] 이러한 비교우위는 상대적으로 약한 나라에 대해 '관여engagement'로 표출될 수 있다. 관여는 직접 개입과 다르다.[26] 관여는 나이J. S. Nye의 '연성 권력soft power' 개념을 원용하면, 지속적인 경제지원과 문화 교류를 통해서 점진적으로 상대국의 행동변화를 유도하는 전략 집합이다.[27]

반면에 약소국의 전략 행동에 관한 연구는 강대국의 행동에 대한 대응 차원에서 관련 연구가 활발하다. 약소국도 전략을 수립하는 데 국제체제라는 구조적 맥락에서 체제의 영향을 받는다고 전제하지만, 그러나 약소국은 스스로 국제질서를 변혁할 수 없으며, 강대국의 조치에 편승bandwagoning하는 존재이다. 다만, 슈웰러는 편승에도 두 종류가 있다고 주장한다.[28] 첫째는 새로운 패권국의 부상으로 생긴 국제체제 갈등 국면에서 기타 국가들이 현상 타파를 노리고 새로운 패권국의 앞잡이로 편승'jackal' bandwagoning하는 것이다. 이 경우, 국제체제의 안정성은 떨어질 수 있다. 둘째 유형은 강대국 중심의 이미 결정된 체제를 강화하는 현상 유지의 편승'piling on' bandwagoning이다. 그리고 편승에 동조하는 국가의 입장에서 모든 형태의 편승 움직임은 공통적으로 그들이 이익을 낼 수 있다는 전망에서 동기를 가진다.

결국 약소국의 편승이란 단순히 자기 보존과 같은 국가안보 차원의 목표에 의해 결정되는 것이 아니며, 국가의 정치적 목표 아래 수립된 국가의 대전략과 국가 핵심이익의 정의에 따라 결정된다.[29] 또한, 약소국의 편승이 국제 관계의 캐스팅보트로서 영향력을 발휘할 수 있다는 점은 다양한 연구에서 이미 검증된 바 있다.[30] 약소국의 편승전략은 비록 약자의 입장일지라도 상대국으로부터 위협에 직면했을 때 역시 국가이익의 관점에서 국가 행동을 결정하는 전략의 집합이다.

위와 같이 정의한 '관여'전략과 '편승'전략으로 도출할 수 있는 명제는 '선택' 개념을 유형화하는 데 도움을 준다. 즉, 강대국의 관여전략은 스스로의 의지와 능력에 근거한 '자의에 의한 선택 집합Selective Choices'이며, 약소국의 편승전략은 일차 강대국의 전략적 행위에 대한 대응 차원에서 변화된 상황과 국가이익 사이에서 결정할 수 있는 '대안적 선택 집합Optional Choices'이다. 아울러 강대국과 약소국 관계 형성의 선후에 대해서도 가정할 수 있다. 힘의 우위에 있는 강대국의 능력과 그 강대국이 가진 속성으로 관여의 전략이 먼저 국가 행동으로 취해지면, 이에 대한 대응으로 약소국이 자신의 여건 상황을 고려하여 대응함으로써 편승의 전략이 표출된다. 즉, 전략의 상호 교류 방식에서 강대국의 관여전략과 약소국의 편승전략은 국제정치에서 흔히 나타날 수 있는 '관계 형성'이라고 전제할 수 있다.

한편, 양국 관계의 특징을 도출할 수 있는 '전략적 선택'의 결과는 종합적인 고려하에 합리적으로 결정된다는 것을 가정한다.[31] 국가가 합리적이라는 가정은 곧 국가이익이 더 큰 전략을 선택하고 행동한다는 것을 의미한다. 국가의 행위를 결정하는 선택에 대한 개념은 철저하게 국가이익 차원에서 자율적으로 결정되는 자유의지 개념을 포함하며, 탄력성을 가진 개념으로 사용할 수 있다. 다시 말해, 강대국인 중국은 북한에 '관여'하려는 전략 집합을 갖고 있으며, 반면에 북한은 중국의 간섭과 압력에서 벗어나려는 보다 자주성을 가진 전략 행동의 집합을 갖고 있다고 가정할 수 있다. 양국 모두 국가이익에 따른 동기와 국내외적 여건에 따라 양국 관계에 영향을 주는 '선택적' 행위를 하는 것이다. 따라서 국가가 전략을 선택하는 본질을 규명하는 데는 국가 관계의 구조적이고 정태적인 측면에다 '선택적'이란 개념을 더해서 행위자의 동태성을 살피는 입체적인 분석이 필요하다.

이상에서 살펴본 이론적 검토 내용을 종합하여 '전략적 선택'의 이론적 접근 모형으로 도식화하면 아래 【도표 1】과 같이 정리할 수 있다.

【도표 1】'전략적 선택'의 이론적 접근 모형

이론적 전제 (premise)	① 양자관계에서 개별 국가의 전략적 선택 행위는 다양하다. (Schweller, 2004) ② 각국의 전략은 국가 능력과 역사적 결과에 영향을 받는다. (Schweller, 2004, Strange, 1987) ③ 각국은 합리적으로 국가이익에 따른 전략을 선택한다. (Schweller, 1994)
모형 (research model)	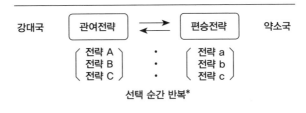
연구 가설 (hypothesis)	전략적 상호작용의 결과로 양자관계를 규명할 수 있다. "양국 관계에는 공생의 공간이 존재한다."

* 선택의 순간은 반복되며, 순간마다 전략을 통해 얻을 수 있는 보수는 다르다.

(2) 전략적 선택과 전략적 대응의 개념

본 연구는 중국과 북한 간 관계를 규정하는 속성을 살피기 위하여 앞에서 검토한 이론적 토대를 기반으로 합리성rationality, 국가 정체성 national identity, 전략이익strategic interests의 세 가지 구성개념을 활용하였다. 이와 같은 구성개념construct은 앞으로 북·중 간 상호작용에서 논의될 전략적 선택과 전략적 대응을 지탱하는 기초적인 기둥pillar으로서, 양국 관계의 전체 맥락에서 드러나는 국가 행동의 '역동적 상호작용dynamic interaction'을 보다 객관적으로 이해하는 데 도움을 준다.

첫째, '합리성'은 합리적 선택이론의 주요 개념으로, 국가 관계에서 행위자와 그 행위자의 전략 선택 행위를 설명하는 개념이다. 현실주의 관점에서 볼 때, 모든 국가는 '이성적 행위자rational actors'이며 국익을 극대화하기 위해 노력한다. 국익이란 국력을 강화할 수 있는 경제적 이익, 군사적 이익뿐만 아니라 전략적 이익을 포함한다. 여기에서 전략적 선택이론의 '관리자 집단'을 이성적이고 합리적인 '국가'로 간주하고, '조직 구조'를 국가의 '전략적 판단'의 결과로 이해할 경우, 국가는 자신이 원하는 것을 전략적으로 선택해서 활용하며, 의사결정을 할 때는 국가의 대내외 환경에 따라 정책결정자들의 주관성이 개입되어 능동적으로 결정한다고 볼 수 있다. 국제규범을 무시하는 북한의 외교를 '비합리성'의 프레임에 가두려는 경향이 있지만, 실제로 북한의 대외정책은 동아시아의 큰 전략적 지형에 대한 나름의 해석에 기초하여 합리적으로 대응해온 결과물이다.[32]

또한, '합리성'은 국가와 국가의 관계 또는 국제정치의 갈등과 협력을 이해하는 데 중요한 개념으로서, 주어진 국가의 선호도에서 자국의 이익을 극대화하기 위해 선택하는 전략을 설명하는 데 유용하다.[33] 결국, 국가는 합리적인 행위자라기보다는 합목적적 행위자로서, 자국이 최고로 선호하는 목표가 아니라 자신이 최선을 다해 달성할 수 있는 목적을 추구한다고 가정한다.[34] 이러한 가정에서 출발하면 국가와 국가 사이의 일련의 정책과 대응 태도는 전략적 상호작용을 구성하고, 그 과정을 통해 전략적 선택의 결과로 나타난다.

둘째, '국가 정체성'도 본 연구의 전개에 있어서 중요한 구성개념이다. 대표적인 구성주의 학자인 웬트Alexander Wendt는 국가의 태도와 행위가 그 국가의 정체성과 밀접한 연관이 있으며, 한 국가의 정체성 변화는 국제사회에 대한 관념과 정책 변화를 초래한다고 본다.[35] 즉 국가 정체성은 생성과 재생산의 과정을 거치며, 시간의 흐름에 따라 또는 국제환경의 변화, 국내 사회의 발전, 국내와 국제사회의 상호작용에 의해 변화하고 영향을 받는다는 것이다. 여기에 국제체제와 국가이익의 연결고리로서 정체성 개념을 적용할 경우 국가의 이익, 선호, 세계관 그리고 외교정책에 대한 인식 틀을 제공해줄 수 있다.[36] 다시 말해 국가 정체성이 국가의 이익을 규정하며, 외교정책도 국가 정체성에 의해 영향을 받는다. 그리고 정체성과 이익의 상호 함수관계를 '요구+신념=행위desire+belief=action'라고 할 때, 정체성은 신념에 속하고 이익은 요구 쪽에 속한다고 할 수 있다. 여기에서 웬트는 이익과 상호 보완적 개념으로 정체성을 제시하며, 이를 국가 행위 결정에 중요한 요인으로 본다.[37]

셋째, 또 하나의 중요한 구성개념은 '전략이익'이다. 국가 관계에서 '합리성'이 국익을 계산하는 행동이라면, 전략이익은 무형의 이익을 포함하는 포괄적인 이익의 형태로 나타난다. 국가의 선택은 어떤 행동이 가장 이익을 극대화할 수 있는지 손익계산을 따져보고 이익을 극대화하는 방향으로 결정되며, 그 선택의 기준이 바로 전략이익이다. 중국은 이 같은 고려에서 출발하여 전략이익 중에서도 최우선 순위의 이익을 핵심이익으로 규정하고 어떠한 경우에도 양보할 수 없다고 못을 박고 있다.[38]

국가이익은 앞에 설명한 합리성과 국가 정체성에 기반하여 선택의 순간에 재계산된다. 한 국가의 대전략 속에는 하나의 방안만 존재하는 것이 아니다. 정치·경제·사회 등 다차원의 문제가 결합된 국가정책 결정은 단선적인 전략으로만 대응하지는 않는다. 따라서 양자관계에서 발생한 문제, 특히 잠재적 위협이 될 수 있는 사안에 대한 정책적 선택은 그때그때 강조되는 국가이익을 살펴 이익 계산을 한다. 이때 전략이익의 개념이 도출된다. 즉, 전략이익은 국제 관계 또는 양자관계에서 상호작용의 결과로 기대할 수 있는 이익을 재계산한 것으로 국가이익 중에서 당면한 현안과 관련하여 재평가된 이익이다. 이상의 구성개념을 분석틀로 도식화하면 【도표 2】와 같다.

그렇다면 '전략적 선택'이란 무엇인가? 합리적 판단을 통해 최선의 전략이익을 기대할 수 있는 선택을 뜻한다. 국제 관계에서 행위자 A가 어떤 결정을 내릴 때, 그 결정은 행위자 자신의 선호preferences뿐만 아니라, 상대 행위자 B의 선호에 대해 A가 가지고 있는 기대치expectations와 신뢰도beliefs에 영향을 받는다.[39] 쉽게 말하면 "내가 이런 선택을 하면 상대방은 어떻게 반응할까?"라는 질문을 던지고 예상되는 반응을 먼저 고려한 이후에 자신의 선호에 비추어 가능한 한 최

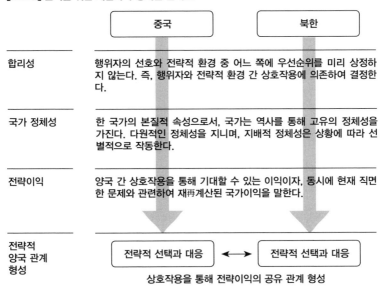

【도표 2】 분석을 위한 개념과 구성개념 관계도

	중국	북한
합리성	행위자의 선호와 전략적 환경 중 어느 쪽에 우선순위를 미리 상정하지 않는다. 즉, 행위자와 전략적 환경 간 상호작용에 의존하여 결정한다.	
국가 정체성	한 국가의 본질적 속성으로서, 국가는 역사를 통해 고유의 정체성을 가진다. 다원적인 정체성을 지니며, 지배적 정체성은 상황에 따라 선별적으로 작동한다.	
전략이익	양국 간 상호작용을 통해 기대할 수 있는 이익이자, 동시에 현재 직면한 문제와 관련하여 재再계산된 국가이익을 말한다.	
전략적 양국 관계 형성	전략적 선택과 대응 ←→ 전략적 선택과 대응	

상호작용을 통해 전략이익의 공유 관계 형성

선의 선택을 한다는 것이다. 행위자의 선호에 국가 정체성이 영향을 주고, 상대방의 예상 반응으로 미루어 자신의 행동을 결정하는 데 합리성이 적용된다. 이처럼 합리적 판단의 기저에는 상호작용을 통해 기대할 수 있는 이익이 있으며, 이것이 바로 전략이익이다. 실제 선택에 있어서 선호가 많이 반영되지만, 상대방의 예상 반응 역시 고려하기 때문에 반드시 가장 선호하는 행동만을 선택하는 것은 아니며, 최선의 결과가 있음에도 상대에 대한 견제로 인해 유리한 결과를 선택하지 못하는 경우도 나타날 수 있다. '죄수의 딜레마'도 바로 이러한 경우의 하나이다.

국가 관계에서 전략이익은 미래 기대이익을 포함하는 포괄적인 이익이다. 미래 예측 가능한 전략이익은 '미래의 그림자shadow of the future' 개념과도 연계성을 갖는다.[40] 양자 간 일대일 국가 관계에서 각국은 맞대응 전략을 사용하며, 상호 배신의 유인을 줄이고 '미래의 그림자'를 확대하여 궁극적으로 장기협력을 달성하려고 한다. 반복게임 상황에서 미래는 국가의 선택에 지대한 영향을 미친다. 중국이 북한의 관행 이탈을 눈감아주고, 또한 벼랑 끝까지 갔다가 돌아오는 북한식 모험주의를 포용하는 아량은 바로 '미래의 그림자'에 대한 전략적 고려에서 나오는 셈법이다. 북한도 마찬가지로 '미래의 그림자'에서 벗어나기 어렵다. 4개월 전 시진핑 특사 면담을 거부했던 김정은이 남북 정상회담을 앞두고 2018년 3월 중국을 전격 방문하여 시진핑 주석과의 정상회담에서 시^習의 발언을 메모하는 등 자세를 낮추는 행보를 보인 것은 결국 장기적인 북중관계라는 '미래의 그림자'가 중요했기 때문이다.

반대로 전략적 대응은 앞에 서술한 전략적 선택의 전제를 모두 차용하되, 추가적으로 '피동성'에 관한 개념을 추가한 것이다. 전략적 대응은 순응 또는 거부의 형태로 나타난다. 이는 여타 학문의 전략게임 상황과 달리 국제 문제에서 전략게임은 체제에 구속되는 문제이기 때문이다. 레이크는 국제질서에서 실질적으로 통용되는 '비공식적 위계성hierarchy'을 지적한다.[41] 약소국은 실제적 또는 상징적 복종을 통해 강대국의 위계를 인정하면서 실질적 이익을 극대화하고자 한다는 것이다. 비공식적 위계성은 비록 힘에 의한 복종은 아니더라도 권위, 사회계약, 상징적 복종을 통해서 위계적 통치비용과 편익을 교환하는 형태를 말한다. 결국 강대국의 전략적 선택에 대한 반응으로 전략적 대응 행위가 나타난다. 그리고 대응 행위로서 순응과 거부는 전략이익의 크기에 따라 달라질 수 있다. 물론 중국과 북한 사이의 '전략적 인내'와 '포용', 그리고 때로는 북한이 북중관계의 이니셔티브를 행사하는 '약소국의 역설' 현상이 나타나는 점에 비추어 서로 어긋나는 점이 없지 않지만, 그럼에도 북중관계의 장기적인 기반을 구성하는 특별한 성격의 국가 관계를 설명하는 데는 전략적 대응이 유효한 근거를 제공할 수 있다.

3
'전략적 공생'에 대한
연구설계와 분석틀

양자관계의 특성을 파악하기 위해서는 일반적으로 외교정책을 분석한다. 그러나 외교정책론은 국가 행동의 미시적 측면에 초점을 맞추어 상대적으로 정부의 정책 결정 과정에 치중한다는 점에서 국가간 전략적 행위의 역학관계를 거시적으로 이해하는 데 한계가 있다. 외교정책이 정부 차원의 공식적 정책 결정 행위라면, 대외전략은 국가이익을 실현하기 위한 좀 더 거시적인 차원의 전략적 접근을 의미한다. 외교정책과 방향은 오히려 대외전략에 따라 결정된다고 할 수 있다. 따라서 본 연구에서는 단순한 외교정책의 범주를 넘어 국익과 안보적 관점을 포괄하는 '대외전략'의 개념[42]을 분석의 단위로 삼고 있다. 연구는 총 3단계로 나누어 진행하였다.

(1) 제1단계 연구의 설계

제1단계 연구는 1부와 2부에서 각각 중국과 북한이 상호 역사적으로 채택했던 대외전략과 외교정책들이 어떠한 상호작용을 통해 어떻게 전개되었는지를 '전략적 선택'의 관점에서 개괄적으로 살펴보기로 한다. 그리고 이 같은 동태적 접근을 통해 북중관계의 특징과 기본 영향요인을 선별하고자 한다. 이를 위해 특정 시기별, 특정 분야별 접근이 아니라 핵심적인 영향요인을 중심으로 통시적인 맥락의 접근을 시도하였다. 기본적으로 월츠Kenneth Waltz가 전쟁의 원인을 통합적으로 분석하기 위해 도입했던 인물, 국가, 국제체제라는 세 가지 분석 수준을 원용하되,[43] 시기별로 특별히 부각되는 영향요인이 있을 경우 선별적으로 추가 반영하였다. 여기에서 국제체제 요인은 지정학, 냉전 질서와 세계화, 동북아의 특수한 외교환경 등을 포괄하고, 국내 정치적 요인은 국가이익과 정체성, 국가이념과 대외전략, 외교정책 결정 등의 요소를 포함하며, 정책결정권자 개인적 요인은 최고권력자의 행동을 중심으로 개인적 선호, 인식, 경험, 상대국 지도자와의 친분 등의 측면이 대외정책 결정에 미친 영향요인을 주목하였다.

요컨대, 1단계에서는 세계화 또는 주변 강대국의 영향, 개별 국가의 자기 성찰적 정체성 변화와 정책 결정, 국가 지도자의 성향 등의 변수를 복합적으로 함께 고려하는 통합환경 분석에 치중하였다. 이에 의거하여 북중관계의 역사적 맥락에서 드러나는 〈협력↔갈등〉의 반복과 균형의 성격을 간결하게 도식화하면 【도표 3】과 같이 나타난다. 그리고 역사적 전개와 관련해서는 양국의 최고지도자 세대교체

또는 대물림이 양국 관계의 거대한 흐름을 결정하는 전환점이 되는
점을 감안하여 이를 시대별 구분의 기준으로 삼기로 한다.

【도표 3】 북중관계의 역사적 맥락: 협력과 갈등의 균형

1949	전통적 우의 (마오쩌둥 시기)		동맹과 불신의 특수관계 (김일성 시기)	1949
1978	실용적 우의 (덩샤오핑 시기)			
1992	포용적 관리 (장쩌민·후진타오 시기)		안보와 경제의 선택적 교환 (김정일 시기)	1994
2013	전략적 관리 (시진핑 시기)		자주외교와 자력경제 병진 (김정은 시기)	2011

협력	전략적 균형	갈등
관망·의존	포용·자주	강압·이탈

(2) 제2단계 연구의 설계

2단계는 중국과 북한이 상호 핵심적인 정책과 전환기적인 전략을
선택하는 데 작용했던 영향요인을 전략게임의 틀 속에서 재구성하
여 전략적 선택과 대응의 구조를 도출해보고자 했다. 역사적으로 냉
전 시기에 작용했던 요인과 탈냉전 이후의 변화요인, 그리고 최근 시
진핑-김정은 시기에 작동하는 신시대 뉴노멀新常態에 이르기까지 일
관되는 측면과 새롭게 작용하는 동인動因의 특성을 함께 고려하여,
그 내재 규율의 상관성에 대한 구조적인 재해석을 시도했다.

북중관계에서 대외정책의 변화는 다양한 유형으로 나타나며, 극적인 관계 전환을 수반하는 정책은 훨씬 더 복합적인 요인을 내포한다. 하지만, 논의의 간결성과 논리적 집중을 위해 양국 간 대외전략의 반전 또는 적어도 중대한 외교정책의 방향 전환을 나타내는 사례를 중심으로 검토하기로 한다.

중국의 대북한 전략적 선택의 핵심 동인은 ①국제체제: 한반도 지정학과 전략적 가치, ②국내 정치: 국가 정체성과 현상유지, ③정책 결정권자: 관여와 영향력의 세 가지 측면에서 검토하였다. 북한의 대중국 전략적 선택과 대응 요인은 ①'자주'의 정체성과 체제유지, ②전략적 편승: 의존과 거부, ③협력과 이탈의 선택적 병행 등 세 가지 측면에서 접근했다. 이 같은 각각 3개의 영향요인을 양자 전략게임의 관점에서 이해할 경우 아래【도표 4】와 같은 분석틀로 재구성할 수 있다.

【도표 4】북·중 간 전략적 선택과 상호작용의 구조

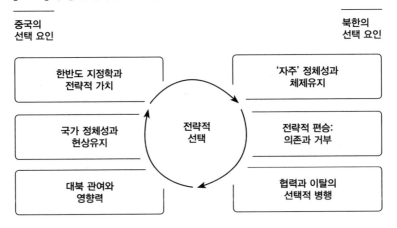

(3) 제3단계 연구의 설계

3단계는 북한 핵실험을 적용 사례로 하는 전략게임을 진행하였다. 이는 전략적 선택의 기본 논리와 내재 규율을 찾기 위한 실험모형sampling으로서, 중국과 북한이 비핵화 원칙과 핵보유 강행의 전략적 대결에서 구체적인 전략의 선택과 대응방식이 어떻게 표출되고 상호작용과 반작용으로 귀결되는지 그 역학관계를 양자 전략게임을 통해 실험적으로 검증해보는 작업이다. 북핵문제는 미·중 전략 경쟁, 남북한 갈등관계, 주변국과의 협력과 대립 등 복합적인 요인들이 얽혀서 북중관계의 다층적 속성을 함축하고 있는 가장 대표적인 사례이다. 또한, 북한이 명운을 걸고 추진하는 핵외교는 북한 안보전략의 행태를 파악할 수 있는 전형적인 외교 패턴이라는 점에서 북중관계의 결정 시스템을 이해하는 데 적합한 사례이다.

이에 연구의 설계는 게임이론의 전략적 의사결정 구조를 기본 틀로 활용하면서, 2인 게임의 의사결정 형태를 유형화typology 기법에 따라 각각 세 가지로 개념화하였다. 그 설계 방식은 유형화 목표의 하나인 '단순화'를 위해서 최대한 세분화를 피하고 조작적 개념으로 추상화하는 데 주력하였다. 정책 결정의 복잡한 속성을 지나치게 단순화함으로써 변별력이 떨어진다는 약점이 지적될 수 있겠으나, 본 연구의 경우 시간적 범위를 넓게 설정하고 있는 만큼, 변수를 최대한 단순화함으로써 명료성을 높이는 데 초점을 맞추고 있다. 분석 대상 기간이 길어지면 변수의 수와 폭이 증가하는 점을 고려한 것이지만, 구체성을 잃지 않도록 유의하였다.

이상에서 제시한 관점과 설계에 따라 중국의 북한 핵실험에 대한 정책적 수단과 북한의 외교적 대응 패턴을 유형화하여 상호작용하는 모형을 작성해보면 아래 【도표 5】와 같다.

【도표 5】 전략게임Strategic Game 대결 구도

중국의 북핵 실험에 대한 대응방식은 관망 또는 관여의 두 가지 형태로 나타난다. 현상유지 정책이 대표적인 '방관적 관망'의 수단이며, 유화적 혹은 강압적 수단으로 현상변경을 시도하는 것이 '관여'에 해당된다. 관여의 방법은 포용적이거나 강압적인 행태를 띨 것이다. 6자회담 중재와 대화를 통한 해결 원칙이 대표적인 '포용적 관여'에 속한다고 볼 수 있으며, 국제사회의 대북제재에 실질적으로 동참하면서 비핵화를 압박하는 대응은 '강압적 관여'에 해당된다.

이에 대해 북한도 상응하여 협력 또는 반발하는 정책적 수단을 강구할 것인데, 전통적 우호관계 회복과 경제협력 등 대중국 의존도를 높이는 전략으로 대응하거나, 소극적 또는 적극적인 반발 행태를 보일 것이다. 소극적인 반발은 정경분리 정책과 핵·경제 병진노선 등 '전략적 거부'의 형태로 나타나며, 적극적인 반발은 친러 행보나 북미 직접 대화 등 자주노선과 동맹이탈의 행태를 보일 것이다. 물론

'전략적 거부'의 개념은 '전략적 순응' 형태의 대응도 포함한다. 전략적 관점에서 거부와 순응은 동전의 양면에 불과하다.

위【도표 5】의 여섯 가지 변수를 전략게임의 틀에 적용할 경우 대결은 이론적으로 아래【도표 6】과 같이 아홉 가지 형태로 나타날 것이다. 즉, 〈중국+북한〉 관계가 ①관망+의존 ②관망+거부 ③관망+이탈 ④포용+의존 ⑤포용+거부 ⑥포용+이탈 ⑦강압+의존 ⑧강압+거부 ⑨강압+이탈 중의 하나로 표출된다.

【도표 6】 전략게임 대결의 상관관계

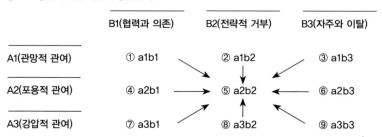

	B1(협력과 의존)	B2(전략적 거부)	B3(자주와 이탈)
A1(관망적 관여)	① a1b1	② a1b2	③ a1b3
A2(포용적 관여)	④ a2b1	⑤ a2b2	⑥ a2b3
A3(강압적 관여)	⑦ a3b1	⑧ a3b2	⑨ a3b3

* (A: 중국의 대북 핵정책) X (B: 북한의 대중국 전략적 대응)

하지만 아홉 가지 형태 중에서 현실적으로 발생하기 어려운 경우의 수가 있다. 가령, ③과 ⑦은 북한 핵실험에 따른 중국과 북한의 정책적 선택과 대응으로 실제 출현할 가능성이 없는 지점으로, 검토 대상에서 제외해도 무방하다. 그리고 ②와 ⑥ 경우도 핵실험 원인 제공을 한 북한 입장에서는 묵인 또는 포용을 유지하는 중국을 거부하거나 이탈할 필요성이 없다는 점에서 깊이 고려할 필요가 없다. 따라서 전략게임의 대결은 기본적으로 ①, ⑤, ⑨의 선상에서 전선을 형성할 것이며, 과도적인 단계에서 ④와 ⑧의 형태가 나타날 수 있다. 그러

나 중장기적으로는 중국과 북한이 전략적 포용과 거부(순응)의 내재
적 긴장관계를 함축한 채 서로의 필요에 따라 우호적인 관계를 유지
하는 ⑤의 형태를 지향할 것이며, a2b2는 북중관계가 부단히 회귀하
는 전략적 균형점이 될 것이다.

이상의 연구설계를 종합한 분석틀은 아래【도표 7】과 같다. 그리고
전략게임으로부터 획득할 성과표payoff에서 도출할 수 있는 연구가설
hypothesis[44]은 아래 세 가지로 정리된다. 첫째, 중국과 북한은 양자관
계에서 상호 기대할 수 있는 전략이익으로 상대국에 대한 행동을 결
정하며, 결국 이러한 행위는 '선택적 관여'(중국)와 '선택적 편승'(북
한)으로 나타난다. 둘째, 북중관계는 양국이 각각 취한 선택적 관여
와 선택적 편승의 정도에 따라 결정되며, 양자를 지배하는 내부 규율
은 '선택적 공생'이다. 셋째, 북중관계에는 '공생의 공간'과 회귀의 구
심력이 존재한다.

【도표 7】 북중관계 전략이익 공유 구조의 분석틀

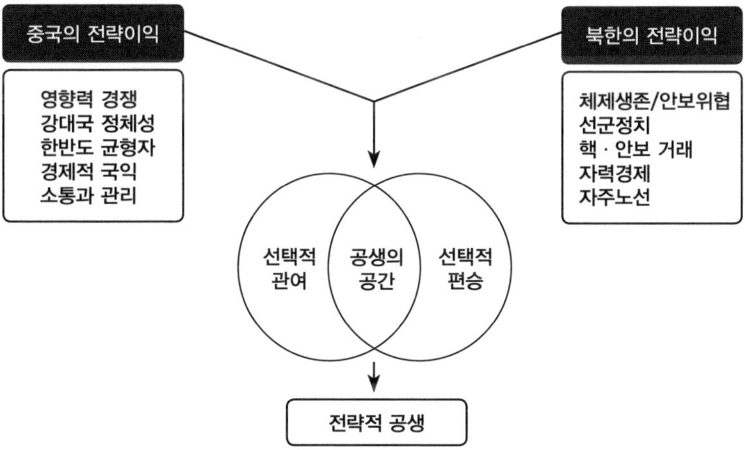

주석_서론

1 중국 외교부 루캉陸慷 대변인은 중국과 북한이 "정상적인 우호 이웃국가 관계(正常的友好隣國關係)"라고 했다.(『人民日報』 2017. 03. 29) 왕이王毅 외교부장도 내외신 기자회견에서 북중관계를 "산수가 서로 연결되고 두터운 우호 전통을 나누는(山水相連, 有着深厚友好傳統) 사이"라고 하면서도 "국가와 국가 사이의 정상관계(國與國之間的正常關係)"임을 거론한 바 있다.(『人民日報』 2016. 03. 08 ; 『人民日報』 2017. 09. 29)

2 Graham Allison and Morton H. Halperin, "Bureaucratic Politics: A Paradigm and Some Policy Implications", *World Politics*, Vol. 24, NY: Cambridge University Press, 1972, p. 42.

3 중국이 주요 국가로 부상하고, 동시에 국제사회로부터 관심이 높아지면서, '세계화' 자체가 중국 외교정책에 새로운 생각을 더해주는 요소가 되었다. 글레이저Bonnie S. Glaser는 국제적 관심의 확대가 중국 외교정책 수립의 대내외적 측면 역시 변화하도록 만들었다고 주장하며, 여러 사례를 통해 현대 중국 외교정책에 외부요인이 크게 작용하고 있음을 설명했다. Bonnie S. Glaser and Evan S. Medeiros, "The Changing Ecology of Foreign Policy Making in China: The Ascension and Demise of the Theory of 'Peaceful Rise'", *The China Quarterly*, Vol. 190, 2007, pp. 291–310.

4 Robert Powell, "Absolute and Relative Gains in International Relations Theory", *American Political Science Review*, Vol. 85, Issue 4, 1991, pp. 1303–1320.

5 David A. Lake and Robert Powell, *Strategic Choice and International Relations*, Princeton, N.J: Princeton University Press, 1999, pp. 3–38.

6 Randall L. Schweller, "The Progressiveness of Neoclassical Realism", in Colin Elaman and Miriam Fendius Elman(eds.), *Progress in International Relations Theory*, Cambridge: MIT Press, 2003, p. 317. ·

7 밸러리 허드슨Valerie M. Hudson, 신욱희 외 옮김, 『외교정책론: 다양한 외교정책 분석의 소개와 검토』, 서울: 을유문화사, 2009, p. 272.

8 김흥규 · 궈슈씨엔, "시진핑 시기 북중관계: 연구동향에서 엿보인 소용돌이와 전환의 갈림길", 『국방정책연구』 제32권 4호, 2016, p. 46.

9 任洪生, "国家战略, 经济周期与中朝关系的政治经济学", 『外交评论』 第6期, 2016, pp. 24–26.

10 Zhang Xiaoming, "China and Inter-Korean Relation", *Asian Perspective*, Vol. 26, No. 3, 2002, pp. 131–144. ; Scott Snyder, *China's Rise and the Two Koreas: Politics, Economics, Security*, Lynne Rienner Publishers, 2009.

11 Gloria Koo, "China and North Korea: A Changing Relationship", *Stanford Journal of International Relationship*, Vol. 6, Issue. 1, 2005. http://web.stanford.edu/group/sjir/6.1.02_koo. html ; 金景一 · 金强一, "朝鲜半岛的地缘政治意义及其对我国的影响研究", 『延边大学学报(社会科学版)』 41(4), 2008, pp. 5–12. ; 金强一, "解决朝鲜半岛问题的方法, 视角及路径选择", 『东北亚论坛』 第2期, 2012, pp. 47–56.

12 Peter Hayes and Roger Cavazos, "North Korea in 2014: A Fresh Leap Forward into Thin Air?", *Asian Survey*, Vol. 55, No. 1(Jan/Feb), 2015, pp. 119–131.

13 袁学哲·黄凤志, "21世纪初中国朝鲜半岛政策的多维审视", 『辽宁大学学报(哲学社会科学版)』 第5期, 2012, pp. 145–151. ; Samuel S. Kim, "China's Conflict-Management Approach to the Nuclear Standoff on the Korean Peninsula", *Asian Perspective*, Vol. 30, No. 1, 2006, pp. 5–38.

14 Ren Xiao, "Korea's New Administration and Challenges for China's Relations with the Korean Peninsula", *Asian Perspective*, Vol. 32, No. 2, 2008, pp. 173–183. ; Zhang Xiaoming, "The Korean Peninsula and China's National Security: Past, Present and Future", *Asian Perspective*, Vol. 22, No. 3, 1998, pp. 259–272.

15 Andrew Scobell, "China and North Korea: The Limits of Influence", *Current History*, Vol. 102, No. 665(September), 2003, pp. 274–278.

16 Hakan Mehmetcik·Ferit Belder, "China's role in the regional and international management of Korean conflict: an arbiter or catalyst?", *Third World Quarterly*, Vol. 39, No. 12, 2019, pp. 2258–2266.

17 최명해, 『중국·북한 동맹관계: 불편한 동거의 역사』, 서울: 오름, 2009, pp. 6–7.

18 로버트 A. 스칼라피노, "한국과 미래의 도전", 제12회 인촌기념 강좌, 서울 고려대학교, 12월 15일, 1997, p. 13.

19 刘洪洋·陈登勇, "试析朝鲜核问题对中国的影响及其应对战略选择", 『政治研究』 2010 上. ; 이 희옥·박용국, "중국의 대북한 동맹안보딜레마 관리: 대미 인식과 북한지정학의 재구성을 중심으로", 『중소연구』 제37권 3호, 2013, pp. 49–79. ; 박형준, "중국의 대북정책 결정요인 연구: 북한 생존전략 과의 상관관계", 『북한학연구』 제13권 제2호, 2017, pp. 165–189.

20 국가를 하나의 단위로 전제하고 국가들의 능력 분포에 의한 구조를 상정한 후, 이 같은 구조 아래 양자관계를 놓고 국가의 행동이 구조 안에서 이루어진다고 보는 것이 체제이론의 관점이다: Mortan A. Kaplan, *System and Process in International Politics*, New York: Wiley and Sons, 1957, pp. 115–130.

21 Hedley Bull, *The Anarchical Society: a Study of Order in World Politics*, London: Macmillan, 1977, pp. 24–27.

22 Patrick Thaddeus Jackson·Daniel H. Nexon, "Relations before States: Substance, Process and the Study of World Politics", *European Journal of International Relations*, Vol. 5, No. 3, 1999, pp. 291–332. ; Mustafa Emirbayer, "Manifesto for a Relational Sociology", *American Journal of Sociology*, Vol. 103, No. 2, 1997, pp. 282–291.

23 Randall L. Schweller, "Bandwagoning for Profit: Bringing the Revisionist State Back In", *International Security*, Vol. 19, No. 1, 1994, pp. 99–104.

24 Randall L. Schweller, "Unanswered Threats: A Neoclassical Realist Theory of Underbalancing", *International Security*, Vol. 29, No. 2, 2004, p. 168.

25 Nick Bisley, *Great Powers in the Changing International Order*, Boulder, CO: Lynne Rienner, 2012, pp. 4–5.

26 국제 정치에서 개입intervention이란 국제법상 근거 없이 타국의 국내 문제에 그 의사에 반해서 자국의 의사를 강요하는 것을 말한다. 그중에서 군사적 개입은 대표적인 직접 개입으로서 외교적 노력, 경제적 제재에 이은 마지막 수단으로 선택된다.

27 '연성 관여'란 '관계적 관여'와 일정 부분 맥락을 공유한다. '관계적 관여'는 양자 또는 다자관계에서 일정한 이익을 주고받는 정책으로, 대상국에 단기적 이익을 제공하여 행동의 변화를 유도하기 때문에 유인 요인이 사라지면 되돌릴 수 있는 가역성을 가진다. '연성 관여'의 경우에도 문화적 우월성이나 제도적 수용을 통한 정체성 변화가 뒷받침되지 않을 경우 실패의 확률이 높다는 점이 그 한계라고 할 수 있다. Joseph S. Nye, *Bound to lead: the changing nature of American power*, New York: Basic Books, 1991. ; 전재성, "관여정책의 국제정치이론적 기반과 한국의 대북 정책", 『국제정치논총』 43(1), 2003, pp. 237-238.

28 Randall L. Schweller, 1994. pp. 92-98.

29 슈웰러는 미국의 에치슨라인 발표를 분석하며 편승의 이미지를 설명한 스나이더(Jack Snyder, 1991)와 위협균형이론을 주장한 왈트(Stephen Walt, 1993) 등 기존 이론이 상대 국가의 행동에 대항하거나 편승하는 행위가 모두 국가 위협에 대한 자기 보존self-preservation과 같은 목표에 의해 결정된 것으로 가정하지만, 이는 한 국가의 편승 행위를 너무 좁게 정의하여 생긴 잘못된 결론이라 주장한다. ; Randall L. Schweller, 1994. pp. 75-82.

30 약소국의 편승이 국제 관계의 캐스팅보트로 영향력을 가질 수 있음을 설명한 논문으로는 약소국의 힘("power of weak state", Arnold Wolfers, 1962), 약소국의 횡포("tyranny of the weak", Astri Suhrke, 1973) 등이 있다. ; Arnold Wolfers, *Discord and collaboration: essays on international politics*, Baltimore: Johns Hopkins Press, 1962. p. 111. ; Astri Suhrke, "Gratuity or Tyranny: The Korean Alliances", *World Politics*, Vol. 25, 1973, p. 508. ; Robert O. Keohane, "The big influence of small allies", *Foreign Policy*, No. 2, 1971, pp. 161-182.

31 Randall L. Schweller, 1994, pp. 99-104.

32 전병곤 외, 『뉴노멀 시대 미중 전략경쟁 관계와 한반도에의 함의 2부』, 서울: 통일연구원, KINU 연구총서 17-21-02, 2017, pp. 144-145.

33 장노순, "국제정치이론의 통합을 위한 시론: 남북한 관계의 정체성 변화와 전략적 선택", 『세계지역연구논총』 제24집 1호, 2006, pp. 276-277.

34 서보혁, "전략적 선택이론에 의한 북-미 미사일 협상 분석", 『평화연구』 제11권 3호, 2003, p. 34.

35 Ronald L. Jepperson·Alexander Wendt·Peter J. Katzenstein, *The Culture of National Security: Norms and Identity in world politics*, New York: Columbia University Press, 1996, pp. 52-60.

36 Lowell Dittmer and Samuel S. Kim(eds.), *China's quest for national identity*, Cornell University Press, 1993. ; 이신, 『중국의 국가 정체성과 대북정책의 신진대사』, 고양: 인간사랑, 2020, p. 81.

37 Alexander Wendt, *Social theory of international politics*, New York: Cambridge University

Press, 1999, p. 231.

38 중국의 핵심이익은 안보이익(국가주권과 영토의 안전), 정치이익(정치제도, 통일), 경제이익(경제 사회의 지속 발전) 등을 두루 포함하지만, 그 우선순위를 망라하는 선택의 기준은 전략이익에서 비롯 된다고 할 수 있다.

39 황태희, "국제관계에서의 전략적 선택과 구조적 통계모형", 『평화연구』 제21권 2호, 2013, pp. 372–373.

40 '미래의 그림자shadow of the future'는 개별 행위자의 이기적 행위가 어떻게 맞물려 국제협력 의 결과를 가져올 수 있는가를 규명하는 개념으로서, 반복적인 PD(죄수의 딜레마) 게임에서 행위자 들은 다음에 다시 만날 수 있다는 사실을 인식하기 때문에 미래의 이익을 고려한 계산법에 따라 협력 이 가능하다는 것이며, 이러한 예측 가능한 미래이익의 기대치 부분을 '미래의 그림자' 개념으로 설 명한다. 즉, 액셀로드는 '미래의 그림자' 속에 살고 있는 행위자가 다수일 때 협력은 가능할 뿐 아니라 현실적이라고 주장한다. Robert Axelrod, "CHAPTER 7. How to Promote Cooperation", *Evolution of Cooperation*, New York: Basic Books, 1984, pp. 124–141. ; Robert Keohane, "Reciprocity in International Relations", *International Organization*, Vol. 40, No. 1(Autumn), 1986. ; 김태현, "상호 주의와 국제협력: 한반도 핵문제의 경우", 『국가전략』 제8권 3호, 2002, pp. 11–18.

41 David A. Lake, "Escape from the State of Nature—Authority and Hierarchy in World Politics", *International Security*, Vol. 32, No. 1, 2007, pp. 47–50.

42 대외전략과 유사한 의미로 '대외정책' 개념이 있는데, 본 논문에서는 한 국가가 다른 국가와의 관 계에서 일정한 정치적 목적을 달성하기 위한 실질적인 행위로서 '대외정책'(대북정책, 대중국 정책) 개념을 함께 사용하되, 거시적인 고려와 동태성을 강조하는 측면에서는 '대외전략' 개념을 원용할 예 정이다.

43 월츠Kenneth Waltz는 그의 저서 『인간, 국가, 전쟁(Man, the State, and War)』에서 전쟁의 원인 을 통합적으로 분석하기 위해 '인물, 국가, 국제체제'라는 세 가지 분석의 수준 개념을 처음 도입했다. ; Kenneth Waltz, *Man, the State, and War*, New York: Columbia University Press, 1959.

44 여기에서 가설은 북·중 간 전략게임에서 얻을 수 있는 기대성과이자 연구과제에 대한 잠정적인 해답으로서, △명료하고, △가치중립적이며, △관계의 방향을 특정화할 수 있고, △경험적으로 검증 가능해야 한다는 관점에서 출발한다.

1부

중국의
대북한 전략적 선택

중국이 북한과의 외교관계에 사용하는 공식 호칭은 '전통적 우호협력관계'이다.[1] 중국은 1991년부터 이 같은 표현을 사용했다. 그 이전까지 중국은 매년 9월 9일 북한 창건 기념일에 축전을 보내고 북한『노동신문』에도 게재됐는데, 당시는 북한과의 관계를 '순치관계'로 언급했다. 1990년까지만 해도 '공동의 투쟁 속에서 맺어진 조·중 친선'이라는 표현을 주로 사용하면서 혈맹의 이미지를 강조했었다. 하지만 1991년 처음으로 현재의 양국 관계를 일컫는 '전통적인 조·중 우호협력관계'라는 표현[2]을 사용하기 시작한 이후, 중국은 외교 관련 문건이나 공식 인터넷 홈페이지에서 북중관계에 대해 더 이상 동맹 또는 '혈맹'이라는 표현을 사용하지 않고 있다.

북중관계를 규정하는 표현이 변한 만큼, 중국의 대북한 정책도 변했다. 그러나 북중관계에 대한 평가는 역사적 시기에 따른 편차가 커서 중국의 대북한 정책 변화를 일률적으로 규정하기 어렵다. 이는 중국의 국력신장과 그에 따른 중국 내부의 국가 정체성이 크게 변화했기 때문이다. 중국은 탈냉전 이후 경제력 증대에서 얻은 국력과 이에 따른 강대국 기질을 갖추면서 국가 정체성을 전략적으로 전환시켰다. 중국의 대내외적 환경 변화가 국가 정체성에 영향을 주었으며 대외정책에도 투영되어 있다.[3] 결국 북중관계를 결정하는 대북한 정책도 중국 대외정책의 연장선에서 중국 내부의 변화와 그 맥락을 같이 한다.

다만, 중국이 비교적 일관성 있게 공산당 1당 독재專政의 정치체제를 유지한다는 점과 각각 시기별 지도자의 리더십에 의존하는 정책적 특징을 보여준다는 점에 비추어, 중국의 대북한 정책을 결정하는 특성의 변화에서 지도자 요인에도 주목할 필요가 있다. 이는 국제 관계에 대한 의사결정자의 생각과 가장 밀접하게 연결된 요인이 바로 '세계 역사'라는 명제에서 비롯되었으며, 전략의 관념적 원천이 어떻게 시작되고 발전했는지에 대한 연구와도 맞닿아 있다.[4] 이러한 인식은 결국 국가 정체성이 국가이익을 정의하고 국가의 대외정책과 국제적 불안정을 결정짓는 행위자를 구성하는 데 도움이 되는 중요 요인임을 전제하고 있다.[5]

1부와 다음의 2부는 중국과 북한의 상대방에 대한 정책적, 전략적 선택이 대내외적 측면에서 서로 어떻게 연결되어 있는지를 조감하는 데 중점을 두었다. 그리고 양국 지도자를 기준으로 시기별 구분을 하여 북중관계의 핵심적인 정책 결정이 상대국에 대한 전략의 틀 안에서 어떻게 구성되고 상호작용을 했는지를 살폈다. 우선 1부에서는 중국의 대북한 정책에 있어 역사적 전환점과 상기 언급한 고려사항을 반영하여 4개 시기로 구분하였다. 즉 ①마오쩌둥毛澤東 집권기의 전통적 우의, ②덩샤오핑鄧小平 집권기의 실용적 우의, ③장쩌민江澤民과 후진타오胡錦濤 시기의 포용적 관리, ④시진핑 시기의 전략적 관리의 네 단계로 분류하였으며, 이에 따라 각 시대별 전략적 선택의 성격을 규명하고, 그 배경과 정책적 특징을 살펴보기로 한다.

1장

마오쩌둥
시기

흔히 북중관계는 전통적인 혈맹의 관계가 구축된 이래 시종 특수한 우호관계를 지속해 오고 있는 것으로 보는 경향이 있다. 이는 건국 초기부터 중국이 북한과 함께 사회주의 진영에 편입되어 '일변도一邊倒' 외교정책을 추진했을 뿐만 아니라, 한국전쟁 발발 당시 중국이 '항미원조' 명분으로 개입하여 북한과 연합전쟁을 치른 사실이 깊이 각인되어 있기 때문일 것이다. 하지만 중국의 역사학자 션즈화沈志華는 "중국이 분명 조선을 위해 많은 피를 흘렸지만, 조·중 지도자와 조·중 양국 간의 진정한 우의는 결코 다져지지 않았다"는 평가를 내린다.[6] '한국전쟁의 참전'과 '북·중 연합작전의 내부 갈등'이라는 동일한 사안에 대한 양면적 성격은 모순적이게도 마오쩌둥 시기 북중관계의 실질적인 특성을 잘 대변하고 있다.

1949년 10월 1일 중화인민공화국의 창건 이후부터 1978년 12월 제11기 3중전회의 개혁 개방 결정 이전까지 마오쩌둥 집권 시기의 대북정책은 '항미원조'의 참전으로 맺어진 군사적 혈연血緣과 이데올로기 공동체로서의 이념적 유대 속에서 '비대칭 동맹'의 밀착 관계로 시작되었다. 하지만, 반복적으로 부각되는 갈등과 불신은 양국 관계의 성격이 변하지 않을 수 없도록 계속 자극하였다. 마오쩌둥 시기 중국과 북한의 관계는 안보이익을 둘러싼 '참전과 동맹'의 협력관계라는 특징이 지배적이나, 그 속에는 불신과 갈등적 요소가 내재하는 특성도 갖고 있다.

1
국제체제 차원:
세력 균형

(1) 프롤레타리아 국제주의와 대미對美 세력 균형

1950년대와 1960년대 초반까지는 냉전체제로 인해 형성된 북방 3 각(북·중·소)과 남방 3각(한·미·일)의 대립, 프롤레타리아 국제주의 내부의 주도권 다툼과 이데올로기 논쟁 등의 과정에서 중국과 북한 은 깊이 밀착된 관계를 유지하였다. 중국은 건국 직후인 10월 6일 북 한과 외교관계를 수립했다. 아시아에서는 가장 먼저 국교를 맺었다.[7] 그리고 중국 공산화 혁명의 완성과 동시에 소련을 중심으로 하는 사 회주의 진영에 편입했다. 이에 중국은 1950년 2월 14일 소련과 「중· 소 우호동맹 상호원조조약」을 체결하여 30년 유효기간의 동맹관계 를 맺고, 소련이 구축한 국제 냉전 구도하에서 북한과 공동으로 미국 중심의 '제국주의' 진영에 대항하였다. 미국이 마오쩌둥 정권을 소련 과 분리하기 위해 '애치슨 라인Acheson line'을 선포하면서 기회를 줬지만, 중국은 소련과 사회주의를 위한 '일변도 외교'를 선택한 것이다. 이로써 소련-중국-북한 연대의 '이데올로기 동맹'이 형성된다. 그리고 이어서 '항미원조'의 참전으로 중국과 북한은 '피로써 굳어진(鮮血凝成) 관계'가 되었다.

당시 국제사회는 미국과 소련 두 강대국이 구축한 냉전체제의 이원적 구도가 형성되어 있었지만, 중국은 소련을 추종하여 이데올로기에 기반한 외교정책을 펼쳤다. 이러한 외교정책은 외세에 의해 분열된 국내 상황을 조속히 회복하여 안정시키려는 목적이다. 중국의 소련 편향적인 '일변도' 외교는 전통적인 주권 중심의 중화中華 정체성을 꾀하면서 동시에 자국의 안정과 통제를 추구하는 데 적합한 외교 방식이다.[8] 실제로 마오쩌둥은 "우리는 자립을 최우선 목표로 정했으며, 대외원조는 부차적인 목표이다"라고 밝힌 적이 있다.[9]

그럼에도 중국은 1950년 10월 중국 본토가 아닌 한반도에서의 전쟁에 참전했다. 표면적인 참전 명분은 '항미원조'이다. 이념적 동질성을 공유하는 북한을 도와서 미국과 싸우겠다는 뜻이다. 그런데 중국은 정책이나 선전에 있어서 본심을 뒤에 배치하거나 은닉시키는 경향이 있다. 이 같은 관점에서 당시 중국의 참전 궐기대회나 선전 포스터를 살펴보면, 대표적인 슬로건이 "항미원조, 보가위국保家衛國"이다. 여기에서 구호의 앞에 내세운 '항미원조'는 명분이고, 뒤에 숨기는 '보가위국'이 실질적인 본심이자 참전을 결정한 전략목표라고 봐야 한다. 즉, 북한을 돕는 것이 아니라 자신의 국가이익을 지키려는 목적이다. 키신저Henry Kissinger 전 미국 국무장관은 중국의 참전 동기에 대해 "스탈린과 마오쩌둥이 서로 한반도에서의 지배적 영향력을 취하려고 술책을 부렸다. 혹은 적어도 상대방이 그런 영향력을 갖지 못하도록 애를 썼다"고 평가하고 있다.[10] 중국의 한국전쟁 개입은 단순히 김일성의 파병 요청이나 스탈린의 지시 때문만은 아니다. 모든 결정은 마오쩌둥과 중공 수뇌부의 전략적 판단의 결과라고 봐야 한다.

결국, 중국은 북한과 이데올로기에 근거하여 군사적 혈맹관계를 구축하였으나, 그 이면에는 역시 국가이익이 투영되어 있다. 북한의 지정학적 가치를 중시한다는 '완충지대론'과 중국 내 북한에 대한 인식을 표현하는 '순치상의脣齒相依'라는 비유법은 모두 중국의 가정과 국가를 보위하기 위한 수단으로 보는 관점에서 비롯된다.

(2) 중·소 이념 분쟁과 북한 끌어안기

1950년대 말부터 1960년대까지 중국과 소련은 이념 분쟁을 벌였다. 1956년 2월 소련 제20차 공산당대회에서 신임 서기장 니키타 흐루쇼프는 '평화공존'을 주창하면서 스탈린 노선을 탈피하기 시작했다. 흐루쇼프는 자본주의 국가와도 평화공존이 가능하며, 자본주의 사회에서 사회주의 사회로의 평화적인 이행이 가능하다고 주장했다. 이에 대해 마오쩌둥은 평화공존과 평화이행론이 프롤레타리아와 공산당의 혁명의지를 약화시키는 '수정주의修正主義'라고 비난했다. 흐루쇼프가 노선을 달리하는 마오쩌둥을 불신했던 것처럼, 마오쩌둥도 흐루쇼프의 노선이 이단이며 결국에는 중국을 위협할 것이라고 믿었다.

중국으로서는 1958년 8월 진먼다오金門島와 마주다오馬祖島에서 미국과 포격으로 맞서고 있는 상황에서 흐루쇼프가 미·소 데탕트를 모색함에 따라, 미국과 소련으로부터 이중의 군사 위협에 직면하게 되었다. 미국은 1954년 「미국-대만 상호방위조약」 체결 이래 대만과 베트남에서 군사력 투사를 확장하고 있었다. 여기에 흐루쇼프는 1959년 중국을 방문하여 진먼다오에 대한 포격 중단을 요구했다. 마오쩌둥은 이를 내정간섭으로 간주하고 흐루쇼프를 수정주의자라고 비판했다. 1960년 소련은 핵무기 개발 지원 취소를 포함하여 중국에 대한 모든 경제적·군사적 지원을 철회하였고, 양국은 경색 국면으로 들어갔다.

당시 대만해협 분쟁으로 미국과 군사적 대립을 겪고 있던 중국에게 소련의 대미정책 전환은 중국을 포위하려는 전략이나 마찬가지였다. 이에 중국은 북한이 소련과 밀착되는 것을 막기 위해 적극적으로 '북한 끌어안기'를 했다. 1961년 7월 11일 중국이 북한과 공식적인 동맹조약을 체결한 것은 이 같은 시대적 안보환경의 산물이다. 북한의 소련 영향권 편입을 막고 극동지역 내 소련 군사력 확장을 견제하기 위한 조치이다. 중국의 대북 동맹결성 이유는 이데올로기 공유 차원이라기보다는 '지정학적 세력 균형'의 안보 목적이 컸다. 국경이 맞닿은 주변 지역에 적대세력의 영향력이 미치지 않도록 안보 위협을 상쇄시키기 위해서는 전략적 완충지대로서의 '북한 관리'가 중요했다. 이데올로기 연대가 목적이라면 한국전쟁 직후 또는 한미동맹 체결에 대항하여 동맹을 맺었겠지만, 당시 중국은 북한의 요구에도 불구하고 동맹체결에 불응했다. 따라서 중국의 의도는 북한이 중·소 사이에서 취할 행보에 대한 예방적 차원에서 북한을 동맹조약에 결박tethering시키는 데 있었다고 봐야 한다. 국제체제적 측면에서 보면, 당시 미국과 소련으로부터 대외적인 안보위협과 이념적 정통성까지 궁지에 몰린 중국은 북한과의 동맹관계 구축으로 전략적 입지를 확보하기 위해서 북한과 손을 잡은 것이다. 동맹의 전략적 측면에서 보면 북한이 중국에 우호적이지 않더라도 최소한 적대적인 존재가 되는 것을 방지하기 위한 최소한의 조치인 셈이다. 「조·중 우호조약」 제3조에 최악의 경우라도 북한의 중립을 보장할 수 있는 근거를 만들어놓은 것은 이러한 목적 때문이다.[11]

다시 말해, 중국은 1956년 '8월 종파사건'과 1958년 북한 체류 인민지원군 철수 과정에서 북한과 경색된 관계였지만, 미·소 간 데탕트 움직임, 한·미·일 군사협력 강화 등 국제정세의 변화에 대응하기 위한 안보전략적 필요성 때문에 1961년 북한과의 동맹체결에 적극 나섰다. 중국은 북한에 대해 불만을 가지고 있으면서도 안보이익의 필요에 따라 북한을 끌어들일 수밖에 없었다. 북한과의 동맹체결은 곧 미국의 위협으로부터 '완충지대'를 지키고, 소련의 위협에 대비하는 동시에, 북한과 이념적 연대 구축이라는 복합 지정학과 세력 균형 목적이 반영된 결정이라고 할 수 있다.

(3) 미·중 데탕트와 사회주의 노선의 분화

중·소 이념 분쟁이 격화되는 가운데 소련이 원자력 기술 자료 제공을 약속했던 「국방 신기술에 관한 협정」을 1959년 일방적으로 파기함으로써 중소관계는 본격적인 악화의 길로 들어섰다. 특히, 1968년 8월 체코사태를 무력 진압한 소련의 '브레즈네프 독트린' 선언은 중국 지도부에 충격과 함께 직접적인 군사 위협으로 다가왔다. 브레즈네프가 제시한 '제한주권론'은 사회주의 국가에 대한 개입을 정당화하는 것으로서, 중국은 향후 소련의 군사개입 가능성을 경계하지 않을 수 없게 되었다. 실제로 중국과 소련 사이에 1969년 우수리강 전바오다오珍寶島에서 발생한 국경 충돌사건은 이러한 우려를 더욱 키웠다. 당장 소련의 핵무기 선제타격에 대한 억제 능력이 부족한 중국은 미국과의 제휴를 모색하기 시작했다. 이는 국가적 안보전략에서 기본적인 위협 균형의 일환이다.

이 때문에 중국은 이제 사회주의 진영 일변도 외교를 벗어나 소련의 위협에 대응하기 위해 미국과의 데탕트를 모색해야 했다. 그런데 중국의 입장에서는 사회주의 노선이 분화되고 있는 역내 정세 속에서 최소한 북한을 소련으로부터 중립적인 국가로 묶어둘 필요가 있었다. 만약 북한이 소련과 밀착하여 나진, 청진 등 동해안의 항구를 소련에 군사기지로 제공할 경우 중국은 전략적으로 크게 불리해진다.[12] 결국 소련의 안보위협이 중국으로 하여금 미국과 이념의 장벽을 뛰어넘어 전략적 제휴를 가능하도록 만들었다.

다른 한편으로 중국은 문화대혁명 기간 동안 극도로 악화됐던 북한과의 관계를 다시 개선하려는 노력이 필요해졌다. 1968년의 중국 외교는 곤경에 빠져 있었다. 문혁 이후 '사면출격四面出擊, 타도일체打倒一切'라는 극좌 외교노선 아래 중국은 1년여 동안 수교국가 중 4분의 3의 국가와 외교 분쟁을 벌였다.[13] 해외 주재 대사들은 황화黃華 주이집트 대사를 제외하고는 모두 귀국하여 문화대혁명에 참가하였다. 기존 우호국이었던 인도네시아, 미얀마와 반목을 거듭했고, 중국과 베트남의 관계도 소련이 베트남전에 개입하면서 긴장이 고조되기 시작했다. 이에 따라 60년대 말에는 북한과의 관계 개선이 중국 정부의 외교적 퇴행을 반전시키는 중요한 계기가 됐다. 문혁 시기 북한과 비방전까지 벌였던 앙금을 털고 다시 전향적인 협력관계로 회복을 촉진하게 만든 것이다.

중국의 대북한 관계 개선으로의 방향 전환은 미국과의 데탕트 상황에서도 나타났다. 1968년 1월 북한의 미국 푸에블로Pueblo호 나포 사건이 발생하고, 국제사회와 중국 국내 여론이 냉담한 상황에서도 중국은 북한을 옹호했다. 당시 북한에 대해 냉담했던 중국 언론매체들이 먼저 푸에블로호 사건에 열의를 보이기 시작했다. 이어서 중국 정부가 1월 31일 "미 제국주의의 광폭한 도발에 반격하는 북한 정부와 북한 인민의 정의로운 입장을 확고히 지지한다. 미제가 새로운 군사적 모험을 감행한다면 반드시 고통을 자초하고 더 가혹한 처벌을 받게 될 것"이라고 성명을 냈다. 중국의 단호한 북한 지지 성명은 북중관계의 해빙을 위한 포석으로 관계 개선의 기회를 만들어주었다. 이처럼 중국이 즉각적인 지지를 표명하고 나선 이유도 결국 북한을 끌어들이기 위한 포용전략 일환이다.

이후 1969년부터 중국과 북한은 관계 회복의 길로 접어들었다. 1970년 4월 저우언라이周恩來 총리가 북한을 방문하여 '순망치한脣亡齒寒'을 강조한 것도 이런 불리한 국제환경에서 탈피하기 위한 대북한 접근 행보이다. 이후 중국은 대북 경제원조를 재개하고 1971년 9월에는 북한에 무상 군사원조 제공 협정을 체결하였다.[14]

2
국내 정치 차원:
전통적 우의

　　마오쩌둥 시대는 대내외적인 불안정을 해소하기 위해 국내 정치에 역량을 집결하는 시기라는 점에서 국내 정치 차원의 안보이익이 북중관계의 선택에 어떤 결과를 가져왔는지 주목할 필요가 있다. 국내의 정치 역량은 사회주의 이데올로기를 강조하는 중국의 입장에서는 국가적 정치 어젠다뿐만 아니라 특정 외교정책을 수립·시행하여 대외적인 입지를 확고히 하는 수단이다. 특히, 강대국을 꿈꾸는 중국으로서는 국가이익을 대외적으로 확장할 수 있는 의지와 능력을 갖추어야 하며, 이는 국내 정치 역량에서 비롯된다. 국내 정치 차원에서 결정된 대북 전략적 선택은 그 성격 면에서 시기별로 5단계로 구분된다. 첫째는 1949년 공산정권 수립까지 혁명기지 공유라는 과도적인 단계이다. 둘째는 한국전쟁 참전 및 휴전협상 과정에서 잉태된 불화와 잠재 갈등 시기이며, 셋째는 전후 경제복구 과정에서 소련과의 경쟁적 경제지원 속에서 구축한 북·중 밀월 시기이다. 넷째는 문혁 시기 극단적 갈등을 초래했던 이데올로기 갈등 단계이며, 다섯째는 문혁의 후유증을 털어내고 북·중 동맹관계를 재정상화하려는 안보이익 재건 시기이다.

(1) 혁명기지 공유의 역사적 뿌리

1945~1949년 기간 중국의 대북한 관계는 고위층 간의 직접적인 교류가 형성되지는 않았지만, 중국 내전을 지원하는 조선 노동당과의 간접적 관계로 인연을 맺었다. 북한은 중국 내전 기간 동안 중국 공산당에게 북한 지역을 후방기지로 제공하는 등 막후에서 실질적인 지원을 하였다. 가령 국민당과의 내전에서 쫓기던 린뱌오林彪 지휘하의 동북민주연군은 압록강을 넘어 북한으로 은신할 수 있었고, 북한에서 병력과 물자를 정비하고 부상자를 치료한 이후 다시 국민당군의 배후를 공격하여 전세를 역전시키는 후방기지基地를 제공했다.[15] 물론 당시 북한 지역이 소련의 군정 지배하에 있었기 때문에 소련의 묵인이 있었을 것이고, 다롄항을 통한 무기, 탄약, 물자공급이 북한의 단독적인 결정이라고 보기는 어렵다.[16] 따라서 이 시기의 북·중 연대는 중공 동북국과 지방 군부에서 독자적으로 조선 노동당과 수행한 기층基層 차원의 연계협력이라고 판단되며, 중공 중앙과 북한의 직접적인 관계가 구축된 단계는 아니라고 할 수 있다.[17]

(2) '조중연합사령부'에서 잉태한 불화와 갈등의 씨앗

중국의 한국전쟁 참전은 북중관계의 '밀착과 소원'을 결정짓는 요인이 되고 있다. 양국 관계를 밀착시키는 배경은 바로 한국전쟁 파병 및 원조의 역사이다. 중국의 파병 결정은 1950년 9월 15일 미군의 인천상륙작전 이후 다급해진 김일성이 10월 1일 마오쩌둥에게 편지로 출병 요청을 한 뒤에 비로소 이뤄졌다. 유엔군 참전으로 전세가 역전이 되고, 38도선을 돌파하여 북·중 국경의 안보가 위협을 받자 중국은 '항미원조, 보가위국'이란 기치 아래 북한 지원을 위해 출병을 결정하였다.[18] 중국 인민지원군은 1950년 10월 19일 이미 압록강 부교浮橋를 건넜고, 압록강 철교와 지안集安 철교 등 3방향에서 1차로 18만 명의 병력이 동원됐다. 10월 25일 '항미원조 승전기념일'은 참전이 아닌 평북 운산의 온정리에서 첫 전투를 벌인 날이다. 11월에는 12만 병력이 추가 도강했다. 한국전쟁 참전 기간 중국의 대북지원 규모는 각종 지원물자 560만 톤과 전비戰費 60조 위안에 이른다.[19] 당시 중국의 총 지출예산 규모에서 국방비의 비중이 1950년 41.16%, 1951년 43.12%, 1953년 33.61%를 차지했던 점을 보면,[20] 중국의 입장에서 참전비용의 부담이 어느 정도였는지 가늠할 수 있다. 그리고 중국 인민지원군은 인명피해가 사망 및 부상자 포함 42만 6천 2백여 명에 이를 정도로 참담한 대가를 치렀다.[21] 마오쩌둥의 아들 마오안잉毛岸英을 포함한 19만 7천 명 사망자는 귀향하지 못하고 묘지가 여전히 북한에 남아 있다.

중국이 이처럼 막대한 비용을 치르면서 참전한 것은 단순히 북중 관계만을 고려한 결정이 아니다. 중국 국내적으로 사회주의 혁명을 완수한 중국 공산당 지도부로서는 해외 파병을 통해서 정치적 반대파를 제거하고 지나치게 비대해진 인민해방군의 힘을 소진하는 한편, 자국민에게 미국에 대한 적대감을 고취시켜 내부 결속을 도모하려는 정치권력 강화 목적도 작용했다. 미국의 지원을 받았던 장제스 蔣介石 정권을 대만으로 몰아내고 사회주의 혁명의 중앙정부를 막 수립한 상황에서 중국 지도부는 미국과의 불가피한 대결을 준비하고 있었고, 따라서 중국의 참전 의지가 오히려 소련보다 더 높았던 점을 주목할 필요가 있다. 결과적으로 한국전쟁은 중국 내부의 결속력을 높이고 동시에 사회주의 진영 내 중국과 북한의 관계를 특수관계로 묶어주는 계기가 되었다.

하지만 1953년 7월 27일 휴전협정이 맺어진 직후 한국과 미국은 「한미상호방위조약」을 통해 동맹을 체결한 반면, 북한과 중국은 바로 동맹조약을 체결하지 못했다. 북한 내부의 권력투쟁으로 친중국 성향의 인사들이 권력 핵심에 배제되면서 양국 사이 우호적인 분위기가 식은 것도 그 이유가 되겠지만, 실제적인 불신과 갈등은 조·중 연합전쟁 수행 과정에서 주도권을 둘러싼 김일성과 펑더화이彭德懷의 충돌로 인해 일찍이 그 씨앗이 잉태되었다.[22] 더욱이 1956년 8월 종파사건으로 김일성에 의해 친중 성향의 연안파가 철저히 배척당하면서 북중관계는 더욱 악화되었고, 중국 인민지원군은 이를 계기로 1958년 철군하기에 이른다.[23]

(3) 전후 복구 경제지원을 통한 북·중 밀월관계 구축

중국은 북한의 전후 복구에 아낌없는 지원을 했다. 이는 일차적으로 당시의 국제체제 환경에서 소련을 견제하기 위한 것이지만, 그 이면에는 프롤레타리아 국제주의를 주도하고자 우선 북한에 대한 영향력을 높이려는 마오쩌둥의 의도가 있었다. 1953년 11월 유효기간 10년의 「조중 경제문화협력협정」이 체결되었다. 이를 위해 김일성이 정부 대표단을 이끌고 전후 처음으로 중국을 방문했다. 이 협정은 북·중 간 첫 공식 문서이자 북·중 쌍방의 경제 문화 분야의 장기적 협력의 초석으로서, 북한에 대한 대규모 경제원조와 문화교류 내용을 담고 있는 전후 경제복구를 위한 '경제동맹' 프로그램의 성격을 가진다. 이러한 대북원조는 당시 국가안보와 정치이익, 경제발전의 요소를 고려한 결정이라고 할 수 있다. 이로써 공통 이데올로기와 사회제도를 가진 중국과 북한은 최초의 공식 협정을 통해 제도적인 협력의 근거를 확보했으며, 전후 경제복구에 대한 이해관계 공유를 바탕으로 사실상의 동맹관계를 맺었다.[24]

저우언라이는 협정 서명식 담화에서 "조선 인민의 당면한 국민경제 회복과 생활 개선, 그리고 평화통일을 쟁취하는 임무는 중국의 이익과 일치하는 사업으로 간주하며, 최대한 원조를 진행하기 희망한다"고 말했다. 그리고 김일성-저우언라이 회담 결과, 중국은 한국전쟁 기간 중국이 제공한 모든 물자와 비용을 무상으로 북한에 제공키로 하고, 1954~1957년까지 8조 위안의 자금을 전후 복구비용으로 무상 지원키로 합의했다.[25] 또한 북한에 잔류하고 있던 중국 인민지원군을 1954년 3월 이래 북한의 전후 복구사업에 투입하여 부상자 치료, 생산시설 재건, 교량·제방·가옥 수리 등을 지원했다.

이후 북·중 양국은 1957년 말 「과학기술협력협정」을 체결하고, 1958년 9월에는 「1959-1962년 장기무역협정」과 「중국의 대북 차관제공 2건에 관한 협의서」에도 합의했다. 이러한 경제지원과 복구

사업에 힘입어 1952~1958년 기간 북·중 무역액은 크게 증가하여 1958년 무역액은 전년대비 50% 이상 증가하고 1954년에 비해 10배 증가했다.[26] 또한 1956년 8월 「방송협력협정」, 1957년 12월 「과학기술협력협정」도 체결하는 등 비경제 부문까지 협력이 확대되었다.

1956년 종파사건 등 중국과 북한이 일시적으로 경색된 관계를 가진 적도 있으나, 중국의 경제적 지원은 규모 면에서의 증감이 있을 뿐, 지원 자체는 계속 유지되었다. 이는 양국 관계를 우호적으로 만드는 데 결정적인 역할을 한다. 특히, 전쟁 직후 체결하지 못한 공식적인 동맹관계가 1961년 7월 11일 성립된 이후, 1962년 10월에는 「국경조약(朝中邊界條約)」이 체결되고, 연이어 1964년 5월 「국경하천의 공동이용·관리 협력협정」, 1965년 11월 「위생협력협정」, 1966년 6월 「동물방역검역협정」 등이 조인됨으로써 양국 관계의 외교적 틀을 갖추는 등 이 시기는 북중관계 역사상 최고의 '밀월'관계를 누렸다.

(4) 문혁 시기 이데올로기 갈등의 돌출

1966년 시작된 문화대혁명은 중국 국내적으로 전례 없는 참혹한 정치적 사건이며, 동시에 북중관계를 극단적 갈등으로 몰아간 계기였다. 즉, 양국 관계에서 반목을 부추기는 또 다른 이데올로기 요인의 돌출이다. 1964년 10월 소련의 흐루쇼프 실각과 브레즈네프 체제 출범을 계기로 금이 가기 시작한 북중관계는 1964년 11월부터 1970년 4월까지 양국 간에 정상회담이 한 차례도 열리지 못할 만큼 냉랭했다. 브레즈네프 독트린에 대한 이념 분쟁과 베트남전쟁에 대한 입장 차이, 그리고 문혁 시기 홍위병의 김일성 비판 대자보로 인한 상호 비난에 이르러서는 북·중 갈등이 최고조에 다다랐다.

중국은 북한을 '수정주의'라고 배척하고, 북한은 중국을 '대국주의'라고 비난했다. 1965년부터 양국 간에는 국경에서 여러 차례 분쟁이 발생했다. 1966년 10월, 중국 공산당 기관지 『인민일보』와 조선 노동당 기관지 『노동신문』은 상호 뉴스 교환을 중단했다. 1966년부터 1968년까지 북한 관영 언론매체에 보도된 좌경 기회주의, 교조주의, 대국주의, 쇼비니즘 등의 비판은 모두 중국을 겨냥한 것이었다.[27] 1967년 2월 베이징의 한 대자보는 김일성을 "수정주의자", "흐루쇼프의 수제자"라고 비난하였고, 이에 대해 북한은 인도 주재 북한 총영사가 공개 비판 기자회견을 갖는 등 강력히 반발했다. 급기야 1967년 말에는 양국이 각각 상대국 주재 대사를 소환하기에 이르렀다. 1968년 중국은 북·중 국경을 일시 폐쇄하기까지 했다. 압록강 접경의 단둥丹東에서는 북한과의 모든 왕래가 중단되었다. 하지만 이처럼 최악의 상황에도 불구하고 북중관계가 돌이킬 수 없는 파국에까지 이르지는 않았다.

(5) 동맹관계의 재정상화 노력: 안보이익의 우선

마지막 국내 정치 요인은 문혁의 후유증을 털어내고 북·중 동맹관계를 재정상화하는 안보전략이다. 1968년부터 중국은 대외 관계에서 문혁의 비정상적인 극좌 노선을 바로잡아 북중관계 개선을 위한 여건을 조성하기 시작했다. 1970년 초 중국과 북한은 서로 양자관계를 개선하기 위한 조치를 취하고, 정상적인 궤도로 돌아왔다.

1969년 9월 호찌민 장례식에 참석한 최용건 북한 최고인민회의 상임위원장이 귀로에 베이징에 잠시 머물렀다. 최용건은 중국 지도자들에게 소련이 제시한 '아시아 집단안보체제'에 대해 북한은 지지하지 않을 것임을 보장했다. 국경절 20주년 행사에 중국은 유일하게 북한을 초청했고, 그해 10월 최용건이 경축사절 수석대표로 베이징을 다시 찾았다. 이는 1965년 이래 최고위급 방문이다. 마오쩌둥은 최용건에게 "우리의 목표는 일치한다"며 관계 개선 의사를 전달했다.[28] 북중관계 정상화의 계기가 마련됐다. 1969년 12월 말부터 1970년 1월까지 「조·중 압록강·두만강 항운협력위원회」 제9차 회의가 선양瀋陽에서 열렸다. 여기에서 북·중 양국은 「압록강·두만강 항행航行협정」을 맺고, 그간의 분쟁을 해결했다. 1970년 2~3월간에는 양국이 서로 소환했던 주재 대사를 2년 반 만에 다시 복귀시켰다.

　1970년 4월 저우언라이 총리가 북한을 우호 방문하면서 문혁 이후의 앙금과 오해를 풀고 양국 관계는 완전 회복되었다. 이는 1963년 류사오치劉少奇 국가주석의 방북 이래 중국의 최고위급 방문이다. 저우언라이는 김일성과 「조·중 공동코뮈니케」를 채택하여 발표했다. 이로써 북중관계는 몇 차례 널뛰기 끝에 다시 정상화되었다. 1970년 10월에는 중국과 북한 대표단이 상호 방문하여 중국 인민지원군의 참전 20주년을 기념했다. 쌍방의 지도자가 직접 입회하여 참전 기념식을 거행했다. 그리고 이를 계기로 중국은 「1971-1976 주요 화물 상호공급에 관한 협의」와 「경제 및 기술 원조 협정」을 체결하고, 북한에 매년 50만 톤의 석유를 제공했다.[29] 1976년 1월 '조·중 우의송유관'을 개통한 이후에는 1979년까지 특혜가격으로 매년 100~150

만 톤의 석유를 공급했다. 이러한 북중관계 우호 분위기에 대해 중국 관영매체가 공개 보도한 문건만 해도 45건에 이른다.[30] 결국 70년대 초 미-중 데탕트 정세 변화 속에서 동서 긴장이 완화되며 중국은 고립을 탈피하기 위해 '일변도' 외교에서 연미반소聯美反蘇의 '일조선一條線' 외교정책으로 조정하였고, 북중관계도 평온한 시기에 접어들었다.

3
최고지도자 차원:
영향력 유지

(1) 마오쩌둥의 전략적 취향: 김일성에 대한 불편한 심기

중화주의로 무장된 마오쩌둥의 천하관天下觀은 정상 간 외교현장에서 여과 없이 나타난다.[31] 마오쩌둥은 건국 초기에 잠시 스탈린의 리더십을 추종하여 두 차례 소련을 방문했을 뿐, 이후 사망할 때까지 해외 방문을 하지 않았다.[32] 해외유학의 기회도 마다했던 그였다. 필요하면 상대국 지도자를 중국으로 불러들였다. 닉슨 미국 대통령을 베이징으로 불러들였고, 브레즈네프 소련 서기장도 베이징으로 찾아왔다.

이와 같은 외교적 행태는 대북한 관계에도 그대로 투영된다. 마오쩌둥은 중국 인민지원군의 한국전쟁 참전 결정을 적극적으로 주도했음에도 불구하고 정작 김일성과의 개인적 친분이나 이념적 유대면에서는 그다지 각별하지 않았다. 북한을 '피를 나눈 동맹의 형제국가'로 여기는 북중관계의 중심에 마오쩌둥이 있을 것이란 추측은 맞지 않다. 그는 북한을 한 번도 방문한 적이 없다.

마오쩌둥이 김일성과 직접 대면한 것은 1950년 5월 13일 김일성이 무력 남침계획에 대한 마오쩌둥의 동의를 얻기 위해 중국을 비밀 방문했을 때가 처음이다. 첫 공식회담에서 마오쩌둥이 김일성으로부터 받은 인상은 두 가지 점에서 심기가 불편했다. 첫째는 김일성이 스탈린을 추종하면서 마오쩌둥의 독자적인 권위를 별로 존중하지 않는 언행을 보인 점이다. 김일성은 이미 4월 10일 스탈린과의 모스크바 회담에서 허락을 받은 무력 남침계획을 전달하면서 마오쩌둥에게 동의를 얻고자 했다. 이를 사전에 알지 못하고 있던 마오쩌둥은 김일성이 전달한 스탈린의 의견을 반신반의했다. 저우언라이 총리 겸 외교부장을 한밤중에 소련 대사관에 직접 보내서 스탈린에게 친전 전문으로 문의 확인한 이후에야 비로소 김일성의 전언을 받아들였다. 마오쩌둥은 자신을 빼고 스탈린과 김일성이 군사행동을 결정한 데 대해 불만이 있었지만, 어쩔 수 없이 모스크바의 뜻에 따를 수밖에 없었다.[33]

두 번째는 김일성이 이에 아랑곳 않고 회담이 끝나자 모든 의제에 관해 완전한 의견의 일치를 보았다고 소련 대사에게 선언을 하면서[34] 득의양양得意揚揚해 하는 태도가 심기를 불편하게 만들었다.[35] 당시 곤혹스런 입장의 마오쩌둥으로서는 김일성에 대한 첫인상이 좋았을 리 없다. 마오쩌둥과 김일성의 첫 공식회동은 이렇게 마음속에 응어리를 남기고 어색한 분위기에서 끝났다.

마오쩌둥과 불편하게 헤어진 김일성은 귀국 이후 마오쩌둥에게 전쟁 준비나 개전과 관련한 어떠한 정보도 더 이상 알리지 않았다. 소련의 무기 운반도 중국의 '창춘長春철도'를 이용하지 않고 해상으로 선박을 이용하여 북한에 들여왔다. 그리고 김일성은 전쟁 발발 후 사흘째 되는 날 비로소 무관 한 명을 보내 전황을 중국 측에 통보하였다. 이에 대해 마오쩌둥은 통역인 스저師哲에게 "그들은 우리의 이웃인데도 전쟁 발발 문제를 우리와 논의도 없이 겨우 이제야 통보를 해왔다"고 노기를 보였다.[36] 훗날 두 사람의 관계는 물론 북중관계가 내막적으로 원만하지 못했던 이유가 여기에서부터 이미 잉태되고 있었다.

실례로, 마오쩌둥은 1956년 9월 중국 공산당 제8차 전당대회를 축하하기 위해 방중한 소련 대표에게 "김일성이 어리석은 전쟁을 일으켰고 무식하게 행동한다"며 그를 "마땅히 쫓아내야 한다"고 말했다.[37] 또한 1956년 11월 30일 중난하이中南海에서 소련 대사를 만난 마오쩌둥은 "김일성이 너지Nagy Imre가 될 가능성이 있다. 너지는 사회주의 진영에서 이탈하려다 실패했지만, 김일성은 성공할지도 모른다"며 통제되지 않는 김일성에 대한 불신감을 표출했다.[38]

(2) 마오쩌둥의 북한에 대한 이중적 인식

마오쩌둥은 김일성에 대해 인간적인 신뢰를 두지 않았지만, 북한이 가지는 지정학적 가치는 매우 중시했던 것으로 보인다. 앞서 언급한 것처럼 마오쩌둥은 강제력을 행사하여 김일성을 최고 권력 지위에서 축출할 것을 고려할 정도로 불신감을 가진 적도 있지만, 이와 반대로 소련과의 대립 속에서 북한을 중국의 편으로 끌어들이기 위해 김일성의 요청을 무엇이든 다 들어주라고 지시한 적도 있다.

그러나 1957년 11월 소련의 10월혁명 40돌 기념행사 참석차 소련을 방문하고 돌아온 마오쩌둥은 그동안의 북한에 대한 태도를 완전히 바꾸었다. 중·소 이념 분쟁 속에서 그동안 소련 공산당이 독점해 온 프롤레타리아 국제주의 주도권에 반기를 든 마오쩌둥으로서는 김일성의 지지가 절대적으로 필요했다. 마오쩌둥은 모스크바에서 김일성을 만나 "1년 전에 있었던 (종파사건에서) 중국의 내정간섭은 우리의 착오였다"고 사과를 하고, "무슨 일이 있더라도 중국으로 도망온 연안파 출신 간부들을 내세워 조선에 반대하는 일은 없을 것"이라는 확답을 줬다.[39] 이후 마오쩌둥이 김일성을 전략적 파트너로 받아들여 그와 진지한 회담을 갖기 시작한 것은 1960년 5월 항저우 회동이 처음이다.[40] 5월 19일 베이징을 비공식 방문한 김일성은 저우언라이, 덩샤오핑과 회담을 마친 후 저우 및 덩과 함께 마오쩌둥이 머물고 있는 항저우를 찾았다. 마오쩌둥은 김일성과의 회담에서 북·중 양당과 소련 공산당과의 관계를 놓고 진지하게 의견을 교환했으며, 김일성은 이 자리에서 중국 지도부의 세 편의 논문을 찬양하면서 '은밀히' 중국의 리더십에 편승하는 수완을 발휘하였다.[41]

정리하면, 마오쩌둥은 북한에 대한 개인적인 인식에서 양면성을 보인다. 김일성에 대해서 불편한 심기를 감추지 않으면서도 북한에 대해서는 전폭적인 지원을 아끼지 않았다. 션즈화는 "마오쩌둥에게 있어 북한은 양보와 인내의 대상이었고, 북한이 원하는 것을 기꺼이 제공하려 했다"고 주장한다. 션 교수를 인터뷰했던 『아사히신문』은 이러한 북중관계를 "불신감이 흐르는 제국과 제후국 관계"라고 묘사했다.[42] 그런 점에서 "마오쩌둥은 북중관계의 모순을 알고 있었지만 그것을 겉으로 드러내지는 않았다. 중국 입장에서는 북한이 전략적 차원에서 계속 필요했기 때문에 굳이 관계를 나쁘게 할 이유도 없었다"는 견해[43]가 설득력이 있다.

(3) 저우언라이의 핵심 역할: 김일성과의 신뢰와 유대관계

마오쩌둥 집권 시기에 북중관계의 '수호신神' 역할을 한 사람은 오히려 저우언라이 총리였다. 저우언라이는 북한에 대한 이념적 유대와 영향력 확보를 중시하고 김일성과의 개인적 친분에도 정성을 기울였다. 아래 【도표 8】에 나타나는 것처럼 그는 북한을 다섯 차례 방문했다. 또한 중국을 방문하는 김일성을 직접 영접하면서 개인 친분도 각별했을 뿐만 아니라, 계기마다 주요 회담과 조약 체결에 깊이 관여하는 등 마오쩌둥 시기의 북중관계를 결정하는 핵심적인 역할을 수행하였다. 대표적인 사례는 북·중 동맹조약 및 국경조약 체결, 그리고 문혁 시기 악화된 북중관계의 정상화 회복을 들 수 있다.

【도표 8】 마오쩌둥 시기 중국 지도자의 방북 현황

방문 시기	방문자
1958. 2. 14 ~ 2. 21	저우언라이 총리 친선 방북
1962. 10. 11 ~ 10. 13	저우언라이 총리 방북 ('북·중 국경조약' 체결)
1963. 9. 15 ~ 9. 27	류사오치 국가주석 친선 방북
1970. 4. 5 ~ 4. 7	저우언라이 총리 공식 방북
1971. 7. 15(당일)	저우언라이 총리 방북 (키신저 비밀방중 결과 통보)
1972. 3. 7 ~ 3. 9	저우언라이 총리 방북 (닉슨 대통령 방중 결과 설명)

우선 1961년 7월 베이징에서 체결된 「조·중 우호협력 및 상호원조조약」의 중국 측 서명자는 마오쩌둥이 아니라 저우언라이다. 이는 당시 김일성이 내각책임제하의 수상 직책을 가지고 있었고 저우언라이는 국무원 총리였다는 점을 감안하더라도, 국가 간 동맹조약은 국가를 대표하는 수반이 서명 당사자가 되어야 한다는 점에 비추어 다소 이례적이다.

1962년 10월 체결된 「국경조약(朝中邊界條約)」과 1964년 3월 조인된 「북·중 국경에 관한 의정서」의 내용을 보더라도 중국은 영향력 확보를 위해 북한에 대폭 양보하는 선택을 했다. 백두산 천지를 북한이 54.5%, 중국이 45.5%를 차지하는 분할과 두만강 상류의 국경 획정을 포함하여, 압록강과 두만강의 451개 섬 중에서 북한이 264개, 중국이 187개로 분할함으로써 전체 섬의 면적에서 85%가 북한에 편입되는 내용으로 총 1,334km의 국경선이 확정되었다.[44] 북한에 유리한 방향으로 국경선이 확정되는 배경에는 중·소 분쟁에 따른 대북 영향력 경쟁요인 이외에 협상 책임자인 저우언라이의 우호적인 대북 성향이 작용했을 것으로 추정된다.

문혁 시기 거의 파국에 이르렀던 양국 관계를 회복시킨 것도 1970년 저우언라이의 평양 방문 회담이었다. 저우언라이는 김일성과의 정상회담에서 북중관계는 강산이 맞닿은 이웃이고, 전통 우의는 피로 뭉쳐 다져진(鮮血凝成) 것이며, 입술과 이가 서로 의지하는(脣齒相依) 관계를 구현하는 것이라며 관계 정상화 의지를 표명했고, 김일성도 "양국 간에는 일정 기간 부자연스러운 시기가 있었지만 해결하지 못할 문제는 없다"고 화답하면서 관계를 회복했다. 그리고 미중관계 정상화가 논의되던 1970~1972년 사이에는 저우언라이가 김일성과 네 번이나 회담을 하는 등 북중관계를 조절하는 데 핵심 역할을 수행했다.

2장

덩샤오핑
시기

1978년 12월 중공 제11기 3중전회 이후, 중국은 전면적인 개혁개방의 길로 들어섰다. 사회주의 시장경제 이론의 탐색과 실천에 박차를 가하면서 주변 각국과의 관계도 경제협력과 무역 촉진에 매진하는 경제무역외교로 재편되었다. 1976년 9월 마오쩌둥의 사망 이후 덩샤오핑은 중국 공산당 중심의 정치체제를 견지하면서도 내부적인 경제 안정을 강화하고 집권세력의 정치적 정당성을 재정상화하고자 마오의 이념적인 구속을 탈피하려는 시도를 했다.[45] 결과적으로 덩샤오핑의 집권 기간 자유주의적이고 부국富國을 위한 경제 중심의 외교는 대외 관계에 있어서도 실용적이고 국가이익을 우선시하는 정책으로 나타나는데, 이는 후세대에게 북중관계의 이념적 결박을 약화시키는 초석이 되었다. 비록 덩샤오핑 집권기까지는 한반도의 지정학적 민감성과 북한 정권에 대한 우호적 인식에 있어서 아직 기존의 이념적 틀을 완전히 벗어나지 못했지만, 이후 세대부터는 중국의 국가이익에 대한 계산이 진화하는 결과로 이어졌다.[46]

1
국제체제 차원:
데탕트와 공존

1979년 9월 당시 당 중앙 부주석 겸 국무원 부총리였던 덩샤오핑이 미국을 전격 방문했다. 그해 1월 미중수교에 이은 중국 실권자의 첫 미국 나들이였다. 1971년 4월 '핑퐁외교'와 1972년 2월 '닉슨 방중'으로 전략적 제휴를 시작한 지 7년이 지난 후에야 비로소 이루어진 관계 정상화는 중국이 개혁개방 정책에 착수할 수 있었던 핵심 동력이었다. 그 후 1979년 12월 소련의 아프가니스탄 침공은 60년대 말 데탕트 이후 10년 만에 다시 미·소 간 신냉전을 불러왔다. 따라서 이 시기 중국은 미국과 연대하여 소련의 팽창주의를 견제하는 구도로 전략적 전환을 했으며, 냉전 초기 중·소가 연대하여 미국과 대립했던 것과는 정반대의 구도가 되었다.

(1) '전쟁과 혁명'에서 '평화와 발전'으로 전환

1980년대 중반, 중국에게는 '평화와 발전'이 새로운 시대적 외교전략으로 자리를 잡았다. 중국의 개혁개방이 심화됨에 따라, 국제 관계에 대한 인식의 중점이 '전쟁과 혁명'에서 '평화와 발전'으로 전환되었다. 덩샤오핑은 현대화 건설과 경제발전을 뒷받침하기 위한 평화적인 국제환경이 필요했다. 당시 미·소 양강兩强체제의 냉전이 극에 달한 시점에도 중국의 대외전략 기조를 바꿀 수 있었던 것은 중국의 국제관과 전략적 판단이 바뀌었기 때문이다. 즉, 세계대전은 피할 수 있는 것이고, 전 세계 평화의 역량은 증가하고 있으며, 이후 장기간 평화적인 국제사회가 조성될 것이라는 판단이 있었다는 것이다.[47] 이 같은 인식은 덩샤오핑의 정치적 발언에도 잘 나타나 있다. 그는 당시 국제정세를 평가하면서 "이전에는 항상 전쟁을 걱정했고, 매년 한 번씩은 거론되었다. 지금 보면 지나친 걱정이었다. 내가 보기에는 적어도 10년간은 전쟁이 일어날 수 없을 것이다"라는 진단을 내렸다.[48] 이러한 인식의 전환은 중국의 대외전략 방향의 대전환을 의미한다.

덩샤오핑의 외교사상은 경제 건설을 중심 목표로 하여 평화적인 국제환경 창조에 노력하며, 우호적인 주변 환경 조성을 중시했다.[49] 이에 따라 80년대 이후 중국 외교는 "동맹을 맺지 않고 제3국을 겨냥하지 않는다(不結盟, 不針對第三方)"는 새로운 외교방침으로 전환했다. 국가이익과 지정전략의 관점에서 북한에 대한 일변도 정책에도 변화가 뒤따랐다. 한중수교가 그 대표적인 사례이다. 1992년 8월 24일 한중수교 협정에서 한·중 양국은 "유엔헌장 원칙에 의거하여 상

호 주권존중과 영토의 완정, 상호 불가침, 상호 내정 불간섭, 평등호
혜 및 평화공존원칙의 기초 위에서 장기적인 이웃국가 간 협력관계
를 발전시킨다"고 명시했다.

(2) 자주독립 원칙과 평화공존 5원칙: 안정적인 발전 환경 우선

1980년대 중국 지도자들은 사회주의 현대화 건설, 조국 통일의 가
속화, 패권주의 반대 및 세계평화의 수호라는 3대 과업을 제시했다.
덩샤오핑은 "이 3대 과제 중에서 핵심은 경제 건설이며, 이는 국제
와 국내 문제 해결의 기초"[50]라는 점을 강조했다. 1982년 열린 중국
공산당 12차 당대회는 「사회주의 현대화 건설의 새로운 국면을 전
면적으로 열어젖히다」라는 제목으로 11기 3중전회가 수립한 개혁개
방 노선을 견지하면서 '패권주의 반대와 세계평화 수호'를 대외정책
의 가장 중요한 임무로 삼았다.[51] 장기적인 평화를 달성하는 것이 개
혁개방의 전제 조건이 되고, 이러한 전제가 없이는 현대화 건설이 불
가능했기 때문이다. 1980년대 중국의 외교 이념은 바로 이러한 실용
주의 연장선상에 있고, 외교노선은 독립적이고 자주적인 평화외교를
지향하고 있다. 이 같은 중국 대외전략의 대전환에 따라 대북한 외교
정책도 근본적인 변화가 불가피해졌다.

중국이 대외전략을 이데올로기 우선에서 국익 우선의 실용주의로
전환한 것은 대북관계에서도 똑같은 원칙으로 적용된다. 현대화 건
설과 경제발전에 도움이 되면 곧 실천에 옮기는 방향으로 대외 관계
방침도 전환된 것이다. 중국 현대사의 거대한 변화와 발전의 원동력
에는 이러한 실용주의가 자리를 잡고 있다. 북중관계의 구조적인 변

화의 동력은 냉전 붕괴와 한중수교라는 물리적 환경 변화와 관계없이 그 이전에 이미 중국의 개혁개방과 함께 태동되어 진행되고 있었던 것이다.

(3) 실용주의와 전방위외교: 진영외교 실패의 교훈

중국의 '진영외교'는 덩샤오핑 시기 '전방위외교'로 전환되었다. 전방위는 군사동맹을 맺지 않고 평화공존 5원칙에 기초하여 다양한 유형의 국가들과 보편적인 국가 관계를 맺는 것을 의미한다. 전방위외교는 '독립 자주의 평화 외교정책'을 구사하는 형태로 나타났다. 여기서 '독립 자주'가 강조되는 이유는 과거 진영외교의 폐해와 교훈에서 비롯된 것이다.[52] 또한, 전면적인 개혁개방의 길을 선택한 중국은 사회주의 시장경제의 탐색과 실천에 박차를 가하면서 주변 각국과의 관계도 경제협력과 무역발전 촉진에 매진하는 경제무역외교로 재편되었다. 이데올로기는 더 이상 국가 관계를 결정하는 가장 중요한 요소가 아니다. 이러한 기조는 1980년대 말에서 90년대 초 사이에 마침내 덩샤오핑의 '도광양회韜光養晦' 외교전략으로 구체화되었다.

냉전 종식 이후 국제 긴장 정세는 완화되었고, 강대국 간 경쟁에서 북한의 전략적 중요성은 낮아졌다. 이러한 국제체제적 요인이 북중 관계에 미묘한 영향을 미쳤다. 국가이익이 양국 관계를 다루는 중요한 원칙으로 바뀐 것이다. 일례로 중국은 1976년 8월 북한의 판문점 도끼만행사건이 발생했을 때도 유보적인 반응을 보이며 북한을 편들지 않았다. 중국은 당시 미국과의 수교 준비 작업에 매진하고 있었기 때문에 한반도에서 분란이 생기는 것을 원하지 않았다. 이러한 시대적 변화의 전략적 산물은 결국 한중수교로 이어졌다. 이로 인해 북중관계는 동맹에서 일반적인 동반자 관계로 전환되면서 최악의 밑바닥까지 하락했다.

2
국내 정치 차원:
실용적 우의

(1) 경제발전 우선주의: 개혁개방 노선

개혁개방 이후, 중국과 북한 사이에는 사회주의 노선을 어떻게 견지하고 경제 건설을 어떻게 추진할 것인가 하는 문제에 있어서 이견이 생기기 시작했다. 중국은 '계속혁명론' 및 제국주의와의 '전쟁불가피론'에서 탈피하여 경제발전 우선주의와 개혁개방 노선을 천명했다. 또한 대외정책에 있어 보다 현실적이고 실용적인 조정을 실시하였다. 중국은 경제발전에 필요한 자금, 기술과 선진적인 관리 경험을 도입하기 위하여 서방 주요국과의 관계 개선에 주력하면서 주변국과의 관계도 경제발전에 초점을 맞추는 방향으로 전환했다. 그러나 북한은 전통적인 사회주의 모델을 고수하며 중앙집중식 계획경제 체제를 유지하고, 이데올로기의 순수성을 강조했다. 중국의 개혁개방과 실용주의 노선을 "이해할 수 없는 사회주의에 대한 배신"[53]이라고 생각했다.

(2) 정체성의 충돌: 항미연소抗美聯蘇와 항소연미抗蘇聯美

중국과 소련의 대립은 중국과 북한 모두에게 양국 공통이익에 대한 이견을 갖게 하는 계기가 되었다. 당시 중국은 소련으로부터의 안보위협에 직면했으며, 미국과의 제휴로 위기를 돌파하고자 했다. 반면, 북한은 소련을 등지고 미국과 연대할 필요성에 대해 의문을 갖고 있었다. 다시 말해 중국이 미국과 전략적 제휴를 모색하면서 북·중 동맹관계의 균열은 시작됐다. 북·중 간 안보위협에 대한 인식의 차이는 이미 1970년 중반부터 드러난다. 중국이 UN에 가입함에 따라 혁명수출을 포기하면서 북·중 간 전략적 분열이 발생했다. 중국은 '항소연미抗蘇聯美'의 길로, 북한은 '항미연소抗美聯蘇'의 길로 각각 다른 길을 걷게 된 것이다.

이에 따라 덩샤오핑 집권 시기에는 양국 간 이데올로기와 대외정책, 한반도 지정학적 가치 등 복합적인 측면에서 상호 동질성이 사라지고 이해관계를 달리하는 '정체성의 충돌'을 겪게 된다. 이데올로기 면에서 중국이 사회주의 시장경제 개념을 도입한 것을 북한은 '수정주의'라고 비판했다. 대외정책에 있어서도 중국은 '평화발전'이라는 시대관을 형성하면서 대미·대소 정책 및 세계혁명과 관련해 북한과 거의 대립적 입장을 견지했다. 북한의 아웅산 테러, KAL기 폭파 등 국제테러 행위에 대해서도 중국은 반대했다. 경제적으로는 '사회주의권 우대교역'을 포기하면서 북·중 교역이 대폭 위축되고, 중국의 대북원조도 줄어들었다.

중국의 對한반도 정책도 1985년을 전후하여 변화하기 시작했다. 1985~1986년간 중·소 갈등이 완화되고, '경제적 기적을 이룬 한국'이라는 요인이 부상하면서 북한의 전략적 가치가 하락했다. 한중관계가 전면적으로 개선되면서 한때 미군의 한반도 주둔이 지역 안정에 긍정적인 요소가 될 수도 있다는 인식이 표출되기도 했다. 그런데 흥미로운 점은 이런 분명한 변화에도 중국은 절대로 대북전략이 변했다고 천명하지 않으며, 동맹관계가 무력화된 사실에 대해서도 공식 인정하지 않는다는 것이다.

(3) 활발한 고위급 교류: 동맹 기반 약화의 미봉책

앞서 설명한 국가발전 전략과 안보위협에 대한 인식의 차이에도 불구하고, 1980년대까지는 중국이 활발한 고위급 교류와 경제물자 지원을 통해서 북한과의 갈등 요인을 원만하게 관리할 수 있었다. 1978년 5월 화궈펑華國鋒 국가주석이 김일성의 초청으로 공식 방북한 데 이어, 9월에는 덩샤오핑이 북한 정권 수립 30주년 경축행사 참석차 방북했다. 덩샤오핑은 함흥의 군중대회까지 참석하여 열렬한 환영을 받았다. 1981년 1월 이종옥 정무원 총리가 중국을 방문하고 이듬해 12월 자오즈양趙紫陽 총리가 북한을 방문함으로써 양국 총리의 교환 방문이 이루어졌으며, 1982년 9월에는 김일성이 대대적인 환영 속에 7년 만에 중국을 국빈 방문했다.

1984년 5월 북한을 방문한 후야오방胡耀邦 총서기는 김일성 주최 환영만찬에서 그동안 공개되지 않았던 고위층 내부 교류(비밀 방문) 사실을 털어놓았다.[54] 1982년 4월 26일~30일간 덩샤오핑이 후야오방을 대동하여 방북한 사실, 1983년 6월 2일~12일간 김정일이 최초로 비밀 방중한 사실, 그리고 1979년부터 1984년 사이에 중국의 덩잉차오鄧穎超, 리셴녠李先念, 자오즈양, 시중쉰習仲勛 등이 차례로 방북한 사실까지 처음 공개되었다. 후야오방의 고위층 방북 사례 언급에 대해 김일성은 북·중 지도자의 수시 방문 교류가 '마치 친척집에 가듯 한다(如走親戚)'는 비유법의 일화를 남겼다.[55]

후야오방은 방북 계기에 북한의 통일정책에 대한 명확한 지지 의사도 표명했다.[56] 김일성은 1980년 조선 노동당 6차 당대회에서 남북 쌍방이 상대방의 사상과 제도를 인정하는 기초 위에서 고려민주연방공화국을 건립하여 통일을 실현하자는 주장을 제의한 바 있다. 그리고 1983년 김일성은 연방제 통일방안에서 더 나아가 남북이 교대로 연방최고기구의 의장을 맡을 것을 제안하기까지 했다. 여기에서 시작되어 남북한 동시 UN 가입과 주변국의 교차 승인 문제도 제기되었다.

소위 '교차 승인' 문제는 원래 키신저가 1975년 처음 제안한 방안이다. 먼저 미·중과 남북한 간 4자회담을 소집한 이후에 성과가 있으면 소련과 일본이 참가하여 6자회담으로 간다는 구상이다. 당시로서는 한반도의 현실을 인정해야 한다는 창의적인 인식이었지만, 북한은 이 방안이 한반도를 영구적으로 분열시키려는 의도라며 반대했고, 당시 중국 『인민일보』 사설도 북한의 관점에 동의를 함으로써 결국 '교차 승인' 방안은 맹아萌芽 단계에서 도태되고 말았다.[57] 훗날 중국 내부에서도 당시 중국이 교차 승인을 반대한 것은 북한이 미국과 수교할 수 있는 절호의 기회를 놓치게 만든 대한반도 정책의 중대 실수라는 평가를 내렸다.

아울러 1980년대 후반 북·중 사이에는 매우 활발한 고위층 교류가 이루어졌다. 중국 측에서 리셴녠 국가주석(1986. 10), 자오즈양 총리(1989. 4), 장쩌민 총서기(1990. 3), 리펑李鵬 총리(1991. 5), 양상쿤楊尙昆 국가주석(1992. 4) 등이 방북길에 올랐고, 북한 측에서도 김일성의 네 차례 비공식 방문(1984. 11, 1987. 5, 1989. 11, 1991. 10) 이외에 강성산 총리(1984. 8), 이근모 총리(1987. 11), 김영남 부총리 겸 외교부장(1988. 11) 등이 방중했다.

1980년대에는 이처럼 활발한 고위층 교류를 바탕으로 북·중 간 군사협력 관계도 확대되었다. 중국은 당시 연간 생산량이 40대밖에 안 되던 MIG-21의 개량형인 A-5 전투기 20대를 북한에 파격적으로 지원하고, 1983년에도 다량의 MIG-21을 북한에 인도했는데, 이는 1983년 8월 덩샤오핑과 김일성 간 비밀회담에서 비롯된 군사협력의 결과로 판단된다.[58] 이후 북·중 간 군 수뇌급 교류가 왕성해지고 정치적 결속을 기반으로 군사교류 협력이 공고히 유지되었다.

또한 경제지원 분야에서도 중국은 북한의 발전소, 정유공장, 제지공장 건설뿐만 아니라 평양시의 전력망 확충을 도왔다. 그리고 1977~1981년 및 1982~1986년, 1987~1991년 연속 장기무역협정을 체결하여 지속적으로 석유를 특혜가격으로 공급하는 한편, 1984년 북한에 4억 달러의 대출을 제공하고 매년 북한에 4천만 달러 상당의 코크스, 100만 톤 이상의 식품을 원조했다.[59] 경제 영역의 협력 활성화는 물론 국경 무역도 지속 확대되었다. 북·중 교역 규모도 다음【도표 9】와 같이 1980년을 기점으로 다소 하락하기는 했지만, 80년대 계속 총 무역액이 5억 달러 이상을 유지했다.

[도표 9] 중국의 대북한 무역량 변화(1979년~1990년) (단위: 백만불)

	1979	1980	1981	1982	1983	1984	1985	1986	1987	1988	1989	1990
수입	300.2	275.7	210.5	276.6	231.9	288.7	257.0	276.0	236.2	233.7	185.3	124.5
수출	348.7	411.6	329.8	309.5	301.6	241.1	231.4	233.4	277.1	345.4	377.3	358.1
총계	648.9	687.3	540.3	586.1	533.5	529.9	488.4	509.4	513.3	579.0	562.7	482.7

* 출처: 「中國統計年鑑」(北京: 國家統計局) 각 연도별 발행 자료 종합

(4) 한반도 정책의 균형 전환: 북한의 전략적 가치 하락

1980년대 말 공산권 국가들의 붕괴 도미노가 시작되면서 국제환경은 급박하게 변화되고 있었다. 중국은 새로운 국제환경을 이유로 남북한 유엔 동시 가입을 지지한다고 김일성에게 통보했다. 한중 간무역대표부 개설에 이어, 정식 수교를 위한 막후 접촉도 숨 가쁘게 전개되었다.

첸치천錢其琛의 회고록에 의하면, 1989년 하반기 김일성이 방중했을 때 장쩌민 총서기가 한국과의 민간 무역사무소 설치를 고려 중이라는 이야기를 처음 꺼낸 바 있으며, 1990년 9월 김일성이 선양을 방문하여 장쩌민 총서기와 회담을 했을 때도 장쩌민은 이 문제를 거론했다.[60] 당시 김일성은 방북한 소련 셰바르드나제 외무장관으로부터 한소수교 계획을 통보받고 서둘러 열차편으로 동북3성의 중심지인 선양을 비밀 방문했다. 최고 실권자인 덩샤오핑도 비밀리에 김일성을 만났다. 덩샤오핑은 "경제개혁이 생존에 필수적이고 공산주의

전망은 아직 밝다"며 김일성에게 중국식 개혁개방 모델을 권고했다.

당시 선양 회담에서 김일성은 중국 측의 입장을 충분히 이해한다며 동의한 것으로 되어 있다. 그러나 김일성은 한중수교를 양해한 것이 아니라, 단지 민간 차원의 무역사무소 설치를 이해한다는 표시였다. 그리고 1990년 9월 당시 시점에는 이미 한중 간 무역대표부 개설을 위한 협상이 거의 막바지에 있었다.[61] 북한이 반대를 한다고 해서 돌이킬 수 있는 단계가 아니었다. 그 후 1990년 10월 한중 간에는 대한무역진흥공사KOTRA와 중국국제상회CCPIT의 상주 무역사무소를 설치하기로 합의하고, 이듬해 1월 초 상호 무역사무소를 정식 개설했다.

리펑 국무원 총리는 1991년 5월 방북했을 때 북한 총리에게 "한국이 유엔 가입 신청 시 더 이상 반대하기 어렵다"면서 "한국이 먼저 가입하면 북한은 이후에 가입하려 해도 어려움이 따를 것"이라고 통보했다. 김일성은 귀환 직전의 리펑에게 중국과 보조를 맞추겠다며 남북한 동시 유엔 가입에 동의하는 쪽으로 방향을 바꿨다. 그런데 북한이 당초 남북한 동시 유엔 가입을 반대했던 이유가 사실은 유일 합법정부로서의 정체성과 남북 분단 고착화라는 표면적인 이유보다는 다른 배경이 있었다는 사실에 유의할 필요가 있다. 6월 17일 첸치천 외교부장이 동시 가입 문제 협의차 다시 방북, 묘향산 별장에서 김일성을 만났다. 그때 김일성은 남북한이 유엔 동시 가입을 신청하더라도 미국이 핵사찰을 구실로 북한에 거부권을 행사함으로써 북한 홀로 유엔 가입에 실패할 가능성을 우려하고 있었다는 것이다. 김일성은 중국 측으로부터 이러한 사태가 발생하지 않도록 확실한 보장을 받았고, 9월 17일 유엔총회에서 남북한 유엔 동시 가입이 순조

롭게 통과되었다. 바꿔서 말하면 제1차 핵위기가 시작되기 훨씬 이전부터 북·미 간에 핵사찰 문제가 내막적으로 부각되기 시작했던 것이다.

1992년 4월 양상쿤 국가주석이 김일성의 80세 생일축하 명분으로 평양을 방문했다. 생일축하 메시지와 함께 "한국과의 수교 문제를 고려하지 않을 수 없다. 그러나 북한의 통일사업은 변함없이 지지할 것"이라며 한중수교 예정 사실을 정식 통보했다. 김일성은 "중한관계를 북미수교와 연계하여 처리할 수 있도록 좀 더 숙고해줄 것"을 요청했다. 한중수교가 임박한 1992년 7월 중국은 첸치천 외교부장을 다시 평양에 보냈다. 사실상 한중수교가 임박했음을 통보하려는 목적이었다. 역대 중국 대표단 접견행사 중 가장 짧았다고 하는 첸치천과의 면담에서 김일성은 "자주적으로 사회주의를 견지해 나갈 것"임을 밝혔다.

결국 1992년 8월 24일 한·중 간 정식 수교가 이루어지면서 북한에는 극도의 상실감을 안겨줬고, 즉각적인 반발과 대항 조치가 뒤따랐다. 북한은 판문점 주재 '정전위원회'의 중국 측 대표단 철수를 요구했으며, 중국을 제쳐놓고 미국과 '새로운 평화보장 체제' 협상을 시도했다.[62] 북중관계는 장기간 냉랭한 상태에 빠져들었고, 양측의 정치적 교류는 현저하게 감소되었다. 관영매체의 상대방에 대한 보도까지도 침묵을 지켰다.

3
최고지도자 차원:
개혁개방 권유

덩샤오핑은 혁명에 직접 참여한 1세대 원로의 일원으로서, 김일성과 막역한 개인적 친분을 가지고 있었다. 그러나 중국이 지향하는 대외전략과 외교방침에 어긋나는 북한의 태도에 대해서만큼은 독자적인 색깔로 분명한 입장을 견지했다. 이 같은 양면성의 구체 사례를 비교해보면, 덩샤오핑은 집권기 원칙적인 입장으로 북한을 견제하기도 했으나, 개인적인 유대를 바탕으로 최대한 포용하려는 접근법을 보였다.

(1) 대북 우호적 취향과 실용적 세계관

덩샤오핑이 김일성을 처음 만난 것은 1953년이나, 실질적으로 이들 둘이 친분을 쌓은 계기는 1961년 9월 평양에서 열린 조선 노동당 4차대회 때이다. 당시 덩샤오핑은 중공 대표단 단장 자격으로 평양을 방문하여 동 대회에 참석했다. 중공 중앙서기처 총서기 신분인 덩샤오핑은 김일성과 여러 차례 단독회담을 가지며 환대를 받았다. 1964년 봄에도 덩샤오핑은 평양을 방문했다. 또한, 덩샤오핑은 여타 북한 지도자와도 넓은 인연을 쌓았다. 1962년 6월 박금철 부수상 방중 시에는 당시 중앙서기처 총서기 신분으로 14일간 함께 동행했다. 하지만 덩샤오핑은 1966년 문화대혁명과 함께 실각하면서 잠시 대북한 교류에서도 제외되었다. 그 후 1973년 복귀하여 1975년에는 당 부주석과 중앙군사위 부주석 직책에 해방군 총참모장까지 겸임했지만, 4인방의 비판과 압박으로 다시 정치적으로 궁지에 몰려 있을 때 김일성이 마오쩌둥과 저우언라이 병문안을 위해 중국을 방문하겠다고 통보해 왔다.

덩샤오핑은 1975년 4월 김일성이 공식 방중했을 때 마오쩌둥과 저우언라이로부터 정식 소개를 받아 북중관계의 관리 역할을 넘겨받았다. 마오쩌둥은 중난하이 관저에서 만난 김일성에게 "거동을 못 하게 되면 그땐 두 사람에게 의지할 생각"이라며 동석하고 있던 덩샤오핑을 정식 소개했다. 이어서 김일성의 문병을 받은 저우언라이도 "앞으로 의논할 일이 있으면 이 사람과 상의하라"며 덩샤오핑에게 북중관계를 위임했다. 김일성은 마오쩌둥과 저우언라이의 의중을 확인 후 곧바로 덩샤오핑과 이틀간 회담을 가졌으며, 연이어 두 사람은 3일간 난징南京 여행을 함께 다녀왔다.

1978년 9월 덩샤오핑은 북한 건국 30주년을 축하하기 위해 세 번째 평양을 방문하였다. 저우언라이 사망 이후 또 실각했다가 오뚝이不倒翁처럼 세 번째 다시 실권 지위에 복귀한 덩샤오핑은 특별한 환대와 1주일간 동행하는 교분 속에서 김일성과 인간적인 친분을 굳혔다. 그리고 덩샤오핑의 마지막 해외 방문도 평양이었다. 1982년 4월 덩샤오핑은 후야오방 총서기와 함께 평양을 방문했다. 방북 기간 후계자 신분인 김정일과도 만났다. 덩샤오핑은 그해 9월 답방으로 중국을 찾은 김일성을 기차역까지 마중 나가고, 자신의 고향인 쓰촨四川성을 함께 다녀오는 각별한 우정을 과시했다. 이처럼 덩샤오핑과 김일성의 개인적 친분은 북·중 간 전통적인 관계가 마오쩌둥과 저우언라이의 사망에도 변함없이 지속되고 있었다는 점을 확인시켜준다.

그러나 다른 한편으로 덩샤오핑은 김일성의 경제적 요구를 무조건 들어주지는 않는 실용주의적인 성향을 보였다. 대북지원 군사무기의 무상 수리 지원 전통도 허물어졌다. 1983년 김일성이 마오쩌둥 시기에 무상 지원을 받은 미그기 1대를 선양항공기제조창에 보내서 전례에 따라 무상 수리를 요구했지만, 중국 군수공장은 경제개혁에 따른 도급제承包 실시로 '무료'는 곤란하다며 이를 거부했다. 자체 처리를 못 하는 외교부·대외경제무역부를 거쳐 보고를 받은 덩샤오핑은 "우리는 무기거래상商이고, 우리도 장사를 해야 한다"는 친필 결재로 군수공장의 손을 들어주었다.[63] 마오쩌둥 시기 북한이 요구하면 무엇이든 들어주던 "북·중 간에는 정치적 장부政治賬만 있을 뿐, 경제장부經濟賬는 없다"는 전통은 더 이상 존속하기 어려워진 것이다.

(2) 북한의 개혁개방 유도를 위한 혼신의 설득

1990년 9월 김일성이 선양을 방문했을 때 덩샤오핑은 직접 현지에 가서 김일성과 비밀회동을 가졌다. 남한 정부 승인을 반대하며 최소한 수교 시기만큼은 늦춰줄 것을 요청하는 김일성에게 덩샤오핑은 "경제개혁이 생존에 필수적이고 공산주의 전망은 아직 밝다"며 중국식 개혁개방 모델을 권고했다. 덩샤오핑은 신념을 가지고 한국과의 관계 개선을 독려하면서도, 북한과의 우호관계를 결코 소홀히 하지 않았다. 「한중수교협정」의 중국 측 서명 당사자인 첸치천 외교부장의 회고록 『외교십기外交+記』에는 한중수교 추진 과정에서의 덩샤오핑의 생각이 온전히 드러나 있다. "한중수교를 준비하는 과정에서 온갖 반대파가 생겨났지만, 덩샤오핑은 '무해양득無害兩得'의 논리로 굽히지 않고 밀어붙였다"는 것이다. 손해는 하나도 없으면서 한국의 경제발전 경험을 전수받고 한국과 대만의 외교관계를 단절시키는 일석이조一石二鳥를 취할 수 있다는 실용주의를 넘어서는 치밀한 전략구상을 가지고 있었음을 확인할 수 있다. 덩샤오핑은 단순한 한중수교의 설계자 차원을 넘어서 한반도 정책 재균형과 동북아 전략구도 재편을 꿈꾸고 있었다고 할 수 있다.

1991년 10월 5일 덩샤오핑은 국빈관 댜오위타이釣魚臺 18호각에서 김일성과 마지막으로 만났다. 당시 덩샤오핑은 권력을 장쩌민에게 넘겨주고 일선에서 은퇴한 상태였다. 두 사람의 만남은 각별한 개인 친분을 감안한 비공식 특별회동으로서, 비공개에 부쳤다가 8년 뒤에야 사진이 공개되었다.[64] 15분으로 예정된 면담시간이 한 시간을 넘길 정도로 회한이 담겨 있다. 배석했던 막내딸 덩룽鄧榕을 통해 중국 외교부에 전달된 면담록에 의하면, 덩샤오핑은 당시 국제정세를 분석하면서 개혁개방의 당위성, 생산력 발전을 통한 인민생활 개선 등의 소신을 가감 없이 이야기했다.[65] 김일성에게 "동맹은 믿을 수 없다, 평화공존

5원칙만 믿을 수 있다"는 충고도 남겼다.[66] 평화공존 5원칙의 '비동맹' 조항에 대한 암시는 한중수교에 대비하라는 귀띔이자, 북중동맹의 구속력에 관한 덩샤오핑의 인식이 포함된 메시지이다.

덩샤오핑은 각별한 우정을 나눈 사이지만 정치적으로 생각을 달리하는 입장에서 진술한 충고를 김일성에게 전했다. 미래 북중관계는 더 이상 이데올로기와 지도자 개인 친분에 의해 움직이지 않을 것임을 충분히 예견하고 남긴 충언으로 해석된다. 그리고 김일성은 중국이 나아갈 방향과 한중관계의 정상화가 머지않았음을 직감적으로 알아차렸을 것이다. 이처럼 덩샤오핑은 개인적 우정과 국가적 이익의 선택을 구분하여 처리할 만큼 냉철한 전략가였다.

(3) 덩샤오핑의 남북한관

덩샤오핑의 대남북한관의 변화를 읽을 수 있는 증언이 바로 첸치천의 회고록 『外交十記』이다. 회고록에 의하면, 덩샤오핑은 이미 1985년부터 한중관계에 관심을 표출했다. 1985년 4월 "중한관계의 발전은 우선 장사를 해서 경제에 좋은 일이고, 둘째로 한국을 대만으로부터 갈라놓을 수 있다"는 인식을 보였고, 1988년 5월~9월 기간 중 외빈 접견 시에는 수차례에 걸쳐 "중국의 입장에서는 중한관계 발전이 이로움이 있을 뿐 해로울 것이 없다. 경제적으로 상호 발전에 유리하고 정치적으로 중국의 통일에도 유리하다"고 밝히고 있다. 또한 덩샤오핑은 한국과의 민간관계 발전은 대만문제와 대미·대일관계, 그리고 한반도의 평화와 안정을 위해 "중요한 전략적 바둑알棋子을 놓는 것"이라며 교류를 더 빨리 더 폭넓게 고려할 것을 주문하고 있다.

이와 동시에 덩샤오핑은 북한 쪽의 양해를 얻어야 한다는 점도 강조했다. 이러한 배려는 덩샤오핑이 북한에 대해서 가지고 있던 전통적 국가 관계 인식 및 이념적 애착이 남아 있었기 때문이겠지만, 무엇보다 큰 이유는 김일성과 개인적 교분으로 쌓은 우정이 작용했다고 봐야 한다. 덩샤오핑은 중국이 한국과의 수교를 추진하는 과정에서도 "중한관계 문제는 매우 미묘한 만큼 신중히 처리하고 북한 쪽의 양해를 얻어야 한다"는 내부 지침을 하달하는 등 북한에 대해 끝까지 배려를 잊지 않았고, 그 지침을 이행하기 위해 북한에 수차례 고위인사를 파견했다.

가령, 1992년 4월 김일성의 80세 생일 축하사절로 양상쿤 국가주석이 당정 대표단을 이끌고 평양을 방문했다. 이는 북한과 사전 협의 없이 결정된 전격적인 파견으로, 일선에서 은퇴한 덩샤오핑의 지시에 따른 것이다. 북한은 동 계기에 중국 측에 「사회주의 사업 유지발전 선언」을 약속해줄 것을 요구했으나 중국 대표단이 이를 거부하면서 북-중 갈등이 표면화된 바 있다. 이때 후계자 김정일이 중국 대표단을 쫓아내듯 조기 귀국시킨 것으로 알려져 있다.

김일성은 덩샤오핑과 마지막 회동 후 3년이 지난 1994년 7월 먼저 세상을 떠났다. 덩샤오핑은 특별 위로전문을 통해 "나는 친밀한 전우이자 동지를 잃었다"고 애도했다. 그 후 2년 반이 지난 1997년 2월 덩샤오핑도 눈을 감았다. 북중관계의 전통적 우의를 이어줄 최고지도자의 개인적 유대관계도 그들이 마지막이었다. 그리고 양국 간 중대한 현안을 사전에 서로 알려주는 '통보제도'도 실질적으로는 덩샤오핑 시기까지만 유효했다.

3장

장쩌민·후진타오
시기

탈냉전 이후 북중관계는 상당 기간 침체기에 빠졌다. 북한이 중국에 의존하는 진영외교에서 탈피하여 서방세계를 포함한 다변화외교로 전환하면서 나타난 파동적인 결과이기는 하나, 중국도 북한에 대한 '퍼주기 외교'를 포기하고 경제발전에 유리한 국제환경 조성에 주력했기 때문이다. 결과적으로 북중관계의 암흑기가 1999년까지 이어지게 된다. 이 시기 중국은 북한에 대해 포용적으로 관리하는 수준에서 양국 관계를 조절하였다. 본 장에서는 이 시기를 1990년대 장쩌민 주석의 집권에서부터 2012년 후진타오 주석의 집권 종료 시점까지로 보고, 기간 동안 중국의 주요 대북전략의 선택과 그 성격을 살펴보기로 한다.

1
국제체제 차원:
세계질서 편승

전술한 바와 같이 1990년대 중국과 북한의 관계는 전면적인 재설계가 필요했다. 이는 국제체제에서 '사회주의' 국가이념을 추구할 목적으로 성립된 기존의 진영외교의 명분이 없어졌기 때문이며, 이러한 시대 분위기에서 양국은 생존이라는 측면에서 정치체제의 정체성 차이를 드러냈다. 중국은 개혁개방 노선에 따라 국가이익과 국제질서 관념에 중대한 변화가 생겼지만, 북한은 여전히 전통적인 방침을 고수하려 했다. 이에 따라 중국과 북한 사이에는 기존의 동맹관계가 무색할 만큼 전략적 이해와 국가이익의 관점에서 '탈동조화 decoupling' 현상이 부각되기 시작했다.

(1) 동맹 환경의 악화: 발전노선 차별화, 원조방식 변경, 남북한 균형

북·중 동맹관계의 동질성이 약화되는 상황에서 국제환경도 양국의 동맹을 유지하는 데 점점 더 불리하게 작용했다. 악화된 동맹 환경의 변화는 아래 여섯 가지 행태로 지적할 수 있다.[67] 첫째는 동맹관계의 모호성이다. 북중관계는 맹방인 듯하면서도 그렇지 않은 관계로 전환되었다. 북한에게 있어서 중국은 국가생존의 중요한 후견국이면서도 경계해야 할 대상이 되었다. 둘째, 국제규범에 대한 인식의 차이다. 과거 양국은 국제규범을 거역하는 도전자 입장이었지만, 개혁개방 이후 중국은 국제체제와 규범을 수용하는 '책임 있는 대국'을 추구하면서 북한과 차별성을 드러냈다. 셋째, 발전 노선의 이질화다. 중국과 북한은 과거 모두 소련식 사회주의의 길을 걸었지만, 중국이 개혁개방으로 시장경제를 수용하면서 계획경제를 고수하는 북한과 분명한 노선의 차이를 드러냈다. 넷째는 경제원조 방식의 변화다. 북한이 무상 원조의 역사적 관행을 벗지 못하는 데 반해, 중국은 개혁개방 이후 대외원조에서 시장경제 원칙을 지키려고 했다. 다섯째, 중국의 대남북한 정책의 균형 추구이다. 중국은 과거 북한을 지지하는 일방적 위치였지만, 한중수교 이후에는 한국과 전략적 협력 동반자 관계로 발전할 만큼 한반도에서 남북한 균형정책을 취하고 있다. 여섯째로 가장 첨예한 북핵문제의 대결이다. 북한의 핵보유 전략은 중국의 한반도 비핵화 입장과 양립하기 어렵다.

이와 같이 북중관계는 우호관계의 기본적인 유지에도 불구하고 쌍방의 대내적인 변화 및 주변 국제정세와 연계된 유연한 양자관계로 변화와 재조정을 겪게 되었다. 이는 쌍방이 상호 기대와 불신, 협력과 갈등이 교차하는 "불안정한 전략적 제휴" 관계 속에서 북한의 전략적 가치를 유지하려는 중국과 국제적 고립 상황에서 중국에 의존할 수밖에 없는 북한 사이에서 불가피한 과도적 선택에 따른 것이라 할 수 있다. 따라서 탈냉전 이후 이데올로기는 더 이상 국제 관계의 주요 결정요인이 되지 못했고, 중국의 대북한 외교전략에도 크게 반영되지 않았다.

(2) 탈냉전 이후 새로운 안보위협에 대한 인식의 차이

중국은 냉전 종식과 천안문 사태를 겪으면서 국내외적인 안보위협에 직면하게 되었다. 직접적인 공산권 붕괴의 위협이 사라졌음에도 불구하고, 미국은 오히려 NATO나 미일관계 재편 등 자유주의 연대를 중심으로 기존의 동맹체제를 확대하고 공고히 하려는 시도를 계속했다. 이와 같은 미국 중심의 동아시아 역내 질서 중에서 미일동맹은 중국의 부상과 북한의 핵·미사일 개발을 이유로, 그리고 한미동맹은 북한이라는 위협이 변함없기 때문에 그 관계가 지속될 수 있었다.

또한, 중국의 입장에서는 개혁개방 정책에 따른 경제·문화적 측면의 체제 위협이 군사적 위협보다 더 큰 위기 요인이었다. 미국이 경제적 수단을 동원해 중국 체제의 변화를 도모하려 한다는 '화평연변(和平演變: 평화적 체제 전환)'에 대한 위기감이 높아지면서 중국은 새로운 돌파구가 필요했다. 평화로운 주변 환경이 필요했고, 역동적인 경제성장을 지속하고 있는 동아시아 신흥 개도국들과의 경제협력이 중요해졌다. 이른바 '선린외교善隣外交'를 표방한 외교 다변화로 외교적 고립을 돌파하고자 했다. 다시 말해, 천안문 사건의 여파로 외교적 고립에 직면한 중국은 주변국들과의 소통을 돌파구로 활용했다.

그 결과 중국은 신흥 개발국인 한국의 발전 경험을 주목했고, 북한의 소련 경사 우려에도 불구하고 한국과의 수교로 화답했다.

이 같은 상황에서 중국은 소련과 달리 개혁개방을 통해 사회주의 체제에 시장경제를 접목하는 '중국 특색의 사회주의' 모델을 창출하면서 북한과의 이념적 공유 구조가 무너졌다. 반면 북한은 김일성 사망 이후 극심한 경제난·식량난 속에서 '선군정치'를 내세워 체제를 유지하는 데 주력했다. 중국 개혁개방에 대한 북한의 부정적 시각, 소련의 붕괴와 동유럽 사회주의 체제의 몰락, 한소수교와 한중수교, 김일성과 덩샤오핑의 사망, 장쩌민 체제와 김정일 체제의 출범, 북핵 문제를 둘러싼 주변 대국들의 다양한 움직임 등 복잡한 국내외 변화의 소용돌이 속에서, 중국과 북한은 이데올로기를 초월하여 국익 위주로 대외정책을 조정하게 되었고 북중관계도 이에 상응하여 변화하게 되었다. 이러한 외교환경의 변화는 북·중 간 신뢰에 균열을 가져왔고, 새로운 관계로 재정립하는 계기가 되었다.

(3) 동맹의 해체와 전면적인 재설계 요구에 직면

탈냉전 이후 중국의 외교전략과 이념은 전면적인 재설계가 필요했다. 기존의 독립 자주외교 노선은 그 정책 기조를 포기한 것은 아니지만, 중국의 새로운 외교 이념을 반영하기에 불충분했고, 새로운 설계가 필요했던 것이다. 그러한 필요에 따라 새롭게 제시된 '평화, 발전, 협력, 조화和諧'를 핵심가치로 하는 외교 이념이 현재의 중국 신형 대국 외교에 기틀을 제공하고 있다. 이는 냉전 종식이라는 국제환경 변화를 반영한 것이다. 또한 중국이 한국과의 관계 개선을 시도하면서부터는 한국의 경제발전과 북방외교가 중국의 대북정책에 영향을 끼쳤다. 당시 중국은 한국과의 경제무역 확대 필요성이 커졌고, 한국의 '북방외교'는 1988년 이래 중국을 제외한 거의 모든 사회주의 국가들과 국교를 수립한 상태였다. 드디어 1992년 8월 베이징에서 한·중 양국 외무장관이 「한·중 외교관계 수립에 관한 공동성명」에 서명을 했다.

이와 같은 중국의 국제체제에 대한 인식은 한중수교라는 실체적 행동으로 표출되었으며, 이는 곧 북중관계 변화에 중대한 변수로 작용했다. 실제로 중국 정부는 한중수교를 앞두고 북한 측에 관련 상황을 통보하는 데 신경을 썼고, 한국 측에 이해를 구했다. 하지만 중국의 각별한 배려와 소통에도 불구하고 북한은 한중수교에 대해 강력한 불만을 표출하였다. 이와 관련한 일화는 다수가 이미 공개된 바 있다. 장쩌민은 첸치천 외교부장을 1992년 7월 15일 평양에 파견하여 김일성에게 구두 메시지口信를 전달하고 한국과 국교를 맺기로 했다는 입장을 최종 통보했다. 북한의 반응은 전례 없이 썰렁했다. 첸치천 일행이 탑승한 공군 전용기는 평양공항의 외진 구석에 멈춰 섰고 북한 측 영접 인원은 김영남 외교부장 1명뿐이었다. 일행은 곧바로 헬리콥터를 이용하여 커다란 호숫가 김일성 별장에 도착했다. 김일성은 중국 측 보고를 청취한 이후 잠시 상념에 잠겼다가 "장 총서기의 구두친서를 잘 들었고, 중국이 독립, 자주, 평등하게 자신의 외교정책을 결정하는 것을 이해한다"고 말했다. "모든 곤란을 극복하고 계속 사회주의를 견지해 나갈 것"이라는 입장도 덧붙였다. 역대 중국 대표단 면담 중에서 가장 짧은 회동으로 기록됐다. 관례에 따른 환영

연회는 물론 생략되었다. 이후 북한은 한중수교에 대한 '이해' 표명에도 불구하고 각종 조치에서 불만과 항의의 표시를 드러냈다. 1993년 올림픽 개최지 선정에서 북한은 중국 베이징을 지지하지 않고 호주의 시드니에 찬성표를 던졌다. 이로 인해 베이징은 2000년 올림픽 유치 신청에서 단 2표 차이로 탈락했고 8년이 지난 2008년에야 올림픽을 개최할 수 있었다. 또 당시 학자들에 따르면, 북한은 1961년 체결된 「조중 우호조약」을 중지하겠다는 위협으로 한중수교에 대한 불만을 표시했으며, 또한 중국 주재 북한 대사를 소환하고, 양국 간 체육 문화교류의 잠정 중단을 준비했던 것으로 알려진다. 이로 인해 90년대는 전체적으로 북중관계가 가장 냉담한 시기였으며, 양국 간 고위층 교류는 일시 단절되기에 이르렀다. 원래부터 불안정한 관계의 연속이던 북중관계는 다시금 깊은 수렁에 빠져들게 되었다.

1990년대 이래 중국은 미국에 대한 협력에 적극적인 태도를 보여왔고, 이러한 미중관계는 중국의 대북 접근에 상당한 제약요인으로 작용했다. 1차 북핵 위기에 소극적인 방관 자세로 일관하던 중국이 2차 북핵 위기에는 적극적인 관여 입장으로 변화했다. 중국은 2차 북핵 위기 초기부터 개입하여 북·미·중 3자회담을 제의했을 뿐만 아니라, 문제 해결 노력은 6자회담의 형태로 확대되었다. 그러나 북한은 2003년 1월 NPT 탈퇴를 선언함으로써 아직 정권 인수를 끝내지 못한 후진타오에게 숙제를 안겼다. 이에 중국 정부는 NPT 탈퇴에 반대를 표명하고 IAEA(국제원자력기구)의 북핵문제 안보리 회부에 찬성표를 던졌다.

중국은 북한의 북미 양자회담 고집과 미국의 다자회담 주장 사이에서 평행선을 달리는 북핵문제 해결을 위해 중재자 역할에 나섰다. 중국을 중간에 두고 북·미 양자가 참여하는 3자회담을 가졌지만 갈등이 지속되자, 중국은 6자회담으로 방향을 바꿔서 북한의 참여를 설득했다. 이러한 중국의 적극적인 관여는 당시 미중관계의 변화 분위기와 관련이 있다. 2001년 9.11 테러사건 이후 미국은 대테러리즘 전쟁을 수행하기 위해 안보리 상임이사국인 중국과의 공조가 필수적이었고, 중국 입장에서도 미중관계 개선이 안정적인 국제환경 조성을 통한 경제발전이라는 중국 국가전략에 부합되었기 때문이다.

2
국내 정치 차원:
포용적 관리

탈냉전 이후 북중관계는 이념적 유대를 형성한 관계라고 하기보다는 실리적 관계로서의 성격이 강했다. 이는 냉전 이후, 변화된 동북아 질서에 대한 중국과 북한의 상이한 인식에서 비롯되며, 특히 중국은 이제 동아시아 지역구도 속에서 대북정책을 선택하고 결정했다. 중국은 경제발전을 우선하는 개혁개방의 길을 굳게 견지했으며, 당시 북한은 여전히 안보 우선의 '선군정치' 노선을 지켰다. 이러한 전략적 선택의 차이는 새로운 단계로의 전환을 가져왔고, 북중관계는 다시금 재조정의 모색기에 접어들었다.

(1) 경화결제 전환: 국익 위주의 실리적 선택

80년대 말에서 90년대 초 시기에 형성된 덩샤오핑의 '도광양회' 방침(冷靜觀察, 穩住陳脚, 沈着應付, 決不當頭, 韜光養晦, 善于守拙, 抓住機

遇, 有所作爲)은 중국의 외교전략으로 확립되었다. 중국은 개혁개방을 확대하고 사회주의 시장경제의 탐색과 실천을 가속화하면서 주변국과의 외교관계 발전에서도 경제협력에 방점을 두었다. 이에 따라 중국은 북한과 새로운 「경제무역협정」을 체결하고, 1950년부터 1991년까지 시행해왔던 양국 정부 간 교역을 사회주의권 국가의 우대교역 및 구상무역에서 경화결제 방식으로 전환할 것과 정부가 아닌 기업 간 무역거래 희망 의사를 전달하였다.[68] 이는 북한에게 엄청난 타격을 주었으며, 이후 북·중 교역을 전례 없는 수준으로 위축시켰다. 북·중 경협도 과거 대북 무상물자 지원에서 호혜적 상호원조 사업으로 전환됐다. 또한, 중국의 대북 경제협력과 경제원조 프로그램이 호혜적 협력에 중점을 두기 시작했다. 가령 북한이 에너지 부족으로 주민들의 일상 교통에 자전거가 필요하다고 하면 중국은 물자를 직접 지원하는 대신에 북한에 자전거 공장을 지어주는 방식이다. 실제로 중국의 톈진디지터天津地吉特 무역회사는 북한 대외경제협력추진위원회와 합작으로 평양에 '평진平津자전거합영회사'를 설립했다. 이에 따라 북·중 간 경제기술 협력 규모도 대폭 축소됐다.

1990년대 북·중 고위급 교류 현황을 보면, 다른 시기에 비해 현저하게 결과 빈도가 떨어지는 것을 볼 수 있다. 1992년 8월 한중수교 이후 1999년까지 중국 고위인사 방북은 1996년 7월 뤄간羅幹 국무원 비서장 방문이 유일하다. 유의미한 외교적 방북도 그해 10월 탕자쉬안唐家璇 외교부 부부장 정도에 불과하다. 그 기간 한국을 방문한 고위인사로 리란칭李嵐淸 부총리(1993. 9), 리펑 총리(1994. 10), 차오스喬石 전인대 상무위원장(1995. 4), 장쩌민 국가주석(1995. 5), 후진타오 국가부주석(1998. 4), 리루이환李瑞環 정협주석(1999. 5) 등이 줄을 이은 것과 확연히 대비가 된다.

북한 측 고위인사의 방중으로는 1994년 6월 최광 조선인민군 총참모장과 같은 해 10월 이종옥 부주석, 1996년 5월 홍성남 부총리가 각각 중국을 방문했는데, 이 또한 역대 북한의 대중국 고위급 교류 현황에 비추어 거의 '암흑기' 수준에 가깝다. 1999년 김영남 상임위원장 방중으로 비로소 북중관계 회복의 전기가 마련되었고, 2000년 김정일의 방중을 통해서 양국 관계가 정상화되었다.

(2) 관계 회복 분위기 조성: 경제원조 대가 지불

중국의 전형적인 '포용적 관리'의 형태는 경제지원이다. 중국은 북한을 끌어안기 위한 수단으로 경제적 지원 방식을 일관되게 활용해 왔다. 북한과의 관계 회복을 위해 중국은 경제지원에 많은 공을 들였다. 1995년 북한에 대형 홍수피해가 발생했을 당시 중국은 10만 톤의 식량과 370만 달러 상당의 구호물자를 지원했으며, 1996년 12만 톤의 식량지원에 이어, 1997년 다시 33만 톤의 식량을 무상 제공했다.[69] 또한 1996년 5월 홍성남 부총리가 방중하여 서명한 「조중 경제기술교류협의서」는 중국이 5년 동안 매년 식량 50만 톤, 석유 120만 톤, 코크스 150만 톤을 지원하되, 그중 절반은 무상 원조로 처리하기로 합의했다.[70] 그리고 1998년 10만 톤의 식량과 2만 톤의 화학비료 무상 지원에 이어, 1999년 6월 김영남 최고인민회의 상임위원장의 방중 계기에도 중국은 별도로 15만 톤의 식량과 40만 톤의 코크스를 무상 제공했다.[71] 2001년 장쩌민이 방북했을 때도 20만 톤의 식량과

3만 톤의 경유를 무상 지원했다.[72] 2003년 7월에는 다이빙궈戴秉國 중국 외교부 부부장이 북한을 방문하여 김정일에게 후진타오의 친서를 전달하면서 디젤유 1만 톤을 무상으로 제공했다. 북한이 6자회담 참석에 응하는 조건에도 경제지원이 걸려 있다. 가령, 2003년 10월 우방궈吳邦國 전인대 상무위원장이 방북했을 때 중국은 5,000만 달러 규모의 무상 경제원조를 약속하며 김정일에게 6자회담 재개를 설득했다.

이처럼 북·중 사이에는 고위 지도자가 방북을 하면 경제지원이 선물로 수반되는 것이 관례화되어 있다. 북한의 고위층이 방중을 해도 경제지원을 약속받고, 심지어 국제회의 참석에도 돈이 걸려 있기 십상이다. 이러한 셈법은 사실 세계 외교사에 유례가 없다. 북·중 양국 간 교역은 다음 【도표 10】에서 보듯이 1993년을 고비로 '고난의 행군' 기간 동안 지속 하락하다가 2000년 들어와 다시 증가 추세를 보였고, 중국의 대북 국경 무역 진출도 매년 15%씩 증가했다. 2007년 북·중 교역이 연간 20억 달러를 돌파하고, 중국 기업들의 대북 투자도 활발해졌다. 개혁개방의 전 과정을 통해 계획경제에서 사회주의 시장경제로의 전환을 익힌 중국 기업들은 북한의 무역 방식에 기민하게 적응할 수 있었고, 북한경제의 잠재력에 매력을 느꼈다. 양국 간 과학기술 교류도 빈번해졌다. 2007년 북·중 경제무역연합위원회 제3차 회의와 제42차 과학기술연합위원회 회의가 각각 베이징과 평양에서 열렸다. 또한 양국 정부는 과학기술협력협정 체결 50주년 기념행사도 공동으로 개최했다.

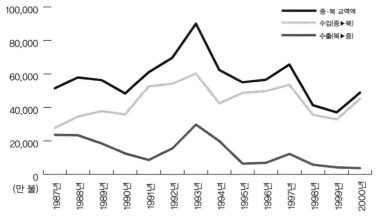

【도표 10】 1990년대 북·중 교역액 추이

100,000
80,000
60,000
40,000
20,000
0
(만 불)

중·북 교역액
수입(중▶북)
수출(북▶중)

1987년 1988년 1989년 1990년 1991년 1992년 1993년 1994년 1995년 1996년 1997년 1998년 1999년 2000년

* 출처: 「中國統計年鑑」(北京: 國家統計局) 각 연도별 발행 자료 종합 (구체 수치는 부록 참조)

(3) 고위급 정치대화 회복 노력: 동반자 관계 설정

중국은 한중수교 이후 중단됐던 북한과의 고위급 정치대화를 회복하기 위해서도 많은 노력을 기울였다. 1994년 7월 8일 김일성의 사망에 임하여 중국은 장쩌민 총서기, 리펑 총리, 차오스 전인대 상무위원장 3부 요인의 공동명의로 애도 전문을 발송하고, 덩샤오핑 개인명의 조전도 별도 발송했다. 장쩌민 주석은 주중 북한 대사관을 직접 찾아가 조문을 했다. 이에 북한도 제한적이지만 우호적으로 호응을 했다. 1994년 9월 중국 건국 45주년에 북한 이종옥 부주석이 방중하여 "세계적인 풍운이 어떻게 몰아치고, 국내에 어떤 변화가 발생하더라도 북중 우의는 영원히 존속될 것"이라고 양국 관계 회복 의지를 밝혔다.[73] 이어서 10월 북중수교 45주년을 기해 장쩌민과 김정일 간 상호 축전을 교환했다. 하지만 김일성 사망과 경제 '고난의 행

군' 등 북한 내부의 체제 위기 속에서 더 이상 의미 있는 진전은 없었다.

1990년대 말 중국과 북한은 다시 관계 개선의 필요성을 느끼고 꾸준히 분위기 조성을 시작했다. 당시의 국제환경 변화가 북중관계 회복에 상당한 영향을 끼쳤다.[74] 1999년 김영남의 공식 방중은 북중관계를 원점에서 다시 시작하는 전환점이 되었다.[75] 그러나 과거의 동맹관계로 환원될 수는 없고, 그 성격 면에서 '동반자 관계'로 재설정이 되었다.

2000년대에 들어와서는 양국 간 고위층 교류가 점차 빈번해지고 경제 교역도 증가했으며, 국제현안에 있어서도 어느 정도 소통이 이루어지면서 전통적인 우호관계로 전략적인 조정과 회복이 이루어지는 듯했다. 그러나 2003년 1월 북한의 NPT(핵확산금지조약, Nuclear Non-Proliferation Treaty) 탈퇴 이후 제2차 핵위기가 고조되자 중국은 북한을 협상 테이블로 유도하기 위해 단둥에 있는 대북 송유관 펌프의 밸브를 일시 걸어 잠그고 압박을 가하는 사태가 발생했다. 이 시기를 전후하여 중국 학자들 중에는 북·중 동맹조약을 개정하여 중국의 자동개입 조항을 삭제해야 한다는 주장[76]을 제기하기도 했지만, 이는 중국 내 주류 의견은 아니다. 중국은 변함없이 매년 적지 않은 식량과 원유를 북한에 지원하고 있고, 대북제재 결의안 채택에서 군사적 제재와 인도적 문제에 대한 제재에는 극구 반대를 했다. 중국이 여전히 북한의 체제유지에 미칠 충격을 완화하는 데 주력하고 있다는 점에서 북중관계를 일반적인 국가 관계라고 평가하는 것은 타당하지 않다.

2003년 10월 당 서열 2위의 우방궈 전인대 상무위원장이 방북하여 핵문제의 평화적 해결과 6자회담 계속 진행에 원칙적인 합의를 도출했다. 2005년 10월에는 우이吳儀 국무원 부총리가 조선 노동당 창당 60주년 기념행사 및 유리공장 준공식 참석차 방북을 했다. 중국의 무상 지원으로 건설된 '대안우의유리공장'은 김정일이 직접 '우의友誼'라는 표현을 넣어 공장 이름을 작명한 북·중 경제협력의 상징물이다. 2006년 4월에는 차오강촨曹剛川 국방부장의 방북에 이어, 그해 7월 북·중 공동으로 우호협력원조조약 45주년 기념식을 가졌고, 10월에는 탕자쉬안이 후진타오 특사로 방북하여 김정일을 만났다. 2006년 12월에는 북·중 정부 간 '공동 해상유전 개발에 관한 협정'에 서명을 했고, 2007년 여름 북한 함경북도 지역이 큰 홍수피해를 입었을 때 중국은 재해복구 작업에 많은 장비와 인력을 적극 지원했다. 후진타오는 김정일에게 위로전문을 보내고 대량의 생필품과 의약품을 지원했다.

후진타오는 북한과의 고위급 인사 교류를 확대함으로써 북한을 설득하고 조정하고자 했다. 특히 2007년 10월에는 중공 제17차 당대회가 끝난 직후 중국은 당 서열 5위의 류윈산劉雲山 정치국 상무위원을 북한에 파견했다. 중국이 당대회 관련 상황을 통보하기 위해 최고위급 인사를 북한에 파견한 것은 처음 있는 일이다. '통보제도' 회복으로 전략적 협력을 강화하려는 포석이다.

하지만 북중관계의 전면적인 회복과 발전 노력에도 불구하고 여전히 다양한 마찰이 상존했다. 탈북자 문제는 그 대표적인 사례다. 중국은 중국 주재 외국 공관에 진입한 탈북자에 대해서 '제3국을 경유하여 한국으로' 귀순을 허용하는 '개별적 선처' 방식의 처리방침을 실행했다.[77] 외국 공관 진입 탈북자에 대해 평양 송환을 강력하게 요구했던 북한으로서는 중국에게 거절을 당한 결과였고, 그동안 쌓았던 중국과의 특수관계가 허물어지는 대목이다. 이에 대해 김정일은 "바로 중국이 조선의 토대를 허물고 있다"[78]며 크게 섭섭해했던 것으로 알려진다.

(4) 북핵 실험의 역설: 북한의 전략적 가치 상승

2006년 10월 9일 제1차 핵실험에서 중국은 초기 '제멋대로' 핵실험을 했다는 외교부 대변인의 강한 비난 성명이 나왔지만,[79] 곧바로 방관적인 태도로 돌아섰다. 중국은 △북한문제에서 상황을 악화시키는 행동을 취하지 않을 것이며, △각국이 냉정하게 대응하여 대화와 협상을 통해 문제를 해결해야 하고, △정세의 격화나 통제 불능의 행동에 이르지 않도록 자제할 것이라는 입장을 표명했다. 핵실험 당일 후진타오는 부시 미국 대통령과의 통화에서 ①한반도 비핵화 및 핵확산 반대, ②대화와 협상을 통해 평화적으로 북핵문제 해결, ③한반도 및 동북아의 평화와 안정 유지라는 세 가지 원칙을 제기했다.[80]

2009년에는 북한의 2차 핵실험에도 불구하고 중국은 '북·중 우호의 해' 활동을 정상적으로 진행하였다. 6월 1일 소년아동서화전이 평양에서 개막되고 8월~9월 사이 평양에서는 12개 프로그램 행사가 열렸다. 2009년 10월 원자바오 총리가 북중수교 60주년 및 '북·중 우호의 해' 마무리 행사 축하를 위해 북한을 방문했다. 중국은 국제사회의 대북제재 공조를 이탈하여 북한에 대한 포용적 접근의 행보를 보였다.

원자바오는 김정일과의 회담에서 △상호 존중과 평등 원칙에 기초하여 고위층 교류를 유지하고, △경제무역 등 영역의 실무협력을 심화하며, △중대한 문제에서의 소통과 조율을 강화하여 △이웃국가로서 우호협력관계의 지속적인 발전을 추진하자고 제의했다. 아울러 양국 정부 간 「경제기술협력협정」 등 문건에 서명을 하고, 북·중 국경에 압록강대교 신축 계획도 발표했다.

이와 같은 2차 핵실험 이후 중국의 대응방식 변화는 중국 내부의 대북정책과 관련한 치열한 논쟁에서 비롯된 것이다.[81] 2009년 7월 15일 '당중앙 외사공작영도소조 회의'가 그 전환점이다. 이를 계기로 중국의 대북정책 우선순위에도 변화가 있었다. 기존 정권에서 ①전쟁 방지不戰 ②혼란 억제不亂 ③비핵화非核化로 되어 있던 대북정책 우선순위를 후진타오 정부가 2순위에 '혼란 억제' 대신 '북한 정권 유지'를 포함시켰다.[82] 1순위와 3순위는 그대로 두고, 북한체제의 현상 유지 원칙을 추가하여 한반도 안정과 평화를 중시하는 방향으로 전환한 것이다.

이를 계기로 중국은 북한의 핵도발과 돌출 행위로 정세 불안정을 야기하는 것을 억제하는 동시에, 국제사회의 지나친 제재로 북한체제가 붕괴되는 것을 방지하는 '균형자' 역할을 자임하는 결정을 한다. 북한의 천안함·연평도 공격에 대해 중국이 보여준 한·미에 대한 만류와 견제 활동은 바로 이러한 정책 변화의 일환이다.

'외사공작영도소조 회의'에 이어, 7월 17일~20일간에는 중국 외교부가 전 세계에 파견된 재외 공관장을 소집하여 베이징에서 공관장

회의를 개최했다. 동 계기에 별도의 '중국의 대북정책 관련 내부회의'가 개최되었는데, 양제츠楊潔篪 외교부장의 직접 주재하에 전·현직 북한 대사, 국책연구기관의 핵심 전문가 등이 참석한 가운데 대북정책에 대한 '백가쟁명百家爭鳴' 식의 내부토론이 벌어졌으며, 이 자리에서 북한문제와 북핵문제를 분리시켜 접근하는 원칙이 세워졌다.[83]이러한 결정은 대북정책의 중대한 전환을 의미한다. 소극적인 관여 입장에서 '균형자'로서의 적극적인 관여 입장으로 바뀐 것이다.

대북정책에서의 전략적 변화는 이후 중국 지도부의 대북 태도와 국제사회에 대한 언행에서 분명하게 드러난다. 2010년 5월 초 천안함 폭침과 관련하여 국제사회가 북한에 대해 제재를 논의하고 있던 시점에 중국은 김정일을 비공식 초청하여 정상회담을 개최한 데 이어, 불과 3개월 후인 8월 말 김정일을 다시 초청해 정상회담을 개최하였다. 그리고 그해 11월 23일 북한이 연평도에 기습적인 포격을 가해 민간인 사상자가 다수 발생하는 명백한 도발을 했음에도 불구하고 중국은 여전히 북한을 두둔하는 태도를 보였다. 북한의 제2차 핵실험에도 불구하고 북중관계는 오히려 다시 긴밀해지고 있는 현상을 잘 보여준다.

(5) 경제협력 강화를 통한 대북 관리

중국은 동북3성 국경지역의 경제회복을 촉진하기 위한 '동북진흥계획東北振興規劃'과의 연계 차원에서 북한에 대한 중국 제조업의 공간적 배치에도 관심을 기울였다. 후진타오 정권은 북·중 간 경제교류 활성화를 통해서 북한의 핵위기와 체제 불안정을 해소하고자 했다. 또한 북한을 회담장으로 이끌기 위해 경협과 무상 원조를 약속하고, 민간기업의 대북 투자를 장려했다. 1991년부터 소련을 대신하여 북한의 최대 무역 파트너가 된 중국은 탈냉전 이후 고립무원의 북한 경제에 점차 유일한 의존 창구가 되었다. 1996년 체결된 북·중「경제기술교류협정」은 경제협력을 촉진하는 계기가 되었다. 북한의 대외무역에서 차지하는 비중 면에서 중국은 1999년 25%에서 2010년 83.2%로 대폭 증가했다.[84] 식량과 원유 수입의 절반 이상을 중국에서 수입했다.

2000년대 들어서 양국 최고지도자 상호 방문과 함께, 이에 편승한 중국의 대북 투자가 크게 증가했다. 2005년 3월 박봉주 내각총리가 중국을 방문하여「투자우대 및 보호에 관한 협약」에 서명을 하여, 양국 기업의 상호 투자 및 경제협력의 규범화를 위한 법적 제도장치를 마련했다.

2005년 10월 노동당 창당 60주년 축하차 방북한 우이 부총리는 북한과 광산개발, 철강공업, 항구건설 등 3개 영역의 협력문제를 협의했다. 2006년 말까지 중국의 대북 투자 항목은 80여 개, 투자상담 자금이 2.2억 달러, 실제 투자액은 1억 달러 이상에 달했다.[85] 북한에게 중국은 최대 투자국이 되었다. 2003년 112만 달러였던 투자는 2008년 기준 4,123만 달러로까지 상승했다.[86]

중국의 초기 대북 투자는 주로 광산업에 집중되며, 구상무역 방식을 채택하고 있다. 즉 중국 기업은 광산 채굴장비와 운수차량을 현물 투자 형식으로 투입하고, 북한은 생산한 자원으로 보상을 하는 방식이다. 북·중 양측에 상호 보완적인 방식으로 중국 경제 회복과 북한 개혁개방에 도움이 되는 유용한 방법이다. 중국의 대북지원 방식에도 변화가 뒤따랐다. 즉 현물 지원보다 북한에 필요한 생산설비를 지원하는 방향으로 전환했다. 2005년 10월 중국의 합작출자로 평진자전거합영회사가 평양에 설립되었고, 2005년 10월 중국의 무상 지원으로 건설된 대안우의유리공장도 정식 준공되었다. 그 밖에 북한의 수재 지원 구호물자로서 2006년 8월 식량, 식품, 디젤유, 약품 및 의료 기자재 등이 긴급 제공되었고, 2007년 재차 약품, 의료기기 등 인도주의 물자를 북한에 원조하였다. 그러나 투자규모 확대와 다변화에는 장애요인이 남아 있는바, 북핵 실험에 따른 안보 리스크와 북한의 폐쇄적인 계획경제의 확고 불변 때문이다. 부분적인 시장경제 요소 도입에도 불구하고 행정적 제약이 크고 시장 기능이 성숙하지 못한 상황에서 위의 장애요인들은 추가적인 투자발전 공간을 제약한다.

중국의 새로운 대북 접근법은 2009년 10월 원자바오 총리의 방북을 전후하여 구체화되기 시작했고, 그 접근방향은 '북핵 이슈'와 '북한문제'를 분리하고 종래의 핵문제 중심의 지정학적 접근에서 벗어나 지경학적 접근 경향으로 구체화되기 시작했다. 이러한 접근법은 곧 북한을 자국의 동북진흥 전략에 자연스럽게 연계시켜 개발함으로써 북한의 변화를 유도하고 촉진하려는 방식이다. 이와 같은 전략 구도와 연관되어 있는 북·중 국경지역 발전계획으로「랴오닝 연해경제벨트 발전계획」(2009. 7. 1), 「창춘·지린·투먼 개발개방선도구 규획요강」(2009. 8. 30)이 각각 국무원 비준을 얻어 발표되었다.[87] 이와 함께 신압록강대교 건설, 황금평·위화도 개발, 훈춘-권하-원정리도로 현대화, 나진·청진항 개보수공사, 동변도東邊道 철도 복원 등 이른바 '대북한 육로·항만·구역 일체화 프로젝트'가 동시 다발적으로 추진되었다.

3
최고지도자 차원:
탈전통과 정상국가 관계

　중국에서 차기 지도자로 내정되면 첫 해외 방문국으로 북한을 찾도록 내부 지침이 마련된 것은 덩샤오핑의 뜻이다. 전후 세대의 지도자에게 사회주의 국가 간 유대와 이념적 가치에 대한 인식을 체험하도록 하기 위함이다. 장쩌민의 경우 1989년 천안문 사태의 와중에서 갑자기 발탁되었기 때문에 총서기에 등용된 이후 첫 공식 방문 국가로 북한을 다녀왔다. 후진타오는 차기 지도자로 확정된 이후 국가부주석 신분으로 1993년 7월 북한을 방문했다. 물론 시진핑도 2008년 국가부주석 신분으로 평양행 첫 해외 방문을 했다. 그러나 이러한 선대 지도자의 배려와 지침에도 불구하고 혁명 후 세대post-revolution generation 지도자들 사이의 개인적 친분은 선대 지도자와 같을 수가 없었다. 혁명 1세대 출신 지도자의 인간적 유대와 공동체 의식이 양국 관계를 결박하던 시대는 역사 속으로 사라진 것이다.

북·중 최고지도자 간 개별적인 우의와 수시 방문 전통은 한중수교 이후 상당 부분 사라지고, 중국 지도자의 경우 후계자 신분으로 1회 및 임기 중 1회 방북하는 수준으로 정형화하는 추세를 보였다. 그런 점에서 양국의 최고위층 교류는 간헐적인 단절과 회복이라는 형태를 보이고 있지만, 그럼에도 중국은 여전히 정상회담 기제를 유효하게 활용하여 북한에 대한 영향력을 유지하고 국제사회에도 후견국으로서의 존재감을 과시하곤 한다.

(1) 혁명 후 세대 지도자: 전통적 유대 외면

장쩌민은 텐안먼天安門 사태로 실각한 자오즈양의 뒤를 이어 1989년 6월 당 총서기 취임 이후 첫 해외 방문으로 1990년 3월 평양을 방문했고, 그 후 2001년 9월 김정일의 두 차례 방중에 대한 답방 형식으로 두 번째 북한을 공식 방문했다. 장쩌민의 공식 방북으로 한중수교 이후 소원했던 북중관계는 일단 해소되었다. 이후 양국 간 고위급 인사의 교환 방문은 다시 이어졌다. 하지만 정책결정권자 수준의 최고위급 지도부의 개인적 취향은 이전의 지도자들과 크게 달랐다.

북한과 별다른 인연이 없고 비교적 자유분방한 성향의 장쩌민은 북한에 대한 특별한 애정을 보인 흔적이 거의 없다. 오히려 1990년대 초부터 북중동맹에 대해 전례 없는 부정적인 발언을 쏟아내기 시작했다. 1991년 10월 8일 장쩌민은 일본 공명당 대표단(단장: 이시다 고시로)과의 중난하이 면담에서 북중관계에 대해 "과거 함께 싸워온 친구이고 끈끈한 유대관계를 맺고 있지만, 동맹국은 아니다"라고 언급했다.[88] 1994년 6월 제1차 북핵 위기가 불거졌을 때도 장쩌민은 북·중 동맹조약이 "한쪽의 전쟁 발발 시 다른 한쪽이 이에 자동개입하는 것을 의미하는 것은 아니다"고 밝혔다. 당시 선궈팡沈國放 대변인도 중국 외교부 정례 브리핑에서 1961년 우호조약의 '자동개입' 조항의 효력에 대한 한국 기자의 질문에 "1961년 조약에는 자동개입 조항이 없다"는 답변을 했다.[89] 다음 해인 1995년 11월 14일 장쩌민 주석의 방한 시에도 천젠陳健 대변인은 기자들과의 인터뷰에서 "중국은 우호조약 2항에 언급된 내용처럼 북한에 전쟁 시 반드시 자동개입한다는 것을 고수하지 않는다"고 언급했다.[90] 특히 1997년 3월 탕자쉬안 외교부 부부장은 "북·중 우호조약이 국제적 상황 변화 및 남북한 유엔 동시 가입 등으로 이제 친선의 의미만 지닌 형식으로 남아 있을 뿐, 만약 북한의 선제공격 행위로 북한이 한·미의 공격을 받을 경우, 중국은 북한을 지원해야 할 부담이 없다"고 명쾌하게 밝히고 있다. 자동개입 조항이 포함된 북·중 우호조약은 아직 폐기되지 않고 남아 있지만, 위와 같은 자동개입 자체를 부정하거나 심지어 동맹국이 아니라는 발언으로 미루어, 1990년대 탈냉전과 한중수교 이후 북중관계는 사실상 동맹의 해체 단계에 이르렀던 것으로 판단된다.

2002년 북한의 신의주특구 설치 좌절에 대한 일화는 북중관계의 허虛와 실實, 그리고 양국 간 민감한 이익 충돌과 불신관계를 여실히 보여준다. 주룽지朱鎔基 총리는 2001년 1월 상하이上海를 방문한 김정일로부터 신의주특별행정구 구상에 관한 이야기를 듣고 "그러한 구상이라면 신의주보다 개성이 더 나을 것"이라고 조언을 했다. 인접한 단둥, 다롄과 경쟁관계가 되는 신의주보다는 한국에 가까운 황해도 지역에 개방특구를 설치하는 것이 더 바람직하다는 판단의 충고였을 것이다. 그러나 김정일은 이러한 조언을 듣지 않고 2002년 9월 신의주특별행정구 지정을 발표하고, 네덜란드 국적을 취득한 양빈楊斌 어우야歐亞그룹 총재를 초대 행정장관에 임명했다가 결국 중도 하차함으로써 타격을 받았다. 신의주특구 행정장관에 임명된 양빈은 신의주로 출발 직전인 10월 4일 새벽 중국 공안당국에 연행됐다. 중국 외교부는 4일이 지나서야 기자 브리핑에서 "불법 활동에 관여한 혐의로 양빈을 조사 중"이라고 확인해주면서도 "양빈사건과 신의주특구는 관계가 없다"고 관련성을 부인했다.[91]

양빈이 체포된 배경과 관련 다양한 추측과 보도가 이어졌지만,[92] 아직까지 확실한 증거가 확인된 바는 없다. 현재로서는 세 가지 해석이 가능하다. 첫째, 북중관계에서 외교적 이유로 국내 불법행위를 덮어주는 '아량'이 더 이상 통하지 않는다는 변화를 보여주었다는 점이다. 양빈이 당시 탈세와 불법자금 전용 혐의로 중국 당국의 내사를 받고 있던 요주의 인물이었던 것은 사실이다. 일반 국제 관계와 마찬가지로 북한에 대해서도 국내법이 우선 적용된 것이다. 북·중 간에 사회주의 이데올로기의 동질성은 더 이상 우선순위가 아니고 국가이익만 있을 뿐이다. 이념보다는 실리를 추구하는 혁명 후 세대 지도자의 대북한 인식을 읽을 수 있다. 둘째는 사건 발생 이후 양국 고위 외교인사가 상호 방문하여 해명 및 교섭 요구에 나설 만큼 갈등이 표출되었던 점으로 미루어, 2000년 5월 김정일의 최초 방중으로 회복된 북중관계는 실질적인 협력에 있어서 아직 원만하지 못했던 것으로 보인다. 그런 점에서 당시 북·중 간 주요 현안에 대해 사전 협의할 수 있는 채널이 대칭적으로 갖추어져 있지 않았고, 북한 내부적으로도 관료조직 간 상호 협조가 제도적으로 미비했기 때문에 양국 간 위기관리를 위한 사전 의사소통이 원활하지 못했다는 평가가 적절하다. 북한의 정책 결정이 김정일의 측근에 의해 비선秘線으로 이루어지기 때문에 국가기관 간 사전 의견조율이 미흡했다는 뜻이다. 그 이후 중국 지도부가 북중 정상회담 때마다 '중대한 국제 및 지역 문제에서 소통 강화'를 강조하는 것도 이와 무관하지 않다. 그리고 셋째는 북한이 일방적으로 결정하고 중국은 사후에 이를 포용하던 양국 관계의 관행이 벽에 부딪히게 된 점이다. 양빈을 임명할 때 사전 통보가 없었던 것은 아니지만, 신의주보다 38선 지역을 고려해보라는 주룽지 총리의 충고를 진지하게 받아들이지 않은 점에 대해서는 전략적으로 경고가 필요했던 부분이라고 할 수 있다. 국가 간 치열한 외자 유치 등 국익 앞에서는 동맹도 견제관계로 반전될 수 있다는 해석과 함께, 다른 한편으로 그 당시 북중관계는 이미 동맹이 해체된 상태라는 점을 보여준다는 해석도 가능하다.

(2) 고위급 교류와 소통의 필요성 대두: '주변국 외교'의 대상으로

2001년 9월 평양을 방문한 장쩌민은 김정일에게 양국 관계 발전을 위한 '16자 방침'을 내놓았다. "전통을 계승하고 미래를 지향하며 선린우호 관계 속에서 협력을 강화하자(繼承傳統, 面向未來, 睦隣友好, 加强合作)"는 게 그것이다. 이와 함께 장쩌민은 김정일에게 '5개 사항 건의'를 제시했다. "△양국 간 고위층 교류를 유지하고, △국제와 지역의 중대 문제에 대한 소통과 협력을 강화하며, △중국 공산당과 조선 노동당의 양당 소통과 교류를 강화하고, △양국의 경제무역 협력을 발전시키며, △청소년들의 왕래 및 인적 교류를 강화해 나가자"는 것이다.[93] '16자 방침'은 전통적 우호관계를 재개하자는 메시지이고, '5개 사항 건의'는 재개하려는 양국 관계의 수준에 대한 요구이다. 그런데 '16자 방침'에는 동맹관계 회복을 위한 어떠한 메시지도 포함되어 있지 않다. 전통적인 우의를 살려서 미래 지향적으로 나가되, 주변국 관계 차원에서 협력을 강화해 나가자는 취지이다. 다시 말하면, 붕괴된 북중관계를 재구축하는 것은 맞지만 동맹이 아닌 '주변국 외교'의 대상으로 간주한다는 뜻이다.

중국의 '주변국 외교'의 핵심 키워드는 '상호 이익과 윈윈(Win-Win: 雙贏)'이다. 중국은 주변국 외교의 원칙을 '3린(睦隣, 安隣, 富隣)'과 친親·성誠·혜惠·용容으로 치장하고 있지만, 그 실질적인 내재 논리는 상호주의에 의거한 선린·우호와 공영관계 구축에 있다. 중국은 2000년대 초 북한과의 관계를 회복하면서 그 성격을 주변국 외교의 일부분으로 재설정했다고 할 수 있다. 2003년 권력을 승계한 후진타오 주석도 같은 내용의 대북정책 '16자 방침'을 천명하였고, 그해 10월 방북한 우방궈 전인대 상임위원장도 '16자 방침'을 강조하였다. 후진타오 시기의 대북정책에서도 '동맹' 개념이나 '혈맹'의 의미는 전혀 찾아볼 수 없다. 2005년 10월 북한을 방문한 후진타오는 김정일과의 정상회담에서 양국 관계를 더욱 발전시키기 위해 ①고위층 왕래의 지속과 상호 소통의 강화, ②교류 분야의 확대와 협력의 내실화, ③경제무역 협력과 공동 발전의 촉진, ④적극적인 협조와 공동이익 수호 등 네 가지를 제안했다.[94] 이에 대해 김정일은 전적으로 공감을 표하고 "국제정세가 어떻게 변하든지 '전략적으로' 북중 우의를 깊이 장악하고, 북중관계 발전을 확고한 전략 지침으로 삼을 것"이라고 약속했다. 이는 2000년 방중으로 일단 회복한 북중관계를 한 단계 더 나아가 전략적인 관계로 발전시키려는 의지를 뚜렷하게 드러낸다. 이후 2006년 북한의 돌발적인 첫 핵실험에 대해 '제멋대로' 행동을 했다고 흥분을 감추지 않았던 중국은 이후 냉정한 입장에서 북한을 포용하는 자세로 돌아선다. 2007년 후진타오는 세 차례에 걸쳐 김정일에게 구두친서를 전달하면서 양국의 선대 지도자들이 친히 엮고 가꾸어온 북·중 전통적 우의를 고도로 중시한다는 뜻을 전했다.[95] 이례적으로 적극적인 외교 수사라고 봐야 하지만, 바꿔서 이해하면 당시의 북중관계가 여전히 과거만큼 회복되지 못했다는 의미로 해석된다.

(3) 정상적인 국가 관계: 제도적 소통, '통보제도' 회복 노력

후진타오가 2009년 3월 방중한 김영일 총리와 접견 시 '전략적 소통'의 심화를 강조한 데 이어, 원자바오 총리도 김영일 총리와의 회담에서 '4개항 건의' 중 네 번째로 "중대한 국제 및 지역문제에서의 소통 강화"를 거론했다. 이에 앞서 시진핑 국가부주석도 2008년 6월 방북하여 김정일과 면담 당시에 '16자 방침'의 정신에 따라 '고위층 교류'와 경제협력을 강화할 것을 언급하고, 연이어 김영남 및 양형섭과의 면담에서는 '정치적 소통政治溝通', 특히 '중대한 문제에 있어서의 소통 유지'를 강조한 바 있다.[96] 이는 다분히 아무런 예고 없이 돌발적으로 감행했던 1차 핵실험을 염두에 둔 발언이다.

그러나, 북한은 2009년 5월 25일 제2차 핵실험을 강행했다. 중국 지도부가 유독 강조했던 '전략적 소통'이 사전에 이루어진 흔적은 없다. 1차 핵실험 당시 30분 전에 핵실험 계획을 통보했던 것보다 조금 빠른 2시간 전에 핵실험 계획을 통보했을 뿐이다. 그럼에도 불구하고 원자바오는 2009년 10월 '북·중 우호의 해' 폐막행사를 위해 예정대로 방북을 했고, 김정일과의 면담에서 '중대한 문제에서의 소통溝通과 조율協調을 강화하자'고 재차 강조했다.[97] 이에 앞서 후진타오는 9월 18일 다이빙궈 특사를 보내 김정일에게 친서를 전달했다. 친서에서 후진타오는 양국 관계를 "보배로운 재산財富"으로 비유하면서 '16자 방침' 정신에 따라 우호관계를 공고하게 발전시키자고 강조했다. 북핵과 관련해서는 한반도 비핵화 목표 실현, 한반도와 동북아 평화 안정과 발전을 수호·촉진하는 것이 중국의 일관된 취지宗旨라는 점을 전달했다.[98] 이에 대해 김정일은 "비핵화 목표를 계속 견지하고, 한반도 평화 안정 유지에 진력하며, 양자 및 다자대화를 통해서 문제를 해결하기를 희망한다"고 밝혔지만, 원론적인 입장표명일 뿐 중국의 권유는 별다른 변수가 되지 못했다. 이러한 지속적인 메시지 전달은 아낌없는 경제지원과 정치적 후견 역할을 해온 중국에 대해 북한의 사전 통보가 전혀 없었던 점을 지적하면서 차후부터는 사전 통보 내지 협의를 갖자는 '통보제도' 정상화 요구를 함축하고 있다. 이는 바꿔서 말하면, 중국과 북한 사이에 과거 혁명 1세대 지도자들과 같은 개인적인 소통 채널, 즉 '통보제도'가 작동하지 않았다는 점을 반증하는 것이기도 하다.

후진타오는 2009년 당중앙 외사공작영도소조 회의에서 중국의 대북정책 우선순위를 수정했다. 1순위와 3순위로 각각 한반도 안정과 비핵화를 둔 것은 변함이 없으나 2순위에 북한 정권의 유지를 포함시켰다.[99] 중국은 북한의 핵도발과 같은 불안정을 야기하는 행동을 억제하는 동시에 국제사회의 지나친 제재로 북한 정권이 붕괴되는 사태도 방지하는 '균형자' 역할을 맡기로 결정했다. 이러한 역할의 일환으로 중국은 북한의 무력도발에 대해선 강한 반대를 표명하지만, 동시에 국제사회가 지나치게 북한을 제재하는 것에 대해서도 반대를 한다.

과거 덩샤오핑은 북한에 본인의 국정철학에 대한 신념을 혼을 담아서 진지하게 설명하고 개혁개방을 수용할 것을 권고하는 모습을 보였지만, 한중수교 이후 제3세대 지도자의 언행에서는 과장된 미사여구와 상투적인 우호관계 강조의 화법이 동원될 뿐, 과거 선대와 같은 진지함은 묻어나지 않는다. 북한과의 교류에 직접 종사했던 관리들도 "그들(북한 측 인사)과의 교류에서 나누는 얘기는 실질적이거나 실속 있는 내용이 별로 없다"는 평가를 한다.[100]

4장
시진핑
시기

2010년대 중국은 비약적인 경제발전과 함께 국제적 영향력 확대를 추구하기 시작했고, 세계 강대국으로서의 정체성이 사회주의의 구원자나 개발도상국가 모델과 같은 과거의 정체성을 대체했다.[101] 그리고 국제무대에서 목소리를 내고 더 적극적인 역할을 수행하기 위해서는 국제규범을 수용하고 국제질서에 편승하려는 노력이 필요했다. 국력이 신장함에 따라 경제발전을 통한 국가이익을 추구하는 것만으로는 충분하지 않고, 능동적이고 적극적인 방식을 통해 국가이익을 제고시킬 필요성이 부각되었다.[102] 이에 따라 중국으로서는 국제규범에 역행하고 핵도발을 일삼는 북한을 무작정 감싸고 지지하기에는 전략적 부담이 컸다. 중국의 국가 정체성과 대외전략 목표가 과거와 크게 달라졌기 때문이다.

1
국제체제 차원:
신형 대국 관계

(1) 국제질서 재편과 G2 부상

시진핑 시대의 북중관계를 결정하는 전략적 선택의 특징은 중국의 주변국 관계에 대한 인식의 변화와 외교환경의 뉴노멀을 수용하는 데서부터 찾아야 한다. 시진핑 시기 G2로 부상한 신흥 강대국으로서 중국은 두 가지 유형의 서로 다른 외교전략을 추구했다. 하나는 다극화 전략이고, 다른 하나는 '평화적 부상' 전략이다.[103] 다극화 전략은 미국 중심의 패권 질서를 견제하고 현상을 변경하려는 시도인 데 반해, '평화적 부상' 전략은 기존의 국제질서를 변경하려 들기보다는 참여와 협력에 중점을 두고 평화적인 질서 변화를 기다리려는 의도를 내포하고 있다. 이는 상호 모순되는 것 같지만, 중국의 전략적 양면성에서 실제적으로 드러나는 특성이다.[104]

강대국 정체성을 중시하는 시진핑은 중국이 더 이상 세계질서에 순응하는 국가가 아니라 주도적으로 세계질서를 구축하는 강대국으로서의 지위를 인정받아야 한다고 인식한다.[105] 시진핑과 왕이王毅 외교부장은 공개 발언과 성명을 통해 중국이 새롭게 구축해갈 세계질서는 상호 공존하는 평화의 질서이며, 국가들은 신뢰를 통해 상호 협력적일 것을 강조했다.[106] 이 같은 정체성을 바탕으로 시진핑 정권은 북한을 균형적으로 조정하고 설득하는 데 그치는 것이 아니라 적극적으로 통제하고자 한다. 또한, 중국은 기존의 '핵심이익'을 지키려는 수세적인 태도를 넘어서 미국 주도의 기존 질서와 제도를 보완하려는 구체적인 국제규범과 '레짐'을 제시하는 새로운 대응외교 단계로 진화하고 있다.

그런데 김정은은 시진핑 정부의 출범에 앞서 시진핑에 대해 시험을 했다. 2013년 3월 양회兩會에서 시진핑 정부가 정식 출범하기 직전인 2월 12일 강행한 북한의 제3차 핵실험은 북중관계를 통째로 바꿔놓았다. 2012년 12월 장거리 탄도미사일ICBM 발사에 이은 북한의 제3차 핵실험에 대해, 시진핑은 이를 중국의 강대국 위상을 근본적으로 뒤흔드는 국가 정체성에 대한 도전적인 행위로 해석했다. 국제사회에서 중국의 체면은 크게 손상되었고, 북한에 대한 중국의 영향력의 한계를 부각시켰다.[107] 이에 중국으로서는 김정은 정권하에서 다시 시작된 핵실험을 동북아 질서와 안정을 훼손하는 행위로 인식하여 경고의 신호와 함께 실질적인 대북제재에 동참하기 시작했다. 2013년 3월 8일 외교부 정례 브리핑에서 중국은 대북제재 유엔 결의안에 찬성하면서 "북한의 핵실험에 단호하게 반대하며, 비핵화를 군건히 옹호한다"고 강조하였고, 한반도 안정과 평화로운 대화와 협상을 통한 해결을 위해 국제 의무를 이행하겠다고 밝혔다.[108] 시진핑 정권은 2013년 유엔 결의안 제2094호를 시작으로 2016년 유엔 결의안 제2270호와 제2321호에 이르기까지 역대 가장 강력하다고 평가받는 대북제재 결의에 연속적으로 찬성표를 던졌다. 중국은 이를 바탕으로 한 대북제재를 비교적 충실하게 실행에 옮겼고, 경제제재 이행보고서를 유엔에 제출했다.

(2) 균형자 역할의 확대: 조정과 통제 시도

시진핑 시기 중국의 남북한 전략은 두 개의 프레임을 가동한다. 하나는 국가이익에 근거한 등거리 균형외교이고, 다른 하나는 '사회주의 동질성'과 '경제적 전략가치'를 각각의 레버리지로 번갈아 취하는 '전략적 선택'이다. 가장 최근에는 미·중 간 전략 경쟁의 갈등이 첨예화되면서 중국은 북한에 사회주의 연대를 부추겨 자국 중심 질서에 끌어들이려는 경향이 커지고 있다. 다시 말해 중국의 신형 대북 외교의 전략적 선택은 곧 '적극적인 위기관리crisis management와 장기적인 문제 해결crisis solution'에 초점을 맞추고 있다는 분석이 설득력이 있다.

2013년 4월 6일 중국 왕이 외교부장은 반기문 유엔사무총장과의 통화에서 "한반도는 중국의 인접국이며, 중국은 누구든 이 지역에서 도발 행위를 하는 것은 반대하며, 중국의 문 앞에서 사달을 일으키는 것을 허용하지 않을 것"이라고 밝혔다.[109] 표면상으로는 모든 관련국을 대상으로 하지만, 핵실험으로 원인을 제공한 북한을 겨냥한 우회적인 경고이다. 다음 날인 4월 7일 보아오포럼 개막 연설에서 시진핑은 "어떤 국가든 자신의 이익만을 위해 지역 및 세계를 혼란에 빠뜨리는 일은 용납될 수 없다"고 언급했다.[110] 이 역시 북한을 겨냥한 간접화법이다. 4월 13일에는 리커창李克强 총리가 베이징을 방문한 존 케리 미국 국무장관을 만난 자리에서 "한반도와 주변 지역에서 자꾸 사달을 내는 것은 관련국 모두의 이익을 해치는 것으로 마치 돌로제 발등을 찍는 것과 같다"[111]면서 사실상 양측 모두에게 각각 북한의 도발과 미국의 강압을 중단할 것을 촉구했다.

중국의 적극적인 동참 속에 유엔 안보리 대북제재 결의안 2087호, 2094호가 각각 통과되었다. 특히 2094호 결의안은 역대 대북제재의 수준을 뛰어넘는 수위의 제재였다. 동 결의안이 채택된 직후인 3월 8일에는 중국 외교부 대변인이 정례 브리핑에서 북중관계가 "일반국가 대 일반국가 관계"라는 발언을 했고, 뒤이어 5월에는 중국의 4대 상업은행이 북한과의 거래를 중단한다고 밝혔다. 이러한 분위기 속에서 '북한 완충지대론'에 대한 비판론이 일시 고개를 들기도 했다. 적대국과의 직접 충돌을 완화해야 할 북한이 오히려 안보 위기를 조성한다는 점에서 북한은 더 이상 완충지대가 아니라는 비판이었다.

(3) 강대국 정체성과 미중 전략 경쟁의 영향

후진타오 정권 시기의 북미관계에 대한 '중재자' 역할은 시진핑 시기에 이르러 강대국 정체성에 기반을 둔 '균형자' 역할로 더욱 강화되고 적극적인 형태로 나타난다. 2013년 출범한 시진핑 정부는 적어도 집권 제1기 동안 대북정책에 있어서 역대 어느 정권보다 강경했다. 전임 후진타오 정권이 '중재자'의 역할을 강조하면서 북한을 협상 테이블로 이끌어내기 위해 지속적인 경제지원 등 포용적 관리정책을 구사했던 것과는 뚜렷하게 대비가 된다. 요컨대, 시진핑 정권의 대북정책은 확장되고 강화된 강대국 정체성을 근간으로 하는 전략적 관리의 특성을 보여준다.

그 후 시진핑 제2기 정부의 대북정책은 전반적인 외교정책 조정의 연장선에서 강대국 정체성을 바탕으로 재설정된다. 즉, 2018년 이후 급변했다고 평가받는 중국의 대북정책은 중국이 강대국 정체성을 바탕으로 리더십을 발휘하고 아시아의 공동안보를 평화로 이끌어가기 위한 움직임의 연속성으로 볼 수 있다. 국제사회는 지금까지 중국이 북한에 대해 가졌던 영향력과 역할에 대해 의심하고 강하게 비판했다. 시진핑 정권은 자국의 강대국 정체성을 흔드는 북한에 대한 대책이 필요함을 인지했고, 동시에 국제사회의 공동안보와 평화 구축에 힘써야 할 강대국으로서 이러한 북한의 도발에 강하게 대응할 필요가 있다고 느꼈다.[112] 이는 대화를 통해 북한의 비핵화를 추진했던 장쩌민·후진타오 정권의 전략과 비교하여 크게 달라진 것이다.

이에 따라 시진핑 제2기 정부에 들어와서 중국의 대북정책은 극적인 변화를 겪는다. 2018년 한반도가 평화 분위기로 상황이 급변하자 중국은 다시 북한과의 관계 회복을 모색하고, 정상회담을 추진했다. 2018년 중국의 태도변화에 대해 국제 언론과 일부 학자들은 중국이 '차이나 패싱China Passing'의 위험을 우려하여 급격하게 외교정책을 선회한 것이라고 해석하지만, 2018년 중국의 대북정책과 행보는 '패싱'에 대한 위기의식보다 강대국 정체성을 바탕으로 해석할 필요가 있다. 시진핑 시기의 대북한 태도는 이전의 무조건적인 포용에서 벗어났다. 국제 공동안보를 해결하는 데 책임 있는 강대국으로서 중국의 대국외교 속성은 이후 점차 구체성과 지속성을 보이면서 2018년 시진핑 2기 정부에까지 일관되게 나타난다.

물론 한반도를 둘러싼 국제정세의 변화도 북중관계의 정체성을 다시 한 번 자극하는 계기가 되었다. 2018년 2월 한국 평창 동계올림픽 이후 한반도 상황은 크게 변했다. 평창 올림픽을 계기로 남북관계는 빠른 속도로 회복되었다. 관계 개선은 2018년 4월 27일 판문점 남북 정상회담, 6월 12일 싱가포르 북미 정상회담으로 이어졌다. 이와 같은 상황에서 '차이나 패싱'이 거론되기 시작했고, 새로운 흐름에서 중국의 전략적 역할이 제한되고, 한반도 안보에서 중국의 영향력이 축소될 수 있다는 주장이 제기되었다. 이에 중국은 한반도 역학관계 변화에 대처하기 위해 북한과의 관계 회복을 추진했으며, 이러한 변화는 곧 중국의 대북정책 목표가 수정된 것으로 해석하기도 한다. 하지만 중국의 외교정책은 단기적으로 설정되지 않으며, 과거의 정권부터 시진핑 정권까지 거대한 국가목표 아래 논의되고 구축된다. 국제 관계의 일시적인 변화로 외교정책의 목표와 방향성이 수정될 가능성은 적다. 따라서 중국의 대북정책을 이해하려면 오랜 역사적 맥락과 당면한 국가발전 목표를 종합적으로 분석할 필요가 있다.

2
국내 정치 차원:
전략적 관리

(1) 신지도부의 대북 신뢰성 위기: 제3차 핵실험과 장성택 처형

2013년 2월 중국 춘절(春節: 설) 연휴 기간에 기습적으로 단행한 북한의 3차 핵실험은 중국의 대북정책의 근간을 흔들고 국제무대에서의 '대국굴기大國崛起' 외교에 걸림돌이 되었다. 지난 두 차례 북핵 실험에도 불구하고 북한을 포용하고 경제적 지원을 감내하는 '전략적 동반관계'를 구축하고자 했던 전임 후진타오 정권의 호의는 철저하게 무시당했다. 김정은은 핵실험 강행에 이어, 그해 12월에는 장성택을 처형함으로써 북중관계를 더욱 냉랭한 분위기로 내몰았다. 이두 사건은 전략적인 측면과 지도층 간 유대 면에서의 신뢰를 모두 허물어버리는 계기가 되었다. 경험이 부족한 김정은 체제에서 과거 저우언라이처럼 북중관계를 이어주는 역할을 기대했던 인물인 장성택을 무자비하게 처형시킨 것은 북중관계의 조정과 중재를 위한 신뢰 조성에 심각한 부정적인 영향을 미쳤다.

중국은 2011년 12월 17일 김정일 사망 발표 직후 신속하게 관련국들이 죽음을 이용하거나 경솔하게 행동하지 말 것을 경고하는 한편, 김정은 지도부와의 접촉을 시도한 바 있다. 그러나 이듬해 7월 왕자루이王家瑞 당 대외연락부장이 방북해서야 첫 대면접촉이 이루어졌다. 왕자루이는 김정은이 처음 접견하는 외국 손님으로, 김정은에게 시진핑의 방중 초청의 뜻을 전달했지만, 성사되지 않았다.[113] 이처럼 중국은 김정은 권력 승계를 신속하게 인정하고 미국에 대해서도 협조를 구하는 등 적극적인 지지와 후견 역할을 하고자 했지만, 김정은의 반응은 무덤덤했다. 오히려 핵무력 강화 행보에 따라 북·중 간에는 전략적 입장 차이가 드러나기 시작했다. 2013년 3월 8일 중국 외교부 화춘잉華春瑩 대변인은 기자 브리핑에서 "중국과 조선은 정상적인 국가 관계"라고 명시적인 답변을 했다.[114] 그해 5월에는 북한군으로 추정되는 무장단체에 의해 중국 어선이 서해에서 납치되어 2주간 억류됐다가 몸값으로 60만 위안을 지불하고 나서야 풀려나는 사건이 발생했는데, 중국 내부에서는 이에 대한 항의와 원성이 높았다. 종종 발생하는 일이지만 이례적으로 언론매체에 보도됨으로써 당시 불편한 양국 관계를 더욱 부채질하는 결과가 되었다.

시진핑은 2013년 10월 정치국 상무위원 전원과 외사공작영도소조 성원, 재외 공관장 및 지방 정부, 인민해방군 간부 등을 대거 소집하여 「주변외교 공작 좌담회」를 개최하였다. 좌담회를 통해 주변국 외교의 방향을 친, 성, 혜, 용의 기본개념에 입각하여 경제적 유대관계를 견고히 하고 안보협력을 심화하며, 긴밀한 인문 유대 강화를 통해 주변국들과 선린·우호관계를 강화시켜 나간다는 방침이 결정됐다. 아울러 평화롭고 안정적이며 발전 번영하는 주변 환경의 중요성이 강조되었다.

이에 따라 시진핑 정부는 지난 후진타오 정권과 달리 강경한 대북 정책들을 내세웠다. 중국은 강력한 대북제재를 담은 유엔 결의안에 찬성하고, 자체적으로도 대북제재를 이행했다. 북핵문제의 처리방식도 단기간 내 해결이 어렵다는 판단에서 중국은 북핵문제와 북중관계를 구분하여 대응하는 방식으로 전환했다. 다시 말해 유엔의 대북제재 결의는 엄격히 준수하여 제재를 이행하되, 동시에 북한과의 정상적인 국가 관계는 유지하면서 북한 정권의 안정과 유지를 보장하려는 이중적인 접근으로 대응하기 시작한 것이다. 이에 따라 중국은 북한과의 국가 정상 간 회담을 6년 이상 단절시켰고, 고위급 인사 교류도 축소하면서 북한의 핵개발에 대해 강한 반대 의지를 보였다. 2013년 시진핑 정권의 출범을 앞둔 상징적인 시점에 북한이 장거리 미사일 발사와 핵실험을 강행하는 도발을 했기 때문이다. 이러한 도발 행위는 중국의 '강대국 정체성'을 뒤흔들고 지금까지 중국이 해왔던 균형자적 역할을 모두 무시하는 것이었다. 국제사회에서 강대국으로서의 적극적인 역할 수행을 추구하던 중국에게 북한의 도발은 오히려 적절한 명분을 제공했다.

이에 시진핑 정부는 국제사회의 대북제재에 적극 동참하는 한편, 자체적인 대북제재도 철저히 이행하면서 과거 6자회담을 설득했던 수준을 훨씬 뛰어넘어 강력하게 비핵화를 압박했다. 실례로 2013년 5월 최룡해 인민군 총정치국장이 북중관계 회복을 모색하기 위해 특사로 중국에 파견되었으나, 시진핑으로부터 확고한 비핵화 원칙과 한반도 안정 유지, 대화를 통한 문제 해결 원칙 입장만을 전달받고, 아무런 소득 없이 귀국했다. 그 후 2014년 7월 시진핑 주석이 이례적으로 북한보다 먼저 한국을 방문함으로써 중국의 대한반도 정책이 바뀐 것 아니냐는 추측을 불러일으켰다. 새로운 지정학적·지경학적 변화 추세하에서 중국의 대한반도 정책은 북중관계의 냉각과 한중 협력관계의 격상이라는 형태로 표출되었다.

그러나, 중국의 입장에서 한반도에서의 전략 조정은 철저하게 국가이익과 전략목표의 기초 위에서 결정된다. 한반도 문제와 미중관계의 협력, 북중관계의 '특수성'과 한중관계의 '비대칭성'으로부터 탈출하여 한국·북한·중국의 3자 경제무역권을 촉진하는 것이 중국으로서는 한반도 전략목표 실현에 도움이 된다.[115] 그런 점에서 북한에 대한 지경학적인 접근과 관여정책은 후진타오 노선을 그대로 이어받고 있었다. 또한, 안보전략 측면에서도 김정은 체제의 안정을 전제로 하는 현상유지 정책을 선호하는 입장을 여전히 견지했다. 요컨대, 북핵문제는 평화적으로 그리고 장기적으로 해결하고, 북한에 대한 정치적 포용 기조를 유지하면서 경제협력을 통한 대북 영향력 확대 전략을 강화하는 방식이다.

(2) 대북정책의 강경 전환: 의지와 결과의 모순

시진핑 정부 출범 이후, 특히 3차 핵실험 이후에는 고위급 인사의 방북을 줄이고, 방중하는 북한 인사에 대해서도 냉정하게 대하는 모습을 보임으로써 북한을 압박했다. 이때까지만 해도 시진핑의 대북

정책은 이전의 장쩌민 및 후진타오 시기와 완전히 다른 모습으로 비쳐졌고, 악화된 북중관계는 돌이키기 어려운 지경에 이를 것이라는 전망이 높았다. 2016년 1월 제4차 북핵 실험 이후 중국의 대북제재 관련 행보는 더욱 적극적으로 전환됐다. 이러한 판단은 구체적으로 중국이 예전보다 강화된 대북제재 결의안(2270호)에 찬성한 점, 완전하고 전면적인 이행 의지를 대내외에 과시한 점, 찬성 후 대북 수출 금지 및 추가 목록 발표를 이전보다 빠르게 진행한 점 등에 근거한다. 그리고 이러한 중국의 적극적인 대북제재 이행 의지의 표출은 책임대국으로서의 정체성 변화와 국제사회의 요구, 북핵 고도화에 따른 한반도의 위기 인식이 반영된 결과로 분석된다.

제4차 핵실험(2016. 1. 6)에 대해 중국 정부는 뒤늦게 채택된 UN 대북제재 결의안 2270호를 근거로 대북 거래에서 집중적인 수출입 제한조치를 실행에 옮겼다. 여기에 포함된 규제 품목은 북한의 주요 수출품인 무연탄과 철광석 등 광물자원을 비롯하여 북한경제 유지에 중요한 수입상품인 코크스용탄과 항공휘발유, 항공등유 등이 망라되어 있다. 2017년에도 시진핑 정부는 강력한 유엔 결의안에 지속적으로 찬성 의견을 표했다. 2017년에는 네 차례 유엔 결의안이 통과되었는데, 북한 노동자 및 인력시장과 관련되어 나타나는 제재의 사각지대가 집중적으로 조항화되었다. 시진핑 정부는 대북제재 결의안의 경제제재를 성실히 이행하면서 동시에 중국 자체적으로도 대북 경제제재를 설정하고 실행했다. 중국은 경제제재의 이행을 담은 보고서를 유엔에 제출했으며, 국내의 주요 기관과 합의하에 북한 수출 제한 품목 리스트를 발행하여 북한과의 금융거래, 선박, 항공기, 화물, 비자, 관광 등 관련된 거래를 중단시키거나 높은 수준으로 제한을 두었다. 시진핑 정부 출범 이후 합의된 유엔 결의안들은 이전 결의안에서 포함시키지 못했던 제재의 사각지대를 많은 부분 추가했다. 북한의 체제와 민생을 뒤흔들 수 있는 실질적인 부분이 포함된 결의안에 찬성을 했다는 것은 중국이 북한의 핵개발과 도발 행위에 대해 엄중히 대응하겠다는 의지로 해석할 수 있다.

그러나 이와 같은 대북제재 동참에도 불구하고 중국이 기존의 한반도 및 대북정책을 근본적으로 바꾼 것은 아니다. 중국은 북핵 폐기를 통한 한반도의 안정이 아니라, 한반도 안정을 통한 비핵화에 방점을 두고 있으며, 북핵보다 미국의 한반도 개입을 더 큰 위협으로 간주하고 있기 때문이다.[116] 시진핑-김정은 시기 북중관계가 완전히 단절된 것은 아니며, 내부적으로 양국이 끊임없는 접촉을 진행해온 것으로 확인된다. 양국은 부장급 및 특사 교류를 통해 상호 관계 회복을 모색하는 의견을 교환하였다. 그리고 경제관계도 2016년 중국이 강압적인 대북제재에 동참하기 전까지는 비교적 평온한 발전을 유지해온 것으로 분석된다. 북·중 교역액은 2013년 최고치를 기록한 이후 2016년까지는 완만한 하향세이기는 하지만 여전히 평온한 교역이 이루어졌다. 또한 이 기간 양국 간의 과학·기술분야의 교류가 빈번하게 진행되었는바, 이는 대외 과시적인 측면과 실리를 추구하는 측면을 동반하고 있다. 이러한 북·중 교류접촉 방식은 중국의 북한에 대한 위기관리와 북한의 체제안전 확보의 필요성이라는 상호 공동의 이익구조에 기인하는 것으로 판단된다.

중국 관영 『인민일보』의 자매지인 『환추시보環球時報』는 2017년 5

월 4일자 사설에서 그동안 금기시했던 「조·중 우호협력 및 상호원조조약」의 재검토 가능성을 거론하고 나섰다.[117] 사설은 조약의 효력에 대한 중국 학계의 논란을 언급하고, 제2조 군사개입 조항이 그동안 북중관계에서 발휘해왔던 역할의 중요성과 함께, 2001년 조약의 연기 이후 북·중 간 핵문제를 둘러싼 이견이 격화되어 중국의 국가 안보에 엄중한 손해를 끼치는 등 북한이 조약의 취지를 위배하고 있다고 지적한다. 그리고 이러한 상황은 조약 체결 당시에는 예측할 수 없던 일이고, 2001년 효력을 연기하던 당시와도 크게 달라졌다고 지적하면서 2021년 유효기간 만료 시 재연장 여부를 장담할 수 없다는 암시를 주고 있다. 결국 시진핑 정부 제1기의 중국과 북한은 전략이익의 상충으로 정치적 신뢰가 소원해졌다고 할 수 있다.

(3) 대북 행보의 전환: 북중관계의 봉합과 재결집

시진핑 정부 제2기의 대북정책도 같은 맥락으로 이해할 필요가 있다. 2018년 한반도의 상황은 급변했다. 남북한이 '한반도 평화'를 목표로 교류와 협력을 약속하고, 미국이 북한과 대화할 것을 약속했다. 이어진 중국과 북한의 정상회담에서 시진핑은 김정은으로부터 '비핵화 의지'를 확인하고 약속을 받아냈다.[118] 박진감 있게 전개되는 한반도 상황은 매우 낙관적 전망을 불러일으키기에 충분한 듯 보였다.

지난 2018년~2019년 사이 시진핑은 1년 반의 짧은 기간 동안 김정은과 무려 다섯 차례의 밀도 높은 정상회담을 통해 북중관계를 새롭게 정립하였다. 그동안 최악의 단계에 이르렀던 양국 관계를 '신형 국제 관계'의 틀 속에서 재설계해 정상적인 국가 관계로 환원시켰다.

한편으로는 '사회주의' 동질성을 반복 강조함으로써 김정은에게 '전통적인 관계'로의 회복에 대한 기대를 갖게 하고, 경제적·인도적 지원 가능성을 열어놓고 '후견-피후견' 관계에 묶어두는 효과를 거두었다. 또한 중국의 실질적인 전략적 목표가 북한에 대한 영향력 확보에 있다고 볼 때, 그 같은 목표는 어느 정도 성공을 거둔 것으로 보인다. 왜냐하면 북중관계의 봉합과 재결집이 상호 전략적 이익에 부합하기 때문이다. 이를 위해 시진핑 방북을 전후하여 '순치', '피血로 굳어진 우의', '세상에서 유일무이' 등 냉전시대 특수한 우의를 상징하던 수사법이 동원되기도 했다.

그런데 문제는 사후에 관찰되는 실질적 변화가 그 정도로 크지 않다는 데 있다. 외교적 수사rhetoric는 얼마든지 남용할 수 있으며, 늘 그래왔다는 점에서 이를 과도하게 고高평가할 필요는 없다. 최근 다섯 차례의 북중 정상회담과 기타 고위 관리들의 교류에서 강조되는 핵심 키워드는 '지역 안보'와 '평화 안정'이다. 중국은 북한의 비핵화 해결 의지를 지지하면서도 다른 한편으로 지역 안보의 평화와 안정을 위한 북한의 노력에 지지와 지원을 강조하고 있다. 중국이 현재 북한과의 관계에서 얻고자 하는 목표는 전통적인 동맹관계의 복원이 아니라 현상유지를 통해 지역 안보를 챙기는 것이란 점을 보여준다. 국가발전을 위한 안정적인 주변국 관계를 조성하려는 전형적인 '주변국 외교'의 속성이 여실히 드러난다.

시진핑 시기 북·중 교류는 북핵 실험 강행에 따른 고위급 방문과 군사 교류가 일시 중단될 정도로 관계 악화 단계를 거쳐서 2018년 이후 다시 비교적 활발한 교류를 회복했지만, 이는 전통적 동맹관계의 복원을 꾀하는 것이 아니라 '정상적인 국가 관계'의 복귀일 뿐이다. 김정은 권력 승계 초기에는 만년의 김정일이 후진타오와 합의한 '전략적 관계'의 연장선에서 나름 활발한 교류와 소통이 이루어졌다. 그러나 2013년 2월 제3차 핵실험을 계기로 시작된 반목이 12월 장성택의 처형 이후 시진핑-김정은 사이의 불신과 갈등이 최악의 단계에 이르렀고, 2014년부터 2017년까지 양국 간 고위급 교류가 거의 중단되었다가, 2018년 이후 최고지도자 상호 방문 재개와 함께 정상적인 교류로 회복된 것이다. 이는 역내 정세 변화에 대응하기 위한 '전략적 소통과 협력'의 기제를 회복하려는 의도가 서로 맞아떨어진 결과이다. 시진핑 방북에서는 한반도 비핵화 목표에 대해 정치적 해결, 북한의 합리적 관심사 해결, 단계적 동시행동 원칙에 북·중이 합의함으로써 전략적 협력관계를 완전히 회복했다. 이로써 새로운 북중관계는 시진핑과 김정은으로의 권력 교체와 함께 '조정 → 악화 → 재설계'의 변화를 거치면서 뉴노멀로 정착이 된다.

다시 돌아보면, 2018년 이후 시진핑 정권의 대북 태도변화는 단순히 한반도 평화 흐름에서 중국이 배제(차이나 패싱)될지도 모른다는 위기의식 때문이 아니라, 한반도 평화체제가 태동하려는 움직임 그 자체가 갖는 폭발성 때문이라고 봐야 한다. 중국은 후진타오 시기의 2009년 이래 북핵 이슈와 북한문제를 분리하여 대응하면서 북한문제에 대한 안정적 관리에 집중해왔다. 당시 중국의 대북정책 변화는 위기의식 때문이 아니라 필요에 의한 능동적인 행동이었다. 이 같은 전향적인 태도 전환은 미중 전략 경쟁의 격화 추세 속에서 같은 사회주의 국가이자 지정학적 가치가 높은 북한과의 협력을 강화함으로써 향후 전개될 한반도 내 영향력 경쟁에 대비하기 위한 포석이라고 할 수 있다. 다시 말해 '북핵'이 아닌 '북한문제'가 부각되면서 중국이 적극적인 관여의 태도를 보인 것이고, 이는 지극히 자연스러운 전략적 대응이다.

하노이 정상회담 결렬 이후 북미 비핵화 협상이 교착상태에 빠지면서 북중관계 발전에 동력이 좀 떨어지고 큰 진전이 없기는 하지만, 2020년에 들어와 코로나19로 인해 국경봉쇄 등 교류 장애에도 불구하고 북·중 양국은 지도부 간 '친서 외교'와 역내 현안에 대한 노골적인 '편들기'를 통해 '밀착' 노력을 이어가고 있다. 그리고 이렇게 회복된 양자관계는 새로운 북중관계의 뉴노멀로 자리를 잡게 되었다.

(4) 대북 경제제재의 허와 실: 파급 영향의 양면성

중국은 유엔의 대북제재 결의안이 일단 채택된 이후에는 안보리 상임이사국으로서 국제 레짐의 원칙을 준수하는 입장이다. 중앙의 정책 결정이 일선 현장에서 실행되기까지 다소 시간이 걸리는 중국 정책기제의 특성을 고려하면, 실제로 중국의 대북제재 집행은 매우 충실한 편이었다. 【도표 11】에 나타난 바와 같이 중국은 유엔 안보리의 제재 결의에 따라 점진적이지만 일관되게 대북제재의 강도를 높였다. 북한에 대한 중국의 최대 압박은 중국 상무부가 '결의 2375호'에 의거 2017년 9월 22일 발표한 '대외무역법 공고문'이다. 이미 북한 무연탄 수입 쿼터 제한과 철광석 수입금지로 휘청거리던 북한은 이 조치로 섬유제품 수출이 막히고, 중국 진출 북한 기업도 120일 이내 폐쇄 명령을 받으면서 더는 제재의 그물망을 빠져나가기 어렵게

[도표 11] 중국의 실질적 대북제재 이행의 단계적 강화조치 주요 사례

계기별	대북제재 조치
제4차 핵실험(2016.1) 이후	- 북한은행 해외지점 개설 금지, 기존 지점 90일 이내 폐쇄 - 금과 티타늄 등 일부 광산물 대북 운송 금지
제5차 핵실험(2016.9) 이후	- 북한산 석탄 수입 상한선(연간 750만t) 설정 - 동과 아연 등 수입금지 광물 추가
탄도미사일 발사(2017.7) 이후	- 북한산 해산물 수입 전면 중단 - 북한산 무연탄, 철광 수입 금지 - 북한과 합작기업 신설 및 투자 금지
제6차 핵실험(2017.9) 이후	- 북한산 섬유제품 전면 수입 금지 - 중-북 합작기업 120일 이내 폐쇄 - 북한 국적자의 신규 노동허가 금지(기 파견자 연장 금지)
ICBM 화성15호 발사 (2017.11) 이후	- 원유수출 연 55만t, 정유제품 8만t 이내로 동결 - 24개월 이내 북한 노동자 완전 철수

됐다.

2018년 초 주瀋선양 북한 총영사관의 지정호텔 겸 연회장으로 사용되던 칠보산호텔의 폐쇄는 실질적인 제재의 심리적 완결 편이라고 할 수 있다. 이에 따라 북·중 교역은 2017년 하반기부터 크게 하락하기 시작하여 2018년에는 전년대비 51.4% 감소한 24.3억 달러[119]에 불과할 정도로 북한에 직접적인 타격이 현실화되었다.

그러나 다른 한편으로 중국은 경제제재 품목에 해당되지 않는 분야를 중심으로 북한에게 경제적 탈출구를 마련해주는 배려도 병행했다. 2018년 중반 이후에는 중국인의 북한 관광이 급증하면서 유엔 제재가 직접 금지하지 않은 분야에서 꾸준히 수익을 북한에 제공한 바 있다.[120] 미국 국방부도 최근 발표한 「2020년 중국군사력보고서2020 China Military Power Report」에서 "중국이 2017년 유엔 안전보장이사회의 대북제재 결의 이행을 늘리면서 불편해졌던 북중관계가 2019

년에 다소 우호적으로 변했다"고 분석했다.[121] 그 구체적인 논거로
는 중국이 2019년에 유엔 대북제재 결의 이행을 전반적으로 계속하
고 있지만 중국 영해에서 이뤄지는 불법 해상 환적을 막지 않고, 중
국 내 북한 금융기관과 무기 관련 대표부 및 그들의 활동을 단속하
지 않으며, 적은 양이지만 중국 바지선과 선박 환적을 통해 북한 석
탄 수입을 지속하고 있다고 지적했다.[122]

최근에는 중국이 다시 북한과의 전통적 우의를 강조하면서 전략적
연대 강화 움직임을 보이고 있다. 2019년 3월 왕이 외교부장은 13
기 전인대 2차 회의 기자회견에서 "중국은 북한이 새로운 국가전략
을 구사하며 경제를 발전시키고 민생을 개선하는 데 집중할 수 있도
록 전폭적으로 지원할 것"이라고 밝힌 바 있다.[123] 나아가 중국 정부
는 일대일로一帶一路와 연계하여 대북한 경제협력을 추진하고자 했다.
랴오닝성遼寧省은 단둥을 관문으로 삼아 일대일로를 한반도로 확장한
다는 사업구상을 발표했다. 2019년 12월 18일 베이징 국가도서관에
서 북중수교 70주년 기념전이 열렸다.[124] 김일성, 김정일, 김정은으로
이어지는 북한 지도자 3대와 마오쩌둥, 덩샤오핑, 시진핑 등 중국 지
도자가 함께 찍은 사진들이 전시되었다. 특히 최근 김정은의 네 차례
방중에서 시진핑과 만난 사진을 많이 걸어 북·중 간 전략적 연대가
매우 긴밀해졌음을 과시했다. 이러한 양국 지도자 간의 우의를 보여
주는 행사는 사회주의 특성상 경제와 문화교류 분야에서 북·중 협력
강화를 추진할 명분을 제공해준다.

또한 중국의 동북3성 지도자들이 수차례 북한을 방문하여 지방 정
부 간 협력을 강화하고 있다. 2019년 12월 23일 바인차오루巴音朝魯

지린吉林성 당 서기가 방북하여 리희용 함경북도위원회 위원장과 만나 농업, 문화, 교육, 체육 등에서 교류를 강화하기로 했다. 방북 기간에 중평 남새온실농장, 청진항 등을 참관했다.[125] 이에 앞서 12월 초에는 천추파陳求發 랴오닝성 당 서기도 방북하여 리수용 북한 노동당 부위원장 및 김영재 대외경제상 등을 만나 무역, 농업, 민생, 관광 등 분야에서 교류 협력을 강화하기로 합의했다.[126] 이러한 움직임은 북미 협상이 지지부진하고 미중 갈등이 커진 상황에서 미국을 자극하지 않도록 중앙 정부보다 지방 정부 차원에서 북한을 측면 지원하고 영향력을 키우려는 우회적인 접근 전략을 추구하고 있음을 보여준다.

북중관계가 이와 같이 단기간에 개선되고 밀착될 수 있는 이유는 무엇보다 양자 간 '전략이익의 공유'라는 배경이 깔려 있기 때문이다. 그리고 중국과 북한이 실제 이상으로 '밀착' 행보를 대외에 과시하는 움직임은 미중 전략 경쟁의 심화, 유엔 제재 장기화에 따른 북한의 경제난 가중, 북미 비핵화 협상 교착 및 남북관계 경색 등이 상호작용한 결과라고 해석된다. 북한으로서는 중국을 우군화友軍化함으로써 남북 및 북미 정상회담에서 협상력을 높이려는 의도가 작용했다면, 중국의 입장에서는 한반도 정세 변화에서 배제되는 '주변화邊緣化'의 위험을 해소하고 대북한 영향력을 회복하는 기회가 되었다고 할 수 있다.[127]

3
최고지도자 차원:
인식의 전환과 재설계

　시진핑은 2010년 10월 25일 중국 인민지원군의 한국전쟁 참전 60주년 행사에서 "항미원조전쟁은 정의로운 전쟁"이라며 북한을 옹호하는 강경한 발언[128]으로 그의 대북한 성향과 북중관계에 대한 인식이 국내외의 관심을 불러일으킨 적이 있다. 그렇다면 시진핑은 북한에 편향된 이데올로기적 시각을 가지고 있다는 의미인가? 그렇다고 볼 수 있는 근거는 빈약하다. 미·중 간 적대적 전략 경쟁이 격화되면서 대북 인식에 전환을 가져왔지만, 시진핑의 대북관은 집권 이전의 초기 대북 인식에서부터 김정은의 핵실험 강행에 따른 학습효과, 그리고 동북아 질서 재편 과정에서의 전략적 고려 등을 통해서 변화와 재정립이 이루어지고 있는 것으로 관찰된다.

(1) 시진핑의 대북한 인식 변화: 학습효과

시진핑의 부친 시중쉰은 김일성 및 김정일 부자와 각각 개인적 인연을 가지고 있다. 문혁 시기에 실각했다가 1978년 복권된 시중쉰은 중국 공산당 우호방문단 단장으로 평양을 방문했을 때 김일성의 간곡한 요청으로 문혁 당시 겪은 모욕과 고충을 털어놓으며 서로 우의를 나눈 바 있다.

이러한 인연으로 시중쉰은 1980년대 김일성이 중국을 방문할 때마다 그를 영접 및 배웅하러 베이징역에 나갔다. 또한 1983년 김정일이 후계자 신분으로 비공식 방중을 했을 때도 베이징역에서 그를 영접하고 면담을 가졌다. 이러한 시진핑 부친의 북한 지도자와의 친분관계를 감안하면, 시진핑의 초기 대북관이나 북중관계에 대한 인식은 어느 정도 부친의 영향을 받았을 것으로 추정된다.

중국에서 차기 지도자로 내정되면 첫 해외 방문국으로 북한을 찾는 전통이 있다. 이러한 전통은 앞에서 서술한 것처럼 덩샤오핑의 뜻에 따른 내부 지침으로, 전후 세대의 지도자에게 사회주의 국가 간 유대와 이념적 가치를 심어주기 위함이다. 시진핑의 경우에도 후진타오의 후계 지도자로 확정된 이후 2008년 6월 첫 해외 방문으로 북한을 찾았다.

당시의 방북은 북·중 간 당 차원에서 마련한 국가 및 정당 간 우호교류 협력과 전통적 우의를 확인하는 의전적 성격이 강했다. 후계자 신분인 시진핑이 개인적인 목소리를 내기는 어려웠고, 따라서 당시 김정일과의 회견이나 여타 공개 발언에 대해 일일이 의미를 부여할 필요까지는 없다. 시진핑이 김일성 생가인 만경대를 방문하여 북·중

간 피로 맺은 동맹을 찬양하고 선대의 우의를 강조했다고 해서 이를 개인적 신념이라고 해석한다면 이는 타당하지 않으며, 북·중 외교의 내막을 잘 이해하지 못한 오독誤讀이 될 수 있다. 2010년 10월 인민 지원군의 한국전쟁 참전 60주년 행사에서 시진핑이 '항미원조전쟁' 을 '정의로운 전쟁'이라고 칭한 것도 이 같은 공식 활동의 절차에서 비롯된 것이라 할 수 있다.

그러나 집권 이후 시진핑의 대북한 인식은 과거·현재·미래의 역사적 구분과 함께 사안별로 전략적 판단과 대응을 달리하는 탄력적이고 복합적인 사고에 기반하고 있는 것으로 평가된다. 즉 '과거형 인식'은 시진핑의 성장과정에서 형성된 북한과의 이념적, 역사적, 인적 유대에 대한 긍정적 감정을 보이며, '현재형 인식'은 북한의 불안정한 정치적, 경제적 현실과 핵 고집의 도발적인 김정은 리더십에 대한 실망에서 오는 현실적 인식을, 그리고 '미래형 인식'은 미중 전략 경쟁을 위한 지정학적 가치와 한반도의 미래에 대한 진단에 기초해 있다.[129]

이와 같은 시진핑의 대북한 인식은 집권 이후 북핵문제를 둘러싼 신경전과 김정은과의 '감정싸움'에서 얻은 학습효과에 의해 실질적인 영향을 받았다고 할 수 있다. 집권 초기의 김정은은 막 권력을 승계받기 시작한 시진핑의 체면을 여지없이 구겨놓았다. 시진핑이 리젠궈李建國 전인대 부위원장을 특사로 파견하여 핵과 미사일 실험의 중단을 요청했지만, 김정은은 이를 무시했다. 2012년 11월 총서기에 취임한 지 한 달 만에 북한은 대포동 2호 장거리 탄도미사일을 발사했다. 시진핑은 대노하여 UN 안보리 제재 결의안 채택에 찬성을 했고, 이에 대해 김정은은 2013년 2월 제3차 핵실험을 강행함으로써 시진핑 신정부의 출범에 '재 뿌리기'를 시작했다.

시진핑의 김정은에 대한 두 번째 불편한 심기는 바로 중국과 북한을 이어주는 '가교bridge' 역할을 하던 장성택을 잔혹하게 처형한 사건 때문이다. 이 사건 이후 중국의 북한에 대한 경제원조가 대폭 감소되었다. 50만 톤의 석유와 10만 톤의 식량원조, 그리고 화학비료 2천만 톤 원조 역시 동결됐다. 장성택이 추진하던 황금평과 나선특구 개발은 전면 중단되고 말았다. 그 후 김정은의 이복형인 김정남 독살사건까지 겹쳤다. 시진핑의 대북한 인식의 전환은 이렇게 악화된 감정에서 비롯되었다.

시진핑은 자신의 권력 승계와 신정부 출범 시기에 김정은이 '재 뿌리기' 식 핵실험을 강행한 데 대해 불편한 심기를 숨기지 않았다. 중국 조야의 격앙된 분위기와 시진핑의 불편한 심기를 되돌리기 위해 북한은 2013년 5월 22일 최룡해 총정치국장을 김정은의 특사 자격으로 중국에 파견했다. 하지만 최룡해 특사의 시진핑 예방 일정이 지연되어 고려항공 특별기의 귀환 예정 항공 운항시간을 연기할 정도로 시진핑의 노기는 쉽게 풀리지 않았다.

게다가 핵보유 인정과 전통적 관계 회복을 동시에 요구하는 김정은의 친서 내용은 더더욱 시진핑을 불쾌하게 만들었다. 최룡해는 결국 군인 신분의 정복을 벗고 인민복으로 갈아입은 후에야 시진핑을 만날 수 있었다. 시진핑은 베이징인의 기질 그대로 체면을 중시하고 완고하며 자존심이 강하다.[130]

이에 대해 김정은은 끊임없이 중국의 잔칫상에 '재 뿌리기' 식의

【도표 12】중국의 주요 행사 계기 북한의 핵·미사일 도발 사례

도발 내용 및 시기	당시 주요 행사
대포동2호 ICBM 발사(2012-12-12)	시진핑 권력 승계 18차 당대회(11월) 종료 직후
제3차 핵실험 (2013-02-12)	시진핑 정부 정식 출범 직전 (3월초 兩會 준비)
단거리 미사일 2발 (2013-03-15)	중국 양회兩會 마지막 날 기자회견 (베이징)
제5차 핵실험 (2016-09-09)	주요 20개국(G-20) 정상회의 개막일(저장성 杭州)
탄도미사일 4발 (2017-03-06)	중국 최대 정치행사 兩會(베이징)
탄도미사일 1발 (2017-04-05)	미중 정상회담 이틀 전(플로리다)
'화성12호' 탄도미사일 (2017-05-14)	일대일로一帶一路 정상포럼 개막(베이징)
제6차 핵실험 (2017-09-03)	브릭스BRICS 정상회의 개막(푸젠성 廈门)

도발을 강행하면서 시진핑과의 감정싸움을 반복했다. 【도표 12】에서 보는 것처럼, 북한은 중국의 주요 국제행사 때마다 크고 작은 도발을 감행하여 중국에 불만을 표출하는 한편, 국제사회에 북한에 대한 관심을 촉발하는 '편승홍보' 전술을 구사했다.

(2) 전략적 고려와 관계 재정립

역대 중국 최고지도자가 북한을 먼저 방문하는 전례를 깨고, 시진 핑은 한국을 먼저 방문했다. 시진핑의 개인적 신념을 보여주는 파격 이다. 북한에게는 매우 충격적인 외교적 메시지로서, 이는 곧 시진 핑이 북한에 대한 불편한 심기를 풀지 않았다는 뜻이다. 2014년 7월 공식 방한하여 박근혜 대통령과 회담할 때, 시진핑은 '북핵 불용' 입 장을 재확인하는 등 여전히 북한 비핵화에 대해서 완강한 입장을 보 였다.

하지만 시진핑이 북한과의 이념적 유대의 끈마저 모두 끊어버린 것은 아니다. 2013년 7월 평양에서 열린 북한의 '전승절'(정전협정 체결일) 기념행사에 리위안차오李源潮 국가부주석을 파견했다. 시진핑은 방북하는 리위안차오를 통해 '비핵화' 의지를 담은 친서를 김정은에게 전달했다. 냉각된 북중관계를 회복하자는 김정은의 뜻에 동의하면서도 비핵화 원칙에는 변함이 없음을 분명히 강조하는 메시지를 담고 있었다. 리위안차오는 김정은과 나란히 주석단에 올라서 김일성 광장의 대규모 열병식을 지켜봤다. 1950년 11월생인 리위안차오는 이름의 '源潮'가 북한을 돕는다는 뜻의 '援朝'와 완전 동음同音으로서, 그의 부모가 지어준 이름의 유래가 북한과 관련이 있음은 이미 언론을 통해 잘 알려진 사실이다. 중국이 이러한 상징적 인물을 선택하여 '전승절'에 중국 대표로 파견한 것은 이념적 상징성을 외교전략에 활용한 사례이다.

그리고 2018년에 이르러 또 한 번의 대반전이 시작되었다. 2018년 세 차례 북중 정상회담을 통해서 시진핑은 대북정책의 '3가지 불변三個不會變'의 원칙을 제시했다.[131] 즉, ① 중국 정부의 양국 관계 공고화 발전에 대한 입장, ② 중-북 양국 인민의 우호와 정의情誼, ③ 중국의 북한 사회주의 사업 건설에 대한 지지의 세 가지 입장은 변함이 없을 것임을 천명한 것이다. 이는 제1차 시진핑-김정은 회담에서 제시했던 북중관계를 "잘 수호하고, 잘 공고히 하며, 잘 발전시켜 나간다"는 '3가지 우호三個好' 원칙에서 진일보한 입장이다. 일단 정상화된 북중관계를 '전략적'으로 지속 관리해 나가기 위한 가이드라인이라고 할 수 있다.

하지만 이 같은 가이드라인은 결코 북중관계를 과거의 동맹관계로 되돌리려는 의도를 의미하지는 않는다. 이를 '동맹관계 회복'으로 평가하는 것은 잘못된 해석이다. 시진핑이 2019년 6월 방북 시 김정은과의 정상회담에서 천명한 '키워드'에서 이를 뒷받침하는 단서를 찾을 수 있다. 즉, 시진핑은 김정은에게 "북한 측이 합리적인 안보와 발전의 관심사를 해결하는 데 있어서 '힘이 닿는 데까지(力所能及)' 도움을 제공하기를 희망한다"는 뜻을 표명했다.[132]

그런데 1961년 「조·중 우호조약」에는 "어느 일방이 제3국으로부터 무력침공을 당하여 전쟁상태에 놓이면 상대방은 지체 없이 '모든 힘을 다하여(盡其全力)' 군사적 원조를 제공해야 한다"고 규정하고 있다.[133] 시진핑은 군사동맹의 상징으로 명시되어 있는 표현을 사용하지 않고, '최대한'이란 정도의 의미인 "힘이 닿는 데까지"를 사용한 것이다. '모든 힘을 다하여' 돕는 것과 '힘이 닿는 데까지' 돕는 것은 그 구속력에서 엄연한 차이가 있다. 또한 2020년 5월 7일 김정은이 보낸 코로나19 사태 극복 축하 친서에 대해 시진핑도 구두친서로 화답하면서 "힘이 닿는 데까지 도와주겠다"고 약속했다.[134] 2000년대 들어와 장쩌민, 후진타오 등 전임 최고지도자들도 북한 지도자와의 회동에서 그 많은 수사에도 불구하고 "진기전력盡其全力"이란 어휘를 사용한 적 없다. 중국이 「조·중 우호조약」에 명시된 문구를 굳이 회피하는 것은 적어도 동맹으로서의 '자동개입' 조항에 얽매이지 않는다는 시그널로 읽힌다. 중국의 전통파 전문가들도 이러한 대북정책의 변화를 신형 대국외교에 있어서의 "신형 전략협력 동반자 관계新型战略合作伙伴关系의 형성"이라고 설명한다.[135] 이는 북중관계도 '뉴노멀'

의 신형 국제 관계의 틀 속에서 재설계되어 새롭게 정착되었음을 의미한다.

5장
소결

　이상에서 중국의 대북한 정책의 역사적 전개과정을 시기별로 구분하여 분석 수준별로 전략적 선택의 결과와 특성을 살펴보았다. 그에 따른 북중관계의 맥락과 성격의 변화를 종합 정리해보면,【도표 13】과 같은 흐름으로 전개되었다고 할 수 있다.

　북·중 양국은 건국 직후 '항미원조' 명분으로 연합전쟁을 치르며 사실상의 '이데올로기 전략동맹'을 맺은 이후, 1961년에는 「조·중 우호원조조약」으로 정식 '국가 동맹'을 성립시켰다. 북중동맹은 1970년대 중국의 대미 데탕트와 1980년대 개혁개방 시대를 거치면서 국가전략 면에서 노선 차이를 드러내고 구속력이 약화되다가, 1990년대 초 냉전체제 붕괴와 한중수교를 계기로 동맹관계가 사실상 무력화되고 형해화(形骸化: cadaverization)가 되었다.

　그 후 1999년 북한 김영남 상임위원장의 방중을 계기로 양국 관계

[도표 13] 북중관계 성격의 역사적 변천 개념도

이데올로기 전략 동맹 (1949–1960)	• 1950. 10 한국전쟁 참전 • 1953. 11 '경제문화협력 협정' 체결 • 1957. 항소(抗蘇) 이데올로기 기대 공조
국가 동맹 (1961–1990)	• 1961. 7 '중소 우호협력 상호 원조 조약' 체결 • 1966–69 문혁시기 갈등 격화 • 1977 이후, 동맹관계 퇴색(동상이몽의 공조)
냉각기(동맹 형해화) (1991–1998)	• 1991. 5 북중 유대 단절: 무역, 경화결제로 변경 통보 • 1991. 9 중, 남북한 UN 동시가입 찬성 • 1992. 8 한중 수교
동반자 관계 (1999–2008)	• 1999. 6 북, 김영남 방중 • 2000. 5 북, 김정일 방중: 관계 복원 공식화 • 2005. 10 후진타오 방북, 고위층 왕래와 소통 강조
전략적 관계 (2009–2017)	• 2009. 3 후진타오, 김영일 총리에게 '전략적 소통' 첫 거론 • 2010–2011 김정일 3차례 방중 시 전략적 관계 전환 • 2013–2017 전략적 갈등(핵실험 강행≒대북제재 강화)
신형 북중관계 (2018–현재)	• 2018. 3 김정은 첫 방중 및 이후 3차례 추가 방중 • 2019. 6 시진핑 방북, '전략적 협력과 소통' 강조 • 특별한 전략적 협력 관계 수립

는 '동반자 관계'로 회복되었다.[136] 더 나아가 2010년 전후 중국과 북한은 양국 관계를 '전략적 관계'로 격상하면서 안보위협의 '후견-피후견' 역할과 경제협력을 강화하는 단계로 발전하였다. 시진핑 집권 이후 북핵 실험 강행과 그에 대한 대북제재 압박이 가중되면서 양국 간 상호 갈등이 고조되었지만, 이는 김정은의 '의도된' 긴장 조성과 그에 대한 중국의 '길들이기' 차원의 견제 과정에서 비롯된 현상으로서, 북중관계 '협력과 갈등의 균형'이라는 역사적 맥락에서 보면 또한 차례의 일탈 시기에 불과하다. 그리고 2018년 이후 다섯 차례 양국 정상회동으로 북중관계는 급속히 회복되었지만, 그 후 잠시 조정

기를 거치면서 현재는 관계 재정립을 위한 탐색이 진행 중이다.

중국의 대북한 전략적 선택의 특징을 종합해보면 다음과 같다.

첫째, 역사적 전개 과정에서 확인한 중국과 북한의 관계는 가치동맹 차원에서 발전해온 것이 아니며, 무조건적인 지지를 보내는 관계도 아니다. 1970년대 중국은 안보를 위해 미국과 제휴를 했고, 1980년대 중국은 이념보다 경제를 선택했으며, 1990년대 중국은 국제질서에 동참하느라 북한과 멀어졌다. 2000년대 이후 중국은 핵개발을 강행하는 북한을 골치 아파하면서도 '전략적 자산strategic assets'이란 국가이익 때문에 포용적인 관여를 하고, 때로는 후견국가 역할을 자임했다. 또한 1970년대 이후 북·중 동맹관계의 기반에 균열이 생기기 시작했고, 적어도 한중수교 이후에는 중국의 대북한 전략적 선택에 '동맹'으로서의 구속력이 작동하고 있다는 증거를 찾아보기 어렵다. 그 원인은 중국이 먼저 제공했다. 마오쩌둥 시기에는 서구 제국주의에 맞서 반제국주의, 반식민주의를 견지하고 '전쟁과 혁명'이 대외정책의 주류를 이루었기 때문에 이념적 동질성과 유대감이 대북한 정책 결정의 주요 요인으로 작용할 수 있었다.[137] 그러나 중국은 1970년대 유엔 가입과 함께 국제사회에 복귀하면서 점차 국제질서와 규범을 수용하기 시작했고, 덩샤오핑은 대외정책의 방향을 '평화와 발전'으로 전환했다. 그 후에도 중국이 북한을 계속 지지하는 것은 단지 동아시아 지역 안보에서 북한이라는 존재가 필요했기 때문이다. 그런데 그 필요성은 국제체제의 질서 변화에 따라 달라지고 대응방식도 변한다. 중국은 대미 데탕트 유지를 위해 북한과의 이데올로기 전략동맹에서 먼저 이탈했고, 탈냉전 이후에는 한·중 국교 수립으로 「조·중 우호원조조약」의 동맹 약속을 어겼다.

둘째, 정책 결정 측면에서 볼 때, 중국의 대북정책은 자국의 전략적 의도에 따라 상황을 해석하고 정책을 전환하면서 때로는 북한을 활용하기도 하고 때로는 방기abandonment하기도 하는 전략적 선택의 전형적인 행태를 보였다. 다시 말해 자국의 국가이익을 지키기 위해 '전략적 선택'을 해왔다. 이와 같은 중국의 대북한 전략의 선택은 한반도에서 일어날 수 있는 안보 딜레마를 해소하는 방향에 초점을 맞추어 '평화 안정'과 '영향력 유지'라는 두 개의 틀 속에서 이루어진다.[138] 그리고 이러한 틀 속에서 이데올로기 요인, 세력 균형 요인, 안보이익 요인 등이 시기별로 대북정책을 결정하는 요소로 작용했다. 1950년대까지는 프롤레타리아 국제주의의 동지관계라는 인식에 기반을 두는 이데올로기 요인이 유효했지만, 1960년대 중·소 갈등 이후부터는 접경 국가인 북한이 중국을 적대시하는 강대국의 영향권 안에 들어가지 않도록 하기 위한 지정학적 차원의 세력 균형이 대북관계를 결정하는 핵심요인으로 자리 잡았다. 탈냉전 이후에는 북·중 간 '공동의 적'이 사라지면서 중국으로서는 자국의 경제발전과 안정적인 주변 환경을 보장하기 위한 안보이익이 대북관계 결정의 기초를 구성하게 되었다. 또한 중국은 북한에 대해 제도적 동맹을 공식 폐지하지 않고 모호성을 유지함으로써 예방적 차원의 '관리' 또는 '결박'을 유지하려는 것으로 판단된다.

셋째, 북중관계는 역사적으로 협력과 갈등을 반복하지만, 그렇다고 해서 '시계추 현상'의 단순한 반복이 아니라 불규칙한 형태로 나타난다. 매 시기마다 정책의 결정은 그 배경과 이유가 있고 종합적인 고려와 전략적인 선택의 결과가 반영되었다. 중국의 대북한 정책의 특성은 기본적으로 국가발전에 유리한 주변 환경 조성을 위한 '관리'로서의 속성을 가지고 있는바, 그 수단은 시기별 정도의 차이에도 불구하고 '포용적'인 방식을 선호해왔으며, 그 목표는 결국 '영향력 유지'에 있었다고 할 수 있다. 요컨대, 역사적으로 지속과 변화를 거듭해온 중국의 대북한 전략적 선택은 '포용적 관리'의 큰 틀 속에 포괄되며, 정책적 목표는 영향력을 유지하는 것이었다. 따라서 중국으로서는 북한에 대한 우호적인 관리를 통해 북한과 적절한 균형을 맞추면서 미국의 영향권으로부터 자국의 이익을 지키는 것이 대북한 외교의 목표가 된다.

넷째, 북한의 핵개발이 냉전 종식으로 하락했던 북한의 전략적 가치에 중대한 변화를 가져왔다. 두 차례의 북핵 위기와 연이은 핵실험 도발에서 북한의 전략적 가치는 줄어들지 않았고, 오히려 미중 전략 경쟁의 틀 속에서 북한이 더욱 유용한 카드라는 사실을 확인시켜주었다. 미국이 '북한카드'를 중국에게 활용하는 것처럼, 중국은 '북핵카드'를 미국에게 활용할 수 있는 것이다. 북한카드가 중국에게는 불가결의 지정 전략적 이익이 걸려 있기 때문에 포기하기 어려운 것과 마찬가지로, 북핵카드는 미국에게 있어 동북아 질서의 헤게모니와 세계 패권국으로서의 리더십을 손상시키는 사안이라는 점에서 양보하기 어려운 부분이다. 따라서 중국은 북한과 우호관계를 유지해야 하는 입장을 바꾸기 어려우며, '포용적 관리'를 지속해야 하는 이유를 강화시켜준다. 이는 중국이 북한문제를 미국과의 전략 경쟁에 보조 수단으로 활용하고 있고, 지정학적 구조 속에서 처리하고 있음을 보여준다. 북한체제의 안정 유지와 북한에 대한 배타적인 영향력을 확보해야 하는 중국의 입장에서 대북제재의 강도는 북한의 붕괴나 혼란을 야기하지 않는 한계 범위 내에서만 가능하며, 그렇기 때문에 중국 정부는 북한문제에 대해 '3불(不戰, 不亂, 不統)' 방침[139]을 일관되게 주장하면서도 북핵 해결을 위한 국제사회의 노력에는 동참하는 모습을 보이고 있는 것이다.

다섯째는 중국의 대북한 관리방식에서 '북핵 이슈'와 '북한문제'를 분리하는 이중적 접근법이다. 중국은 상반된 이해관계가 복합적으로 투영되는 '북핵 딜레마'에 대처하기 위해서 대북한 정책에 '투-트랙'의 이중식 처방을 적용하고 있다. 이는 북한문제에 대한 인식과 북핵문제에 대한 태도에서 서로 모순된 행태가 나타난다는 것을 의미한다. 북한(한반도) 비핵화에 관한 한 중국의 태도는 확고하며, 비확산체제NPT에 있어서 미국과 이해관계가 일치한다. 그러나 북한문제에 관해서는 중국과 미국 간에 전략적 이해관계가 상충된다. 요컨대 중국에게 있어서 북핵은 비핵화 실현을 목표로 하는 '해결'의 대상이지만, 북한문제는 '안정적 관리'를 목표로 하는 현상유지의 대상이다. 중국의 실질적인 전략목표는 결국 한반도에 대한 영향력을 유지하고 확대해 나가는 데 있다고 보는 것이 보다 현실적이다. 좀 더 확대하여 해석하면, 중국의 입장에서 '북한문제'의 본질은 미국이 북핵문제 해결을 구실로 영향권을 한반도 북부까지 확대함으로써 지정학적으로 북한이 중국을 포위하는 전초기지가 되는 것을 미연에 방지해야 하는 대상으로서, 이는 안보전략적으로 핵심적인 우선순위에 해당된다. 따라서 중국으로서는 북한에 대해 '압박'과 '설득'을 병행하면서 영향력 확대에 중점을 두고 '포용적 관리'를 하는 전략적 선택이 합리적인 것이다. 중국의 대북한 정책이 시기별 부분적인 변화에도 불구하고 큰 틀에서 벗어나기 어려운 이유도 여기에 있다. 이처럼 '포용적 관리'방식은 결국 북한을 뛰쳐나가지 못하도록 영향권에 두고 경제지원으로 생존을 보장해주는 범위에서 관리를 하는 '상황관리'의 수단인 것이다.

주석_1부

1 2020년 현재 중국은 외교백서, 외교부 홈페이지 및 駐평양 중국 대사관 홈페이지 등에서 양국 관계에 대해 "중국과 북한 양국은 전통적인 우호협력관계를 유지하고 있다(中朝两国保持传统友好合作关系)"고 표현하고 있다.

2 『로동신문』 1988년 9월 8일; 1991년 9월 8일; 1992년 9월 8일 상호 비교.

3 중국의 대외정책의 변화는 국가 정체성의 전략적 전환이라는 측면에서 볼 때 다음 다섯 가지 방향으로 나타난다. 즉, 중국의 대외정책은 ①전쟁과 혁명에서 평화와 발전으로 전환, ②이데올로기 주도에서 경제발전 우선으로 전환, ③국제체제 이탈로부터 국제체제로 편입, ④진영외교로부터 전방위외교로 전환, ⑤양자외교 위주에서 양자와 다자의 결합 및 다자외교 역할의 증대로 전환 등의 방향으로 변화하는 특징을 보여준다. 任晓, 「经验与理念: 国对外政策思想三十年的发展及其意义」, 『复旦学报(社会科学版)』第3期, 2009, pp. 41-45.

4 Robert Jervis, "Hypotheses on Misperception", *World Politics*, Vol. 20, Iss. 3, 1969, p. 470.

5 Peter J. Katzenstein, *Cultural Norms and National Security: Police and Military in Post-War Japan*, Ithaca, New York: Cornell University Press, 1996, p. 530.

6 션즈화沈志华, 김동길·김민철·김규범 옮김, 『최후의 천조(天朝): 모택동·김일성 시대의 중국과 북한』, 서울: 선인, 2017, p. 272.

7 북한은 소련, 불가리아, 루마니아, 헝가리에 이어 중국의 다섯 번째 수교국이다.

8 Alastair Iain Johnston, *Social State: China in International Institutions: 1980-2000*, Princeton: Princeton University Press, 2008, p. 5. ; Alastair Iain Johnston & Paul Evans, "China's Engagement with Multilateral Security Institutions", in Alastair Iain Johnston & Robert S. Ross(eds.), *Engaging China the Management of an Emerging Power*, New York: Routledge, 1999, pp. 252.

9 Alastair Iain Johnston & Paul Evans, 1999, p. 255.

10 Henry Kissinger, 권기대 옮김, 『헨리 키신저의 중국 이야기』, 서울: 민음사, 2012, p. 162.

11 '조중 우호조약' 제3조는 "체약 쌍방은 체약 상대방을 반대하는 어떠한 집단과 어떠한 행동 또는 조치에도 참가하지 않는다"고 명시하여 적대적 국가와 손을 잡을 가능성을 차단하고 있다

12 소련은 1973년부터 나진항을 국제무역항으로 개발하였고, 1974년부터는 나진항을 통해 베트남으로 전략물자를 수송하기 시작하였다.; 오진용, 『김일성 시대의 중·소와 남북한』, 서울: 나남출판, 2004, p. 127.

13 韩念龙 主编, 『当代中国外交』, 北京: 中国社会科学出版社, 1990, p. 243.

14 1970년 10월 17일 베이징에서 북한 정준택 부수상과 리셴녠李先念 부총리 간 「경제 및 기술적 원조 제공에 관한 협정」 및 「장기통상협정」 체결(『로동신문』 1970년 10월 19일)과 함께 대북원조가 재개됐다.; 이종석, 2000, p. 253.

15 『중공전사中共戰史』에 "4보임강(四保臨江)"으로 기록된 108일간의 전투는 국공 내전의 전세를 역전시키는 전기가 되었는데, 린뱌오林彪 지휘하의 동북민주연군(해방군 제4야전군의 전신)이 1946년 12월 17일부터 이듬해 4월 3일까지 린장臨江 일대에서 국민당군 주력 8개 사단의 네 차례 맹공을 격

퇴시켰고, 1948년 공세로 전환하여 최종 승리를 거두었다. 당시 동북연군의 일부는 국민당군 184사단의 보복 추격에 쫓겨 단둥에 포위됐다가 겨우 압록강을 넘어 북한에 피신 후 전열을 정비하여 다시 두만강 건너편 동북전투에 투입됐으며, 상하이 지역 중공 간부와 군 지휘관들도 남포항을 통해 상륙하여 북한 열차편으로 랴오둥遼東 지역에 안착할 수 있었다. 또한 동북에 투입된 다수 중공 간부의 가족들이 북한에 거주하면서 숙식을 해결하기도 했다.

16 沈志华, "中朝关系的惊天内幕", 『共識網(香港)』, 2013年 9月 3日. http://history.sina.com.cn/his/zl/2013-09-03/102952867.shtml

17 최근 자료 확인을 통해서 공개된 바에 따르면, 중국 공산당 동북국(서기: 林彪 겸임)이 김일성 동의를 얻어 '평양이민공사'라는 위장 명칭의 '동북국 조선주재사무소'를 평양에 설립, 1946년 8월부터 약 2년간 운영하면서 부상병 치료, 전략물자 이전, 원조물자 및 식량구매 지원 등의 역할을 수행한 것으로 알려진다.; 『한겨레신문』, "김명호 교수의 북중교류 60년: 북중 합작 '평양이민공사' 설립", 2014년 7월 14일. http://www.hani.co.kr/arti/politics/defense/646888.html

18 중국이 참전의 명분으로 내세운 근거는 자위권이며, 형식은 「헤이그협약」(1907)의 '지원자'에 관한 규정을 원용했다. 주권과 영토가 외부세력에 의해 급박하고 중대한 위협을 받을 때 이를 격퇴할 권리로서 자위권을 행사할 수 있다는 것이며, 이에 근거를 두면서도 교전국으로서 선전포고를 회피하기 위해 정부군이 아닌 자원해서 참가한 무장 민간인으로 구성된 '인민지원군'을 파견하는 형식을 취했다.

19 裴坚章, 『中华人民共和国外交史(1949~1956)』, 北京: 世界知识出版社; 权红(2010), 「中朝政治外交关系研究(1949~2009)」, 延边大学 博士论文, 1994, p. 26.

20 楼继伟, 『新中国60年财政统计』, 北京: 经济科学出版社, 2000, p. 129.

21 徐焰, 『第一次较量: 抗美援朝战争的回顾与反思』, 北京: 中国广播电视出版社, 1990, p. 322.

22 김일성은 한국전쟁 기간 동안 권력투쟁을 통해 무정, 허가이, 박헌영 등 잠재적인 경쟁자들을 숙청하고 박일우와 같은 친중국 성향의 인사들을 권력 핵심에서 배제시켰다. 이종석, 2000, pp. 73-79.

23 Jian Chen, "Limits of the 'Lips and Teeth' Alliance: An Historical Review of Chinese-North Korean Relations", *Asia Program Special Report* 115, 2003, pp. 6-7.

24 刘金质·杨淮生, 『中国对朝鲜和韩国政策文件汇编(1953-1957): 第2集』, 北京: 中国社会科学出版社, 1994, pp. 617-618. ; 또한 션즈화는 1961년 정식 '조중 우호원조조약' 체결 이전의 'Before 10년 비공식 동맹 시기'와 이후 80년대까지 'After 동맹 시기', 그리고 한중수교 이후의 '특별한 동반자 관계 시기'로 구분한다. 沈志华, "1950年代中朝关系惊天内幕", 『新浪历史』, 2013年 09月 03日. http://history. sina.com.cn/his/zl/2013-09-03/102952867.shtml

25 刘金质·杨淮生, 1994, pp. 616-620.

26 刘金质·杨淮生, 1994, pp. 1000-1002.

27 石志夫, 『中华人民共和国对外关系史(1949-1989)』, 北京: 北京大学出版社, 1994, p. 192. ; 庞胲·杨鑫宇, "从同盟到伙伴: 中朝关系的历史演变", 「重庆社会主义学院学报」第3期, 2008, p. 85.

28 王泰平, 『中华人民共和国外交史: (1970-1978)』, 北京: 世界知识出版社, 1999, pp. 36-37.

29 송원즈, "정치주도에서 시장주도로: 북중 경제관계 70년", 『성균차이나브리프』 제7권 4호, 2019, p. 106.

30 庞眹·杨鑫宇, 2008, p. 85.

31 마오쩌둥의 천하관은 기본적으로 마르크스-레닌주의가 아니라 명明, 청淸 이래의 '화이華夷개념'에 뿌리를 두고 있다. 그는 천하의 중심은 중화中華이고 중국이 곧 상국上國이며, 중국을 둘러싼 주변의 오랑캐四夷 국가는 중국 아래에서 중국의 문화를 받아들이고 보호를 받아야 한다는 인식을 가지고 있었다.

32 마오쩌둥의 해외 방문은 2차례라는 주장과 3회라는 기록이 양립하는데, 내용상으로는 같은 설명이다. 마오쩌둥은 1949년 12월 스탈린의 70세 생일축하 명분으로 모스크바를 방문하여 장제스의 국민당 정부가 1945년 소련과 맺은 불평등조약의 개정을 위해 장기 협상을 벌이는 과정에서 이듬해 2월 14일 「중소 우호동맹상호원조조약」을 맺고 귀국하기 전까지 2개월간 소련에 체류했는데, 그 중간에 잠시 귀국했다가 다시 모스크바로 향했던 것으로 알려진다. 두 번째는 잘 알려진 대로 1957년 11월 볼셰비키 혁명 40주년 경축행사 참석을 위해 소련을 방문한 것으로, 이것이 마오쩌둥이 국경을 넘은 마지막 출타였다.

33 마오쩌둥은 이틀 후인 5월 15일 김일성과 재차 회동을 갖고 "자신은 원래 대만을 먼저 공격하여 점령한 후 조선이 남반부를 공격하는 것을 계획하였으나 조선이 지금 공격할 것을 이미 결정하였으니 이 또한 중-조 공동의 과업이므로 동의한다"며, "필요한 협조를 제공할 준비를 하겠다"고 약속했다.; 션즈화, 김동길·김민철·김규범 옮김, 2017, pp. 287-295.

34 Sergei N. Goncharov·Lewis John W. and Litai Xue, *Uncertain Partner*, California: Stanford University Press, 1995, p. 145. ; 션즈화, 김동길·김민철·김규범 옮김, 2017, p. 294.

35 마오쩌둥의 통역관이었던 스저師哲에 의하면, 김일성이 "남조선을 공격하려는 자신의 계획을 스탈린이 이미 승인했다"면서 마오의 군사적 지원 필요성 여부 문의에 대해 "중국의 군사적 개입은 필요하지 않을 것"이라고 '거만하게' 대답했다고 당시 상황을 기록하고 있다. Jian Chen, *China's Road to the Korean War: The Making of the Sino-American Confrontation*, New York: Columbia University Press, 1994, p. 112.

36 李海文, 「中共中央究竟何时决定志愿军出国作战?」, 『党的文献』 第5期, 1993, p. 85.

37 최경선, "김일성-마오쩌둥 맞짱 뜬 사건의 교훈", 『매일경제신문』 2017. 12. 13. https://www.mk.co.kr/opinion/columnists/view/2017/12/825660/

38 션즈화, 김동길·김민철·김규범 옮김, 2017, pp. 506-521. : 너지Nagy Imre는 헝가리를 공산화시킨 라코시 마차시Rakosi Matyas에 이어 총리에 오른 이후, 강제수용소 폐지 등 개혁정책을 실행했지만, 1956년 11월 소련 주둔군의 헝가리 시민혁명 진압 과정에서 체포되어 루마니아로 압송된 후 결국 1958년 비밀재판에서 처형을 당한 헝가리 민주화의 선구자적인 인물이다.

39 김명호, 『한겨레신문』 2014. 11. 2.

40 吴冷西, 『十年论战:1956-1966 中苏关系回忆录(上)』, 北京: 中央文献出版社, 1999, pp. 269-270.

41 최명해, 2009, pp. 137-139.

42 일본 『아사히신문』(2016. 9. 1)과 회견 내용; 노재환, "김일성 또다시 무력통일 꿈꿨다", 『자유아시아방송』 2016. 9. 7. https://www.rfa.org/korean/weekly_program/d1b5c77cb85c-ac00b294-ae38/RoadTo Unification- 09072016092054.html

43 평양 인민경제대학 출신으로 조선-체코 신발기술합작회사 사장을 지낸 탈북자 김태산의 언론 인터뷰 내용 참고: https://www.rfa.org/korean/weekly_program/d1b5c77cb85c-ac00b294-ae38/RoadTo Unification-09072016092054.html

44 이종석, 2000, pp. 231-236.

45 Susan Shirk, *China: Fragile Superpower*, Oxford: Oxford University Press, 2007, p. 15.

46 존스턴Alastair Iain Johnston과 에번스Paul Evans는 마오쩌둥 사후 경제 근대화에 초점을 맞추면서 대외외교에서 중국은 이제까지 정치적 이해관계를 중시했던 분위기에서 경제적 이해관계로 내부적 계산이 달라졌음을 주장하였다.; Alastair Iain Johnston & Paul Evans, 1999, p. 237.

47 任晓, 2009, pp. 41-42.

48 邓小平, 『邓小平文选』第三卷, 北京: 人民出版社, 1993, p. 25.

49 王逸舟, 『全球政治和中国外交: 探寻新的视角与解释』, 北京: 世界知识出版社, 2003, p. 154.

50 邓小平, 1993, p. 3.

51 胡耀邦, 『全面开创社会主义现代化建设的新局面—在中国共产党第十二次全国代表大会上的报告』, 北京: 人民出版社, 1982, pp. 37-41.

52 任晓, 2009, p. 44.

53 김정일, "사회주의는 과학이다", 『로동신문』 1994년 11월 1일.

54 『人民日报』 1984年 5月 4日.; "中朝友谊史上新的一页". ; 刘金质·杨淮生 主编, 『中国对朝鲜和韩国政策文件汇编(1949-1994)』, 北京: 中国社会科学出版社, 1994a, p. 2410.

55 刘金质·杨淮生 主编, 1994, p. 2410.

56 김일성의 고려연방 통일방안에 대해 후야오방이 공식 정상회담에서 지지를 표명한 이외에도, 전후 시기 중국 외교부장인 황화黃華와 우쉐쳰吳學謙이 각각 1983년, 1985년, 1987년 유엔총회 연설에서 북한의 통일방안을 지지하는 입장을 밝힌 바 있다.; 刘金质·杨淮生, 1994, pp. 2361-2507.

57 刘金质, 「中国对朝鲜半岛国家的政策」, 『世界经济与政治论坛』第5期, 2007.

58 김기정·나웅하, 2009, p. 26.

59 송원즈, 2019, p. 106.

60 钱其琛, 『外交十记』, 北京: 世界知识出版社, 2003, p. 152. (이후 동 저서의 pp. 151-159 부분 추가 인용 생략)

61 이병기 당시 청와대 의전수석의 증언에 의하면, "'90년 4월 어느 날, 선경(현 SK) 최종현 회장이 노태우 대통령에게 전화, 베이징 지사의 이순석 사장이 톈지윈(田紀雲) 중국 경제담당 부총리의 무역대표부 제안 메시지를 갖고 왔다고 알려왔다"고 한다.; 『중앙일보』(중앙선데이, 2010. 11. 28)

62 张英, 「中朝关系与朝鲜半岛和平统一」, 『东北亚研究』 增刊, 2003, p. 24.

63 沈志华, "中朝关系的历史回顾", 『战略参考』 2017年 第7期(2017. 09. 15). http://www.daguoce.

org/article/12/145.html ； 沈志华, "中朝关系演变与朝鲜拥核政策的关联", 『钝角网』(2017. 11. 29). http://www.dunjiaodu.com/top/2017-11-29/2198.html

64 『世界知识』(2004년 10월호)이 중국 건국 55주년 특집으로 관련 사진과 외교 일화를 게재하였다. http://www.tongilnews.com/news/articleView.html?idxno=48415

65 金雨, "八年后才公开的照片", 『世界知识』 第19期, 2014, pp. 25-26.

66 당시 중국 외교부 대변인으로서 덩-김 회동행사를 주관했던 우젠민吳建民 대사는 2013년 10월 18일 「유라시아 시대의 국제협력 콘퍼런스」 참석차 방한했을 때 『중앙일보』와의 인터뷰에서 덩-김 회담의 비화를 공개한 바 있다. 장세정, "덩샤오핑 '동맹은 믿을 수 없다' — 한·중수교 1년 전 김일성에 훈수", 『중앙일보』 2013. 10. 21. https://news.joins.com/article/12909429

67 石源华, "中朝关系与中国的朝核政策", 『국제지역학논총』 제3집, 2009, p. 168.

68 『人民日报』 海外版, 1992년 1월 29일.

69 外交部政策研究室 主编, 『中国外交』1999年版, 北京: 世界知识出版社, 1999, p. 32.

70 朴承宪, 『朝鲜经济的现状与展望』, 『东北亚研究』 增刊, 2003, p. 72.

71 陈峰军·王传剑, 『亚太大国与朝鲜半岛』, 北京: 北京大学出版社, 2002, p. 336.

72 陈峰君·王传剑, 2002, p. 336. ; 김재철, 『중국의 외교전략과 국제질서』, 서울: 폴리테이아, 2007, p. 250.

73 『新华社』, 1994년 9월 28일.

74 중국 강용범姜龙范 교수는 이 시기 북중관계 회복의 배경에 대해 1999년 5월 미군 전투기의 주베오그라드 중국 대사관 오폭사건으로 야기된 미-중 긴장 고조 속에서 제2의 유고사태가 될 것을 두려워하는 북한과의 사이에 양국이 서로 필요성을 인식하고 다시 전략적 제휴관계를 맺게 되었다고 설명한다. 姜龙范, 「中朝关系的历史·现状与发展: 关于朝鲜半岛问题上的中国战略, 多元视野中的中外关系史研究」, 中国中外关系史学会第六届会员代表大会论文集, 2005, p. 467.

75 李南周, 「朝鲜的变化与中朝关系」 『现代国际关系』, 2005年 第9期, 2005, p. 58.; 이남주는 이 시기 북중관계 회복의 성격을 동맹관계나 전략협력 단계가 아닌 현실이익 또는 전술적 목표를 공유하는 관계로의 회복이라고 규정한다.

76 이러한 주장은 인민대학의 스인홍时殷弘, 중국사회과학원 선지루沈骥如 등의 학자에 의해 제기된 바 있다.; 서진영, 2006, pp. 358-359.

77 정주신, "중국 내 탈북자의 처리문제와 해결방안", 『한국동북아논총』 제40호, 2006, pp. 275-277.

78 林锡星, "朝核危机的背后", 『联合早报网』, 2006年 10月 10日. http://zaobao.com.sg/special/fomm/pages4/forum_us061010j.html

79 "外交部: 朝鲜悍然实施核试验, 中国政府坚决反对", 『新华网』, 2006年 10月 9日.; '悍然(제멋대로, outrageously, brazenly)'은 정상 궤도를 이탈해서 뻔뻔스럽게 제멋대로 구는 행태를 지칭하는 단어로서 중국이 외교적으로 사용한 사례가 거의 없다. 이후 북한의 5차례 계속된 핵실험에도 '悍然'이란 용어는 더 이상 사용되지 않았다.

80 "胡锦涛主席同布什总统通电话", 『新华网』, 2006年 10月 9日.

81 이 시기 중국 내부의 논쟁구도는 다음을 참조: International Crisis Group, "Shades of Red: China's Debate Over North Korea", *Asia Report*, No. 179, 2 November 2009. https://www.crisisgroup.org/asia/north-east-asia/korean-peninsula/shades-red-china-s-debate-over-north-korea ; 이남주, "중국의 전략과 한반도의 선택", 임동원·백낙청 외, 『다시 한반도의 길을 묻다』, 서울: 삼인, 2010.

82 Xiaohe Cheng, "From Jiang Zemin to Hu Jintao: The Evolution of China's Policies toward the Korean Peninsula", *Korea Observer*, vol. 43, no. 4, 2012, pp. 675–699. ; 김윤정·정종필, "중국 강대국 정체성과 강대국 외교의 지속성", 『21세기정치학회보』 제28권 2호, 2018, p. 61.

83 이희옥, 2010, p. 46.

84 통일부, 『북한정보포털』, "대외경제" : http://nkinfo.unikorea.go.kr/nkp/overview/nkOver view.do?sumryMenuId=EC207

85 金哲, 「中朝经贸合作现状分析」, 『北韓經濟動向』 5月, 2008, p. 67. ; 김영근, "중국의 대북 투자 동향과 정책적 시사점", 『통일경제』, 서울: 현대경제연구원, 2008. http://hri.co.kr/upload/publication/20087311169[1].pdf

86 박진아, "중국의 대북투자현황: 광물자원 분야", 『KOTRA 해외시장뉴스』(2018. 08. 24)

87 吴德烈, "中朝经贸关系与东亚区域合作", 『国际贸易』, 2008年 第3期, 2008, pp. 32–36.

88 『아사히신문』 1991. 10. 08. ; 『동아일보』 1991. 10. 09.

89 『동아일보』 1994. 06. 17.

90 『THE KOREA TIMES』 1995. 11. 16.

91 김흥규·최명해, "양빈(楊斌) 사건과 북한·중국 관계", 『한국정치학회보』 39집 1호, 2005, p. 336. ; 江天, "金正日不满：派员赴北京交涉", 『中国新闻周刊』(2002–10–16), ; "中国官方证实软禁杨斌", 『BBC Chinese.com』(2002. 10. 8) http://news.bbc.co.uk/hi/ chinese/ news/newsid_2308000/23086071.stm

92 양빈 체포사건의 배경에 대해서는 △중국의 '실리추구'설, △'대북 영향력 확대 유지'설, △'북핵문제와의 연계'설, △'사전통보 부재에 대한 불만'설 등이 제기되었지만, 정확한 이유는 중국 내부 관련 자료의 비밀이 해제된 이후에나 밝혀질 것으로 보인다. 관련 평가 자료는 김흥규·최명해, 2005, pp. 328–333 참조.

93 "江泽民总书记与金正日总书记会谈", 『中国外交部』, 2001年 9月 4日. http://www.china-un.org/web/ziliao_674904/zt_674979/ywzt_675099/2355_676073/2361_676087/t11109.shtml

94 常爱玲·常璐, "中联部举行胡锦涛总书记访朝成果新闻发布会", 『新华网』, 2005年 10月 30日. http://news.sina.com.cn/c/2005-10-31/08427316061s.shtml

95 후진타오는 2007년 중 방북하는 류원산 상무위원 및 양제츠 외교부장을 통해 친서를 전달하고, 류샤오밍劉曉明 주평양 중국 대사를 통해서도 한 차례 구두친서를 보냈다.; 주북한 중국 대사관 홈페이지 공시자료 참고. http://kp.china-embassy.org/chn/dshd/dshd/07dshd/

96 "习近平开始对朝鲜进行正式友好访问", 『中国网』, 2008年 6月 17日.

97 "外交部, 温家宝访朝推动半岛无核化取得进展", 『人民日报』 2009年 10月 7日.

98 "金正日会见胡锦涛特使 称中朝友谊牢不可破", 『新华网』, 2009年 9月 18日.

99 Xiaohe Cheng, 2012, pp. 693–695.

100 저자가 한중 간 고위인사 교류 외교지원 활동에 종사하면서 접촉했던 중국 실무관리들의 입을 통해 여러 차례 득문할 수 있었던 경험에 근거한 반응을 예시한 것임을 밝힌다.

101 허재철, 『중국의 외교전략과 국제질서』, 서울: 폴리테이아, 2007, p. 43.

102 胡利平, "论国际环境变化与中国的外交政策取向", 『前沿』 第4期, 2002, p. 123.

103 '평화적 부상和平崛起'은 2003년 11월 보아오博鳌포럼에서 정비전鄭必堅 개혁개방논단 이사장에 의해 처음 제기된 용어로서, 2004년 2월 후진타오가 주도하는 정치국 집체학습에서 "평화적 부상의 발전노선"이 중국의 외교전략 방침으로 정식 제시되었다. 『人民日报』 2004年 2月 25日.; Robert L. Suettinger, "The Rise and Descent of 'Peaceful Rise'", *China Leadership Monitor*, No. 12, 2004, p. 48.

104 중국은 1990년대 중반 이후 미국과의 대결을 불사하는 현상변경 정책인 '다극화 전략'을 강조하면서도, 동시에 '미국 질서에의 편승'으로 직접 충돌을 회피하는 양면전략을 취하고 있는데, 이는 서로 상충되는 전략을 항상 대안으로 남겨두는 '전략적 유연성'을 의미한다. 미·중 간 고위전략대화 (2+2) 채널이 구축되어 작동되던 시기에는 미국과의 전략적 협력 동반자 관계를 위해 노력하면서 '평화적 부상'을 도모했지만, 내막적으로는 미국의 '하드 파워' 공세에 대비한 전략 변경의 공간을 남겨두고 있으며, 세력 균형의 대응전략은 여전히 살아 있다는 것이다. : 허재철, 2007, pp. 46–47.

105 Weixing Hu, "Xi Jinping's 'Big Power Diplomacy' and China's Central National Security Commission(CNSC)", *Journal of Contemporary China* 25(98), 2016, pp. 164–167.

106 中华人民共和国外交部 (2018–03–08; 2016–04–28; 2015–11–07; 2014–05–21).

107 Xiao Ren, "Toward a Normal State–to–State Relationship, China and the DPRK in Changing Northeast Asia", *North Korean Review*, Vol. 11, Issue. 2, 2015, pp. 64–65.

108 中华人民共和国外交部, 2013年 3月 8日.

109 "王毅同潘基文通电话", 『新华网』, 2013年 4月 6日. http://cpc.people.com.cn/n/2013/0407/c117005–21037440.html

110 "习近平 '不能为一己之私' 警告誰", 『新华网』, 2013年 4月 7日. https://news.qq.com/a/20130408/000499.htm?pgv_ref=aio2012&ptlang=2052

111 "李克强 : 在朝鲜半岛挑事无异于搬石头砸自己脚", 『人民日报』 2013年 4月 13日. http://news.cntv.cn/2013/04/14/ARTI1365894547860146.shtml

112 Xuetong Yan, "From Keeping a Low Profile to Striving for Achievement", *The Chinese Journal of International Politics*, Vol. 7, Iss. 2, 2014, pp. 153–184.

113 Xiao Ren, 2015, pp. 65–66.

114 "中方反对朝鲜核试验称中朝是正常的国家关系", 『新华网』, 2013年 3月 9日. : http://news.xinhuanet.com/mil/2013–03/09/c_124435539.html

115 仇发华, 「新时期中国朝鲜半岛战略调整的变化, 动因与趋势」, 『国际关系研究』第6期, 2014, pp. 75–82.

116 이석·전병곤은 그 근거로서 △대북제재 관련 미국책임론 주장, △한반도 비핵화와 평화협정의 병행론 제안, △북한의 민생 보호 강조, △사드의 한반도 배치 반대 등의 반응에서 중국의 정책적 의도를 읽을 수 있다고 주장한다.: 이석·전병곤, 2016, pp. 107–108.

117 "社评：中朝友好互助条约 中国是否应当坚持？", 『环球时报』(2017–05–04). https://mil.huanqiu.com/article/9CaKrnK2qSI

118 "按照金日成主席和金正日总书记的遗训, 致力于实现半岛无核化, 是我们始终不变的立场", 『中国外交部』, 2018年 3月 28日.

119 유엔 컴트레이드United Nations Comtrade 통계에 근거함. KOTRA는 2018년 북중 교역액을 27.2억 달러로, KITA는 중국해관 통계를 따라 24.6억 달러로 각각 산정함.

120 Chad O'Carroll, "As Chinese Tourism to North Korea Soars, Local Operators Feel the Strain", *NK News*, October 31, 2019. : https://www.nknews.org/2019/10/as–chinese–tourism–to–north–korea–soars–local–operators–feel–the–strain/

121 Office of the Secretary of Deffence, "Military and Security Developments Involving the People's Republic of China 2020", *Annual Report to Congress*. : https://media.defense.gov/2020/Sep/01/2002488689/–1/–1/1/2020–DOD–CHINA–MILITARY–POWER–REPORT–FINAL.PDF

122 미 국방부 보고서, "불편했던 북중관계, 다소 우호적으로 변화", 『RFA 자유아시아방송』 2020. 9. 1. : https://www.rfa.org/korean/in_focus/nk_nuclear_talks/nkchinarelation–09012020160150.html

123 『人民网』, 2019年 03月 09日. : http://cpc.people.com.cn/n1/2019/0309/c64094–30966178.html

124 2019년 12월 18일~12월 28일간 베이징 국가도서관에서 중국 문화관광부와 주중 북한 대사관이 공동 개최, 역사 사진 58장, 도서 22권, 우표 21책, 연하장과 명함 15장 등을 전시함.: 『新华网』, 2019年 12月 18日. http://www.xinhuanet.com/politics/2019–12/18/c_1125362701.htm

125 "中共吉林省委友好代表团访问朝鲜、巴音朝鲁会见朝鲜劳动党咸镜北道委员会委员长李希勇", 『中国共产党新闻网』, 2019年 12月 25日.

126 "陈求发会见朝鲜劳动党中央副委员长, 国际部部长李洙墉", 『中国共产党新闻网』, 2019年 11月 10日.

127 박병광, "시진핑 시기 북중관계 변화 양상", 『월간북한』 4월, 통권 580호, 2020, pp. 30–31.

128 2010년 10월 25일 당시 시진핑 국가부주석은 한국전쟁 참전 노병사 및 인민지원군 영웅 대표들이 참석한 좌담회의 연설에서 "伟大的抗美援朝战争, 是保卫和平, 反抗侵略的正义之战"이라고 성격을 규정함.: 『中国新闻网』, 2010. 10. 25. http://www.china.com.cn/military/txt/2010–10/25/content_21197126.htm

129 문흥호, 2014, pp. 21–22.

130 시진핑은 부친 시중쉰이 좌천되었을 때 산시陝西성에서 자라난 배경을 가지고 있지만, 원래 베이징 태생으로서 북방 중국인을 대표하는 베이징인의 기질을 가진 것으로 평가된다.

131 "关于中朝关系, 习近平说了三个 '不会变'", 『中国新闻网』, 2018年 6月 22日. http://www.chinanews.com/gn/2018/06–22/8543956.shtml

132 "习近平同朝鲜劳动党委员长, 国务委员会委员长金正恩举行会谈", 『中国外交部』, 2019年 6月 20日. 해당 문구는 "中方愿为朝方解决自身合理安全和发展关切提供力所能及的帮助"로 표현. https://www.fmprc.gov.cn/web/tpxw/t1674111.shtml

133 「中朝友好合作互助条约」(1961年 7月 11日) 第二条: "缔约双方保证共同采取一切措施, 防止任何国家对缔约双方的任何一方的侵略. 一旦缔约一方受到任何一个国家的或几个国家联合的武装进攻, 因而处于战争状态时, 缔约另一方应立即尽其全力给予军事及其他援助."

134 "习近平同朝鲜劳动党委员长金正恩互致口信", 『人民网』(2020. 5. 9), "中方愿同朝方加强抗疫合作, 并根据朝方需要提供力所能及的支持." http://cpc.people.com.cn/n1/2020/0509/c64094–31702701.html

135 田一隆, 「新时代背景下中朝关系的展望」, 『法制与社会』 10月(下), 2019, p. 112.

136 庞廉·杨鑫宇, 2008, p. 86.; 赵立新·金昌庆, 「中朝关系的现实基础与前景展望」, 『中國學』 第57輯(2016年 12月), 2016, p. 325.

137 任晓, 2009, pp. 41–42.

138 袁学哲, 「朝鲜半岛新形式与和平发展战略影响力」, 『北华大学学报』 第3期, 2012, pp. 80–83.

139 '3불三不'은 ①한반도 내에서의 전쟁 반대(不戰), ②북한체제의 급격한 붕괴 반대(不亂), ③한국에 의한 흡수통일 반대(不統)를 지칭하며, 비핵화를 포함하여 '3불 1무三不一無'로 통칭한다.

2부

북한의
대중국 전략적 선택과 대응

북한은 한국전쟁을 거치면서 소련과 중국에 편승하는 '진영외교'를 펼쳤고, 중·소의 군사적, 경제적 원조에 주로 의존해서 체제 발전을 모색했다. 그러나 1960년대 중·소 분쟁과 1970년대 데탕트라는 국제질서 변화에 대응하여 자주외교와 다변화외교를 전개하기 시작했다.

하지만 체제 특성상 폐쇄적인 기조를 탈피하지 못하고, 1990년대 국제 고립과 경제난에 직면하여 체제의 위기를 맞기도 했다.

큰 맥락에서 보면, 북한의 외교정책은 50년대 진영외교, 60년대 등거리와 비동맹외교, 70년대 자주외교, 80년대 다변화외교, 90년대 대미·대일 편승외교, 2000년대 이후의 전방위 실용외교와 핵카드를 이용한 벼랑 끝 외교에 이르기까지 많은 곡절과 변천 과정을 겪었다.

북중관계의 역사에서 이념적 가치동맹은 미·중 데탕트, 중국의 개혁개방 노선, 소·동구권의 붕괴와 냉전 종식, 한중수교 등 변화무쌍한 국제정세의 변화 속에서 더 이상의 역할을 하지 못했다.

북·중 간 이데올로기 유대가 형해화된 이후에는 동맹조약도 유명무실한 조약이 되었으며, 나아가 중국이 유엔 대북제재에 동참함으로써 전통적 '혈맹'의 우의도 탈색되어 이미 무용지물이 되었다는 평가다. 하지만 탈냉전 이후 세계화 조류와 자유무역 질서의 보편적 확대에도 불구하고 변함없이 대외개방을 거부한 채 '최후의 봉건왕조'로 남아 있는 북한은 그 폐쇄성과 불가측성 때문에 그들의 대외전략을 결정하는 내부 핵심요인을 찾는 데 많은 제약이 따른다.

이에 본 장에서는 북한의 대중국 전략적 선택과 대응이 역사적 단계에서 어떠한 특징을 보였고 그 성격이 어떠한 배경에서 비롯된 것인지를 살펴보기로 한다.

1장

김일성
시기

1
국제체제 차원:
균형과 편승

냉전 시기 북한의 국제질서관은 두 가지 특징으로 요약된다. 첫째, 북한은 국제무대를 진영론의 입장에서 제국주의 세력과 반제反帝 자주 세력 간의 치열한 투쟁이 전개되는 장으로 이해하였다. 둘째, 북한은 사회주의 진영 내 이념 갈등에 대해 자주적 입장을 표방함으로써 주체성과 실리를 확보하고자 했다.[1] 국제체제에 대한 이와 같은 인식에 따라 북한의 대외전략의 선택은 균형과 편승의 형태로 나타났다.

즉, 하나는 반미反美의 진영외교를 통한 세력 균형이고, 다른 하나는 중·소 갈등에 편승한 선택적 대응이다. 냉전 시기 국제체제하에서 북한은 미국에 대한 저항과 함께, 흐루쇼프의 동서 평화공존, 중·소 이념 분쟁에 따른 사회주의권 분열, 중국 문화대혁명에 따른 갈등 고조 등의 사태에 대한 자위 조치로서 수정주의, 교조주의, 대국주의 등으로 소련과 중국을 비판하면서 '자주외교'로 대응하였다.

김일성 집권 시기 중요한 국제체제 환경은 1950년대 냉전, 1960
년대 중·소 이념 분쟁, 1970년대 데탕트, 1980년대 신냉전, 그리고
1989년 이후 탈냉전에 이르기까지 변화무쌍한 사조에 노출되면서
북한과 중국 양자관계의 성격을 구성하고 재구축했다. 이 시기 북한
의 대중국 정책의 성격은 전시외교, 전후 복구의 진영외교, 자주외교
의 태동, 중·소 사이의 등거리외교, 제3세계 비동맹외교, 대중국 갈
등과 고립 등이 그 특징이라고 할 수 있다. 그리고 그 외교정책을 관
통하는 동맹관계의 성격도 결코 순탄하지 않고 불신과 갈등, 봉합과
배신으로 이어지는 '불안정한 동맹'의 한계를 보여준다.

(1) 진영외교: 이데올로기 유대와 중·소의 대북 경쟁

북한의 대외정책 환경은 변화무쌍했다. 1948년 북·소 국교 수립과
함께 공식적으로 '후견−피후견 국가 관계patron-client state relationship'를
수립했고, 북한의 외교는 당연히 대소련 의존관계에서 출발할 수밖
에 없었다. 우선 6.25 한국전쟁을 전후한 시기 북한의 외교활동은 전
쟁 수행을 위한 역량 총동원에 앞장서는 '전시외교'가 기본이다. 전
시 지원활동과 유리한 국제환경 조성, 외부로부터의 물질적 지원 획
득이 우선 과업이었다.[2] 당시 소련은 북한에게 있어 '해방자'와 '원조
자'로서의 두 가지 위상을 가지고 있었다.

이 시기 북한은 소련을 일본 제국주의로부터 독립을 가져다준 '해
방자'로서, 국가수립과 혁명건설을 지원하고 보호해줄 수 있는 유일
한 국가로 받아들였다. 그리고 소련은 이미 1949년 3월 16일 「조·소

경제·문화 협조에 관한 협정」을 체결하여 북한에 '원조자'로서의 인식을 심어놓고 있었다. 그런 점에서 소련은 자본주의와 사회주의 진영의 대결 구도가 굳어진 한반도에서 북한의 독립과 안전을 보장해주고 사회주의 국가를 건설하는 데 절대적인 후견국가로서 자리매김을 하고 있었다.

전후 복구 경제지원과 관련해서도 소련은 선도적인 역할로 50년대 북한에 대해 압도적인 영향력을 발휘했다. 그러나 중국 인민지원군의 참전을 계기로 북한 외교영역에서 중국의 비중이 점차 증대하기 시작했다. 이후 중국의 전후 경제복구 참여, '8월 종파사건'과 주둔군 철수를 둘러싼 갈등, 중·소 이념 분쟁 등 진영외교의 변화된 환경 속에서 북한은 가장 중요한 동맹국인 중국과 소련을 상대로 불과 10년 사이에 극도의 우호에서 극도의 악화, 악화에서 다시 우호를 반복하는 '널뛰기' 식 양자관계 행보를 경험했다. 북한은 1961년에야 중국과 공식적인 동맹관계 조약을 체결하지만, 1950년 10월 중국 인민지원군의 참전으로 양국이 '연합사령부'를 구성함으로써 사실상의 동맹관계가 이미 시작되었다. 전통적 현실주의 이론에 따르면, '비대칭 동맹' 관계에서 약소국은 강대국의 안전보장에 대한 대가로 자신의 자율성을 일부 희생하면서 동맹관계를 유지한다. 그런데 북한과 중국의 동맹관계에는 이와 같은 비대칭 동맹의 특징이 전혀 보이지 않는다.

강대국인 소련과 중국이 왜 약소국인 북한과 동시에 동맹조약을 체결하면서 경쟁적으로 군사 물자와 경제적 지원을 자처했으며, 또한 중국이 왜 출혈적인 지원에도 불구하고 북한으로부터 그에 상응하는 온당한 감사와 존중을 받지 못했는지 하는 점은 어떻게 설명해야 할까? 그리고 협력과 갈등으로 점철된 북중관계의 '널뛰기' 행태는 도대체 어떠한 이론으로 설명이 가능할까? 납득할 만한 대안과 설명력이 필요하다.

먼저 당시 '이데올로기'와 '안보적 필요'라는 두 가지 핵심요인이 어떻게 북한의 대중국 및 대소련 정책에 영향을 미쳤는지를 살펴보기로 한다. 시기적으로는 ①경쟁적인 전후 경제복구 요인, ②중·소 이념 분쟁에 편승한 등거리외교, ③70년대 미·소, 미·중 데탕트에 편승, ④80년대 신냉전 등으로 대별할 수 있다.

1953년 정전협정이 체결된 이후 중국과 소련은 전후 복구 지원에 경쟁적으로 참여했다. 소련은 북한에 13억 루블을 무상 원조하고 5억 3,000만 루블의 차관을 면제해주었다.[3] 중국은 한국전쟁 동안 북한이 중국에 진 빚을 전액 탕감해주고, 추가로 1954년부터 1957년까지 8억 위안의 자금을 북한에 제공하기로 합의했다. 게다가 참전했다가 아직 잔류 중인 120만 중국 인민지원군을 전폭적으로 북한경제 재건에 투입시켰다.[4]

북한은 중·소 양국의 경쟁적인 전후 복구 지원에 힘입어 1960년대에는 매우 야심적인 7개년 경제계획을 세웠다. 북한의 공업 총생산액을 7년 동안 2.5배 증대시키고 곡물 생산량은 1.5배 증가시키며, 1967년 한 해 동안의 공산품 생산량은 과거 1954~1959년 6년 치의 합계와 맞먹는 수준으로 계획을 높게 잡았다. 이러한 목표를 달성하려면 북한은 계속 중·소의 원조에 의지해야만 했다. 당시 중국은 자신의 경제적 곤경에도 불구하고 1961년부터 1964년까지 4억 2,000

만 루블의 장기 차관 제공에 동의했다.[5] 대외환경 측면에서는 한반도 정세도 북한의 대중·소 밀착 접근을 자극했다. 당시 한국은 정치가 매우 혼란스러웠다. 1959년 3.15 부정선거로 이승만 대통령이 물러나고, 장면 정권의 혼란 속에서 1961년 5.16 쿠데타로 박정희가 정권을 잡았다.

북한은 한국을 둘러싼 안보 정세 변화를 우려했다. 이승만 정권이 1953년 미국과 군사동맹을 체결한 데 이어, 1961년 2월 장면 정부가 미국과 「한미경제기술협정」을 체결했으며, 1960년 10월 25일에는 한·일 정부가 관계 정상화를 위해 중단했던 한일회담을 재개했던 시기와 맞닿아 있다.

그러나 소련과의 관계는 1961년 조·소 동맹조약 체결 이후 1년 만에 소원해지기 시작했고 경제지원도 줄어들었다. 1956년 2월 소련 공산당 20차 당대회 이후 중·소 갈등이 시작되었지만, 북한은 어느 한쪽에 편향되지 않고 중립 입장을 취했기 때문에 소련과도 우호적인 관계를 유지해왔다. 김일성은 1961년 한 해에 두 차례나 소련을 방문하였고, 소련 제1부수상 코시긴Alexei N. Kosygin이 북한을 방문하는 등 고위급의 교류가 활발하게 이루어졌다.

그러나 이듬해인 1962년 북한 김광협 부수상이 소련을 방문하여 군사원조를 요청했다가 거부를 당한 이후 1964년까지는 북·소 사이에 고위급 교류가 한 건도 없을 정도로 관계가 악화되었다. 소련의 사회주의권 내부의 경제적 분업 요구에 대해서도 북한은 자립경제론을 내세워 거절했다.

북한의 전반적인 대중·소 관계를 볼 때, 1950년대 중반 이후 북한은 대체로 소련보다 중국에 편향되어 있었는데, 이러한 경향은 이상할 것이 없다. 세 가지 요인이 작용했다고 할 수 있다. 첫째, 북·중 간 안보위협에 대한 공동연대 의식이다. 과거 양국 사이에는 '선혈이 응고되어 이루어진 전통적인 우의와 단결'이라는 슬로건이 항상 뒤따랐던 시대가 있었고, 실제로 중국 지도자들은 "동북東北이 조선의 대후방大後方"이라고 강조했다.[6] 북한도 동북3성 지도자들을 수시 초청하여 북한 지방 간부들과 친분을 맺도록 지원을 해왔다. 둘째, 북·중 양국이 국제정세에 대한 인식을 공유하고 있었다. 흐루쇼프가 대미 평화공존을 추구할 때 북한은 중국과 함께 미국을 주적主敵으로 연대할 수 있었다. 셋째는 국내 정치와 경제적으로 북·중 양국이 천리마 운동과 대약진에 매진하는 비슷한 형세에 처해 있었다. 또한 비슷한 국제·국내 정책 및 한국전쟁으로 맺어진 돈독한 우의가 북·중 양당이 국제 공산주의 운동에서 공개적인 연합을 갖는 데 기초가 되었다.

(2) 대중·소 등거리외교: 국제체제의 산물

중·소 이념 분쟁에 편승한 북한의 등거리외교는 당시 국제체제의 산물이다. 1950년대 말 북한은 소련과 중국의 틈새에서 또 한 번 선택을 해야 했다. 중·소 이념 분쟁은 북한에게 자주노선의 새로운 대외전략 효과를 학습하는 실험장이 되었다. 그리고 중·소 이념 분쟁이 심화되는 사이에 소련이 미국과 평화공존을 모색하자 북한은 이데올로기 안보의 위협에 대해 심각하게 우려하지 않을 수 없었다.

중·소 논쟁의 서막은 1956년 소련연방 제20차 당대회에서 흐루쇼프의 스탈린 비판이었다. 이에 대해 중국 공산당은 「무산계급 독재에 관한 역사 경험」및「무산계급 독재의 역사 경험을 재론한다」두 편의 주요 문건을 발표하여 소련 공산당과 차별화하는 입장을 드러 냈다.[7] 그러나 마오쩌둥은 1957년 11월 국제 공산당 대회에서 소련 의 사회주의 영도 지위를 인정하고 사회주의 진영의 단결과 투쟁을 강조하며 잠복된 갈등을 더 이상 키우지 않았다. 그 후 1959년 소련 공산당 21차 대회에서 흐루쇼프가 평화공존 정책을 재확인하고, 미 국을 방문하여 대미 데탕트를 선언하면서 중·소 이념 갈등이 본격화 되었다.

흐루쇼프는 방미 직후 베이징을 방문하여 미국과의 정면 대결 위 험성을 지적하고 대만 문제의 성급한 해결 자제를 경고했다. 핵기술 제공 약속에 대한 소련의 이행 거부는 중국에게 결정적으로 신뢰감 을 상실하는 계기가 되었다. 특히 1964년 중국의 원자탄 실험 성공 과 1967년 수소폭탄 실험 성공으로 중-소 분쟁은 국가 분쟁의 성격 을 띠기 시작했다. 또한 1962년 시작된 국경 분쟁은 1965년 이후에 는 국경지대에 병력이 증강 배치되고, 마침내 1969년 전바오다오(珍 寶島: 러명 다만스키섬) 무력충돌로 발전했다.

1960년대는 북한 외교가 중국과 소련 사이에서 극적인 반전과 기 복을 보여준 시기였다. 북한은 불리한 외부 안보환경 변화에 대응하 기 위해 거의 동시에 소련 및 중국과 이중의 군사동맹 조약을 맺는 다. 1961년 김일성은 소련과 중국을 차례로 방문하여 안보지원을 보 장받는 동맹조약을 체결했다. 7월 6일 모스크바에서「조·소 우호협 력 및 상호협조조약」체결에 이어, 5일 후인 7월 11일 베이징에서 저우언라이 총리와「조·중 우호협력 및 상호원조조약」에 서명하였다. 중·소 사이에서 상호 경쟁심리와 북한의 '배신'을 우려하는 심리를 효과적으로 이용한 북한의 대표적인 등거리외교의 성과물이다. 1960년대 초 북한은 국내 경제건설과 국제안보 두 가지 측면에서 중·소 양측의 도움을 절실히 필요로 했다.

첫째, 국내 차원에서는 제1차 5개년 경제계획을 2년 앞당겨 1960년에 완성한 이후, 다시 1961년 제1차 7개년 계획 실시를 준비하고 있었기 때문에 중·소로부터 물자 도입과 차관 원조가 중요한 시기였다. 둘째로 국제안보 측면에서는 한미일로부터의 불리한 외교환경 변화에 대응하기 위해 중·소 양국과의 군사적 동맹관계 확보가 필요했다.

중·소 어느 일방에 치우치지 않고 중립과 균형 입장을 지키던 북한은 1962년 말부터 중국 지지 입장으로 돌아섰다. 흐루쇼프의 대미 데탕트 추진으로 북한은 한미동맹으로부터의 안보위협을 우려하지 않을 수 없었다. 원래 중·소와 이중의 동맹조약을 체결한 것도 한미동맹에 대한 위협 균형을 맞추기 위한 수단이었다. 북한으로서는 당시 한국에 5.16 군사정권 등장으로 반공 우익세력이 강화되면서 이에 상응하는 안전장치로서 제도적인 보장이 필요했다. 또한 국내적으로는 김일성이 중·소 갈등을 개인 권력을 강화하는 데 이용했다. '8월 종파사건'으로 권위가 손상된 김일성은 중국 지지 입장으로 선회하여 중국과의 '반소反蘇연대'에 동참했다. 결국 북·중 양측은 '대외안보'와 '체제안정'의 목적을 위해 연합전선을 구축하여 각자의 위기를 공동 돌파하는 데 서로 뜻이 맞아떨어진 것이다.

1963년에 이르러 북중관계는 이미 격의 없는 친밀한 관계로 발전

했다. 1963년 5월 중국은 김일성을 극비리에 초청, 「프롤레타리아 국
제주의 총노선에 관한 건의」에 대한 의견을 구하기도 했다. 그리고
답방으로 그해 9월 류사오치 국가주석이 방북 시 김일성의 태도는
이미 강한 친중 입장으로 변해 있었다. 김일성은 류사오치와 속을 터
놓고 가진 회담에서 프롤레타리아 국제주의 운동의 분열을 피하지
않고 흐루쇼프와 맞서 중국의 편에 설 것임을 약속했다.[8] 국제무대에
서도 북한은 중국과 서로 지지를 표명하면서 공조관계를 다졌다. 북
한은 1962년 6월 진먼다오 포격 사태에서도 중국의 입장을 적극 옹
호했다. 또한 1962년 중국-인도 국경 충돌사건에서도 북한은 즉각
반응하여 중국을 지지한다는 성명을 발표했다. 이에 호응하여 중국
은 '자주적 평화통일을 쟁취하기 위한 조선 인민들의 정의로운 투쟁
을 확고히 지지'하고, '유엔한국통일부흥위원회'의 해체 등 북한의
요구에 찬성했다.

북한의 중국에 대한 공개적인 지지는 당연히 소련의 반발을 불러
왔다. 1962년 소련은 북한에 대한 군사 및 경제지원을 당분간 유예
하기로 결정하고, 1964년에는 북한에 대한 군사원조를 공식 중단했
다.[9] 그럼에도 소련의 보복은 목적을 달성하지 못했고 북한은 더 중
국 편으로 기울었다. 북한은 1964년 「제2차 아시아경제토론회」를 주
재하며 소련, 인도의 참가를 거부하는 등 1962년부터 1965년까지 중
국과 손을 잡고 더 강력한 반소 입장에 섰다.

하지만 국제 공산주의 운동에서의 '이데올로기' 갈등은 북한에게
는 득보다 실이 많았다. 북한은 가장 중요한 동맹국 소련을 잃고 대
남 통일투쟁에서도 주의력이 분산되었다. 이에 북한은 1965년 중국

에 편향된 외교의 시계추를 되돌리기 시작했고, 북한의 대중·소 관계가 다시 역전되는 등 70년대까지 북한의 대중·소 등거리외교는 등락과 기복을 거듭했다.

이상의 대중·소 균형관계를 정리하면, 북한은 중국과 소련 어느 한쪽에 일방적으로 편승하는 대신, 양국 사이에서 적절한 균형을 유지하며 대외관계에서 '자주외교'를 적용했다. 북한은 정권 초기부터 절대적인 영향력을 행사하던 소련을 견제하기 위해 1962년부터 중국과 밀착했고, 반대로 1965년을 기점으로는 교조주의적 성향이 짙어진 중국의 압박을 거부하기 위해 다시 소련과 관계를 회복함으로써 양쪽 모두로부터 자율성을 확보하고자 했으며, 결국 북한은 1966년을 전후하여 양국 사이에서 대등한 관계를 유지할 수 있었다.[10]

(3) 데탕트와 북방 3각 체제 붕괴

1950년 2월 체결된 「중·소 우호동맹조약」은 1954년 흐루쇼프의 베이징 방문에서 재조약에 서명하며 그런대로 순항했지만, 1959년 소련의 '원자력협력협정'에 대한 일방적 폐기 선언으로 사실상 중·소 동맹관계는 무력화되었다.[11] 1960년 루마니아의 부쿠레슈티 회의에 이르러서는 양국의 이견이 공개적으로 충돌했다. 그런데 당시 중국과 가깝던 북한과 베트남은 침묵을 지켰다. 북한이 침묵을 지킨 이유는 우선 자초지종을 잘 몰라서 논쟁에 끼어들기를 주저했던 점도 있지만, 다른 한편으로는 내부 사정을 통찰하더라도 어느 한쪽 편에서는 모험을 할 필요가 없었기 때문일 것이다. 그러나 1960년대 중반 국제체제에 두 가지 큰 변수가 등장하면서 북중관계에도 굴곡이 생기기 시작했다. 하나는 소련에서 흐루쇼프의 실각이고, 다른 하나는 베트남전 확대에 따른 북베트남 지원문제로서, 그중에도 북베트남 지원문제에 대한 이견은 북중관계를 악화시키는 직접적인 요인으로 작용했다.[12] 이에 북한은 이념문제를 접어두고 소련과의 관계 회복을 도모했다. 1964년 출범한 브레즈네프 정권으로부터 경제와 군사원조를 획득하는 데 중점을 두고 실리적인 차원에서 접근하기 시작했다.

북한은 앞서 중·소 분쟁에서 중국 편에 서면서 소련과 동구권 국가로부터 압박을 받았다. 소·동구권은 북한에 대해 경제 및 군사지원을 중단했고, 북한을 정치적으로 고립시켰다. 이는 북한에게 큰 손실을 안겨주고 있었고, 중국의 북한에 대한 경제적·정치적 지원으로는 이러한 손실을 메우기에 부족했다. 그래서 북한은 1965년부터 소련과 가까워지기 시작했다.

이는 북한이 더 많은 원조를 얻고자 했기 때문이고, 다른 한편으로는 소련의 새로운 지도자가 북한과의 관계 개선에 나섰기 때문이다. 하지만 북한의 중립노선은 오래가지 못했다. 소련과의 관계가 파탄에 이르지는 않도록 사회주의 진영의 단결 강화 주장을 내려놓지는 않았지만, 중·소 국경충돌과 프롤레타리아 국제주의 운동에서 중국의 고립이 심화되는 상황에서 북한의 대중·소 등거리외교는 최종적으로 중국에 기울었다.

이후 1969년 리처드 닉슨 미국 대통령이 취임하면서 국제질서에 중대한 변화가 일어났다. 미소관계가 긴장 완화의 시기로 접어들었다. 소련은 미국과의 화해를 위해 북미관계의 긴장이 고조되는 것을 원하지 않았다. 1969년 4월 15일 북한이 미국의 EC-121 정찰기 한 대를 격추시켰다. 소련은 3일이 지나서 뒤늦게 북한 지지 입장을 밝히는 한편, 해군 함정을 파견하여 미국과 함께 생존자 수색활동 지원에 나섰다. 이러한 소련의 대응은 북한의 큰 불만을 샀고, 북한을 다시 중국과 밀착하도록 만드는 계기가 되었다.

이 시기 북한 외교정책의 기본방향은 첫째, 자주성과 프롤레타리아 국제주의 원칙에 기초한 사회주의 각국과의 단결 강화 및 친선 협조관계 발전, 둘째, 비동맹·제3세계 국가와의 관계 발전 및 정치·경제·문화 등 모든 분야에서의 단결과 협조 강화, 셋째, 미국·일본·서구권 등 자본주의 각국과의 우호관계 형성 및 경제를 비롯한 문화교류의 발전, 넷째, 지리적으로 인접한 아시아 각국과의 선린관계 발전을 위한 왕래와 접촉의 강화 및 경제·문화교류의 발전 등을 기본 방향으로 정하고 있다.[13] 외교 목표와 대상 국가 범위를 폭넓게 분산함으로써 중국에 전적으로 의존하지 않으려는 의도가 드러난다.

북한이 1974년 중국의 중재를 통한 한반도 문제 해결 방식에서 벗어나 직접 미국에 대해 '북·미 평화협정' 체결을 제안한 것이 그러한 예이다. 이는 중국이 미국과 관계 개선을 추진하며 북중동맹의 신의를 배신한 데 대한 북한의 전략적 대응이라고 할 수 있다. 「조·중 우호조약」의 제4조에는 "양국은 각각의 공통 이해관계가 있는 모든 중대한 국제 문제에 대해 서로 협의하기로 한다"고 규정하고 있다. 중국의 대미관계 정상화는 제4조의 약속을 먼저 위반한 셈이 된다. 이에 북한도 미국과 직접 접촉을 시도함으로써 북·중 동맹관계에 처음으로 이완 현상이 나타난 것이다. 이후 1979년 12월 소련의 아프가

니스탄 침공과 함께 시작된 미·소 신냉전으로 국제 문제 초점에서 벗어나면서 1980년대 중반까지 북한과 중국 간에는 안정적인 교류와 회복된 동맹관계가 유지되었다.

2
국내 정치 차원:
동맹과 이데올로기

한국전쟁 이후 1950년대 북한 외교는 전후 경제회복과 체제안보에 중점을 두고 '진영외교'를 통해 사회주의 국가들로부터 경제 및 군사적 지원을 확보하는 데 주력했다. 1960년대에는 '3대 혁명역량'[14]의 전반적 약화에 따라 자주외교 및 비동맹외교를 통해 정통성 강화와 통일기반 조성에 주력하였고, 1970년대에는 베트남의 통일 과정을 지켜보면서 한반도 적화통일에 적극적인 의욕을 보였다. 그리고 1980년대 중국과의 개혁개방 노선에 대한 이견 및 북한 내부의 경제난이 겹치면서 '자주, 평화, 친선'의 외교정책 이념하에 대서방 관계 개선을 시도하였다. 특히 1980년 10월 제6차 당대회에서 공식 천명한 북한 외교전략은 '자주'를 대외활동의 기본 원칙으로 하고, 외교정책 결정 및 집행 과정에서 자주성을 지키는 것을 그 핵심 내용으로 삼고 있다.

(1) 이데올로기 전략동맹의 기반

김일성 집권 시기 북중관계의 성격에 대해 션즈화 교수는 "일반적인 군사적 의존관계의 동맹과는 구별이 되며, 일종의 국제 공산주의 운동을 유대로 하는 정치연맹"이라고 규정한다. 그리고 그는 당시 북·중 간 동맹관계 유지를 가능하게 했던 기반으로 △지도자 간의 개인관계(유대감), △이데올로기(마르크스·레닌주의), △대외정책(반제 반미, 세계혁명), △지정학적 가치(안보적 완충지대), △경제관계(대중국 경제의존) 등이 작용했다고 본다.[15]

건국 초기의 북중관계는 '이념동맹'에서 시작됐다. 1949년 10월 1일 중화인민공화국 건국 직후인 10월 4일 북한의 박헌영 외무상이 저우언라이 총리 겸 외교부장에게 전화를 걸어 북한이 중국과 외교관계 수립을 결정하고 대사를 파견하기로 했다고 통보했다.[16] 10월 6일 정식 외교관계가 수립되었다. 이후 북중관계는 가장 친밀한 것처럼 유지가 되어왔고, 흔히 '형제지간'이라고 표현했다.

1948년부터 1949년까지 조선 노동당과 중국 공산당이 각각 국내에서 정권을 잡고 조선인민민주주의공화국과 중화인민공화국을 수립했으며, 조선 노동당은 중국 공산당과 손을 잡고 소련을 종주국으로 하는 사회주의 진영에 합류했다. 또한 북한과 중국의 국경지대를 혁명기지로 공유하는 특수한 지정학적 요인으로 인해 두 나라 사이에 '순치상의(脣齒相依: 순망치한脣亡齒寒의 상호의존)' 관계가 형성되면서 '혁명 형제'라는 요소가 주입됐다. 수천 년 동안 산과 물이 이어지는(一衣帶水) 지리적 인연에 공통의 사회주의 이념까지 겹쳐서 특수한 관계로 맺어진 초기 북중관계는 1950년 10월 중국 인민지원군의 한국전쟁 참전으로 '동지'와 '형제'가 결합된 '혈맹관계'의 절정에 이르렀다. 조약으로 맺어진 것은 아니지만 사실상의 '이데올로기 전략 동맹'이라고 할 수 있다.

조선인민군의 주력부대 창설을 도운 것도 중국 공산당이다. 1949년 4월 조선인민군 정치부 주임 김일이 조선 노동당 중앙위원회 대표 자격으로 중국을 방문하여 인민해방군에 소속된 조선족 사단을 북한 정부로 이관해 달라는 조선 노동당의 서신을 마오쩌둥에게 전달했다.[17] 마오쩌둥은 이를 수용하여 1949년 7월부터 선양에 주둔하던 중국 인민해방군의 조선의용군朝鮮義勇軍을 개편한 166사단과 중국 창춘에 주둔한 제3지대를 개편한 164사단을 잇달아 북한으로 귀속시켰다.[18] 당시 중국은 아직 내전이 끝나지 않았지만 정권을 수립한 지 얼마 되지 않은 북한을 지원하기 위해 조선인민군 전체 병력[19]의 50%가량을 차지하는 7만 명에 가까운 병력을 제공함으로써 한국전쟁 이전에 이미 조선인민군의 주력부대로 자리를 잡았다.

(2) 독립 자주외교의 배경: 주체사상

북한의 대중·소 관계를 규정하는 이론적 토대는 '사상적 주체, 정치적 자주, 경제적 자립, 군사적 자위'로 구성되어 있는 김일성의 '주체사상'이다. 한국전쟁의 개전 이후 중국과 북한은 이데올로기와 정치군사적 측면에서 매우 긴밀하게 협력을 했다고 봐야 하지만, 그렇다고 해서 북한이 중국을 전적으로 믿고 의지했던 것은 아니다. 특히 김일성은 군사 지휘권과 외교정책 부분에서 자주적인 성향을 드러내며 점차 중국 및 소련과 의견 차이를 보이기 시작했다. 1950~1953

년 전쟁 기간 중 김일성은 끊임없이 중국 측과 부딪쳤으며, 휴전의 시기 문제, 휴전회담의 대표권, 포로교환 방법 등을 둘러싸고 의견충돌이 이어졌다.[20] 이로 인해 전후 복구 과정에서 중국은 많은 물자와 자금을 지원했지만 김일성 정권으로부터 그에 상응하는 감사와 존중을 받지 못했다. 오히려 중국 인민지원군의 철군 요구와 '연안파' 제거 등 불신과 갈등이 지속되는 원인이 되었다.

1956년 '8월 종파사건'과 1957년 북한에 주둔하던 중국 인민지원군의 철수 문제로 양국 관계는 거의 파경을 맞을 정도의 위기를 겪었다.[21] 그러나 50년대 후반 중소관계가 악화되면서 북한의 외교적 역할 공간이 확보되기 시작했다. 중·소 논쟁 초기 단계에서 김일성은 북한의 국가이익을 지켜야 할 필요성에 따라 어느 일방과도 관계악화를 피하면서 초연한 입장을 취했다. 북한은 양자 중에서 선택을 해야 하는 상황에 직면했지만, 어느 한쪽에 편향되지 않고 중립을 지키려 노력했다. 그리고 얼마 후에는 중국과 북한이 서로를 필요로 하는 관계로 전환되어, 1960년대 초에는 과거의 우호관계를 완전히 회복하게 되었다. 결국 대외관계에서 반反대국주의와 '주체'를 추구했던 북한은 중·소와의 관계 조정을 통해 '자주외교 노선'을 공식화할 수 있었던 것이다.

냉전 시기의 북한은 대외관계 분야에서도 항일혁명투쟁 정신을 견지하고 계승 발전시켜야 한다는 입장이었다. 즉 "항일혁명투쟁시기 대외관계에서 확고히 견지한 자주적 립장과 철저한 반제혁명적 립장, 국제혁명 력량과의 련대성을 강화할데 대한 사상과 경험들은 북한의 자주, 친선, 평화를 기본리념으로 하는 당과 정부의 대외정책의 영광스러운 전통으로, 억세고 튼튼한 력사적 뿌리가 되었다"고 주장한다.[22] 1970년대 중국의 대미 데탕트 시도에 대해서도 북한은 자주성 옹호와 반제국주의 역량 강화를 강조하고, 미중수교를 "제국주의 세력과의 무원칙한 타협"이라고 비판하며 "혁명의 근본이익을 팔아먹어서는 안 된다"는 인식을 표출하였다.[23]

(3) 경제원조 획득을 위한 실리 외교: 북중관계의 최대 밀월기

1961년 7월 「조·중 우호원조조약」 체결로 북·중은 제도적인 공약으로서 공식적인 동맹관계가 성립되었다. 양국 간 정치 이념적 관계는 더욱 밀착되었다. 양국 지도자는 수시 상호 방문하여 우호관계 강화와 공동 관심사에 대해 협의를 가졌다. 사회주의 국가들 사이에서는 고위급 교류가 국가 간 실질적인 현안을 논의하기 위한 목적뿐만 아니라 우호관계를 대내외에 과시하는 수단으로 이용되어왔다. 북중동맹이 체결된 배경은 객관적으로 국제체제적 환경 변화와 중·소 간 이념 분쟁으로 북한의 지정학적 가치가 높아진 때문이지만, 현실적으로는 김일성이 중·소의 경쟁관계를 잘 이용하여 주도적으로 쟁취한 측면을 부정할 수 없다. 김일성은 중·소 간 대립과 경쟁을 이용하여 양쪽으로부터 지원을 얻어내는 데 성공했다. 중·소 양측은 서로 북한을 끌어들이려고 김일성의 지원 요청에 응했다. 대외관계에서 목표 달성의 수단으로 가장 효과적인 것은 정치적 포섭 이외에는 당연히 실질적인 경제원조이다.

1960년 8월, 소련은 전쟁 시기의 군사차관 7.6억 루블을 면제해주고, 1.4억 루블의 대출금 상환을 연기해줬다. 그리고 중국의 원조에 대항하여 북한과 「장기 원조와 무역에 관한 협정」을 체결했다.[24] 이에 대해 중국 정부는 1961~1964년 기간 북한에 4.2억 루블의 장기 차관을 제공하고, 고무타이어 공장 및 무선통신기기와 생필품 생산 공장의 건설을 지원하겠다고 약속했다.[25] 중국은 당시 알바니아 및 쿠바로부터도 지원요청을 받고 있었고, 중국 주재 소련 전문가들이 철수를 하는 등 어려운 입장이었지만, 북한에 대한 경제원조 항목은 보장을 한다고 약속했다. 특히 1960년 대약진 실패와 자연재해로 대기근을 겪고 있음에도, 중국 정부는 23만 톤의 식량을 북한에 제공했다. 당시 중·소의 경쟁적인 대북지원 규모를 보면, 전후부터 1970년대까지 북한이 사회주의 국가로부터 받은 경제원조 총액 20억 4,300만 달러 가운데 소련이 43.14%, 중국은 30.75%를 차지하여 여전히 소련이 우위를 보였다.[26]

1960년대 상반기 북중관계는 수교 70년을 통틀어 가장 우호적인 '밀월기'였다. 이 기간 동안, 북·중 사이에는 두 가지 중요한 협정이 체결되었다. 하나는 1961년 7월 11일 서명한 「조·중 우호협력 및 상호원조조약」이고, 다른 하나는 1962년 10월 12일 저우언라이 총리가 방북하여 평양에서 김일성과 서명한 「조·중 국경조약朝中邊界條約」이다. 「조·중 국경조약」은 북한에 유리한 조건으로 체결된 대표적인 밀월기 동맹관계의 산물이다. 이 국경조약을 바탕으로 1964년 3월 20일 베이징에서 북·중 양국이 「조·중 국경에 관한 의정서朝中國境議定書」를 체결하였다. 오늘날 백두산 일대와 천지天池의 국경선이 확정된 것이다. 백두산 일대의 국경은 1909년 「두만강 한·중 국경사무조약土門江韓中界務條款」 규정의 석을수石乙水 기준선에서 북한 측이 요구하는 국경선에 가깝게 조정이 되었다. 천지의 국경 분할에 있어서도 북한에 54.5%, 중국에 45.5%가 편입되었으며, 국경 하천의 섬과 사주 451개(압록강 205개, 두만강 246개)는 기득권 존중과 지리적 인접성 원칙에 따라 북한에 264개(압록강 127, 두만강 137)를, 중국에 187개(압록강 78, 두만강 109)를 각각 귀속시켰다.[27] 2,744미터의 최고봉인 백두봉을 '장군봉'으로 개명한 것도 이때다.

이와 같이 북한은 「조·중 우호조약」으로 중국과 공식적인 군사동맹 관계를 맺고 상대국의 내정에 간섭하지 않는 상호 평등주의 원칙을 확립하는 한편, 「국경조약」을 원활하게 마무리함으로써 북중관계의 최대 밀월기를 구가했다. 북한 측에 상당히 유리한 경계 획정은 훗날 뒷말이 무성하게 되는 원인이 되었다. 북·중 갈등이 격화되었던 문혁 기간에는 이에 관여했던 주더하이朱德海 연변자치주 주장이 홍위병으로부터 영토를 팔아먹은 '매국노'라고 잔혹한 박해를 받는 일까지 벌어졌다.

(4) 문혁 시기 북중관계의 기복과 굴절, 그리고 절제

'문화대혁명' 시기 중국이 좌충우돌의 혁명외교를 펼치면서 북중관계는 최악의 상태에 빠지게 되었다. 문혁 주도세력의 극좌極左 노선은 조선 노동당을 '수정주의'로 몰아 비판했다. 일부 홍위병은 북한의 배신이 흐루쇼프의 문하생인 수정주의자 김일성 때문이라고 비난했고, 이에 격분한 김일성은 중국 인민지원군 열사묘역을 파헤치고 열사비를 파괴했으며, 그 와중에 마오쩌둥의 아들인 마오안잉의 묘비도 파손되었다. 심지어 중국 정부에 공문을 보내 한국전쟁에서 전사한 중국군의 유해를 모두 송환해 가라고 요구했다. 북한은 친소親蘇 노선으로 전향을 선언하고, 소련과 공동으로 중국에 대항했다. 북중관계는 또 한 번 굴절을 겪게 되었다.

1966년 이후 수년 동안 북한의 언론매체는 좌경 기회주의, 교조주의 등 중국을 빗대서 비판하는 문장을 연이어 쏟아냈다. 가령 1966년 7월 13일 『노동신문』은 "마르크스 레닌주의는 좌·우 편향 기회주의와의 투쟁에서 발전하는 것"이라는 정달은 명의 기고문에서 '우경 기회주의'뿐만 아니라 '좌경 기회주의'도 반대해야 한다고 주장했다.[28] 당시 중국은 소련으로부터 좌편향 기회주의라는 비난을 받고 있었기 때문에 이는 중국을 지칭하는 비판이다. 소련을 우경 기회주의로, 중국을 좌경 기회주의로 몰아 양비론兩非論 입장에서 중립노선을 취하려는 북한의 태도를 보여준다.

북한은 중국과의 관계에서 1960년대 전반기 밀착된 동맹관계가 베트남전에 대한 입장 차이로 균열을 보이기 시작하여, 문혁 기간 상호 험악한 비난전을 벌이면서 역대 최악의 관계에 빠져버렸다. 소련의 흐루쇼프 실각으로 중국과의 공동의 적이 사라진 상황에서 북한은 오히려 소련과 협력하여 베트남전 관련 반제국주의 공동전선 구축에 적극 나선 반면, 중국은 소련과의 이념 분쟁으로 악화된 관계가 회복되지 못한 상황에서 국내적으로 문혁의 혼란기를 맞아 내부 체제안정이 시급한 가운데, 상호 전략적 우선순위의 차이가 드러난 것이라 하겠다.

또한 북한은 한국전쟁에 대한 역사의 개편을 시도했다. 북한 건국의 역사는 온통 김일성에 대한 찬미 송사로 바뀌었다. 한국전쟁 전체를 김일성이 조선인민군을 이끌고 미국의 침략을 패퇴시킨 전쟁으로 묘사하는 반면 중국 인민지원군에 관한 전승 기록은 거의 보이지 않는다. 심지어 북한 출판물에서 '항미원조'에 대한 해설은 "위대한 조국해방전쟁 기간 중 중국 인민은 일정한 원조를 하고, 많지 않은 인원이 지원군을 결성했지만, 지원군이 위대한 수령의 통일된 지휘를 받지 않았기 때문에 제대로 전투력을 발휘하지 못하고 한 번 싸우고는 도망을 쳤다"고 서술하고 있다.[29] 이는 북한 내부에 중국 인민지원군의 역할을 폄하하고 김일성을 우상화하면서 중국에 대한 불신과 배타적인 분위기가 상존하고 있었음을 보여준다.

그러나 이러한 갈등관계 속에서도 양국은 파국으로 치닫지 않도록 관계 유지에 노력했다. 북한의 당정 지도부와 당보, 당 간행물에서는 지속적으로 '조중 친선'을 소중히 여긴다는 메시지를 전달한다. 북한이 한국전쟁 중 중국 인민의 원조를 결코 잊지 않을 것이며, 북한이 비록 소련과의 관계를 개선하더라도 미국 제국주의와 현대 수정주의 등에 대한 반대에 있어서는 중국과 공동보조를 맞출 것이라고 밝히고 있다. 이후에 문혁에 대한 북한의 태도는 중립적으로 전환된다. 중국의 '문혁'이 대외관계에서 엄청난 피해를 가져왔고, 많은 악폐를 저질렀지만 북한은 가장 먼저 이를 덮어주고 양국 관계 회복에 나섰던 것이다. 그만큼 양국 관계는 아무리 이해관계가 충돌하고 갈등이 격화되더라도 일정 수준 이상의 극단적인 관계로까지 악화되지는 않았다.

이와 같이 북중관계는 1960년대에 극적인 기복을 겪었다. 전쟁을 함께 치른 군사동맹에서부터 '항미반소抗美反蘇'의 이데올로기 동반자로 승격되고, 뜻을 같이하는 '동지'에서 상호 왕래를 끊은 남남의 관계로, 다시 이전의 혐오를 버리고 우호적인 관계로 되돌아갔다. 60년대 말에 이르러서야 북중관계와 북소관계는 서로 엉킨 교직상태에서 이전의 균형 위치로 회복되었다. 전 과정을 보면 북중관계의 변화가 북소관계의 향방을 결정짓고 있다는 점에서 북중관계가 더욱 중요한 작용을 하는 것으로 보인다. 지정학적으로 중국과 더 가깝고 전략적 이해관계 면에서도 소련보다 중국과 더 깊이 결박되어 있기 때문이다.

그렇다면 1960년대 북한의 대중·소 외교전략에 영향을 미친 요인은 무엇인가? 안보상의 필요와 이데올로기 싸움이 이런 변화의 원동력이라는 평가가 설득력이 있다. 북한으로서는 한·미에 맞서 대항하고 한반도를 통일하는 것이 대외정책의 최우선 목표이며, 중·소 논쟁은 북한의 대외정책을 양난의 딜레마에 빠뜨렸다. 다른 한편으로는 중·소와 이중으로 동맹조약에 서명함으로써 한국과 세력 균형을 강화하는 안보상의 이익을 취할 수 있는 반면에, 중·소 사이의 끊임없는 논쟁과 갈등은 북한으로 하여금 중립을 지키기 어렵게 만들었다. 또한 조선 노동당은 일정 시간 관망 끝에 중국 공산당을 선택했지만, 그 선택은 또 다른 동맹인 소련과의 관계를 소원하게 만들었다. 반대로 소련과의 관계 개선은 중국 지도자를 불쾌하게 만들었다. 등거리외교는 두 가지 딜레마 중에서 덜 불리한 선택을 하는 방법으로서, 물론 경제와 안보 면에서 적지 않은 대가를 수반하기도 한다.

1969년 10월 최용건은 북한 고위 당정대표단을 이끌고 중국의 건국 20주년 기념식에 참가했다. 이는 1965년 이래 북한 최고위 인사의 방중으로, 새로운 양국 관계의 회복을 의미한다. 1970년 2~3월 사이 양국은 철수했던 주재 대사를 각각 다시 파견했다. 이어서 1970년 3월 2일 북·중 양국 정부는 평양에서 「1970년도 화물교환의 정서」에 서명했다. 북한 『노동신문』은 1970년 4월 1일부터 중국의 경제건설 성과를 보도하기 시작했다. 1970년 7월에는 북한 군사대표단이 중국을 방문하여 마오쩌둥을 만났다.

북중관계의 괴리는 중국에게도 도움이 되지 않는다. 문혁 시기 외교적으로 곤경에 처한 중국은 주동적으로 북한에 우호 메시지를 보냈고, 북한이 신속하게 호응해서 북중관계가 회복될 수 있었다. 북한은 최종적으로 중·소 모두와 우호관계를 유지하는 이상적인 목표를 달성했다. 이 부분은 북한이 지정학적 기반에 근거한 등거리외교 정책으로 이데올로기와 안보 양자 사이의 장기적인 전략게임에서 일단 성공했다고 평가할 수 있다.

(5) 북중관계 유지의 가교 역할: 경제원조 조약

1953년 11월 북·중 간 최초의 공식 협정인 「조·중 경제문화협력협정」이 체결되었다. 당시는 한국전쟁에서 휴전협정을 맺은 직후로서, 모든 생산시설이 거의 파괴되고, 사회 혼란과 경제의 불안정이 극한 상황에 몰려 있었다. 북·중 양국은 동 협정 체결 이후에 비로소 전후 경제복구를 위한 건설 공사가 본격화되었다. 양국 간 교역은 맹아상태로서 무역액도 미미한 수준이었다. 1959년 북·중 무역액은 1억 1,584만 달러에 불과했다. 1960년대에는 중·소 갈등의 영향으로 북중관계도 기복과 부침을 겪었고, 특히 교역은 당시 이데올로기 중심의 대외관계에서 직접 영향을 받았다. 1966년 북·중 무역액이 2억 3,220만 달러, 1969년에는 9,215만 달러로 부침을 겪었다. 1970년대 북·중 무역액이 회복되기 시작하여 1976년에는 4억 9,500만 달러에 이르렀고, 1980년대에도 대체로 5억 달러 정도의 수준에 머물렀다.[30] 1980년대는 북한이 중국에 대해 정치, 경제, 문화 등 각 영역에서 협력을 강화하고, 고위층 교류도 활성화되었던 시기이다.

북한은 대규모 경제원조를 제공하면서 개혁개방을 권유하는 중국의 거듭된 요구를 거절할 수 없어 1984년 9월 합영법을 공포하고 중국에 대규모 시찰단을 파견하는 등 표면적으로는 경제개혁의 움직임을 보이기 시작했다. 1983~1985년 동안 5천 명 이상의 실무자가 중국의 개방정책 현장을 찾았으며, 심지어 청년친선참관단 500명을 세 팀으로 나누어 중국의 11개 도시를 탐방하며 기업의 현장을 참관하기도 했다.[31]

김일성은 1991년 10월 마지막 방중에서 한중수교의 대세를 거역할 수 없으리라는 분위기를 이미 간파한 상황에서도 덩샤오핑과의 개별면담 성사와 함께 군수물자 지원을 챙기는 노련한 모습을 보였다. 즉 김일성은 중국의 특색 있는 사회주의 건설 성과를 인정해주는 대신에, 중국의 군사장비 지원규모를 5억 달러에서 10억 달러로 증액하는 대가를 얻어냈다. 또한 매년 5천 명의 북한군을 중국에서 교육시키기로 합의하고 미사일 등 현대식 무기의 대북한 판매에도 합의했다.[32] 이는 이데올로기적 유대가 약화되는 가운데서도 군사적인 측면에서는 상대적으로 결속력이 강하게 유지되고 있었으며, 동맹관계의 관성이 여전히 작동하고 있었음을 보여준다.

한중수교 하루 전날인 8월 23일 북한『노동신문』은 '우리 식' 사회 주의를 견지해 나가겠다는 의지를 강조하는 사설을 게재하고, 수교 다음 날인 8월 25일에는 북한이 북미관계 개선을 제의하면서 아시 아 평화는 북·미 관계 개선의 전제라고 밝혔다.[33] 곧 다가올 외교환 경 변화에 대비하는 북한의 현실적인 대응이 이미 태동하고 있었음 을 의미한다.

3
최고권력자 차원:
등거리 자주노선

김일성의 중국에 대한 개인적 인식은 획일적으로 규정하기 어렵지만, 국제정세 변화와 정권안정 추세에 따라 몇 가지 특징적인 성향을 드러낸다. 그러한 성향은 다분히 불신과 좌절의 기억에 잠재된 개인적 경험에서 비롯되며, 중국의 외압과 잠재적 안보위협에 대한 경계심이 작용하고 있다. 이와 같은 특징은 △최고지도자 사이의 개인관계, △북·중 연합군 전쟁 시기의 좌절, △중·소의 내정간섭에 대한 기억과 거부감, △혁명 지향적 행동주의 취향, △현실주의적 성향 등의 관점에서 논거를 정리할 수 있다.

(1) 마오쩌둥과의 매끄럽지 않은 개인 인연

먼저 김일성의 개인 취향 면에서 김일성과 마오쩌둥의 개인관계는 앞 장에서 제시한 바와 같이 외부에 드러나는 것만큼 원만하지 못했고 상호 불신감을 가지고 있었다. 그러나, 이 같은 껄끄러운 관계를 저우언라이 총리가 가교역할을 잘 수행함으로써 북·중 동맹관계를 지탱해왔다고 할 수 있다.

김일성과 마오쩌둥의 첫 만남은 남침 전쟁에 대한 동의를 구하는 과정에서 이루어졌다. 김일성은 1950년 5월 13일 베이징을 방문하여 마오쩌둥을 만났다. 김일성은 이에 앞서 4월 20일~25일간 모스크바를 방문하여 스탈린에게 무력에 의한 한반도 통일전쟁 의사를 전달했고, 이에 대해 스탈린은 마오쩌둥과 논의하여 동의를 얻으라는 조건부 허락을 해준 바 있다. 마오쩌둥은 김일성의 무력남침 계획을 듣고 동의를 했지만, 스탈린의 뜻을 거역하기 어려운 피동적 입장이었다. 당시 "김일성이 중국과 동맹조약을 체결하고 싶어 했지만, 마오쩌둥은 이에 동의하지 않았고, (동맹조약은) 전쟁을 마친 후에 체결하자"는 답변을 했다고 한다.[34] 이는 당시 김일성의 다소 교만한 행동에 대해 마오쩌둥이 느꼈던 불편한 심기가 어느 정도 영향을 끼쳤을 수도 있지만, 좀 더 냉정하게 본다면 당시 마오쩌둥으로서는 불확실한 한반도 안보위협에 직면하여 조약의 법적 책임에 연루되는 것을 원하지 않았기 때문이었을 것으로 생각된다.

1950년 5월 13일 베이징을 방문한 김일성은 마오쩌둥과의 회담에서 무력남침 계획에 대한 중국의 동의와 지지를 얻어냈다. 김일성에게 있어 마오쩌둥은 북한 정권의 절체절명의 생존을 지켜준 은인이다. 마오쩌둥은 1950년 10월 1일 박헌영 외상을 통해 김일성의 도움 요청을 받은 이후, 중국 지도부의 격렬한 반대[35]를 무릅쓰고 출병 결정을 밀어붙인 당사자이다. 김일성은 이처럼 중국에 큰 빚을 졌지만 그럼에도 많은 안 좋은 추억을 가지고 오랜 불신감을 표출했으며, 마오쩌둥과의 관계에서도 일반적인 인식과 달리 그다지 각별한 관계를 유지한 것이 아니다.

김일성은 스스로 스탈린에 의해 북한 지도자로 임명되었다고 생각했기 때문에 마오쩌둥에게 승복을 하지 않았을뿐더러 개인적으로도 별다른 친분이 없었다. 김일성은 중국의 군수물자와 경제원조를 받는 과정에서도 스탈린의 권위를 교묘하게 앞세우면서 마음으로부터 고마워하는 태도가 아니었다. 중국의 원조가 공산 진영의 우두머리인 스탈린의 지시에 따라 움직이는 것이라는 생각을 가졌기 때문에 마오쩌둥의 은혜가 아닌 셈이었다.

(2) 북·중 연합군 전쟁 시기의 수모와 좌절

중국 인민지원군이 북한에 도착한 이후 군대의 지휘권 문제와 관련하여 북·중 간 이견이 노출되었다. 김일성은 중국 인민지원군이 최고사령관인 자신의 명령을 따라야 한다고 생각했지만, 인민지원군 총사령관 펑더화이는 자신이 중국 군대를 지휘해야 한다고 생각했다. 그래서 전쟁 초기부터 양국 지휘관 사이에 갈등이 발생했다.

지휘권 갈등에서 중국 인민지원군은 당연히 펑더화이의 지휘에 복종했지만, 조선인민군 중에도 적지 않은 장병들이 이전에 해방군 제4야전군 소속이었기 때문에 펑더화이를 따르기를 희망했다. 이후 1950년 11월 5일 제1차 전투를 마칠 때까지 지휘권 문제를 매듭짓지 못하다가 제2차 전투에서 중국군과 북한군이 오인으로 서로 교전을 벌이는 사태가 발생하면서 지휘권 문제가 다시 불거졌다. 이에 김일성은 상호 군대를 분리하여 지휘하자는 제안과 함께 스탈린에게 전보를 띄워서 지침을 받고자 했다. 그런데 스탈린의 회신은 중국 측이 지휘하라는 것이었다. 이에 중국이 정正, 북한이 부副를 맡는 '조중연합사령부'가 성립되었다.[36] 결국 스탈린의 지시를 받고 나서야 승복했지만, 김일성은 여전히 북한군 7개 군단 중에서 4개 군단만 펑더화이에게 맡기고 후방의 3개 군단은 자신의 지휘 아래에 두었다. 김일성으로서는 이러한 현실을 잠시 받아들이긴 했지만 심리적인 타격이 컸다.

그 후 중국 인민지원군이 서울을 점령한 후 진격을 멈추고 더 이상 추격하지 않는 점에 대해 김일성이 강하게 반대하면서 중국 측과 또다시 갈등이 불거졌다. 펑더화이는 전투 병력이 오랜 작전에 지쳐 있고 탄약과 식량을 보충해야 하는 데다 미국 공군의 폭격이 강화된 점을 고려하여 전군의 전열 정비를 지시한 상태였다. 김일성은 펑더화이와 격렬한 논쟁을 벌였고 결국 스탈린의 '펑'에 대한 지지 결정을 받아 들고 나서야 일단락되었다. 이러한 추격 중단은 훗날 북한이 중국 측에 '통일실패 책임론'을 덮어씌우는 근거로서 논란이 계속되는 원인이 되기도 했다.[37] 또한 1951년 5월 조·중 연합군이 제5차 공세(춘계 대공세)에 실패하여 서울을 버리고 38선으로 퇴각했을 때도 김일성과 펑더화이는 주먹다짐을 벌일 정도로 감정이 격앙되어 있었다.

다른 한편, 철도관리권을 놓고도 김일성과 펑더화이 사이에 의견 충돌이 발생했다. 휴전협상이 장기화되자 김일성은 철로가 주권 사항이라며 중국군이 통제하고 있던 철로관리권을 회복하고자 했다.

이번에도 스탈린은 "철로는 군대가 관리하는 것이 맞다"고 펑의 손을 들어줬다. 휴전협상 과정에서 전쟁포로 문제도 김일성과 펑더화이 사이에 입장이 엇갈렸다. 중국이 전쟁포로의 전원 송환 입장인 데 반해 김일성은 미국의 조건을 수용하고 빨리 정전에 서명하고자 했다. 1952년 9월 스탈린은 김일성, 저우언라이, 펑더화이를 모두 모스크바로 불러서 의견을 조정했다. 스탈린의 한마디는 마오쩌둥 동지의 입장이 정확하다는 것이었다.

이처럼 사사건건 중국과의 의견충돌에서 수모와 좌절을 겪은 김일성은 대국주의에 대한 불신과 외세 간섭으로부터 자결권의 필요성에 대한 뼈아픈 기억을 새기게 되었다. 이후 김일성은 중국에 대해 '못 믿을 동맹'이라는 불신을 키웠으며, "중국 지도자는 얼굴을 마주 보며 말할 때와 뒤에서 하는 짓이 너무 다르다"고 말한 기록도 있다.[38]

(3) 강대국의 내정간섭에 대한 기억과 거부감

조·중 연합전쟁 과정에서 뿌리 깊은 불신감이 쌓인 김일성은 휴전 이후에도 주둔 중인 중국 인민지원군에 대해 불편한 기색을 감추지 않았다. 동맹군으로서 공동 전쟁을 치르면서도 상호 불신과 충돌이 끊이지 않았던 배경에는 물론 소련군 장교 출신인 김일성 정권의 태생적 성격, 중-소의 미묘한 관계, 북·중 지도부 간 개인적 신뢰가 아직 형성되지 못한 부분 등이 복잡하게 내재되어 있지만, 무엇보다 중국의 원조에 전적으로 의존하면서도 중국의 역할을 축소하고 평가절하하는 김일성의 행동에 대한 중국 측의 불편한 심기가 있었다.

특히 1956년 '8월 종파사건'에 대한 중·소의 내정간섭으로 인해 겪었던 굴욕은 이후 김일성에게 반대국주의 의식을 강하게 심어주었다. 중국과 소련은 펑더화이 국방부장과 미코얀 부수상을 각각 특사로 파견하여 종파사건으로 축출됐던 최창익, 박창옥의 직위를 회복시키고, 윤공흠, 서휘 등을 복당시켰다.[39] 이와 같은 중·소의 외압에 일단 굴복하는 사태를 경험한 김일성은 독립 자주외교 노선에 대한 집착이 더욱 강해졌다. 중·소 특사가 떠난 이후 오히려 종파사건에 연루된 연안파와 소련파를 모조리 색출하여 척결함으로써 김일성의 1인 권력이 확립되었다. 이후 김일성은 중·소 어느 한 국가에 대한 일방적인 편승을 배제한 채 1960년대 중반 대외적으로 자주외교 노선을 공식화할 수 있었다.[40] 1960년대 중소 갈등이 이념적 차원을 넘어 정책적 차원으로 확대되면서 김일성은 양국 사이에서 대외관계를 주도하고, 등거리외교를 바탕으로 자주외교 노선의 기틀을 마련하게 된다.

(4) 혁명 지향적 행동주의자 취향

1975년 4월 18일 베이징을 방문한 김일성은 중난하이 관저에서 마오쩌둥과 마주 앉았다. 당시는 미국의 베트남전 철수가 임박한 가운데 캄보디아에서는 전날 크메르루주 반군 지도자 폴 포트가 친미정권을 무너뜨리고 공산정권을 수립한 데 이어, 2주 후 베트남전에서는 사이공이 함락되던 시점이었다. 션즈화 교수에 따르면, 김일성은 마오쩌둥과의 비밀회동에서 "캄보디아와 베트남이 위대한 승리를 얻어 우리는 매우 기쁘다"며 한반도에서도 무력통일을 시도하고 싶다는 뜻을 마오에게 전달하려 했다. 하지만 마오는 (백내장으로) 눈이 좋지 않다며 화제를 돌리고 "정치 이야기는 하지 말자"고 대화를 끊었다.[41] 이렇게 마오쩌둥은 무력통일의 꿈을 버리지 못한 김일성의 의도를 명확히 파악하고 구체 발언 기회를 차단했으며, 제2차 한국전쟁 발동 의지를 가지고 방중했던 김일성은 마오쩌둥의 지지를 얻는 데 실패했다. 이러한 마오쩌둥의 냉담한 태도를 보면서 김일성은 제2의 남침을 하더라도 미국과 관계 개선을 시작한 중국이 자신을 도와주지 않을 것임을 충분히 직감하고 귀환했을 것이다.

마오쩌둥이 김일성의 제2차 한국전쟁 의도를 외면했던 이유는 1972년 닉슨 대통령의 방중 이후 미국과의 관계 개선 분위기에 장애가 되는 것을 원하지 않았기 때문일 것이다. 중소 대립으로 안보위협에 직면한 중국은 미국과의 제휴로 위기를 돌파해야 할 상황이었기 때문에 중국과 북한 사이에는 공동의 이익이 없었다는 것이다. 결국 인도차이나 공산화 도미노에 편승하여 제2의 한국전쟁을 시도할 목적으로 방중했던 김일성은 마오쩌둥의 반대에 부딪혀 남침 구상이 좌절됐다. 이 회담을 계기로 김일성은 중국에 의존하지 않고 은밀히 핵개발을 진척시키는 등 독자 노선을 걸었다.

김일성은 죽음을 얼마 남기지 않은 1991년에 이르러서야 "민족이 있고 난 연후에 계급이 있다"고 인정을 했다.[42] 뒤늦게 계급과 이데올로기가 민족의 이익을 대신할 수 없음을 깨달았다는 의미다. 김일성은 혁명가로서 과감한 선제적 행동을 앞세워 1인 절대 권력에 부자 세습체제까지 확고하게 구축했지만, 만년에는 국제적 고립과 경제난 속에서 지나간 영화의 무기력함을 통절하게 느꼈을 것이다. 마

오쩌둥이 어릴 적에 5년간 서당에서 공맹孔孟을 배우고 지방의 사범
학교를 나와 베이징대학에서 도서관 직원을 지낼 정도의 인텔리였
던 데 비하면, 김일성은 가난한 시골 지식인의 아들로서 전통사상
을 연마할 기회가 없었다. 지린 소재 육문毓文중학교 중퇴 학력으로 4
년간 소련군 근무 경험 이외에 서구 학문과 인연을 맺지도 못했다.[43]
동양의 전통적 사상도 서방의 철학적 사고도 익힐 기회가 없었다.

그런 점에서 김일성은 마오쩌둥과 비교하여 민족국가 건설을 '혁
명과 전쟁'을 통해서 구현하려 했던 점에서는 매우 유사하다. 하지
만, 혁명 사상이나 철학적 사유, 그리고 그 문화적 배경과 인생 역정
의 측면에서 김일성은 '혁명가'라기보다는 유격대를 인솔하던 실무
형 '군사지도자'라는 평가가 있다.[44] 북한이 스스로 김일성을 '장군'
으로 호칭하는 것도 이러한 개인적 배경과 관련이 있어 보인다. 한국
전쟁의 전시 상황을 벗어난 이후에도 정치와 군사를 구별하지 못하
고 경제-군사 일체화와 '주체'의 정치에 매달리는 전통도 이와 무관
하지 않다.

(5) 최고지도자 간 직접 소통 선호 및 현실주의 성향

김일성은 중국과의 관계 설정 및 중요한 결정을 할 때 최고지도자
와의 직접 교섭을 잘 활용했다. 공식 비공식을 불문하고 필요할 때
수시로 방중하여 중대 현안을 협의하고 정치적 협조와 경제적 지원
을 얻어내는 현명한 현실주의자라고 할 수 있다. 국내 확인된 기록
상으로 김일성은 중국을 24회 방문했지만, 중국 측 기록에는 39차례
방중한 것으로 나타난다.[45] 15차례 더 비밀리 방중하여 중국 지도자

들과 직접 소통을 했다는 뜻이다.

1953년 7월 휴전 이후, 전후 경제복구를 시작한 김일성은 재원 확보를 위해 먼저 소련을 방문했다. 스탈린은 이미 사망했고 새 지도자 흐루쇼프와 서로 의견이 맞지 않자, 김일성은 다시 동유럽을 찾아야 했다. 가까운 중국을 회피하고 멀리 고단한 길을 선택한 이유가 전쟁 과정에서 쌓인 불신과 섭섭한 감정 때문이라고 짐작하는 것은 어렵지 않다. 이에 마오쩌둥은 김일성에게 "중국에 와서 필요한 것을 잘 이야기하자"는 전보를 보냈고, 그해 10월 김일성이 중국을 공식 방문했다. 당시 마오쩌둥이 방중한 김일성에게 소련과 동구권의 지원을 합친 금액보다 더 많은 규모의 경제복구 지원금을 제공한 배경에는 김일성이 받은 마음의 상처를 위로하기 위한 보상이 반영되어 있다고 봐야 한다.

1958년 11월 22일부터 12월 9일까지 김일성의 두 번째 공식 방중을 중국은 성대하게 맞이했다. 저우언라이 총리가 베이징역에서 김일성을 직접 영접하여 무개차를 함께 타고 연도에 늘어선 30만 인파의 환영을 받았다. 베이징체육관에서 특별 환영대회를 마친 김일성 일행은 우한武漢에 체류 중인 마오쩌둥을 만나기 위해 중국 국내항공편에 몸을 실었다. 마오쩌둥은 면화 및 원자재 지원을 요구하는 김일성에게 "필요한 양을 말하라, 뭐든지 다 보내주겠다"고 호언을 하고, 중국 인민지원군이 북한에 남겨놓고 철수한 1억 8천만 위안 상당의 물자를 모두 무상으로 북한에 이양하기로 약속하면서 국제무대 역할에서 중국에 호응해줄 것을 요청했다.[46]

김일성은 이러한 환대와 지원 약속을 받고 귀국했지만, 1959년 10

월 중·소 분쟁이 공개화되었을 때 어느 한쪽으로 기울지 않고 등거리 입장에서 최대의 이익을 선택했다. 소련은 그 틈을 노려 북중관계를 이간시키면서 김일성을 소련 편으로 끌어들이려 했다. 1960년 5월 비밀리에 김일성을 모스크바로 초청한 흐루쇼프는 1956년 '8월 종파사건'에서 소련이 어떻게 북한의 내정에 간섭하게 됐는지를 해명하고, 1956년 11월 30일 마오쩌둥과 주중 소련 대사가 나눈 대화록을 김일성에게 전달했다. 그 대화에는 마오쩌둥이 "김일성은 혁명을 배반할 수 있으며, 장차 북한의 티토Josip B. Tito 아니면 나치Nazi가 될 것"이라고 언급한 대목이 들어 있었다. 모스크바에서 귀국한 김일성은 간부회의를 소집하여 중국 지도자의 잘못된 행위를 증언하고, "앞으로 다시는 중국을 믿지 않겠다, 가지도 않겠다"며 분노를 숨기지 않았다.

물론 그 분노가 오래가지는 않았고, 중국 방문도 이어졌다. 가령, 1960년 5월 김일성은 비밀리에 베이징北京을 방문했다. 항저우까지 찾아가 마오쩌둥을 만난 김일성은 마오와의 회담에서 쌍방이 정치적으로 뜻을 같이했다. 특히 김일성은 방중 때마다 중국 측에 "지도자 간의 우의와 신뢰가 무엇보다 중요하다"는 말을 누차 강조한 바 있다. 1976년 9월 마오쩌둥이 사망했을 때 김일성은 평양 주재 중국 대사관에 설치된 빈소를 거의 매일같이 찾았다. 그리고 국제 관계의 표리부동한 현실을 실감한 김일성은 대중·소 관계에서 등거리외교와 '양다리 걸치기'로 대응한다. 이는 결국 김일성이 이데올로기 우선이 아니라 국익을 위한 현실주의에 따라 움직였다는 점을 보여준다.

북중관계에서 양국 지도자 간 상호 방문 외교는 1958년 「조·중 수 뇌방문에 관한 협정」 체결에서 명문화된 관례로서, 이는 역설적이게 도 북·중 간 상호 불신의 역사적 경험에서 비롯되었다. 1956년 '8월 종파사건' 이후 북한 내 친중 인맥인 '연안파'가 전면 숙청되면서 인 적 채널이 사라진 북한을 관리하기 위해 중국 지도부는 김일성과의 직접 소통이 필요했고, 1958년 2월 저우언라이 총리의 방북을 계기 로 중국 인민지원군 완전 철수 합의와 함께 양국 지도자 간 외교적 의사소통 기제를 구축키로 한 것이다.[47] 김일성의 입장에서도 믿을 수 없는 대중국 통로의 대리인을 별도로 두기보다는 본인이 직접 챙 기는 방식을 선호했기 때문에 정상회담의 정례화라는 대안이 선택 된 것이다. 이로써 양국은 당면한 공동 관심사를 긴밀히 협의하고 상 호 통보하는 이른바 '통보제도'의 전통을 수립했다. 이는 1961년 「조 ·중 우호원조조약」의 제4조에 "양국 공동이익에 관한 모든 중요한 국제 문제 계속 협의"[48] 의무로 명시하기도 했다. 결국 양국 정치 지 도자의 상호 방문을 통한 '협의·통보제도'는 서로의 행위를 상호 제 한하는 동맹의 '관리수단'을 규정한 것이라고 할 수 있다.

　김일성은 개인적으로 중국에 대한 강한 불신과 경계심을 가지고 있었지만 드러내지 않으면서, 중국 최고지도자와의 직접 소통을 통 해 안보적 후견국가를 확보하고 현안을 신속히 해결할 뿐 아니라 필 요한 경제지원을 얻어내는 실리적이며 현실적인 대처법을 선호했다. 1991년 10월 베이징의 국빈관 댜오위타이 18호각에서 김일성-덩샤 오핑 간 마지막 회동은 그러한 측면에서 중요한 변곡점으로서의 의 미가 크다. 지금까지 최고지도자의 개인적 친분이 북중관계의 핵심

결정요인으로 작동하던 시대가 이로써 끝나고, 국가 간 전략적 이익
관계에 의해 양국 관계가 결정되는 시기로 전환이 이루어지는 것이
다.

(6) 저우언라이 총리와의 각별한 우의와 신뢰 관계

김일성은 1975년 4월 마오쩌둥과 저우언라이의 병문안차 중국을
공식 방문하고 돌아온 이후, 저우 총리의 병세가 위중하다는 소식에
특사파견을 제의했으며, 다음 해 1월 8일 저우언라이가 사망하자 장
례식에 참석하겠다는 뜻을 전할 정도로 중국 지도부와의 개인 유대
에 신경을 썼다. 국가 지도자의 장례식에 외국인이 참석한 전례가 없
다는 이유로 중국 측이 거절을 했지만, 김일성은 북한 땅에 저우언라
이의 동상을 세우라고 지시할 정도로 각별한 우의를 보였다.[49]

이에 앞서 1961년 7월 베이징을 방문하여 「조·중 우호협력 및 상
호원조조약」을 체결할 때 중국 측 서명자도 저우언라이 총리다. '조
약' 제2조에는 "어느 일방이 무력침공을 당해 전쟁상태에 처하게 될
경우 지체 없이 모든 힘을 다해 군사적 원조를 제공한다"는 자동개
입 조항이 포함되었다. 김일성은 베이징 방문 직전인 7월 6일 모스
크바에서 소련과도 동맹조약을 체결했는데, 조·중 동맹조약에 더 강
한 군사적 원조 사항이 포함될 수 있었던 점은 개인적 우의가 깊었
던 저우언라이의 역할이 작용했다고 봐야 한다.

북·중 간 최고지도자의 개인적 친분과 이념적 유대에 의존하는 밀
착관계는 1차적으로 1976년 마오쩌둥과 저우언라이가 사망하자 상
당 부분 약화가 되었으며, 다음 단계로 이념과 실용을 겸비한 덩샤오

핑 시기까지는 지도자 개인적 유대가 지속되지만, 덩의 사망 이후에는 사실상 거의 사라졌다. 김일성과 덩샤오핑의 개인적 친분관계는 매우 각별했던 것으로 알려져 있지만, 내막적으로는 노회한 두 사람의 반신반의半信半疑하는 팽팽한 신경전이 저변에 깔려 있었다. 김일성은 덩샤오핑이 '개인숭배'를 반대하는 것에 대해 불쾌해했다. 부자세습의 후계구도에 덩샤오핑이 즉각적인 환영을 표하지 않은 점도 내심 불편했을 것이다.

2장

김정일
시기

1
국제체제 차원:
다변화와 대미 편승

냉전체제의 붕괴는 북한 대외정책의 전면적인 변화를 촉발하는 변곡점이 되었다. 탈냉전의 신질서 속에서 북한의 국가적 위상은 냉전체제 '사회주의 진영의 동방초소'에서부터 미국이 주도하는 단극체제의 이른바 소외된 '불량국가' 혹은 '비합리적이지만 자율적 행위자'로 변모하게 되었다.[50] 북한이 직면한 전례 없는 곤경은 △국제체제에서의 완전 고립, △국가 생존의 안보위협, △국가경제의 붕괴 위험의 세 가지 측면에서 나타났다.[51] 동북아 역내 질서는 소련 주도의 북한-소련-중국의 북방 3각 동맹체제가 소련의 붕괴로 더 이상 작동하지 않게 되면서 미국 주도의 한국-미국-일본의 남방 3각 동맹체제와의 세력 균형 체제가 붕괴되었다. 새로운 상황과 딜레마에 직면한 북한은 대내 경제뿐만 아니라 외교와 안보 측면에서도 '고난의 행군'을 시작해야 했다.

김정일 집권 시기 북한의 대외정책 결정에 영향을 미치는 전략적 선택은 ①대중·소 의존에서 벗어난 다변화 개방외교 시도, ②미국과의 협상 및 남북관계 개선을 통한 안보위협 해소 노력, ③한계 인식에 따른 북중관계 회복, ④핵 프로그램 거래를 통한 '안보와 경제' 동시 해결 도박 등의 형태로 나타났다.

(1) 진영외교 탈피와 다변화 개방외교로 전환

김정일 집권 시기 북한에게 가장 큰 대외환경 변화는 냉전 종식과 국제질서 재편이다. 사회주의 진영의 종주국인 소련은 1991년 12월 26일 해체되어 15개 독립국으로 분리되었고, 그중 다수는 사회주의를 포기하고 자본주의를 선택했다. 소련 붕괴에 따른 파장은 북중관계에도 매우 중대한 영향을 미쳤다. 북한은 1990년까지만 해도 중국의 군사적 보호가 필요하기는 했지만, 경제외교 등에서 중국에 대한 의존도가 그리 높지 않았다. 그러나 소련의 붕괴와 북핵 위기에 따른 국제제재로 인해 중국에 대한 의존도가 높아졌다. 러시아에 대해서는 큰 기대를 갖기 어려웠다. 러시아가 1996년 북·소 동맹조약을 폐기하고 남북한에 대해 실리주의 정책을 추구하는 경향을 보였으며, 미국 및 한국과의 관계를 중시하는 태도를 보였기 때문이다.

이 시기 북한을 둘러싼 거의 모든 국제체제적 환경은 전방위적으로 불리하게 작용했다. 첫째, 소·동구권의 체제 전환과 사회주의 진영의 와해, 러시아의 전면적 서구화와 한국으로의 편향, 그리고 중국의 개혁개방 이후 대남북한 균형정책은 북한 정권이 의지할 수 있는 정치적 후견의 공간을 크게 축소시켰고, 국제정치에서 전례 없는 고립을 초래하게 만들었다. 둘째, 냉전은 끝났지만 냉전적 사고가 여전히 한반도를 지배하게 되었을 뿐만 아니라, 북방 3각 동맹이 완전히 무너지고 남방 3각 동맹 구도만 더욱 강해지는 추세에서, 북한은 한미일의 무력에 의한 정권 교체 위협에 노출되어 국가 생존의 안보위협에 직면해 있었다. 셋째, 소련·동구권의 경제지원이 거의 끊어지고 중국의 대북지원도 국제무역 결제 방식으로 변경되면서 과거 사회주의 진영과의 구상무역과 우대교역에 의지하던 북한의 계획경제는 지지부진을 면하기 어려웠다. 철강재와 화학비료를 만드는 데 각각 필수적인 코크스cokes와 원유의 수입체계 붕괴는 북한 경제위기의 결정적인 원인이 되었다.[52] 게다가 1990년대 중반 심각한 자연재해까지 겹치면서 북한경제는 거의 붕괴 직전에 이르렀다. 이러한 외교적 곤경과 안보위협, 경제 붕괴의 3중 딜레마에 직면한 북한이 외교전략 면에서 새로운 선택의 전환을 시도하는 것은 매우 당연하고 자연스러운 일이다.

김정일 집권 시기는 북한이 격변의 전략적 이해관계 속에서 체제생존과 안전을 보장받고 경제협력 라인을 확보하기 위해 기존 대외전략의 수정을 고민하고 탐색했던 시간이다. 북한은 탈냉전의 객관적 정세 변화에 맞춰 그동안 중국과 소련에 의존했던 안보전략을 폐기하여 진영외교로부터 탈피하는 한편, 1991년 9월 남북한 UN 동시 가입과 함께 다변화 개방외교로 전환을 시도했다. 체제안전 보장은 미국으로부터, 경제적 이익은 한국으로부터 확보하려는 대전환이 이루어졌다.

이러한 북한의 국제환경 변화에 능동적으로 적응하고자 하는 노력은 과거 냉전 시기 일변도 정책과 확연히 구별된다. 가장 눈에 띄는 것은 동구권의 붕괴로 외교 영역이 크게 축소되자 대외정책의 영역을 동일 진영에 국한시키지 않는 전방위외교 활동으로 나타났다. 그 결과 탈냉전 초기와는 달리 외교 영역 확장이 이루어졌고, 2000년 이후 유럽연합의 대부분 국가들과 수교를 하였다. 당시의 유럽연합 수교국 대부분이 서유럽 자본주의 국가들인 점을 감안하면 북한은 체제와 이념만을 중시하던 냉전 시기의 대외관에서 완전히 벗어났다고 할 수 있다. 또한 제한적 대외경제개방 외교를 보다 강화함으로써 점차 자력갱생의 경제 전략에서 대외개방 전략으로의 전환을 모색해 나가려는 의도로 보인다. 이에 따라 북한은 체제유지, 경제난 해결, 대외적 고립 탈피를 위해 대미·일 수교교섭 강화, 대중국 동맹 관계 지속 및 대남 교류·협력을 모색하고자 했다.

북한은 원래 1980년대 중반부터 미국과 직접 대화 추진에 나섰다. 1988년 12월 북경에서 참사관급 접촉을 시작으로 1993년 9월까지 34회 실무 접촉이 이루어진 바 있다. 당시 북한은 미국이 내걸었던 선결 조건에 대한 전향적인 태도로 미국을 움직였다.[53] 1993년 3월 북한의 NPT 탈퇴 선언 이후에는 북핵 위기 해결을 위해 북한과 미국 간에 고위급 회담이 열렸다. 1994년 10월 '제네바 합의'에 도달하고, 일본과는 1990년 1월부터 수교협상에 착수하는 등 북한의 다변화외교는 일시적으로 성과를 거두는 듯했다. 1991년 12월에는 나진과 선봉을 '자유경제무역지대'로 설정하고, UNDP가 주관하는 '두만강유역 개발계획'에도 회원국으로 참여했다. 1990년대의 세계는 미국 중심의 단극체제unipolar system였기 때문에, 강대국들조차 미국에 편승하지 않고서는 미래를 보장받기 어려웠다.[54] 이에 북한도 역시 미국에 편승하는 길 이외에 대안이 없었고, 한국과 일본을 통해 우회적으로 미국에 접근하는 이른바 북한식 '남방외교'를 추진했던 것이다.[55]

(2) 안보위협 해소 전략 변경: 대미 안보교환과 남북관계 개선

김정일 정권의 외교정책 목표는 대내외적인 정통성 확보가 우선이고, 둘째는 식량지원 확보를 통한 경제난 해결, 셋째가 체제보전을 위한 안보환경 개선이라고 할 수 있다. 북한의 안보상 위기의식은 무엇보다도 그동안 후견국 역할을 했던 소련의 해체와 함께 구소련을 승계한 러시아가 1995년 동맹조약 폐기를 선언한 것이 결정적이다. 북한으로서는 동맹조약의 실효성이 불투명해진 중국과의 관계 재설정 문제가 절박해졌다. 하지만 천안문 사태 이후 대서방국 관계 회복 및 한국과의 관계 개선에 역점을 두고 있던 중국도 더 이상 북한체제를 지탱할 의지와 여력이 없어 보였다.

최대 곤경에 처한 북한은 세 가지 전략 변경으로 새로운 대외정책을 재구축하게 된다. 첫째는 이데올로기 우선에서 국가이익 우선으로 전략을 바꾸고 정권의 유지와 체제안정을 외교의 최우선 목표로 삼았다. 둘째는 외교 최우선 순위를 중국과 소련에서 미국으로 전환하였고, 셋째는 한반도 남북관계의 완화를 추진했다. 이러한 전략 변경에 따라 북한은 1993년 3월 핵확산금지조약에서 탈퇴하고 벼랑 끝 전술과 주변화 정책을 수단으로 삼아 시종일관 외교적 주도권을 유지하면서, 도발과 협상의 '양면전략'으로 한·미의 안보위협에 대응했다. 이러한 국제 외교의 판도 변화 속에서 북중관계는 최장의 냉각기에 접어들었다.

탈냉전 초기 북한은 이처럼 소련의 동맹 파기와 중국의 소극적 입장으로 외교적 고립을 겪기도 했지만, 다른 한편으로는 외교전략을 유연하게 전환하면서 강대국들의 전략적 이해관계가 충돌하는 '지정학적 위치'를 활용하여 새로운 기회 구조를 창출하고 있었던 것도 또한 사실이다. 왜냐하면 이러한 지정학적 위치로 인해 안보의 위협이 초래되기도 하지만, 그 반대로 자신의 '지정학적 이점利點'을 극대화할 수 있는 전략적 선택의 폭이 넓어지기도 하기 때문이다.

북한의 전략적 변화는 체제안전 보장을 냉전 시기 중국과 소련에 의지했던 방식에서 미국에 의지하는 방향으로의 전환이다. 물론 핵카드를 이용한 대미관계 돌파 전략은 합의와 결렬, 협상과 교착, 재개와 위기가 반복되면서 북한의 기대처럼 순탄하지는 않았다. 1992년 말 시작된 제1차 핵위기는 북·미 협상을 거쳐 1994년 제네바 합의를 도출했지만, 연락사무소 설치나 북미관계 정상화 문제는 시작도 못 한 채 2002년 2차 북핵 위기로 중단되었다.

남북관계를 통한 경제지원 획득을 목표로 국가전략의 변화를 모색했던 북한의 남북경협 돌파구도 북핵문제와 연동되어 우여곡절을 반복했다. 두 차례의 남북 정상회담으로 '6.15 공동선언'과 '10.4 합의'를 이끌어내기도 했지만, 남북 협력은 순항을 하다가도 중단과 역행을 반복했고, 2006년 제1차 핵실험에 이르러서는 파탄을 맞았다. 남북경협의 상징인 금강산 관광과 개성공단 운영이 차례로 중단되면서 북한은 사실상 남북관계를 통한 경제이익 획득의 목표도 달성하지 못했다. 한국에서는 이명박 정부가 과거 10년간의 대북정책을 전면 수정한 '실용주의' 강경노선으로 전환하면서 북한의 반격이 시작되었고 남북관계는 냉각됐다. 한반도 정세의 긴장이 고조되면서 북한은 중국과의 교류와 협력을 강화하는 방향으로 전환했다.

(3) 안보와 경제 동시 해결 시도: 핵 프로그램 거래 도박

북한은 핵 프로그램 거래를 통해 '안보와 경제'를 동시에 해결하려는 도박을 시도했다. 그러나 북미관계 개선과 남북관계 완화를 통해서 기존의 사회주의 진영외교를 대체하려는 시도는 성공하지 못했다. 왜냐하면 북한의 다변화 개방외교가 국제정세의 흐름에 편승한 주도적인 전략 변화라기보다는 사회주의권 붕괴에 따라 생존을 위한 불가피한 피동적인 선택이라는 점에서 태생적인 한계를 내포하고 있었기 때문이다.

이후 북한은 자신을 '악의 축'으로 규정한 미국 부시 행정부와 지루한 협상을 거쳐 2005년 '9.19 공동성명'과 2007년 '2.13 합의'를 이끌어냈지만, 이 역시 검증의 벽을 넘지 못하고 중단되고 말았다. 이로써 미국으로부터 체제 인정과 안전보장을 확보하려던 대외전략 목표는 완전 실패로 돌아갔다.

2008년 북한은 국내외적으로 어려운 환경에 직면했다. 미국 부시 행정부는 글로벌 금융위기와 대선이라는 국내 문제 해결이 급선무로 북한문제에 대한 관심이 떨어지고, 한국은 이명박 정부가 대북 원칙론을 내세워 강경입장으로 선회하고 있었다. 여기에 한중관계가 역대 최고 수준인 '전략적 협력동반자 관계'로 격상되고, 한미 동맹도 '가치동맹'으로 재정립되는 등 북한은 제1차 핵실험 이후 국제 관계에서 균형이 흔들리는 어려움에 빠졌다. 경제난에서 회복되지 못한 가운데 2008년 8월 김정일의 건강 이상이 발생하면서 북한은 더욱더 전략적 위기상황에 빠져들었다.

국가 외교전략의 우선순위 결정은 국가이익에서 출발한다. 국제정치적 차원에서 국가이익이란 국가안보, 경제번영, 자국의 가치증진, 유리한 국제질서의 창출 등을 포함한다. 북한으로서 당면한 최대 위기의식은 북한의 정치체제를 지키고, 경제회생과 식량문제를 해결하는 것이 급선무였다. 자주성을 우선하는 '우리 식 사회주의'와 민족적 자립경제 원칙을 고집하면서 국제환경 변화에 임시 편승하여 안보와 경제를 동시에 지켜내려는 것은 과욕이라고 할 수 있다.

(4) 북중관계 회복으로 복귀: 대미·대일 관계 개선의 한계

북한의 대외전략은 대미·일 관계 개선이 한계를 드러내면서 다시 북중관계 회복으로 복귀하였다. 북한은 1980년대까지만 해도 중국에 대한 의존도가 그리 높지 않았지만, 1990년대 소련의 붕괴와 북핵 위기에 따른 국제제재로 인해 중국에 대한 의존 필요성이 높아졌다. 중국의 입장에서는 탈냉전 이후 북한의 전략적 가치가 이전보다 크게 낮아졌기 때문에 관심도가 그리 높지 않았지만, 그럼에도 중국은 북중관계를 전통적 우호협력관계로 규정하고 시종 포용적인 관리를 해왔다.

1990년대 후반부터 침체됐던 북중관계가 회복되기 시작했다. 그 배경은 동북아에서 국제체제적 수준의 거대한 변화와 무관하지 않다. 특히 미·일 군사협력 강화는 북중관계를 다시 결속시키는 촉매

요인이 되었다. 1997년 9월 미국과 일본은 「신방위협력지침」을 발표하였고, 1999년 3월에는 미국 상원이 중국과 북한을 동시에 겨냥하는 국가미사일방어망NMD 설치 법안을 통과시켰다. 이어서 부시 행정부는 2000년 중국을 "전략적 동반자Strategic Partner"에서 "전략적 경쟁자Strategic Competitor"로 규정하였다. 이러한 일련의 정세 변화는 북한의 안보이익에 대한 위협 인식과 무관하지 않다. 북한은 특히 1999년 3월 미국의 코소보 사태 개입을 보면서 자신이 다음의 공격목표가 될 수 있다는 위기의식을 갖고, 중국에 도움을 요청했던 것으로 알려진다.[56] 이에 따라 중국과 북한은 다시 북중관계를 회복할 필요성을 느끼게 되었다.

종합적으로 볼 때, 김정일 정권은 결국 그때까지 실행해오던 대외전략의 실효성에 의문을 갖고 전략적 변화의 필요성을 절감했다. 20여 년간 지탱해왔던 대미, 대남 전략에 대한 회의와 의구심으로부터 다시 검토할 수 있는 대안은 결국 중국밖에 없었다. 2008년 8월 뇌졸중으로 쓰러졌다가 일어난 김정일은 후계체제를 서둘러야 했고, 후계구도의 안전판으로서 중국의 후견 역할이 필요했다. 이에 따라 대미, 대남관계에서 얻으려던 체제안전 보장 및 경제지원의 대체재를 중국에서 획득하는 방향으로 전략을 수정하고 중국에 본격 접근하기 시작했다.

한편, 국제사회의 대북 경제제재는 북한 무역에 '당사국 효과'와 '제3국 효과'라는 두 가지의 영향을 미쳤다. 당사국 효과는 제재 당사국과 북한 사이의 무역이 줄어드는 것을 의미하며, 제3국 효과는 이에 따라 북한과 여타 국가 사이의 무역도 영향을 받는 것을 말한다. 2000년대 일본의 대북제재로 인해 북·일 무역이 줄어들었지만, 그 영향은 제3국 효과로 전이되어 남북한 교류가 이를 대체하는 현상으로 나타났다.[57]

2
국내 정치 차원:
안보와 경제의 선택적 교환

1990년대 북한은 냉전 종식에 따른 불리한 대외환경과 함께 김일성 사망, 경제난에 따른 국내환경의 위협으로부터 오는 이중의 체제 위기를 겪어야 했다. 냉전 시기 한반도 적화통일이라는 공세적인 전략목표는 탈냉전 이후 수세적인 '체제 생존'으로 전환되었다. 승계권력의 공고화가 시급한 김정일은 국가정치 이념에서 '주체사상'의 빈도를 줄이고 붉은기 사상, 우리 식 사회주의, 강성대국에 이르는 독자적 구호와 지도력으로 정치적 위기 극복에 주력했다. 이러한 필요성에 따라 체계적으로 종합한 이념이 '선군정치론'이며, 이는 곧 대중국 정책의 기초를 구성한다.

탈냉전 이후 북한이 직면한 환경은 포괄적인 위기였다. 국제적 고립과 경제난 악화 속에서 외교적, 안보적 불안에 직면해 있었다. 또한 제네바 합의를 전후로 김일성의 사망과 식량난이 동시에 발생하면서 김정일은 승계권력의 정착과 식량난 해결이라는 이중의 과제를 떠안게 되었다. 김정일 집권 시기 대중국 전략적 선택과 대응은 아래 몇 가지 특징을 통해서 드러난다.

(1) 고위급 교류의 장기간 단절과 군사적 유대 약화

한중수교 이후 북·중 간 교류와 협력은 오랜 냉각기를 겪었다. 최고지도자의 상호 방문은 역대 가장 오랜 8년여 기간 동안 중단되었다. 1991년 10월 김일성의 중국 방문과 1992년 양상쿤 국가주석의 방북을 마지막으로 2000년 5월 김정일의 방중 때까지 오랜 침묵의 빙하기를 보내야 했다.

김정일은 1994년 7월 8일 김일성 사망 이후 '유훈 통치'의 뒤에 몸을 숨기고 있다가 1997년 10월에야 비로소 조선 노동당 중앙위원회와 당 중앙군사위원회 공동명의로 당 총비서에 추대되었다. 김정일이 공식적으로 권좌에 취임하는 데 3년 3개월이나 걸린 이유는 '3년 상喪'을 치르려는 효심 때문이라기보다는 국내외적으로 당면한 위기에 직접 노출되는 것을 우회하는 '회피전략buckpassing'이라고 할 수 있다. 제1선에 나서지 않음으로써 문제 해결의 책임에서 벗어나고, 난국으로부터 '거리두기distancing'를 유지하는 '만천과해瞞天過海'의 전략이다. 1998년 헌법 개정으로 국방위원장에 정식 취임한 이후에야 대외 관계의 단절에서 벗어났고, 1999년 3월 김영남 최고인민회의 상임위원장의 방중을 계기로 중국과의 고위급 교류도 재개할 수 있었다.

군부 고위급 인사교류는 여전히 유지되었지만, 군사물자 지원 측면에서는 전면적인 축소와 '단절효과'가 나타났다. 1994년 6월 최광 조선인민군 총참모장이 군사대표단을 이끌고 방중하여 장쩌민을 만났다. 8월에는 북한이 특사단을 중국에 파견하여 새로운 한반도 평화보장체제를 건립하는 문제에 대해 의견을 교환했다.[58] 이와 관련하여 한중수교 이후에도 북·중 간 군 고위인사 교환 방문은 여전히 활발하여 군사 분야만큼은 냉각기의 영향을 별로 받지 않았다는 주장이 있다.[59] 그러나 군사교류의 내용 면에서 보면, 북한이 상대적으로 실무대표단을 파견하는 데 반해, 중국은 주로 상징적인 우호대표단을 파견하고 있고, 또한 중국으로부터 무기도입이 과거보다 현격하게 줄어들었다는 점에서 군사교류의 결속력이 많이 약화되었다고 할 수 있다.

스톡홀름 국제평화문제연구소SIPRI 무기수출 통계에 따르면, 북한의 대중국 무기도입 품목은 J-6 전투기 100기(1986~1988), 130mm 대공포 63타입 100문(1982~1985), 라이선스 생산 대함미사일 HY-2 156기(1977~1989), 대공미사일 HN-5A 600기(1983~1994) 및 디젤 잠수함 633급 15척(1975~1992) 정도이며, 특히 김일성 사후 중국의 대북 군사원조는 거의 중지되어 1995년 이후에는 기존 무기 및 장비의 수리 부속품만 오고 갔을 뿐이다.[60] 또한 1994년에서 2004년까지 북한의 전체 무기도입액 3억 4천 9백만 달러 중에서 대중국 무기도입액은 약 14.9%에 해당하는 5천 2백만 달러에 그치고 있다.[61]

(2) 동맹관계 탈피와 새로운 관계 설정: 동반자 관계

김정일 시기 새로운 북중관계의 특징은 「조·중 우호원조조약」에 의거한 동맹관계의 틀을 벗어버리고 새로운 형태의 특별한 '동반자 관계'의 성립이다. 1996년 5월 홍성남 부총리가 방중하여 「조·중 경제기술협의서」에 서명했다. 중국은 동 협정에서 향후 5년간 매년 50만 톤의 식량과 120만 톤의 석유, 150만 톤의 코크스를 지원하기로 합의했다.[62] 지원 물자의 절반 이상은 무상 원조였다. 이어서 1996년 7월 「우호조약」 35주년을 맞아 북중관계 역사상 최초로 중국 인민해방군 해군 함정 편대가 남포항에 입항함으로써 정치적 관계 회복의 청신호가 되었다.

물론 북한은 한중수교 이후 공식 교류가 거의 단절됐던 기간 동안에도 중국과 최소한의 교감을 유지하고 있었다. 대중국 관계를 완전 단절과 회복 불능의 단계까지 악화되도록 방치하지 않고, 여전히 중국과 우호적인 교감을 나누는 최저 수준에서의 관리를 유지하고 있었던 점에 유의할 필요가 있다. 북한의 관영매체는 1990년 9월 한소수교 당시 구소련을 맹비난했던 데 반해, 한중수교 이후에는 중국에 대해 공식적인 비난을 자제하는 모습을 보였다. 북한은 여전히 중국과의 관계를 "피로써 맺어진 전통적 우호관계"로 계속 지칭하면서 "사회주의 형제국", "조중 친선은 영원불멸이다", "조중 친선을 대를 이어 강화 발전시켜 나가는 것은 우리 당과 공화국 정부의 일관된 입장이며 확고한 의지"라고 강조했다.[63] 1996년 7월 「조·중 우호조약」 기념일의 『노동신문』 사설에서는 그동안 거부감을 보였던 '중국 특색의 사회주의 건설' 성과를 처음으로 공식 언급하면서 "국제무대에서 중화인민공화국의 지위가 높아지고 있다"고 중국의 개혁개방 노선을 인정하기 시작했다.[64]

김정일이 1997년 10월 노동당 총비서 승계에 이어, 1998년 9월 국방위원장에 취임하면서 북한은 비로소 정상적인 국가체제 가동을 시작했다.[65] 장쩌민이 직접 전화를 걸어 김정일의 공식 취임에 열렬한 축하의 뜻을 전했다. 북한은 대내외적인 곤경을 벗어나기 위해서는 여전히 중국과의 관계 개선이 필요했다. 북·중 안보전략의 상호 의존성 및 역사적으로 계승해온 전통적 우의를 복원할 필요성이 절실했다. 이에 북한은 1998년 헌법을 개정하면서 대외전략 면에서 새로운 접근을 시도했다.

1999년 6월 김영남 최고인민회의 상임위원장이 중국을 공식 방문했다. 국가 지도자급 방문으로는 1991년 10월 김일성의 마지막 방중 이후 8년 만이었다. 주목할 만한 점은 이때 처음으로 북한과 중국이 서로 상대방의 정치노선을 인정함으로써 김정일이 방중할 수 있는 길을 열었다는 것이다.[66] 북한은 중국의 '한중수교'라는 선택을 뒤늦게 인정하고, 중국은 북한의 '우리 식 사회주의'를 지지하는 교환이 이루어졌다는 뜻이다. 뒤이어 2000년 5월 첫 방중에서 김정일은 "덩샤오핑의 개혁개방 노선이 옳았다"고 처음 인정을 하고 북한은 이를 지지한다는 의사를 표명한 바 있다.[67]

2000년대 중반 이후 북한 관영매체는 중국의 높아진 위상을 찬양하면서 북중관계의 신뢰 회복을 위한 양국의 노력에 촉매역할을 수행하고 있다. 2004년 『노동신문』 사설에 수차례 북·중 친선과 관련해 "중국의 국제적 지위와 발언권이 높아지고 있다"고 거론하고 있으며, 2005~2006년 기간에도 『노동신문』은 중국의 부상이 "세계의 다극화와 평화 안정을 도모하는 데 부합"하며 "세계의 일극화를 반대하고, 평화 안정을 위한 중국의 입장과 노력은 국제적인 지지와 공감을 받고 있다"고 강조하는 등 북중관계 회복을 견인하는 데 앞장서고 있다.[68] 이로써 북중관계는 '전통적인 우호협력관계'를 회복하는 전환점이 되었지만, 그렇다고 해서 과거의 동맹관계로 회복을 뜻하는 것은 아니다. 이때 회복된 북중관계는 '협력동반자 관계'로서의 새로운 설정이라는 평가[69]가 비교적 객관적이고 냉철하다.

(3) 유화전략: 6자회담 참여 및 경제조정 정책

새로운 북중관계의 설정과 공식적인 관계 회복에 따라 북한은 6자회담에 참여하여 의장국인 중국의 체면을 살려주는 협조적인 태도를 보였고, 그 결과 2005년 「9.19 공동성명」이라는 일정한 진전이 있었다. 뒤이어 2007년 6자회담의 「2.13 합의」와 「10.3 합의」도 바로 이러한 북·중 간 관계 개선이라는 배경에서 나온 결과물이라고 할 수 있다.

국제안보와 지역문제 현안에 대해서도 공조의 목소리를 내는 단계로 발전했다. 북한은 '하나의 중국' 정책에 대해 확고한 입장을 지키면서 대만의 '분리독립' 정책을 비판하고 티베트가 분리할 수 없는 중국 영토의 일부분이라는 중국 입장을 공개 지지하였다. 베이징 올림픽을 앞두고 국제사회의 '티베트 독립' 이슈화에 대해서도 북한은 이러한 움직임이 올림픽을 파괴하려는 음모라고 강하게 비난하고, 티베트 사회의 안정과 법치는 티베트인의 근본 이익을 보호하기 위한 조치라는 중국 정부의 입장을 지지한다는 성명을 공개 발표하기도 했다.[70]

이후에도 북·중 협력관계는 지속적으로 발전되었다. 북·중 고위급 상호 방문이 계속되는 가운데, 중국 경제사회의 발전이 북한에 큰 영향을 미쳤다. 북한 관영매체들이 중국의 개혁개방 성과를 소개하며 중국이 선택한 발전 모델을 인정하는 정도가 되었다. 북한은 2002년 7월 새로운 경제조정 정책과 조치를 내놓으면서 정부 관료와 경제 전문가를 중국에 여러 차례 파견하여 경제기술개발구와 대기업을 시찰하고 중국의 성공을 벤치마킹하고자 했다. 이에 중국은 북한의 경제개발과 발전계획을 지지하며 북한의 경제건설 인재 양성을 위한 중국 연수 프로그램을 적극 도왔다.

국제적으로 철저히 고립상태에 빠진 북한은 중국과의 우호관계를 포기할 수 없었고, 한반도와 북한의 전략적 중요성을 고려한 중국도 북한과의 우호관계를 소홀히 할 수 없었기 때문에 중국과 북한은 여전히 전통적인 우호관계를 유지하여왔지만, '양빈사건'에서 볼 수 있듯이 이 시기의 북중관계는 어느 정도 소원함이 남아 있었던 것이다. 북한은 2002년 중국계 네덜란드인 양빈을 신의주특구 행정장관으로 임명했지만 양빈이 탈세와 불법자금 전용 혐의로 중국 공안에 체포됐다. 북한으로서는 당장 체면이 손상된 것도 불만이지만, 특히 중국의 경제특구를 본보기로 삼아 경제개방 실험특구를 설치하려던 계획에 찬물을 끼얹은 중국의 처사를 이해할 수 없었고, 중국의 대북지원과 협력의 숨은 의도마저 의심하게 되었다.

2009년 북·중 양측은 수교 60주년을 맞아 '북·중 우호의 해'로 정하고 고위 인사 참석하에 기념행사를 개최하였다. 연초에 최고지도자 간 축하 메시지를 교환하는 한편, 3월 18일 베이징 개최 '우호의

해’ 개막식 참석차 김영일 북한 내각총리가 중국을 방문했다. 원자바오 총리는 김영일과의 회담에서 ①쌍방 간 고위층 교류 보장으로 양국 관계 정치기초 공고화, ②실무협력 심화로 공동발전 실현: 무역 투자, 광산개발, 기초시설 건설 추진, ③인문교류 강화와 ‘북·중 우호의 해’ 활동으로 인민의 우의 증진, 양자관계 발전의 활성화, ④중대 국제 및 지역문제에서 소통 및 배합의 강화로 6자회담 적극 추진 등 네 가지 건의를 요청했다.[71] 그러나 ‘북·중 우호의 해’ 개막식을 갖고 얼마 지나지 않은 2009년 5월 북한은 제2차 핵실험을 실시한 데 이어, 유엔 안보리 제재결의 1874호 채택에 반발하여 7월 27일 6자회담 불참 성명을 발표함으로써 6자회담 주최국인 중국의 입장을 난처하게 만들었다.

(4) 대중국 무역 의존도 심화의 원인

북한의 경제개혁은 일관성이 없고 실제 조치가 산발적이며, 경제 혁신도 진전과 원상회복을 반복한다. 1991년 중국의 경제특구와 유사한 형태의 ‘나진선봉자유경제무역지대’를 선포했다. 두만강유역개발프로그램TRADP과 연계하여 추진하였으나 실패했다. 2002년 신의주특구 추진도 중국이 양빈 행정장관을 체포하면서 좌절됐다. 이후 다시 10년이 지나서 북한은 2011년 제2의 북-중 경협사업 프로젝트에 착수했다. 압록강 하구의 황금평과 위화도를 경제특구로 지정하고 북중공동관리체제를 출범시켰다. 나선지대에 대해서도 경협을 재차 추진했지만, 장성택의 처형과 함께 좌절되고 말았다. 사상 해방이 없는 경제개혁은 개혁이 아니다. 주체사상과 선군정치가 절대 우선의 통치체제에서 자발적인 개혁과 창의적인 발전은 기대하기 어렵다.

1990년대 북한과 한미일 3국과의 경제교류 감소분은 북·중 간 폭발적인 교역증가로 대체되는 풍선효과가 나타났다. 또한 북한의 경제교류 감소로 인한 물자부족도 중국과의 교역을 통해 보충한 것으로 분석된다. 이러한 결과와 관련, 국제사회의 대북 경제제재는 대중국 의존의 풍선효과로 제재의 실효성이 크지 않을 뿐만 아니라 북한의 대중국 의존도만 높이는 결과를 가져올 것이란 평가가 제기되었다.[72] 경제적 관점에서 보면, 북한의 대중국 무역 의존도는【도표 14】에서 보는 것처럼 1990년대부터 특히 2001년 이후 꾸준히 증가해왔다. 북한의 대중국 무역 의존도가 증가한 이유는 세 차례 중대한 계기에 영향을 받고 있다. 즉 차례대로, 구소련의 붕괴, 일본의 대북 경제제재, 남북관계 악화와 5.24 조치가 결정적으로 작용했다.

첫째, 1990년의 경우 북-소 양측의 교역액은 24억 7000만 달러로

【도표 14】 북한의 대중국 무역 의존도(1998년~2011년)

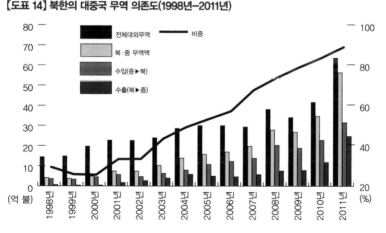

* 출처: 『中國統計年鑑』(北京: 國家統計局) 각 연도별 발행 자료 종합(구체 수치는 부록 참조)

소련은 북한 대외무역의 52.3%를 차지하는 최대 교역 파트너였다. 그러나 소련이 붕괴하면서 북한은 동유럽과 소련의 원조와 시장을 상실했고, 북·러 무역은 북한 대외무역의 4~7%에 불과할 정도로 큰 폭으로 하락했다.

둘째, 북핵문제로 인해 한국과 일본 등 주요 무역 파트너의 경제제재가 잇따르면서 무역액이 감소했다. 국제사회의 제재로 인해 다른 나라와의 교역이 거의 중단되었지만, 중국은 북한을 포용하는 입장에서 북·중 교역을 허용했고, 북한의 대중국 무역 의존도는 부쩍 높아졌다. 가령, 일본은 북한의 두 번째로 큰 교역 파트너로서 1998년 북·일 간 교역은 북한 대외교역 총액의 30%를 넘었지만, 2003년 이후 일본이 대북 경제제재에 동참하면서 북·일 교역은 2003년 10.9억 달러에서 2008년에는 800만 달러로 줄어들었다.

셋째, 남북관계 악화와 「5.24 조치」는 북한의 대중국 무역 의존도를 심화시키는 결정적인 계기가 되었다. 이에 앞서 1998년 북한은 「남북경협 활성화 조치」 발표와 함께 금강산을 관광특구로 지정하고, 2000년에는 개성공업지구 조성에도 합의했다. 이는 경제협력 방향에서의 전략적 전환을 의미한다. 그러나 2008년 7월 금강산 관광객 피살사건으로 한국 정부가 금강산 관광을 중단시키자, 북한은 다시 중국과의 경제협력을 재개하는 방향으로 전환한다. 2010년 3월 26일 북한의 천안함 어뢰공격 사건으로 「5.24 조치」가 취해지고 개성공단 내 기존의 투자를 제외한 모든 남북관계가 중단되면서 북한은 중국인 관광객 유치에 나섰다. 2011년 8월에는 「금강산 국제관광특구법」을 제정하여 여타 외국인에게 금강산 관광을 개방했다.

(5) 중국의 대북 경제원조의 성격 변화와 대북 투자의 한계

북한의 대중국 의존도는 무역뿐만 아니라 경제원조에서도 나타난다. 1996년 5월 홍성남 부총리가 방중하여 서명한 「북·중 경제기술협의서」는 중국이 향후 5년간 북한에 매년 50만 톤의 식량과 120만 톤의 석유, 150만 톤의 코크스를 지원하되, 그중 절반 이상을 무상으로 지원하는 합의 내용을 담고 있다.[73] 동 협정의 마지막 해인 2000년 단둥역을 통해 북한으로 들어간 중국의 전략물자가 원유 30만 톤, 콩 1만 2천 톤, 석탄 18만 톤이며, 그 밖에 덤프트럭 500대, 공업기계 200여 세트 등이 포함되어 있다.[74] 또한 【도표 15】의 유엔 상품무역통계UN Commodity Trade Statistics에서 보듯이, 1990년대 북한이 중국으로부터 원조를 받은 식량은 434만 톤으로서, 전체 외국으로부터

【도표 15】 북한 식량원조 획득의 대중국 의존도 변화 실태

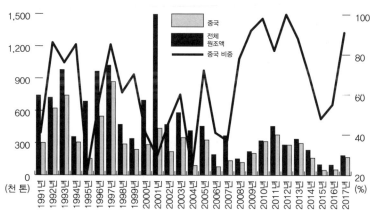

* 출처: Sunchul Choi·Amanda F. Hinkle, "North Korea Grains Situation in MY 2016 – MY 2017", 「Gain Report–Global Agricultural Information Network」, The United States Department of Agriculture(USDA) Foreign Agricultural Service. 2018. 6. 12. 발행 자료에 근거하여 저자 도식화

받은 식량원조 697만 톤의 절반이 넘는 약 62%의 비중을 차지하고 있다. 2000년대 들어서 중국의 대북 식량원조가 절반으로 크게 줄어들기는 하지만, 여전히 그 비중은 60% 이상을 상회할 만큼 절대적이다. 다만, 중국의 대북 식량원조는 1990년대 이래 점차 감소하는 추세하에서 특별한 계기에 간헐적인 증감이 반복되는 현상을 보여준다.[75]

2010년 후반기부터는 중국의 광산투자가 본격화됐다. 채굴 설비를 반입하여 채굴한 광석을 직접 반출, 투자금을 회수하는 방식을 택했다. 그러나 중국의 대북 투자가 지속 활성화되지 못하는 배경에는 중국 기업의 투자 보증을 거부하는 중국 정부가 자리 잡고 있다. 중국과 북한은 2005년 「투자 우대 및 보장에 관한 협의서」에 서명을 하고, 2006년 1월 김정일 방중 시 원자바오 총리와의 회담에서 원 총리가 중국의 대북 투자 원칙을 「12자 방침」으로 제시했다.[76] "정부가 유도하고, 기업이 참여하며, 시장 원칙으로 운용한다(政府引導, 企業參與, 市場運作)"는 협력 원칙이다. 해석하면, 중국 정부는 협력을 유도할 뿐 직접 주관하지 않으며, 기업이 스스로 판단하여 참여를 결정하고, 투자에 따른 책임은 시장 원칙에 따라 기업이 지는 구조로 운용한다는 뜻이다. 이러한 원칙으로 인해 중국 기업들은 '정부의 보장' 없이 투자 위험도가 극히 높은 북한에 실질적인 투자를 하는 데 주저하지 않을 수 없었다. 그나마 투자기업의 사업 품목도 대부분 단기 투자로 조기에 실적을 회수하거나, 광업자원 현물 반출 등 물물교환 방식으로 리스크를 회피할 수 있는 분야에 집중됐다. 중국 기업이 장기적이고 안정적인 인프라 투자에 인색한 이유가 바로 여기에 있다.

그 밖에도 이 시기 북중관계의 갈등요인으로 탈북자 문제도 여전히 남아 있는 상태였다. 북한 탈북자들이 중국 주재 한국공관이나 제3국 외교시설에 대거 진입하는 사태에 대해 중국 정부는 국제관례를 고려하여 이들을 '제3국을 통해 한국으로 송환'하는 방식으로 처리했는데, 이에 대해 북한은 강한 불만을 표출했다.

3
최고권력자 차원:
거부와 실용의 병행

김정일 집권 시기에는 최고지도부 간의 교류가 원활하지 못했다. 1992년 8월 한중수교는 북한 지도부에 커다란 충격과 배신감을 안겼으며, 북한과 중국 간에 상당 기간 정상회담이 중단되는 사태를 초래했다. 김정일이 2000년 5월 베이징을 방문해 장쩌민과 정상회담을 갖기까지 8년의 냉각기를 거쳤다. 김정일은 집권 후 첫 방중에서 "덩샤오핑의 개혁개방은 옳은 것으로 조선 노동당은 이를 지지한다"고 선언함으로써 양국 관계를 회복하는 한편, 중국의 대북 경제원조를 끌어내는 계기를 마련했다. 김정일 집권 초기 중국 최고지도부와의 교류가 활발하지 못했던 이유는 권력 승계의 정통성 확보와 체제안정, 경제난 극복 등 국내 정치에 전념해야 했기 때문이기도 하지만, 그 이면에는 김정일의 개인적 경험 속에 잠재된 트라우마가 중국과의 교류에 장애요인으로 작용했다는 점을 배제하기 어렵다.

(1) 중국, 김정일의 세습 후계체제에 비우호적

김정일의 세습적인 권력 승계에 대한 중국의 태도는 썩 우호적이지 않았다. 1973년 9월 당중앙 제5기 7차 전원회의에서 김정일을 조직사상 담당비서로 선출함과 동시에 "김일성의 유일한 후계자로 추대하는 결정"이 채택되었고, 1980년 10월 제6차 당대회에서 공식 후계자로 선포되었음에도 불구하고 10년이 지나도록 중국으로부터 인정을 받지 못하고 있었다. 왜냐하면 김정일은 후계자 결정 과정에서 중국의 내정간섭과 영향력을 경계하며 친중 인맥에 거부감을 드러냈기 때문이다. 후계자 내정 직후인 1974년에는 권력 지도부 전반에 퍼져 있던 빨치산 유자녀 중에서 핵심 수십 명을 제외하고는 전부 지방으로 축출됐다. 그 속에는 연안파 인맥의 후손이 다수였다. 이같은 경계심을 가진 김정일은 1983년 6월 비밀리에 중국을 방문하여 덩샤오핑 및 후야오방과 개별 회동을 했다.

그러나 중국 방문에서 귀국한 김정일은 공식석상에서 중국의 개혁개방 노선을 비판했고, 이로 인해 발생한 사달을 무마하기 위해 다시 한 번 중국을 사과 방문한 이후에야 비로소 후계자의 지위를 정식 인정받았다.[77] 이후에도 1983년 10월 9일 랑군에서 미얀마를 방문 중인 한국 대통령 일행에 대한 폭탄테러가 북한의 소행임이 밝혀져 국제사회의 비난에 직면하자, 중국 지도부는 북한의 테러행위에 반대의 뜻을 분명하게 표출하는 등 배후 주도 인물로 지목된 김정일의 지도력에 대해 오랫동안 의문을 품고 있었던 것이 사실이다.

(2) 개혁개방 정책에 대한 오랜 거부감

김정일은 중국의 개혁개방 정책에 대한 반감을 오랫동안 가지고 있었다. 덩샤오핑을 수정주의자라고 비판하기도 했다. 1983년 6월 후계자 신분으로 비밀 방중을 마치고 귀국한 김정일은 즉시 노동당 중앙위 제6기 7차회의를 소집하여 귀국보고를 하면서 "중국 공산당은 이제 사회주의가 완전히 없어졌다. 수정주의만 남아 있을 뿐이다. 중국의 4개 현대화 노선도 '자본주의로의 길'이며, 수정주의 노선 이외에 아무것도 아니다"라고 격렬하게 비판했다. 이 소식은 중국에도 전해졌고, 이에 대한 덩샤오핑의 노기는 대단했다. 덩샤오핑의 입장에서는 아직 후계자에 불과한 풋내기 김정일이 사회주의 혁명의 대선배인 중국 지도자를 '수정주의자'로 꾸짖는 무도함을 용납할 수 없을 뿐만 아니라, 애정 깊은 북한의 앞날이 걱정스러웠다. 이에 덩샤오핑은 그해 여름 '베이타이허北戴河 휴가'로 위장한 채 다롄의 방추이다오棒槌島 별장에 가서 김일성과 극비 수뇌회담을 가졌다. 김정일의 행동에 대한 덩샤오핑의 엄중한 지적을 받은 김일성은 귀국 후 잘 타일러 사죄 방중을 시키겠다는 약속과 함께 덩의 양해를 구했다. 사죄를 위한 중국 재방문을 완강하게 거부하던 김정일은 마지못해 그해 9월 중국을 재차 방문했다. 자리 권유를 마다하고 시종 선 채로 덩샤오핑의 이야기를 경청한 김정일은 선전深圳경제특구 현장을 학습한 이후에야 귀국했고, 중국 측은 김정일에 대한 승인의 뜻을 평양에 통보했다.[78]

이후에도 김정일은 1993년 3월 "중국의 경제개혁이 사회주의 이념에 대한 배반"이라고 공개 비판을 했다.[79] 이에 대해 중국은 김일성

사후 진행된 김정일의 권력 승계에 대한 인정을 유보함으로써 불만을 표시했고, 결국 2개월이 지난 1994년 9월 9일에서야 공식 인정을 했다.[80] 이 또한 김정일에게는 곱지 않은 기억일 것이다.

김정일의 사과 방문은 마음으로부터의 승복承服이 아니라, 오히려 대국의 간섭에 대한 반감을 고착화시키는 결과가 되었다. 훗날 한중 수교에 대한 반발로 대미 접근 정책 및 NPT 탈퇴의 핵위기 강수強手 대응은 사실상 김정일이 주도한 것으로 알려져 있는데, 이는 과거 덩샤오핑에게 굴복했던 잠재의식이 충동적인 거부감으로 표출된 사례라고 볼 수 있다. 사실 덩샤오핑은 1983년 공식 후계자 신분으로 방중한 김정일을 직접 만나서 중국의 개혁개방 착수 이유와 초기 추진 과정에서 겪는 어려움 등 실제 경험을 전수해주려고 무진 애를 썼다. 그러나 김정일은 경제문제보다는 북·중 양국 관계에 더 관심을 보였다.[81] 1997년 2월 덩샤오핑이 사망했을 때 김정일은 조전을 발송하고, 주중 북한 대사관을 통해 화환을 보냈다. 그러나 평양 주재 중국 대사관 빈소에는 조문을 하지 않은 것으로 알려져 있다.[82] 김일성 사망 시 덩샤오핑이 개인명의 조전을 중국 최고지도부 3인의 공동명의 조전 이외에 별도로 발송하고, 장쩌민이 주중 북한 대사관 빈소에 직접 조문을 했던 것과 비교하면 다소 온도 차이가 있다. 김정일의 덩샤오핑에 대한 불편한 감정이 그때까지 남아 있었다는 의미로 읽힌다. 김정일은 세습 2세로서 중국과의 우의에 대한 개인적 취향이 부친과 다를 수 있다. 또는 덩샤오핑이 개혁개방과 친서방 노선으로 북한을 고립시킨 데다, 특히 본인의 후계자 결정을 인정하는 데 인색했던 덩샤오핑에 대한 개인감정이 별로 특별하지 않았기 때문일 수도 있다.

(3) 한중수교 배신에 대한 분노와 불신감

한중수교 과정에서 중국의 변심에 대한 김정일의 분노와 불신감은 매우 깊었다. 김일성은 이미 예상하고 있었던 듯 한중수교를 담담하게 받아들이면서 노기를 직접 드러내지 않았지만, 김정일은 직설적인 감정을 표출했다. 중국은 이후에도 북중관계는 변화하지 않을 것이라는 다짐을 줬지만, 김정일은 이에 대한 불신을 풀지 않았다. 1992년 4월 김일성 생일축하를 위해 방북한 양상쿤 국가주석으로부터 곧 한중수교 예정이라는 통보를 전해 들은 김정일은 중국 대표단에 대한 일정을 중단시키고 조기 귀국을 종용했던 것으로 알려진다. 한중수교 20개월 전 김일성-장쩌민의 선양회담에서 민간 차원의 무역사무소만 설치하기로 양해했던 약속을 배신했다는 분노였다.

이후 북한은 중국과의 고위급 상호 방문 전통을 전면 단절했고, 상호 중요한 사안을 사전 통보해오던 '통보제도'까지 무력화시켰다. 1994년 김일성이 사망했을 때 중국은 다른 나라와 마찬가지로 북한의 공식발표 전까지 이 사실을 알지 못했다. 중국에 대한 분노를 풀지 못한 김정일의 의도적인 '통보제도' 무시 태도가 숨어 있었다.

(4) 김정일의 비공개 방중에 담겨 있는 숨은 코드

김정일은 최소 9회 이상 중국을 방문했다. 한중수교에 따른 냉각기가 길었기 때문에 김일성이 39차례 방중한 데 비해 방문 횟수가 많지는 않지만, 2000년대 초와 2010년 전후에 방중이 집중되었다.

그런데 북한 최고지도자의 방중은 대체로 비밀 방문이거나 비공식 방문 형태를 취한다. 이러한 비밀주의 행보는 오히려 세간의 주목을 받고 전 세계의 시선을 끌기도 한다. 공식 방중의 경우에도 방문 사실을 사전 또는 실시간 공개를 하지 않고 비밀을 유지하다가 전용열차가 국경을 넘을 시점에서야 방문 사실을 공표하는 것이 관례화되어 있다. 그 이유에 대해 중국 외교 관계자는 북한 측이 요구하는 전제 조건이기 때문에 무조건 수용할 수밖에 없으며, 중국은 그에 따른 폐쇄적인 이미지로 인해 손해를 입는 것이 사실이지만 어쩔 수 없다고 말한다. 또한 북한은 김정일의 방중을 당제(黨際: 당과 당)관계 교류차원으로 고집하기 때문에 중국 측에서는 외교부가 아닌 당 중련부(중앙대외연락부)가 영접 및 행사를 주관하는 정당교류 형식을 취한다.

김정일 방중의 경우 매번 그의 비밀주의 행보가 언론의 집중적인 취재 대상이 되면서 떠들썩했지만, 정작 양국 최고지도자 사이의 각별한 개인적 친분은 잘 알려져 있지 않다. 방중 때마다 최고의 의전과 연회를 개최하여 환영을 해주고 중국의 고위급 지도자가 총출동하여 면담 기회를 마련하지만, 다분히 의전적 성격이 강하다는 평가다. 틀에 박힌 격식일 뿐, 주고받은 회견 내용은 의례적이고 천편일률적이라는 점을 부정할 수 없다. 적어도 김일성과 덩샤오핑 이후에는 과거와 같은 개인적 인연에서 비롯된 '특수한 관계'의 지도자를 찾아보기 어렵다. 다만 김정일이 개인적인 편향과 호감을 보인 인물이 있다. 바로 왕자루이 중련부장이다. 왕자루이는 2000년 5월 김정일의 첫 방중 때 당시 중련부 부부장 신분으로 단둥에서부터 김정일

특별열차에 동승하여 전 일정을 안내하는 인연을 맺었다. 이후에도 김정일은 매번 방중 때마다 왕자루이와의 동행을 선호했으며, 이에 왕은 중련부장 승진 이후에도 빠짐없이 전 일정을 동행해야 하는 '붙박이 김정일 전담부장'이 되었다.

이는 무엇보다 혁명 후 세대의 지도자들이 인간적 유대가 아닌 제도정치에 의해 맺어진 관계이기 때문일 것이다. 물론 탈냉전 이후의 북·중 간 고위인사 교류에 관한 외교문서가 아직 비밀해제가 되지 않아 공개되지 않은 탓일 수도 있다.

(5) 속내를 감춘 전통적 우의와 대중국 접근 행보

2000년 5월 김정일은 장쩌민의 초청으로 중국을 비공식 방문했다. 김정일의 권력 승계 6년 만에 첫 해외 방문이자, 1991년 김일성 방중 이후 9년 만의 최고지도자 방중이다. 이후 김정일은【도표 16】에 나타난 바와 같이 2011년 12월 사망 때까지 일곱 차례 더 중국을 방문했다. 개인적 취향과 속내를 드러내지 않고 경제적, 안보적 필요에 따라 '전통적 우의'를 지렛대로 하는 적극적인 대중국 접근 행보를 보였다. 지도자 간 개인적 우의에서 출발한 것이라기보다는 시대적 안보위협 해결과 경제적 필요성에 따라 선택적으로 집중식 방중을 결행했다. 방문 때마다 대규모 경제지원을 받고 현안문제 해결은 부수입이 되는 고위급 교류의 전통을 잘 활용했다고 할 수 있다.

제1차 방중에서 김정일은 장쩌민과의 정상회담을 통해 양국 관계와 개혁개방 문제, 남북 정상회담 등을 논의했다. 중국은 북한에 식량과 원유, 코크스 등 물자를 추가로 무상 지원하기로 했다. 이후 북

【도표 16】김정일의 역대 방중 사례

	일정	성격	주요 목적	주요 의미	결과
1차	2000. 5. 29~31	비공식 우호 방문	남북 정상회담 사전 협의	김정일 집권 이후 최초 방중	남북 정상회담 개최, 경제지원 및 협력
2차	2001. 1. 15~20	비공식 우호 방문	개혁개방 현장 답사	김정일의 中개혁개방 성과 인식, 수용	7.1경제관리개선조치, 신의주특구 발표
3차	2004. 4. 19~21	비공식 우호 방문	中신지도부와 협력관계 구축	中 신지도부 협력, 당對당 관계 복원	
4차	2006. 1. 10~18	비공식 우호 방문	경제 외교적 지원 획득	우호협력관계 증진, 경제협력원칙 수정	
5차	2010. 5. 3~7	비공식 우호 방문	후계구도 협력과 경제 자원	대북 경제지원과 6자 회담 논의	
6차	2010. 8. 26~30	비공식 우호 방문	경제협력과 안보지원 획득	北中관계, 경제지원 /협력, 6자 회담 논의	
7차	2011. 5. 20~26	비공식 우호 방문	경제적 외교적 지원 획득	장지투 투자환경 실사, 후계자 승계작업	북-중 전략대화 채널 개설
8차	2011. 8. 25~27	러시아 방문 후 경유	친선차 경유, 동북 시찰	두만강유역 개발 공동보조 강화	
특별	1983. 6. 2~12	비공식 방문	후계자 신분 공식인정 획득	후야오방 면담 덩샤오핑 개별 접견	귀국 후 중국 개혁 개방 비판

한은 중국과의 관계를 정상화하는 방향으로 외교정책을 전환했고, 중국도 이에 호응했다. 8개월 이후인 2001년 1월 김정일은 또다시 중국을 방문했다. 상하이에서는 4일간 도시계획전시관, 푸둥浦東신구, 상하이증권교역소, 창장長江하이테크단지, 쑨챠오孫橋현대화농업개발구 등을 둘러봤다. '천지개벽'이라는 소감과 함께 중국의 개혁개방 성과를 한껏 치켜세웠다. 그해 1월 4일『노동신문』정론에서 주장했던 '신사고' 담론과 함께 드디어 북한에 새로운 바람이 부는 징표로 받아들여졌다. 김정일의 두 차례 방중에 대한 답방 형식으로 장쩌민 주석이 2001년 9월 북한을 공식 친선방문하면서 한중수교 이후 소원했던 관계는 일단 해소되었다.

2004년 4월 19일~21일 김정일의 중국 방문은 북중관계 개선의 또 한 차례의 중요한 계기였다고 할 수 있다. 김정일-후진타오 정상회담에서 양국은 '16자 방침'에 기초한 우호협력의 새로운 진전에 합의하고, 후진타오는 네 가지 건의를 제안했다. 즉 ①양당·양국 간 고위층 교류로 상호 이해와 신뢰 증진, ②상호 교류 강화 및 각 분야의 전면협력 심화, ③중요 국제 및 지역문제에서의 소통, 협상, 협력 강화, ④양국 간 경제무역 협력의 진일보 발전의 네 가지 항목을 제기했다.[83] 동 방문 기간 김정일은 중국 새 지도부 모두와 회견을 갖고 서로 상대방의 정책과 노력에 대한 긍정적 평가를 교환함으로써 북중관계가 김일성 사후 오래 지속되었던 어색한 관계에서 완전 탈피하여 새로운 단계에 진입했음을 보여준다. 2006년 1월에는 김정일이 후진타오의 초청으로 네 번째 방중을 했다. 쌍방은 양국 관계와 공동 관심사에 대해 깊은 의견을 교환하고 광범위한 공동 인식에 도달했다. 김정일은 베이징을 거쳐 후베이湖北성 우한과 산샤三峽댐을 거쳐 광둥廣東성의 광저우廣州, 선전, 주하이珠海를 시찰했다.

중국의 기대와 환대 속에서 네 차례 방중으로 다져진 김정일의 대중국 우호의 상징적 제스처는 평양에서의 격식을 뛰어넘는 행보로 이어졌다. 김정일은 2007년 3월 4일 원소절(元宵節: 정월대보름)을 맞아 류샤오밍劉曉明 대사의 초청으로 평양 주재 중국 대사관을 직접 방문하여 양국의 우의를 과시했다. 2007년 10월에는 중국 제17차 당대회 개최와 후진타오의 총서기 및 군사위 주석 연임을 축하하는 김정일의 친서를 보내는 한편, 『노동신문』에 1개 지면 전체를 할애하여 후진타오 총서기가 발표한 당대회 정치보고 내용을 게재하였다.

2008년 3월 1일에도 김정일은 1년 만에 주평양 중국 대사관을 다시 찾았다.

이후 2008년 8월 뇌졸중으로 쓰러졌다가 회복한 김정일은 2010년 5월부터 이듬해까지 네 차례나 방중하여 중국으로부터 김정은 후계 체제 인정과 정치적 지지, 그리고 경제협력을 이끌어내기 위해 마지막 혼신을 다했다. 그러나 분명한 것은 김정일이 표면적으로 드러내지는 않았지만, 내면적으로 중국에 대해 깊은 신뢰를 가지고 있지 않았고, 중국 지도자와의 개인적인 유대나 우정을 키우는 부분에서도 김일성만큼 공을 들인 흔적을 찾아보기 어렵다. 2000년 10월 올브라이트Madeleine Albright 미국 국무장관이 평양을 방문했을 때, 김정일은 핵개발 프로그램 문제에 대한 대화 중에 동맹을 부정하는 발언을 했다. 즉, 올브라이트에게 "소련이 붕괴되고, 중국이 개방하고, 그리고 이 두 나라와 우리가 맺었던 군사동맹은 없어진 지 10년이 되었다"고 언급하고 있다.[84] 여기에서 주목할 점은 김정일은 소련이 붕괴하고 중국이 한국과 수교하게 된 1990년대 초반을 군사동맹이 붕괴한 시기로 보고 있었다는 것이다.

3장

김정은
시기

1
국제체제 차원:
핵-안보 교환

2011년 12월 17일 김정일 사망 이후 한반도 정세는 새로운 전환기를 맞았다. 이미 후계자로 낙점을 받은 김정은은 빠르게 권력 승계를 진행하는 한편, 대외적으로 위기 조성과 협상을 병행하는 기존의 전략을 유지하면서 북·미 대화에 있어서도 가시적인 성과를 과시했다. 2012년 2월에는 「2.29 북·미 합의」에 도달하여 장거리 미사일 발사임시 중지를 약속했다. 그러나 북한은 돌연 광명성 로켓발사계획을 발표하여 국제사회를 긴장시키기 시작했고, 결국 2012년 12월 광명성 3호 2호기 시험발사 성공을 계기로 탄도미사일 실험이라는 국제사회의 비난과 인공위성이라는 북한의 주장 사이에서 북·미 협상은 결렬되고 말았다.

(1) 본격적인 자기 색깔: 핵개발의 '전략적 모호성' 제거

김정은으로서는 정권 승계 이후 정권의 안정화 정착 과정에서 국제적 인정 획득이 무엇보다 중요했지만, 안보이익에 대한 인식과 이데올로기, 국내 경제시스템 및 국제사회의 제재가 북한 국제화의 가장 큰 장애요소가 되고 있었다.[85] 북한은 김정일 시기부터 핵보유 관련 '전략적 모호성'을 유지해왔다. 김정일 집권 시기에는 국제사회와의 비핵화 협상을 완전 중단하지 않은 채 외교적 타협을 성사시켰다. 6자회담의 출범, 2005년의 「9.19 합의」, 2007년의 「2.13 합의」 등이 그러한 사례다. 핵개발을 지속하면서도 전략적 모호성을 견지했다. 이러한 전략적 모호성은 국제사회의 즉각적인 대처를 지연시킴으로써 '억지와 강요' 전략을 무력화시키고 사전에 제거하는 외교전술 측면에서 일정한 성공을 거둔 것으로 평가된다.[86]

그러나 김정은의 경우 아버지 시기와는 반대로 적극적이고 공개적인 핵개발로 인해 전략적 모호성을 제거했고, 생존을 위한 북·미 담판이라는 양자협상 의도를 보다 선명하게 드러냈다. 김정일의 유훈이라는 명분으로 로켓 발사실험을 강행하면서 국제적인 위기 조성에 나서고 있지만, 이는 다분히 3대 세습 정권으로서의 대내 정통성 확보와 대외적인 인정을 받기 위한 고도의 계산된 '관심 끌기' 행보이다. 김정은은 국제 위기 조성을 통해 본격적인 자기 색깔을 드러내기 시작한 것이다. 북한은 고립 탈피에 주력하여 다변화외교를 전개하는 한편, 다시 한 번 정전협정 폐기를 선언하고 판문점 주재 대표 철수 및 활동중단, 그리고 핵실험 강행에 나섰다. 이는 핵보유국 지위를 인정받기 위한 '공세적인 방어전략'의 일환이다.

2013년의 한반도 위기는 2012년부터 이미 예고되어 있었다. 북한은 이른바 '동까모(김일성 동상을 까는 모임)' 사건 적발을 계기로 7월 25일 외무성 담화에서 '최고 존엄'을 모독하는 특대형 적대행위에 미국이 개입했다고 비난하면서 "핵문제의 전면 재검토"를 경고한 데 이어,[87] 8월 31일 외무성 비망록을 통해 미국이 적대시 정책을 포기하지 않을 경우 "핵보유는 부득불 장기화되지 않을 수 없으며, 우리의 핵억제력은 상상할 수 없을 정도로 현대화되고 확장될 것"이라고 대미 강경전략으로의 선회를 공언했다.[88] 기왕의 대외정책에 대한 전면 재검토 선언의 의미로 해석된다.

이후 북한은 2012년 12월 장거리 미사일(은하3호) 시험을 강행하고, 이에 대한 대북제재가 결정되자마자 다시 협상 대신 핵무장력 강화를 공언하고, 3차 핵실험으로 대응했다. 이는 북한이 2011년 이후 진행되던 북·미 접촉과 「2.29 합의」에 대한 기대를 당분간 접고 핵능력 강화 방향으로 나가면서 시간을 벌겠다는 전략으로 해석된다. 북한으로서는 그동안 한·미와 비핵화 평화회담을 진행했지만 별다른 성과가 없었기 때문에, 전략적 전환과 함께 대중국 접근을 통해 대안을 모색하게 된다. 물론 이러한 변화는 향후 북·미 협상에서 유리한 위치를 선점하기 위한 전략적 포석으로 이해해야 한다.

(2) 대외전략의 전면 재검토: 위기 조성에서 실질적 핵억지력 강화로

2013년 2월 제3차 핵실험 강행에 이어, 3월 31일 북한은 당 중앙위원회 전원회의를 개최하여 경제건설과 핵무력 건설을 병행적으로 발전시키는 병진노선을 통과시켰다. 북한은 핵무력을 건설했기 때문에 병진노선이 가능하고, 앞으로 더 많은 자원을 경제건설에 배분하여 투입할 수 있으며, 따라서 병진노선은 경제발전에 중점이 놓여 있는 전략적 노선이라고 주장했다.[89] 이어서 북한은 전원회의 결정의 후속조치로 2013년 4월 「자위적 핵보유국의 지위를 더욱 공고히 할 데 대하여」라는 법령을 채택하고 "핵무력은 세계의 비핵화가 실현될 때까지 공화국에 대한 침략과 공격을 억제, 격퇴하고 침략의 본거지들에 대한 섬멸적인 보복타격을 가하는 데 복무한다"고 명시했다.[90] 김정은 시기의 북한은 제3차 핵실험과 함께 매우 공세적인 위기 조성 전략을 구사하다가 2013년 4월 '핵·경제 병진노선' 채택을 계기로 핵억지력 강화와 경제회복을 동시에 추진하는 정책적 조정을 시도했다. 핵실험의 실체가 더 이상 과거처럼 미국에 협상을 요구하고 안전보장을 이끌어내기 위해 위기를 조성하는 벼랑 끝 전술이 아니라, 실제 핵보유국 지위 획득을 통해 국제적인 안전을 보장받겠다는 방향으로 대외전략의 변화가 가시화된 것이다.

2013년에 들어와서 협상전략의 변화도 구체화되었다. 위기 조성 전략에서 협상전략으로의 전환 움직임이다. 5월 22일 최룡해 총정치국장의 방중을 시작으로 6월 6일에는 남북회담을 제안했고, 6월 16일에는 북·미 고위급회담을 제안했다. 김계관 외무성 제1부상이 6월 18일 중국 방문에 이어 7월에는 러시아를 방문했다. 뒤이어 중국의 우다웨이武大偉 한반도사무특별대표가 방북했다. 북핵문제를 둘러싼 논의와 대화 재개 모색이란 점에서 북한이 더 이상 위기 조성 전략에 집중하지 않을 것임을 보여준다. 물론 2013년 2월 제3차 핵실험으로 중국 내부에 조성된 냉랭한 대북 분위기 해소를 위한 전술적인 측면도 있다.

정리해보면, 북한의 대외전략 변화는 2013년 2월 제3차 핵실험으로 구체화되었고, 핵개발에 대한 김정은의 태도는 김정일 시기와 본질적으로 다른 차원으로 전개된다. 이는 지금까지의 단순한 '자위적 핵억지력defensive deterrence' 확보 수단으로서의 핵무기가 아니라, 사실상 핵보유국으로서 '공세적 핵능력offensive nuclear power'으로 진전되는 전환점이며, 최고 수준의 핵능력을 확보한 이후에 협상 여부를 결정하는 '확장을 통한 협상'으로 국면이 전환되었음을 의미한다. 또한 체제 안전보장을 미국에 의탁하지 않고 스스로 책임질 것이며, 다시금 북중관계를 통해 미국으로부터의 안보위협에 대처하겠다는 새로운 대외전략 모색의 전조로 해석된다.

(3) 미·중의 대북제재 공조와 막후 전략이익의 충돌

김정은 시기 북한 대외전략의 최대 딜레마는 미·중이 공동 참여하는 유엔 대북제재의 국제공조 요인이다. G2 시대의 미중관계는 핵심적인 대외환경의 변화를 수반했다. 미중관계에서 파생되는 갈등과 협력의 역학관계는 북핵문제 해법으로 전이되었다. 다시 말해 중국의 부상과 함께 미·중 간 협력과 갈등의 상호작용이 북중관계에도 최대의 변수가 된 것이다. 그리고 오바마 행정부의 '아시아로의 회귀pivot to Asia' 정책 이후 미국이 대중국 포위전략을 강화하면서 증폭된 갈등요인은 김정은으로부터 '통 큰 핵-안보 거래'의 기회를 빼앗으며, 오히려 핵개발 고도화의 시간을 벌어주는 결과가 되었다.

그런데 트럼프 행정부 출범 이후 미·중 간 전략 경쟁의 격화라는 국제환경의 변화가 김정은에게 중국이라는 대체재substitute goods를 활용할 수 있는 기회를 제공했다. 김정은으로서는 미·중 사이에서 '등거리' 식 접근을 하는 것이 실제로 최대한의 안보이익을 확보할 수 있는 유용한 정책 대안임에 분명하다. 미국에만 안전보장을 요구하거나 의지하지 않고도 중국을 통해서 안전보장의 상당 부분을 얻을 수 있는 전략환경이 조성된 셈이다. 이로써 북한은 미국과 중국 사이에서 선택적으로 대응할 수 있는 운신의 폭이 넓어지게 된 것이다. 또한 미국 오바마 행정부의 지속적인 '전략적 무관심', 중국의 대북 딜레마, 일본과 러시아의 대북전략의 변화와 같은 국제체제적 속성도 김정은 정권의 대외전략에 주요한 변수로 작용했다고 봐야 한다.

(4) 핵보유 노선과 안보 거래 협상의 딜레마

이러한 국제체제적 환경에 편승하여 김정은 정권은 국제사회의 반응을 끌기 위한 '위기 조성 전략'을 통해 '평판효과reputation effect'[91]를 극대화한 후, 다시 중국에 대해 '공세적 유화전략'을 적극 투사하는 방향으로 전격적인 변신을 시도했다. 이는 그동안 미국에 상용하던 '평판효과' 전략을 중국에게도 사용하려는 무리한 도박을 했던 측면이 강하다.

김정일 정권 이래로 북한은 미국의 새 정권이 출범하면 고강도의 강압전략으로 핵실험이나 장거리 미사일 발사 등 무력시위 방식을 사용해왔다. 이는 미국 신정부의 강한 관심을 유도함으로써 정책적 우선순위에서 배제되는 것을 방지하려는 목적이 크다. 김정은 정권은 미국에 대해 이러한 전략을 계승하는 한편, 더 나아가 중국에 대해서도 유사한 행태를 보였다. 핵무력 완성을 선언한 2017년 11월을 기점으로 김정은은 대외정책에서 새로운 전략과 국가 위상 제고에 나섰다. 북한은 핵보유 사실을 기정사실화하면서 핵동결과 핵·미사일 개발 중단, 핵무기 이전 포기 등에 따른 대가를 미국과 한국에게 요구하고 있다. 북·미 평화협정체결과 북미관계 정상화, 국제사회의 경제·에너지 지원 요구 등이 이에 해당한다.

하지만 국제사회의 대북제재와 1, 2차 북미 정상회담에도 불구하고 교착상태에 빠진 북미관계는 더 이상의 진전이나 해법을 찾지 못하고 있다. 또한 다섯 차례 정상회담에도 불구하고 회복이 더딘 북중관계, UN 대북제재의 해제가 없이는 한 발짝도 더 나아가기 어려운 남북관계, 그리고 코로나19 사태로 인한 국경봉쇄와 그 여파로 국내 경제난 심화 등 제반 대외전략 환경은 김정은에게 '자주노선 불패' 신화에 대한 딜레마를 안겨주고 있다. 또다시 '현상타파'를 위한 강공 전략을 선택할 것인지, 아니면 당분간 국내의 정치위기와 경제회복을 관리하면서 '공세적 방어' 모드에 전념할 것인지는 국제체제적 요인의 변화에 직접적인 영향을 받게 될 것이다.

2
국내 정치 차원:
자주외교와 자력경제의 병진

김정은 정권의 대외전략은 북한이 직면한 실패 국가의 속성, 권력 공고화 과정에서의 정치적 파급효과, 그리고 김정일이 남긴 유산인 '선군정치' 메커니즘의 탈피와 극복 과제 등 국내 정치에 의해 영향을 받았다. 김정은 정권의 중국에 대한 전략적 선택은 체제안정 우선의 국내 정치 환경, 즉 자주외교와 자력경제의 두 가지 영향요인 분석에 집중하는 것이 현실적이다. 연구의 관심은 구체적 정책 결정 과정이 아니라, 큰 틀의 대외전략 변화에 초점을 맞추고 있기 때문에 변화를 이끌어내는 객관적 대내외 환경을 살펴보는 것이 중요하다.

(1) 국내 체제안정이 우선: '자주'의 사유체계 계승

2011년 12월 17일 김정일의 사망으로 권력을 승계받은 김정은은 2012년 개정된 사회주의 헌법 서문에 북한이 핵보유국임을 명기하고, 2013년에는 제3차 핵실험 강행과 함께 '경제건설과 핵무력 건설 병진' 방침을 국가전략으로 내세웠다. 과거 김일성의 '경제건설-국방건설 병진노선'을 따라 하면서도 전임 김정일의 '선군경제건설 노선'과는 분명하게 차별화를 시도하고 있다. 또한 2013년 12월 장성택의 처형을 통해 김정은 1인 권력을 확고하게 다졌다. 이후 2016년에 제7차 조선 노동당 당대회에서 '경제-핵무력 병진노선'을 노동당의 항구적인 전략노선으로 규정함으로써 비로소 독자적인 색채의 정치노선을 확립했다.

김정은의 핵문제에 대한 인식은 김일성과 김정일의 사유체계를 그대로 물려받았고, 한 발 더 나가서 실질적인 핵보유 국가를 지향하고 있다. 과거 북한은 핵무기를 개발하는 것이 미국의 대북 적대시 정책과 핵공격 위협 때문에 불가피한 것이라는 논리를 펴왔다. 그래서 김정은도 똑같은 논리로 미국의 대북 핵위협이 사라지고 남한에 대한 미국의 핵우산이 제거될 때 더 이상 북한에 핵무기는 필요하지 않을 것이라는 주장을 펴고 있다.[92]

이 같은 김정은의 인식은 2013년 자신의 신년사에서 여과 없이 드러난다. 김정은은 신년사에서 2012년 12월 광명성 3호 2호기의 성공적 발사를 '특대사변'으로 강조하면서 이를 '김일성 탄생 100주년'과 '김정일 유훈을 실현하기 위한 총공격전'이라고 의미를 부여했다.[93] 북한 내부적으로는 이러한 노선이 백두혈통을 이어받은 '김일성-김정일주의' 실천이며 '자주의 길, 선군의 길, 사회주의의 길'이라고 제시한다. 그리고 '핵-경제 병진노선'을 표방하는 대외적인 함의는 그동안 북한이 미·중 간의 '균형전략'을 통해 체제 생존을 지켜왔던 외교전략에서 중국을 배제하고 다시 미국을 겨냥한 '벼랑 끝' 전략으로 돌아가겠다는 의미가 된다. G2를 지향하는 중국으로서는 신형 대국 관계 외교전략 측면에서 수용하기 어려운 걸림돌이 생기는 셈이다.

(2) '핵-경제 병진노선'의 대중국 함의

2013년 2월 북한의 제3차 핵실험은 김정은의 권력 승계 이후 핵개발에 대한 정책방향을 읽을 수 있는 바로미터와 같다. 중국 내에서는 대북정책에 대해 이전과 다른 다양한 목소리가 분출되고 있었다. 이에 아랑곳없이 김정은은 2013년 3월 경제건설과 핵무력 건설을 동시에 병행 추진하는 '핵-경제 병진노선'을 표방한 이후 냉각된 북중 관계의 갈등 해소를 위해 먼저 중국 측에 손을 내밀었다. 5월 22일 김정은은 최룡해 인민군 총정치국장을 특사 자격으로 베이징에 파견했다. 6월 18일에는 김계관 외무성 제1부상이 방중하여 북·중 간 첫 차관급 전략대화를 가졌다. 동 계기에 우다웨이 한반도사무특별대표와도 별도 회담을 갖고 6자회담을 포함한 다양한 형태의 대화 재개 희망 의사를 전달했다. 이와 관련 동년 7월 리위안차오 국가부주석이 '전승절' 60주년 기념식 참석차 방북한 것은 이러한 북한의 관계 회복 희망 메시지에 대한 호응의 성격이었다.

2016년 5월 노동당 7차 대회에서 북한은 경제·핵무력 병진노선과 함께 민생을 강조했지만, 곧 이어진 제4차 핵실험으로 중국의 압박을 자초했다. 이후 중국으로부터 점진적·단계적으로 강화되는 경제 제재에 직면했지만, 그럼에도 굴복하지 않고 2018년 4월 20일 북한 노동당 제7기 4차 중앙위원회 전원회의는 '경제건설과 핵무력 건설 병진노선의 위대한 승리'를 선포하고, '사회주의경제건설 총력 집중'의 새로운 전략노선을 채택했다. 이는 북한이 이제 핵무력을 완성했으며, 더 이상 핵실험을 할 필요가 없어졌음을 의미한다.

북한의 제4차에서 6차 핵실험에 이르는 동안 중국의 유엔 대북제재 적극 동참과 제재의 강도가 점점 고조되는 행태는 이와 같은 북한의 전략적 이탈에 대한 불만과 경고의 시그널을 함축하고 있다. 중국에게 북한이라는 존재는 미국과의 직접적인 대면을 피하는 완충지대로서, 또한 타이완과의 통합을 위한 교환카드로서 매우 유용하다. 하지만 북한이 지속적으로 동북아의 긴장을 고조시키고 핵보유를 고집한다면, 국제사회의 책임 있는 G2 국가로서 중국의 입지는 점차 좁아질 수밖에 없다.

(3) 장성택 처형과 북중관계의 악화

제3차 핵실험에도 불구하고 중국은 북한과의 갈등을 해소하려 노력했지만, 김정은이 2013년 말 장성택을 포함한 친중 경협파 인물들을 대대적으로 숙청하면서 그러한 노력은 완전 물거품이 되었다. 특히 장성택 처형의 근거 중에 하나였던 "나선특구를 외국에 팔아먹은" 혐의[94]는 바로 나선지대에 투자한 중국을 지칭하는 것이란 점에서 북·중 경협사업에 찬물을 끼얹었다. 2014년 7월 3일 시진핑 국가주석은 중국 최고지도자로서는 이례적으로 북한보다 한국을 먼저 방문하여 '한·중 공동성명'에서 '북핵 불용' 기조를 재확인했다. 이는 중국의 대한반도 외교사에 기록될 만한 상징적인 '사변'으로서 시진핑의 북한에 대한 불편한 심기의 표출이라는 맥락으로 받아들여진다.

북한은 시진핑의 방한과 북중관계의 악화에 대해 불신과 반감을 드러냈다. 2014년 7월 북한 국방위원회 정책국 대변인 담화는 "일부 줏대 없는 나라들이 미국을 맹종해 구린내 나는 꽁무니를 따르면서 저저마다 가련한 처지에 이른 박근혜를 껴안아보려고 부질없이 윗심(조바심)을 쓰고 있다"고 비꼬았다.[95] 국제사회의 대북 압박에 동조하면서 한국과는 정상외교를 행하고 있는 중국을 겨냥한 비난이다.

북한의 언론매체도 중국에 대한 불편한 심기를 수시로 드러냈다. 2014년 7월 9일 '조·중 우호원조조약' 체결 기념일에 북한 매체는 북·중 친선을 강조하는 메시지를 내놓기보다는 오히려 국제제재에 동참하는 중국을 '줏대 없는 나라'라고 비꼬는 기사를 실었다.[96] 또한 조선중앙통신은 동년 8월 미얀마 개최 아세안지역안보포럼ARF에 참석한 리수용 북한 외무상이 일본, 말레이시아, 캐나다 등 9개국 외교장관과 회담을 가진 동정을 보도하면서 이례적으로 왕이 중국 외교부장과의 회담 소식은 다루지 않았다.[97] 중국에 대한 불만을 표출하는 의도된 행동이라는 관측은 타당하다. 9월 9일 북한 창건일에 시진핑이 보낸 축전은 이례적으로 『노동신문』 3면에 실렸다. 그것도 시진핑의 축전 내용에 포함된 북중관계 기본원칙의 '16자 방침'이 생략됐다. 푸틴 러시아 대통령의 축전이 이튿날 『노동신문』 1면에 실린 것과 극명하게 대비가 된다.[98]

이후에도 북한의 불만 표출은 간헐적으로 이어졌다. 2015년 3월 북한 『노동신문』 「논평원의 글」은 "몇몇이 공모 결탁해 쑥덕공론", "미국에 아부 굴종하며 체면도 저버린 자들"과 같은 표현을 써가며 비핵화 대화 재개와 관련 미국과 보조를 맞추는 중국 지도부를 겨냥

한 비난을 쏟아냈다.[99]

(4) 대중국 경제 의존과 자력경제의 딜레마

북한의 대중국 경제 의존도가 높은 것은 동북아 국제환경 속에서 의지와 무관하게 편향될 수밖에 없었던 불가피한 선택이지만, 이에 대한 중국의 호응이 없었다면 불가능했다는 점에서 결국 양자의 이해가 맞아떨어진 결과라고 할 수 있다. 북한으로서는 한미일 안보협력과 대북 경제압박의 강화로 대외교역의 출구가 막히면서 대중국 교역에 의지할 수밖에 없었다. 중국으로서는 북한에 대한 포용적 관리 목적 이외에도, 동북 3성의 경제침체를 벗어나기 위한 출구로서 북한과의 교역 확대에 적극적이었다. 또한 중국이 북한을 경유하는 해양출구 개척에 주력하면서 북·중 국경교역과 경제협력 여건은 대폭 개선되었다.

김정은 시기 북한경제는 국가의 계획경제와 민간의 시장이라는 두 개의 축에 의해 운용되고 있다. 김정은은 대외개방을 위해 2012년 '6.28 방침'을 통해 농업, 공업분야에서 '우리 식 경제관리방법'을 적용하는 대내 경제개혁을 시작했고, 이어서 2012년 '12.1 조치'와 2014년 '5.30 조치' 등을 통해 공업부문에서 '6.28 방침'을 전국적으로 확대 적용하였다.[100] 또한 북한은 김정은 체제 등장 후 2013년 5월 '경제개발구법'을 제정하고 11월에 외자유치와 경제개발을 위해 여러 도에 총 13개 지방급 경제개발구와 신의주 특수경제지대를 설치하는 등 총 27개의 경제·관광특구와 경제개발구를 개설하여 외자유치와 합작개발을 유도하고 있으나, 대북제재가 지속되는 상황에서 실제적인 투자와 개발 실적은 여전히 빈약하다.

강력한 대북제재가 본격적으로 시행된 것은 2017년 하반기부터다. 2017년 8월 UN 안보리 대북제재 결의 2371호에 의해 북한의 주력 수출품인 석탄, 철, 철광석, 수산물 등의 수출이 전면 금지된 데에 이어, 9월에는 결의 2375호에 의해 북한으로의 유류 공급에 제한이 가해지고, 북한의 섬유류 수출 및 해외 노동자 신규 파견이 금지되었다. 이어서 12월에는 결의 2397호에 의해 대북 유류 공급 제한 수위가 한층 강화되고, 북한에 기계류, 전기전자제품, 자동차, 금속류 등을 수출하는 것이 금지되었다. 이러한 대북제재 조치의 강화는 북한 내부의 생산 감소로 이어졌다. 주력 수출품의 수출이 금지됨에 따라 【도표 17】에서 보듯이 대중국 수출이 2016년 25.7억 달러에서 2017년 17.3억 달러, 2018년 2.1억 달러로 급감한 탓에, 광업·경공업 등 수출 주력 부문을 중심으로 생산이 감소할 수밖에 없었다. 한국은행

【도표 17】 북한의 대외교역에서 대중국 무역 의존도 변화

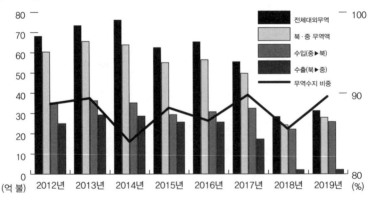

* 출처: 「中國統計年鑑」(北京: 國家統計局) 각 연도별 발행 자료 종합(구체 수치는 부록 참조)

의 추계에 따르면, 북한의 국내총생산GDP은 2017년(-3.5%)과 2018년(-4.1%) 2년 연속 감소했다. 그럼에도 제재 대상이 아닌 중간재의 수입이 어느 정도 이루어졌기 때문에 생산의 급격한 위축은 피할 수 있었다. 그리고 시장과 사경제private sector 활동의 발전, 밀무역을 통한 부분적인 제재 회피 등도 생산 감소폭을 줄이는 데에 일조했다.

그런데 문제는 북한의 대중국 경제 의존에서 나타나는 새로운 구조적 현상이다. 역사적으로 보면, 북한경제는 중국의 경제체계 및 세계 분업체계에 편입되지 않으면서도, 정치적으로 자주적이지만 경제적으로는 중국에 의지하는 특수한 관계를 유지해왔다. 그러나 2010년 이후 북한의 대중국 무역 의존도가 80%를 넘어서는 절대적인 수준으로 높아졌다. 특히, 중국의 유엔 대북제재 동참으로 교역액이 대폭 축소되었지만, 북한의 대중국 무역 의존도는 역설적이게도 더욱 집중되는 현상을 보였다. 2018년 이후 양국 지도자의 상호 방문을 통해 전통적인 우의관계를 어느 정도 회복하기는 했지만, 그 과정에서 북한의 대중국 의존도는 더 높아진 것이다.

물론 북한에게 있어 북·중 경제협력의 확대는 긍정적인 면과 부정적인 측면이 동시에 존재한다. 긍정적인 면은 당장 경제난 타개에 도움이 되고 원부자재와 생필품 공급을 충당하며, 중국의 투자로 미개발 자원 개발효과를 얻을 수 있고, 무엇보다 외화획득 창구이자 시장경제 학습에 도움이 되는 반면에, 부정적인 측면은 경제 종속 가능성 확대, 동북진흥 개발의 배후기지로 전락, 북한 산업의 중국경제 하부구조 전락 우려 등이 있다.[101] 실제로 최근 유엔 제재의 장기 고착 상황에서 북한의 대중국 무역구조는 북한이 원료 공급기지, 일부 원자재 및 기계·설비 소비시장, 그리고 저렴한 인건비를 활용한 중국 제조업 생산기지가 되어가는 현상이 나타나면서 새로운 분업구조가 형성되기 시작했다는 지적이 나온다. 다시 말해, 북·중 경제구조가 선진국과 개도국 간 분업구조의 특징을 닮아가고 있다는 것이다. 향후 북한의 무역 경쟁력 개선과 수입대체 목표가 달성되지 못할 경우 중국에 대한 종속이 더욱 가중될 것은 자명하다. 따라서 2018년 이후 남북 정상회담과 북미 비핵화협상은 북한에게 자율적 외교 공간을 넓혀주고 중국을 후견국으로 결속시킴으로써 운신의 폭을 넓히는 기회를 가져왔지만, 다른 한편으로 경제적인 대중국 의존성이 가속화되는 점은 미래 북중관계의 불확실성을 높여준다.

2018년 남북 화해와 북·미 간 타협을 통한 생존 모색을 선택했던 김정은 정권은 이제 다시 경제총력노선과 함께 새로운 방향 전환을 시도하고 있다. 그 배경에는 자력경제의 한계성이 자리 잡고 있다는 분석이 유력하다. 경제위기는 정권유지라는 체제문제와 직결된다. 2018~2019년간 김정은이 네 차례나 중국을 방문하여 시진핑의 답방을 얻어냈지만, 중국의 후속 조치와 보상은 기대에 미치지 못했다. 미국과의 전략 경쟁이 격화되는 상황에서 중국은 북한문제에 관심을 기울일 여력이 없다. 이에 대해 북한이 대중국 의존과 협력의 정도를 어느 수준에서 결정할지는 김정은 정권의 전략적 선택에 달려 있다.

3
최고권력자 차원:
위기 조성과 편승

김정은의 경우 집권 6년 이상 중국 방문을 피하다가 2018년 3회, 2019년 1회 집중적으로 방중을 결행했다. 김정은이 방중에 나선 시점은 국가 핵무력 완성의 '역사적 소임'을 달성했다고 선언하고, 이제 한반도의 긴장 완화와 경제발전을 최우선으로 삼을 생각이라고 밝힌 이후의 일이다. 김정은의 북중관계 진로변경 방식은 아버지 김정일과 유사한 행보를 보인다. 김정일도 집권 6년 동안 중국 방문을 미루었던 선례가 있다. 김정은은 6년여 기간을 유예하다가 한국 및 미국을 지렛대로 삼아 시기가 무르익었다고 판단할 시점에 전격적인 방중을 통해 관계 회복을 시도했다. 김정은의 최고 최대의 관심사는 정권의 보장과 체제의 안정 유지이며, 모든 정책의 결정에서 정권의 생존과 유지가 모든 것에 앞선다.

(1) 자주와 권력 집착

김정은은 국제사회의 압박과 경제제재의 위험을 무릅쓰고 핵과 미사일 개발을 일사천리로 진행했다. 2013년 2월 제3차 핵실험을 시작으로 네 차례 핵실험을 강행했고, 2017년 11월에는 대륙간탄도미사일ICBM 시험발사 완료와 함께 핵무력을 완성했다고 공언했다. 주요이슈에서 헤게모니를 장악하고 이를 공격적으로 주도해 나가는 성향을 보여준다. 다시 말해 김정은의 개인적 취향은 문제 해결을 위한 핵심 어젠다를 포착하여 돌파하는 헤게모니 선점전략에서 뛰어난 능력을 보인다는 평가다. 공세적인 핵무력 보유 전략을 적절하게 국제사회 긴장용 및 국내 주민 단결용으로 활용하고 있는 점은 그러한 사례로 꼽힌다.

김정은은 김정일 시기와 마찬가지로 핵무기를 바탕으로 미국과 중국의 외교적 관심을 이끌어내고, 이를 통해 외교적으로 자주권과 독립의 공간을 유지하고 확대하려 한다. 핵보유국임을 선언한 김정은은 외교적으로 미국뿐만 아니라 중국에도 끌려다니지 않으려 하며, 핵카드를 미·중의 경쟁적 구애에 십분 활용함으로써 좀 더 강하고 유리한 외교적 전략을 선택하고 강화하려 한다는 것이다.

그러나 김정은으로서는 대외전략 면에서 태생적 한계를 벗어나기 어려운 점이 있다. 하나는 세습 권력으로서 김정일이 남겨준 선군先軍의 최대 유산인 핵을 포기할 수 없는 점이고, 다른 하나는 중국식 개혁개방으로 나아갈 수 없다는 점이다. 생존 모색 차원의 제한적인 개방과 시장의 허용은 가능하겠지만, 전면적인 개혁개방은 선대 수령인 김일성의 주체사상과 김정일의 우리 식 사회주의를 부정하는 결과가 된다. 그런 점에서 김정은은 섣불리 중국에 다가서기가 어려웠으며, 이에 따라 새로운 관계 설정을 위한 버티기 차원에서 미국과의 갈등을 더욱 고조시키고 중국과도 오랜 단절을 감내했을 것으로 보인다.

(2) 선대의 유훈과 배타적인 대중국 경계심

김정은은 외모는 물론 각급 통치 행태에 이르기까지 김일성을 닮으려는 행보를 보였다. 중국에 대한 불신과 거부감에 대해서도 따라 배우며 자랐을 것이다. 김정은이 친중파인 장성택을 제거한 행태는 김일성의 연안파 숙청의 복제판이다.

김정은은 2013년 12월 자신의 고모부이자 북한 정권의 2인자인 장성택을 돌연 반혁명 죄목으로 처형하였다. 장성택은 김정은 집권 이후 유일하게 중국을 방문해 중국 최고지도부의 승인을 받은 북한 정치인으로서, 사실상 대중국 외교와 경제무역의 총괄 책임자였다. 장성택은 북·중 간 경제협력 특구 건설을 직접 주도했고, 중국은 장성택이 대중국 관계를 주관하던 시기에 나선특구의 3개 부두에 대한 건설권과 50년 사용권을 부여받았다. 중국의 입장에서는 장성택이 그나마 이성적이고 실무적으로 개혁을 주도할 수 있는 인물이라고 인정하던 상황인데 김정은이 그를 제거한 것은 중국에 대한 경계심과 불신을 드러낸 것이라고 할 수 있다. 북중관계의 새로운 형세에 영향을 미칠 수밖에 없는 부분이다.

김정은의 개인 경험과 성장 이력을 볼 때, 그는 중국과 특별한 인연이 없다. 중국에서 김정일의 가족에 관한 일화는 주로 김정은의 이복 맏형인 김정남에게 집중되어 있었다. 베이징과 마카오를 오가는 김정남의 동정이 북한에 대한 호기심과 함께 대중의 관심사로 언론 매체에 오르내리곤 했을 뿐이며, 김정은은 후계자로 부각되기 이전 까지 중국에서 무명에 가까웠다. 그러한 김정남은 2017년 2월 13일 쿠알라룸푸르공항에서 VX가스 테러를 받아 제거되었다. 중국을 무 대로 생활하던 김정남도 북한 당국에 의해 친중 성향으로 의심받았 을 소지가 크다. 미국의 독재심리 전문가인 조지타운대학의 파타리 모가담 교수는 북한 정권의 김정남 암살 배후설이 결코 놀랍지 않다 면서 "자기도취narcissism와 마키아벨리즘이 결합되면 잠재적인 위협 세력을 더 빠르게 제거하는 것이 절대 권력자의 전형"이라고 말했 다.[102]

모가담 교수에 의하면, 전체주의 정권은 주기적으로 긴장과 분쟁 국면을 유발해 자신의 존재를 확인하고 국민에게 충성을 유도하는 수법을 전형적으로 구사한다.

김정은은 권력 승계 이후 국제사회의 협력과 지원이 여의치 않은 상황에서도 중국에 의존하기보다는 자력갱생을 중시하고, '자강력 제일주의'를 내세워 생필품 국산화를 추진하는 단면을 보여준다. 심 리학자들은 김정은이 매우 이성적이며, 다만 권력에 집착할 뿐이라 고 말한다. 김정은의 예측 불가능한 행태 이면에는 외교적 이익의 극 대화와 권력의 공고화를 위한 치밀한 셈법이 깔려 있다고 분석한다. 또한 일부 북한 전문가는 북한도 국가체제와 시스템을 갖추고 있고 나름대로의 국가 이성도 있다면서, 김정은의 돌출적이고 파행적인 행동은 미국과 전면전을 피하면서 핵개발을 완성하고 경제적 실리

획득으로 세습 독재체제를 안정화하려는 의도가 숨어 있다고 지적한다.[103] 김정은은 권력 승계 이후 정통성 확보와 통치 기반 구축이 시급했고, 경제적으로 중국에 의존해야 하는 취약한 구조 때문에 중국에 대한 경계심이 높았을 것이며, 그래서 정권이 안정화될 때까지 대중국 접근을 회피했을 수 있다.

(3) 집권 6년 만의 김정은 방중: 전략적 후퇴 또는 진일보

타국의 내정에 간섭하지 않는다는 원칙에 충실하고 판세의 흐름을 읽는 데 뛰어난 실용주의 외교관념으로 무장된 중국은 김정은의 3대 세습에 대해서도 반대하지 않았다. 2010년 9월 조선 노동당 대표자회에서 김정은이 후계자로 확정되자, 중국은 즉시 북한의 뜻을 존중한다고 발표했다. 중국은 당내 서열 9위인 저우융캉周永康 정치국 상무위원을 북한 노동당 창건 65주년 축하사절로 파견했다. 당시 중국은 김정은에게 마오쩌둥 주석과 김일성 주석이 활짝 웃으며 회담하는 사진이 담긴 액자를 선물했다. 전통적 우의를 공고하게 발전시키고 대대손손 이어가기를 바라는 의미를 담고 있다. 그리고 저우융캉을 통해 후진타오 국가주석의 김정은 방중 초청 의사를 전달함으로써 김정은 후계 체제를 간접적으로 인정했다.

2011년 12월 17일 김정일 사망 후 권력을 이어받은 김정은에 대해 중국이 즉각적으로 인정하지 않고, 상당 시간이 경과된 이후에야 비로소 공식 인정을 했다는 일부 주장이 있다. 그러나 이는 외교 절차상의 문제로서, 중국 측에서는 외교라인을 통해 공식 통보가 올 것으로 생각하고 기다리다가 실기失機를 한 것이며, 김정일 사망에 따른

조의친서에 김정은을 중심으로 체제안정을 희망한다는 문구를 적시하고 있다는 점에서 이미 김정은 정권을 인정한 것으로 봐야 한다. 중국 정부는 12월 30일 김정은의 조선인민군 최고사령관 추대를 계기로 비로소 정권을 공식 인정하는 축하전문을 발송했다.

따라서 김정은의 중국 방문이 늦어진 이유가 중국의 김정은 정권 초기 승인 과정에서 노정된 섭섭한 감정 때문이라는 지적은 설득력이 없다. 김정은의 방중이 늦어진 것은 집권 초기에는 내부 체제안정이 우선이었기 때문이고, 이후에는 북한의 핵실험 강행과 장성택 처형에 따른 중국 측의 불편한 심기가 원인이다. 다시 말해 김정은 집권 초기에는 북한이 서두르지 않았고, 그 이후에는 중국이 김정은의 방중을 환영할 동기와 명분을 찾지 못해서 지연되었다고 할 수 있다. 김정은은 중국이 역사적으로 북한의 생사를 가름했던 사실을 잘 알고 있었을 것이다. 오히려 중국이 북한을 전략적으로 중요한 핵심국가로 인식하는 것을 적극 활용하여 북한의 생존과 자주, 독립과 자율성을 유지하고 확대하기 위해 노력한다고 봐야 한다.

실질적인 핵보유를 위해 '버티기'로 일관하던 김정은이 비로소 2018년 남북 및 북미회담에 나서면서 전격적으로 세 차례 방중을 결행했다. 김정은은 시진핑과의 정상회담에서 "우리(북한)는 한반도의 긴장을 완화하고 평화 협상을 위한 제안과 조치를 취하며, 한반도 비핵화 약속은 변치 않는 입장"이라며 비핵화 의지를 분명하게 전달했다. 김정은의 전격 방중은 중국이 북한에 어떤 재보험reassurance, 지렛대, 당근을 제공할 수 있는지 파악하려는 의도였으며, 한반도 문제에서 일시 소외된 시진핑으로서는 북한과의 전통적인 후견-완충지대관계 재개를 위해 적어도 6년 이상 지속된 불편한 관계를 지우려 했을 것이다.[104] 잠시 구원舊怨을 털고 이해관계가 맞았던 시점이다. 김정은이 시진핑과의 정상회담에서 시진핑의 발언을 경청하며 메모까지 하는 제스처를 보인 것은 그동안 핵개발 강행에 따른 양국 간 마찰에 대해 고개를 숙이는 모양새가 되었지만, 이는 전략적 후퇴이자 다음 단계로 진일보하는 전략적 선택이라고 할 수 있다. 요컨대, 권력 승계 이후 6년간 미루어졌던 김정은의 방중은 새로운 한반도 평화체제 구축을 위한 다층적 협상의 힘겨루기를 앞두고 지렛대의 점검과 보강을 위한 목적이다. 이러한 첨예한 외교안보 게임에서 김정은이 전통적 동맹을 최대한 복원해보려는 것은 이치에 맞다.

2019년 1월 김정은의 네 번째 방중은 중국에 의지하지 않으면 안될 절박함에서 재차 시진핑을 찾은 것으로 해석된다. 2018년 세 차례 방중이 한국과 미국과의 일전을 앞두고 후견 세력을 보강하려는 '위세용'이었다면, 이번에는 입장이 크게 달라졌다. 남북한 간에 「4.27 남북정상선언」과 「9월 평양선언」과 같은 세기적 약속에도 불구하고 남북관계는 단 몇 개월 만에 급랭되었다. 미국과의 싱가포르 제1차 북미회담에서 협상타결의 유리한 입지를 확보한 북한의 입장에서는 제2차 하노이 회담의 결렬이 뼈아픈 부분일 것이다. 협상을 총괄했던 김영철 통일전선부장이 잠시 물러났고, 김여정 노동당 제1부부장도 근신 조치를 받았다. 말하자면 하노이 회담은 북한에게 운명을 건 한판 승부였으나, 처절하게 패배한 게임이었다.

4장
소결

　이상에서 북한의 대중국 정책의 역사적 변천과정에서 시기별 전략적 선택의 특성을 살펴보았다. 북한의 대중국 관계도 역시 사회주의 이념동맹 차원에서 관계가 지속되어온 것은 아니며, 북한이 중국에 무조건적인 지지를 보내지도 않는다는 점을 확인할 수 있었다. 북한의 대중국 태도에 있어서도 근본적인 선택의 기준은 역시 국가이익에 방점이 찍혀 있다. 모든 국가가 그렇듯이 북한으로서도 '안보'와 '번영'이 국가전략의 핵심이며, 이를 실행에 옮기는 것이 대외전략의 목표이다. 요컨대 북한의 대중국 전략적 선택은 외교안보적 차원에서의 중국의 영향력을 차단하면서 자국의 지정학적 위치와 전략적 가치를 활용하여 대중국 협상력을 제고하고 국가이익을 극대화하는 방향으로 정책 결정이 이루어진다.

　전체 역사적인 맥락에서 볼 때, 북한의 대중국 외교전략은 진영외

【도표 18】 탈냉전 이전과 이후 북한의 대외전략 변화 구조도

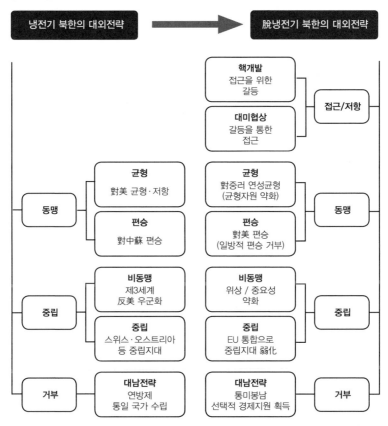

냉전기 북한의 대외전략 ➡ 脫냉전기 북한의 대외전략

접근/저항

핵개발
접근을 위한
갈등

대미협상
갈등을 통한
접근

동맹

균형	균형	동맹
對美 균형·저항	對중러 연성균형 (균형자원 약화)	

편승	편승
對中蘇 편승	對美 편승 (일방적 편승 거부)

중립

비동맹	비동맹	중립
제3세계 反美 우군화	위상 / 중요성 약화	

중립	중립
스위스·오스트리아 등 중립지대	EU 통합으로 중립지대 弱化

거부

대남전략	대남전략	거부
연방제 통일 국가 수립	통미봉남 선택적 경제지원 획득	

* 출처: 서훈(2008, 23) 및 기타 관련 논문 참조, 재구성

교 → 등거리외교 → 진영이탈(다변화) → 대미 편승 → 대중국 편승 (복귀) → 선택적 병행 → 포괄적 확장으로 변화하는 큰 흐름을 보였다. 이를 외교전선의 방향 측면에서 보면, 북방외교 → 남방외교 → 전방위외교(실패) → 무방위외교(선택적 편승)의 형태로 변용을 거쳤다고 할 수 있다. 북한의 '선택적 병행' 전략은 기본적인 북방외교에

남방외교를 병행하면서 상황 변화에 따라 취사선택하는 방식이며, 과거 김일성 시기 중·소 사이에서 등거리외교를 추진했던 '북방외교'와 탈냉전 이후 김정일 정권이 한국, 미국, 일본과의 관계 개선에 주력했던 '남방외교'를 넘어, 김정은 시기에는 남방과 북방을 아우르는 '포괄적 확장' 전략으로 표출되었지만 그 효과는 미미하며, 여전히 진행형이라고 할 수 있다.

북한의 대중국 전략적 선택의 특징과 그 결정요인을 종합해보면 다음과 같다.

첫째, 북·중 동맹관계의 성격 변화이다. 김일성 시기 북한의 대중국 전략적 선택의 기본은 동맹관계를 통한 세력 균형이다. 균형과 편승에 의존하는 동맹정책은 냉전 시기 북한외교에 철저하게 적용되었다. 북한은 1961년 중·소와 동시에 동맹조약을 체결함으로써 한미동맹에 대항하는 세력 균형을 맞추는 데 주력했다. 다시 말해 사회주의권의 맹주였던 소련과 중국에 대해 '등거리외교'를 통한 균형 또는 '양다리 걸치기' 식의 편승 정책을 취함으로써 미국에 대한 전략적 균형을 시도했다. 그러나 동맹관계의 성격이 바뀌었다. 탈냉전 이후 미국 중심의 단극체제 국제질서가 형성되면서 기존의 균형전략은 더 이상 유효하지 못했다. 북한의 대중국, 대소련 정책에도 근본적인 전환이 불가피했고, 비동맹과 중립주의는 정치적 효용성이 사라졌다. 이에 따라 무력화된 북·중 동맹관계는 전략적, 비대칭적 협력관계로 변화되었다. 동맹의 기초인 전략적 이해관계와 안보위협에 대한 평가가 바뀌었기 때문이다.

둘째, 외부의 안보위협에 대한 북한의 전략적 대응은 '자주노선'이라는 일관된 형태로 나타난다. 북한은 스스로 한반도 주도권과 현상 변경을 추구하는 '강국'이라는 자기 정체성을 지니고 있다. 또한 북한은 생존을 위해 '자주외교'와 '자력경제'를 핵심 정책수단으로 삼고 있다. 어느 누구도 신뢰할 수 없기 때문이다. 기본적인 생존권 보장이 우선이고, 미국에 대응할 견제 수단으로서 중국·러시아와의 연대가 그다음의 보완 수단이다.

그러나 중국과 러시아가 세력 균형과 안전보장의 후견 역할을 충족하지 못했기 때문에 무리하게 북·미 관계 개선이라는 변화를 시도했다. 이에 따라 북한은 핵개발을 반대하는 중국에 대해 불신과 경계심을 표출하면서 자주성을 강조하지만, 소기의 성과를 얻지는 못했다. 특히, 중국에 대한 헤징전략은 김일성·김정일의 유훈이다. 이에 김정은은 국가존엄과 자주를 강조하면서 선대의 유훈을 지키고자 하지만, 궁극적으로 국제사회와의 협력과 개혁개방을 통해서 리스크를 전방위적으로 분산하지 않는 한 자주냐 의존이냐 선택의 딜레마에서 벗어나기 어렵다.

셋째, 안보위협에 대응하는 전략적 선택의 변화이다. 탈냉전 이후 북한의 대중국 안보전략은 재편되었다. 외교적 고립에 처한 북한은 미국에 안전보장을, 한국에 경제적 지원을 의존하는 방향으로 안보 전략을 전환했다. 김정일 시기에는 정권의 정통성을 확보하는 것이 급선무였기 때문에 대내적으로는 '우리 식 사회주의'와 '선군정치'를 활용하고, 대외적으로는 북미관계 또는 북일관계에서 가시적인 외교성과를 확보하는 것이 우선이었다. 그래서 북한은 그동안 정치적으로 강성대국을 내세워 자주성을 강조하면서도, 중국과의 외교관계에서는 러시아 또는 미국을 끌어들여 위험회피와 연성 균형 전략을 모색해왔다. 또한 군사적인 측면에서 북한은 부족한 자원을 군사력 증강에 집중시키면서 특히 핵무기와 장거리 미사일 개발을 통해 내적 균형을 추구했다.

그러나 북한의 이러한 대중국 헤징(hedging: 위험회피)전략은 부문별 정책효과가 상호 충돌하면서 역설적으로 자주성을 견지할 토대를 약화시키는 딜레마를 안고 있다. 내적 균형 정책으로 인해 국제적 고립과 경제난이 지속되면서 대중국 의존도가 심화되는 현상은 바로 그러한 딜레마의 사례이다.

북한체제가 각 시대별로 직면한 국내 정치와 국제체제의 환경에 따라 선택한 전략노선은【도표 19】와 같이 구현되었다.

넷째, 경제적 선택에 있어서도 북한은 한국과 중국 사이에서 경제적 지원과 협력을 최대한 이끌어내려는 '선택적 병행' 전략을 구사했다. 즉, 이중적인 대외정책을 식량지원 확보 등 경제난 해소에 활용하려는 측면이 보인다. 냉전기에는 중·소를 대상으로 등거리외교를

【도표 19】 북한의 전략적 선택: 국내 정치 + 국제체제 수요의 결정

	김일성의 주체노선	김정일의 선군노선	김정은의 병진노선
국내	권력투쟁(연안파, 소련파)과 권력기반 확립	경제난(고난의 행군)과 체제위기 극복 → 군에 의존	경제 활력 개혁조치와 당 중심 체제 개편
국제	냉전체제와 중소분쟁에서 외교자원 극대화	외교 고립과 안보위협에 대응 → 체제생존 수단으로서의 핵개발	핵보유국 지위 획득, 체제안정과 자율성 확보

* 출처: 저자 작성

통해 경쟁적인 지원을 얻어내는 이중편승을 했지만, 탈냉전 이후에는 경제적으로 대중국 의존이 고착화되었다. 하지만 핵실험 강행에 따른 유엔 대북제재 조치로 인해 현재는 불가피하게 경제적으로 대중국 편향 입장을 취하고 있지만, 북한 지도부의 대중국 인식에는 여전히 경계심과 자력갱생의 자주노선이 자리 잡고 있다. 결국 경제적 선택도 한국과 중국을 병행하면서 더 큰 이익을 취사선택하는 전략적 균형을 도모하려 했다고 평가할 수 있다.

다섯째, 안보환경 개선이 시급한 북한은 지정학적 가치를 극대화하는 데 주력했다. 경제난과 '고난의 행군' 시기를 핵과 안보의 거래를 통해 극복하고 체제 생존을 보장받으려는 시도가 이어졌다. 이를 위해 북한은 핵실험과 미사일 개발에 매진함으로써 자신의 지정학적 가치를 부각시키려 했다. 핵을 협상 수단으로 하여 미국에게 체제보장과 경제·외교적 지원을 이끌어내는 '벼랑 끝 전술'을 전개한 것이다. 동시에 중국에 대해서는 완충지대로서 북한의 지정학적 위치와 전통적 우의를 활용하여 미국의 제재로부터 외교적 보호막 확보 및 생존에 필요한 경제적 지원을 동시에 이끌어내는 '생존 전술'을 구사했다.

다시 말해 김정일은 안전보장은 미국과 중국 사이에서, 경제협력은 한국과 중국 사이에서 병행하다가 조건에 따라 선택적으로 활용하는 이른바 '선택적 병행' 전략으로 전환을 시도했다. 그리고 김정은이 권력을 승계한 이후에도 북한은 다시 미국과 중국 사이에서 안전보장을, 한국과 중국 사이에서 경제적 이익 확보를 병행하는 전략적 선택을 사용한다. 이러한 선택을 통해 북한은 미·중 간 경쟁과 갈등 상황을 최대한 활용하면서 '완충지대'로서의 지정학적 가치를 극대화할 수 있었다.

여섯째, 북한의 선택은 결국 중국에 대한 편승으로 귀환했다. 북한은 탈냉전 이후 미국으로부터의 안전보장과 한국으로부터의 경제지원 확보라는 대외전략이 사실상 실패로 돌아가면서 2009년 이후 기존의 대외전략을 전환했다. 북중관계의 더 이상 악화를 막기 위해 북한은 다시 중국의 '중재'를 받아들이는 '유화'전략으로 부분적인 수정을 거친다. 남북관계 중단과 북·미 갈등 국면에서 북한은 중국과의 협력을 통한 안전보장과 경제지원 획득이 현실적인 대안이라는 사실을 체득했기 때문이다.

이 시기 대중국 편승으로의 전환은 뇌졸중에서 건강을 회복한 김정일의 막바지 노력의 결과물이지만, 대의명분에서 많은 것을 양보해야 했다. 또한 김정은 시기에도 중국을 무시하고 대미 '갈등을 통한 편승'을 시도하다가 실패한 이후 다시 중국에 편승하는 방향으로 전략의 재설계가 진행되었다.

이러한 대중국 편승은 높은 선호도와 기대치에 근거한 자발적인 선택이 아니라 협력과 의존, 거부와 이탈, 그리고 유화전략을 거쳐서 전략적으로 결정된 '선택적 편승'의 성격을 갖는다. 누적된 불신과 갈등이 해소된 것은 아니지만, 다른 마땅한 대안이 없는 상황에서 결국 의지할 만한 국가는 중국밖에 없다는 피동적인 선택의 산물인 셈이다. 이는 역설적으로 향후 양자 간 전략적 이해관계의 기준이 흔들릴 정도의 국제환경 변화가 오면 언제든 새로운 전략적 선택에 직면하게 될 것이라는 점을 반증해주기도 한다.

종합해보면, 북한의 대중국 접근 강화는 대체로 북한이 대외환경에서 수세에 몰려 돌파구를 찾아야 할 시기에 이루어졌다. 뒤집어 말하면 대내외 환경이 안정되어 있으면 북한의 대중국 접근은 약화되었다. 이 경우 북한은 잠시 중국에서 이탈하여 미국 및 한국과의 관계 개선을 모색하는 대외전략을 추진했지만, 소기의 성과를 얻지는 못했다.

주석_2부

1 정병호, "주체사상과 북한외교정책: 사상적 기조가 외교정책에 미친 영향을 중심으로", 『인문사회 21』 제4권 1호, 2013, p. 34.

2 소련은 북한의 전쟁 준비 과정에서 야크Yak 전투기 100대, 폭격기 70대, 정찰기 10대 등 180대의 비행기와 150대의 중형 탱크 등 전략물자를 제공하였다.: 김계동, 『북한의 외교정책: 벼랑에 선 줄타기외교의 선택』, 서울: 백산서당, 2003, p. 124.

3 《关于苏联朝鲜关系和赫鲁晓夫访朝问题》, 『中国外交部解密档案』: 109–02090–01.; 成晓河, 『新中国同盟外交』, 新加坡: 八方文化企业, 2019, p. 125.

4 军事科学院军事历史研究部, 『抗美援朝战争史』(第3卷), 北京: 军事科学出版社, 2000, pp. 510–513.

5 "进一步巩固发展中朝友谊, 增强社会主义阵营伟大团结和力量", 『人民日报』1960年 10月 14日.

6 「朝鲜金口成首相接见中国人民代表团淡话记录」, 『中国外交部解密档案』: 106–01479–08.

7 成晓河, 「'主义'与'安全'之争:六十年代朝鲜与中-苏关系的演变」, 『外交评论』第2期, 2009, p. 23.

8 「刘少奇主席访朝时拜会金日成首相谈话记录」, 『中国外交部解密档案』: 203–00566–05.

9 「朝鲜金日成首相接见我国政府经济友好访问团谈话记录」, 『中国外交部解密档案』: 106–00767–01.

10 김응서, "1960년대 중반 북한의 자주외교노선 채택에 관한 연구", 『세계정치』 16권, 2012, p. 286.

11 1950년 2월 14일 체결된 '중·소 우호동맹조약'은 유효기간이 30년이지만, 1959년 이후 중소 이념 분쟁과 1969년 전바오다오珍寶島 국경충돌 등으로 사실상 무력화되었고, 1980년 중국의 조약 연장 불원不願 통보에 따라 효력이 상실되었다.

12 베트남전 대응과 관련, 중국은 대미 데탕트를 추진하는 '수정주의' 소련이 북베트남을 미국에 팔아넘기려 할 것이라며 소련의 사회주의 지도자 회동 제안을 거부했고, 북한은 전 세계 사회주의 연대를 반대하는 중국의 소극적인 태도에 불만을 가지고 소련과의 관계 개선으로 선회했다. 즉, 베트남전을 놓고 중국은 중·소 이념 분쟁과 체제안정에, 북한은 반미 투쟁의 안보위협 대응에 우선순위를 두는 입장 차이를 드러냈다.: 이종석, 2000, p. 239–240.; 박창희, 2007, pp. 37–39.

13 정병호, 2013, pp. 43–44.

14 '3대 혁명역량'은 외교목표 달성을 위한 전략노선으로서 ①공화국 북반부에서의 사회주의 혁명역량 강화, ②남조선 혁명역량 강화, ③국제 혁명역량 강화를 내용으로 하며, 1964년 2월 27일 노동당 중앙위원회 제4기 전원회의에서 정식 제시되었다.

15 〈북중관계 세미나〉(국립외교원 주최, 2017년 8월 7일)에서 션즈화 발표 내용에 의거.

16 刘金质·杨淮生, 1994a, p. 2360.

17 2019년 10월 베이징에서 열린 중국 정부수립 70주년 기념 전시회에 김일성이 한국전쟁 당시 마오쩌둥에게 보낸 파병 요청 친필 서신이 전시된 바 있다. 金景一, 「关于中国军队中朝族官兵返回朝鲜的历史考察」, 『史学集刊』第3期, 2007, p. 57.

18 金景一, 2007, p. 57.

19 한국전쟁 발발 당시 북한은 10개의 보병사단에다 탱크사단 및 공군사단 각 1개 등 총 병력이 약

13만 5000명으로 알려져 있으며, T-34 모델 탱크 150대, 고성능 작전비행기 180여 대 및 대량의 중형 대포 등을 갖추고 있었다.

20 션즈화, 김동길·김민철·김규범 옮김, 2017, pp. 331-379.

21 히라이와 순지平岩 俊司, 이종국 옮김, 『북한·중국관계 60년: '순치관계'의 구조와 변용』, 서울: 선인, 2013, pp. 52-61.

22 정병호, 2013, p. 34.

23 김일성, "조선로동당 제6차대회에서 한 중앙위원회사업총화보고(1980년 10월 10일)", 『김일성 저작집 35』, 평양: 조선로동당출판사, 1987, pp. 360-363.

24 이 협정에 따르면 소련은 김책제련공장의 연 280만 톤 철강과 230만 톤 강재 생산 규모로 확장을 돕고, 박주에 60만kw 발전용량의 화력발전소 건설, 평양에 발전능력 40만kw의 화력발전소 건설을 지원하며, 연간 원유 200만 톤 처리능력의 정유공장 건설과 소요 원유 공급을 약속했다. 그 밖에 영화제작소, 방직공장 등도 포함되어 있다.: 王谊平, 2015, p. 8.

25 이종석, 2000, pp. 220-221. ; 王谊平, 2015, pp. 7-8.

26 王谊平, 2015, p. 8. ; 周东辰·赵文彬, 「20世纪60年代朝鲜在中苏之间的外交倾斜: 基于威胁制衡论的探讨」, 『鲁东大学学报』 第36卷 5期, 2019, pp. 34-35.

27 '북·중 국경조약' 체제는 초안에 해당하는 「회담기요」(1962)와 본 조약인 「조·중 국경조약」(1962), 후속 세부규정인 「조·중 국경에 관한 의정서」(1964)의 3개 부분으로 구성되어 있다. 상세한 체결 과정과 내용에 관해서는 이종석, 2000, pp. 231-236. ; 션즈화·박종철, "중·북 국경문제 해결에 대한 역사적 고찰(1950-1964)", 『아태연구』 제19권 1호, 2012, pp. 46-52. ; 이현조, "조중국경조약체제에 관한 국제법적 고찰", 『국제법학회논총』 제52권 3호, 2007, pp. 180-186, 참조.

28 『로동신문』 1966년 7월 13일.

29 王谊平, 2015, p. 10.

30 权红, "中朝政治外交关系研究"(1949-2009), 延边大学 博士论文, 2010. p. 72. ; 김기정·나웅하, "관망과 개입: 1, 2차 북핵위기에 나타난 중국의 대북정책 변화요인 분석", 『중소연구』 제33권 1호, 2009, p. 27.

31 오진용, 2004, p. 110.

32 김기정·나웅하, 2009, p. 27.

33 이상옥, 『전환시기의 한국외교: 이상옥 전 외무장관 외교회고록』, 서울: 삶과꿈, 2003, p. 238.

34 회담 이후에 마오쩌둥은 스탈린에게 "김일성이 찾아와 중국과 동맹 체결을 원했으나 자신은 조선 통일 실현 이후에 체결하자는 의견"임을 통보했으며, 스탈린은 "그래야 한다"는 답전을 보내왔다고 함.; 沈志华, "1950年代中朝关系惊天内幕", 『新浪历史』, 2013年 9月 3日. http://history.sina.com.cn/his/zl/2013-09-03/102952867.shtml

35 중국 지도부의 다수는 김일성이 소련만 믿고 전쟁을 일으켰다는 점과 그 과정에서 중국과 충분히 협의를 갖지 않은 점에 서운함과 불쾌감을 드러내며 출병해서 도울 가치가 있는지 회의론이 우세했고, 찬성한 인물은 저우언라이 정도였으며, 시안西安에서 뒤늦게 합류한 서북 야전군 사령관 펑더화

이彭德懷가 마오의 입장에 동조했을 뿐이다. 동북의 최고 실력자 가오강高岡과 마오가 지원군 총사령관으로 점찍어두고 있던 린뱌오林彪 등은 신중론을 펼치면서 출병을 완강하게 반대하였다.

36 沈志华,『新浪历史』, 2013. 9. 3.

37 沈志华,『新浪历史』, 2013. 9. 3.

38 최경선, "김일성-마오쩌둥 맞짱 뜬 사건의 교훈",『매일경제』2017. 12. 13. https://www.mk.co.kr/opinion/columnists/view/2017/12/825660/

39 8월 종파사건과 중·소의 개입에 관한 상세 내용은 다음을 참조함. 이종석, 2000, pp. 209-215. ; 션즈화, 김동길·김민철·김규범 옮김, 2017, pp. 483-506.

40 김응서, "1960년대 중반 북한의 자주외교노선 채택에 관한 연구",『세계정치』제16권, 2012, pp. 282-287.

41 션즈화, 김동길·김민철·김규범 옮김, 2017, pp. 879-880.

42 김일성은 진정한 민족주의와 부르주아 민족주의를 구분하고, 진정한 민족주의란 자주, 발전, 번영, 민족단결 등 민족의 이익을 지키는 것이며, 북한의 정치체제가 이 원칙에 따라 건설되었다고 주장한다.;『로동신문』1991년 8월 1일. ; 김연각, "북한의 통치 이데올로기: 1955-2007",『한국정치연구』제16집 제1호, 2007, pp. 266-267.

43 서대숙,『현대 북한의 지도자: 김일성과 김정일』, 서울: 을유문화사, 2000, pp. 28-31.

44 서대숙, 2000, pp. 56-67.

45 李成日,『新时代的中朝关系: 变化, 动因及影响』,『现代国际关系』第12期, 2019, p. 9.

46 김명호,『한겨레신문』2014. 11. 2.

47 刘金质·杨淮生, 1994, pp. 942-948.

48「中朝友好合作互助条约」(1961年 7月 11日), "第四条: 缔约双方将继续对两国共同利益有关的一切重大国际问题进行协商."

49 1979년 함경남도 흥남화학 비료공장에서 유일한 외국인 동상인 저우언라이의 동상 제막식이 열렸으며, 현재까지 남아 있다.

50 서훈,『북한의 선군외교』, 서울: 명인문화사, 2008, pp. 38-39.

51 石源华, 2009, pp. 167-168.

52 박후건,『DPRK의 경제건설과 경제관리체제의 진화(1949-2019)』, 서울: 선인, 2019, pp. 216-219.

53 미국은 당시 북한과의 직접 대화의 전제조건으로 '남북대화의 실질적인 진전, IAEA 안전협정 준수, 테러리즘에 대한 반대 보장, 신뢰구축 조치, 한국전 유해 송환을 위한 정기적인 협상 절차 마련' 등을 내걸었다. 북한은 1992년 1월 30일 핵안전협정에 서명함으로써 중요한 미국의 요구를 수용했다.

54 William C. Wohlforth, "The Stability of a Unipolar World", *International Security*, Vol. 24, Iss. 1, 1999, pp. 5-41.

55 임수호, "김영삼정부 시기 북한의 대남정책과 남북관계",『남북한 통합과 국내정치』, 제15차 통일학·평화학 기초연구 학술심포지엄 논문집, 서울대 통일평화연구원(2012. 12. 06), 2012, p. 151.

56 Samuel S. Kim·Tai Hwan Lee, "Chinese-North Korean Relations: Managing Asymmetrical

Interdependence", in Samuel S. Kim & Tai Hwan Lee(ed.), *North Korea and Northeast Asia*, Lahham: Rowman and Littlefield, 2002, pp. 112–117.

57 일본의 대북제재로 2004~2006년 북한의 대일 수출은 연간 0.8억~1.2억 달러 감소(당사국 효과)했지만, 같은 기간 0.8억~0.9억 달러의 여타 국가로의 수출증대 효과(제3국 효과)가 나타났고, 그중에서 60~70%는 한국(남북교역)에 의해 가능해진 것으로 나타난다.: 이석, "대북 경제제재와 북한무역: 2000년대 일본 대북제재의 영향력 추정", 『한국개발연구』 제32권 2호, 2010, pp. 95–96.

58 刘金质·杨淮生, 『中国对朝鲜和韩国政策文件汇编(1974–1994) : 第5集』, 北京: 中国社会科学出版社, 1994, p. 2656.

59 이종석, 2000, p. 280.

60 김기정·나웅하, 2009, p. 34.

61 황재호, "2005 중국의 군사정책과 북중관계", 한국국방연구원 연구논문, 2005, p. 59.

62 朴承宪, 2003, p. 72.

63 『로동신문』 1993년 7월 10일, 1995년 10월 25일자 참조.

64 『로동신문』 사설, 1996년 7월 11일.

65 김정일은 1994년 7월 8일 김일성 사망으로 권력을 승계했지만, 3년상喪을 이유로 공식 직함을 사양해왔으며, 국내적으로 경제난과 식량부족의 '고난의 행군' 상황에서 이른바 '유훈 통치'라는 비상체제를 3년 3개월간 운영했다.

66 姜龙范, 2005, p. 467.

67 刘金质·潘京初·潘荣英·李锡遇, 『中国与朝鲜半岛国家关系文件资料汇编(1991–2006)』, 北京: 世界知识出版社, 2006, p. 329.

68 이와 관련해서는 『로동신문』 2004년 4월 24일, 10월 6일, 10월 28일자 및 2005년 11월 2일과 2006년 7월 11일자 사설 참조.

69 庞朕·杨鑫宇, 2008, pp. 84–88.

70 북한 외무성 대변인의 '조선중앙통신'과의 질의응답, 『조선중앙통신』 2008년 3월 20일.

71 "朝鲜内阁总理金英日访问我国", 『新华月刊』 2009年 4月, p. 124.

72 고정식, "중국의 동북지역 개발전략과 북중경제협력", 『한중사회과학연구』 제21권, 2011, p. 285.

73 朴承宪, 2003, p. 72. ; 王谊平, 2015, p. 12.

74 王谊平, 2015, p. 12.

75 USDA 자료는 GTA(Global Trade Atlas) 공급국의 수출 데이터를 기반으로 작성한 자료임.

76 "中朝经贸合作急剧升温, 中国企业成朝投资主力", 『国际先驱导报』, 2006年 02月 10日. http://finance.sina.com.cn/j/20060210/17262333461.shtml

77 이어지는 (2)항에서 관련 자초지종을 별도 설명한다. 덩샤오핑은 김일성의 '개인숭배'를 반대했고, 북한의 테러행위에도 반대했다. 덩샤오핑은 1982년 후야오방과 함께 평양 방문 시 후계자 신분인 김정일과 별도 회담을 가졌지만 후계자 결정에 호의를 보이지 않았고, 김정일이 1983년 두 차례 후계자 신분으로 비밀 방중한 이후에야 비로소 마지못해 인정을 했다.

78 關川夏央·惠谷治, NK會 편저, 김종우·박영호 옮김, 『김정일의 북한, 내일은 있는가: 김정일, 비상시 탈출로를 읽는다』, 서울: 청정원, 1999, pp. 184–191. ; (원서) 關川夏央·惠谷治, NK會, 『北朝鮮の延命戰爭: 金正日, 出口なき逃亡路を讀む』, 東京: ネスコ, 1998, pp. 176–184.

79 『로동신문』 1993년 3월 4일.

80 위 내용과 관련하여 중국 외교부가 북한에서 김정일의 정권 승계 사실을 공식적으로 대외 선포할 줄 알고 기다리다가 적절한 시기를 놓쳤다는 의견도 있다. 또한, 중국이 최고지도부 3인 공동명의로 보낸 조전에 "김정일을 중심으로 단결하여 대내 발전으로 도모하기 바란다"는 내용이 들어 있고, 비밀리 파견한 조문특사단(딩관건丁關根 정치국원 겸 서기처 서기, 왕루이린王瑞林 덩샤오핑 판공실 주임)이 "김정일 영도 아래 북한이 안정을 유지할 수 있도록 지지할 것"임을 통보했기 때문에 중국 정부의 별도 공개적인 지지 입장 표명이 필요 없다는 주장도 있다. 『人民日報』 1994年 9月 9日.: 허재철, 2007, p. 245.

81 오진용, 2004, pp. 103–104.

82 "김정일의 마음에 없는 '개방 찬양' 이유", 『RFA 방송』, 2010. 9. 3. https://rfa.global.ssl.fastly.net/korean/weekly_program/media_in_out/in_out–09032010111607.html

83 刘金质·潘京初·潘荣英·李锡遇, 2006, p. 529.

84 Madeleine Albright, 백영미 외 옮김, 『마담 세크리터리(Madam Secretary)』, 서울: 황금가지, 2003, p. 367. ; Madeleine Albright, *Madam Secretary: A Memoir*, New York: Hyperion Books, 2003, p. 463.

85 仇发华, 「新时期朝鲜国际化的现实需求与制度障碍分析」, 『世界经济与政治论坛』 第2期, 2013, pp. 91–99.

86 박인휘, "비핵평화 프로세스와 대북 관여정책의 지속성: 이론과 정책", 『국가안보와 전략』 제19권 1호, 2019, p. 21.

87 『조선중앙통신』 2012년 7월 25일.

88 『조선중앙통신』 2012년 8월 31일.

89 "조선로동당 중앙위 3월 전원회의의 결론– 로동신문", 『조선중앙통신』 2013년 4월 2일.

90 통일교육원, 『북한지식사전』, "경제건설 및 핵무력건설 병진노선".

91 '평판효과' 전략은 상대방에게 자국의 합리성을 위장하기 위해서 차용하는 전술적 행태이며, 상대방과 직접 대결하기보다는 호전적 분위기를 연출하여 상대방의 선택에 영향을 미치려는 필요성에 의해 수행된다. 즉 신념과 배짱으로 상대방에 대한 심리적 효과를 선점하는 전술로서, 그 효과는 일회성이 아니라 주기적으로 지속되고 재생산될 때 극대화된다. 이를 위해서는 반복적인 소규모 군사적 도발과 위협적 행동을 일상적으로 일으키는 것이 필요하다. 북한은 국지적 도발과 위협 과시를 통해 자신의 호전적인 평판을 지속적으로 관리하고 자신들의 위협은 곧바로 실행될 가능성이 농후하다는 메시지를 외부세계에 지속적으로 보내고 있다. 이를 통해 위협의 신뢰성 또한 확보할 수 있다.: 서훈, 2008, pp. 155–157.

92 Selig S. Harrison, Korean Endgame: A Strategy for Reunification and U.S. Disengagement,

Princeton: Princeton University Press, 2002. ; Leon V. Sigal, Disarming Strangers: Nuclear Diplomacy with North Korea, Princeton: Princeton University Press, 1998.

93 김정은, "신년사", 『로동신문』 2013년 1월 1일.

94 장성택은 '반당·반혁명 종파행위'(12. 8 정치국 확대회의)와 '국가전복음모'(12. 12 특별군사재판)로 사형 판결을 받았다. 〈판결문〉은 구체적인 죄목으로 ①김정은의 당 중앙군사위 부위원장 추대(후계자) 시 "마지못해 일어서서 건성건성 박수를 치면서 오만불손하게 행동"한 죄, ②라선경제무역지대 토지를 50년 기한으로 외국에 팔아먹은 매국 행위, ③2009년 박남기를 (화폐개혁을 하도록) 조종하여 엄청난 경제적 혼란을 야기한 죄, ④각종 명목으로 돈벌이를 장려하고 부정부패행위를 일삼은 죄, ⑤미국과 괴뢰역적패당의 '전략적 인내' 정책에 편승하여 우리 공화국을 내부로부터 와해 붕괴시키고 당과 국가의 최고권력을 장악하려고 한 죄 등을 열거하고 있으며, 판결은 즉시 집행되었다.: 『조선중앙통신』 2012년 12월 13일.

95 『조선중앙TV』 2014년 7월 21일.; "北, '북핵 불용' 중국에 '줏대 없다' 노골적 반감", 『연합뉴스』 2014년 7월 21일. https://www.yna.co.kr/view/AKR20140721063900014

96 『조선중앙TV』 2014년 7월 9일.

97 『조선중앙통신』 2014년 8월 11일. ; 『VOA뉴스』(2014. 8. 12), "북-중 외교장관 회담 갈등 노출… 북한매체 언급 안 해". https://www.voakorea.com/korea/korea-politics/2410608

98 『로동신문』 2013년 9월 9일; 2013년 9월 10일.

99 "논평원의 글", 『로동신문』 2015년 3월 2일.

100 김정은의 첫 경제개선 조치인 '6.28 방침'은 2012년 6월 28일 공포된 『우리 식의 새로운 경제관리체계를 확립할 데 대하여』라는 내부방침에서 비롯된 명칭으로, 협동농장의 분조 규모 축소 및 목표 초과달성 시 인센티브 제공의 내용을 담고 있다. 이를 바탕으로 '12.1 조치'에서 기업소의 독립채산제와 차등임금제를 확대했으며, 2014년 '5.30 조치'는 『현실발전의 요구에 맞게 우리 식 경제관리방법을 확립할 데 대하여』라는 지침에서 기업소가 실제적인 경영권을 가지고 창발적인 기업활동을 하도록 허용하는 '사회주의기업책임관리제' 개념을 규정하고 있다. 그러나 이는 본격적인 개혁개방 조치라기보다는 기존의 2002년 '7.1 조치'의 연장선에서 취해진 경제 보완정책이다.

101 양문수, "북중 경제관계 70년: 회고와 전망", 『성균차이나브리프』 제7권 4호, 2019, pp. 121-123.

102 김영권, "세계적 심리학자들 '김정은 심리 매우 위험한 상태'", 『VOA뉴스』 2017. 2. 22. https://www.voakorea.com/korea/korea-politics/3734940

103 이동찬, "김정은 성향과 정책 결정 방향성 연구", 『전략연구』 제25권 2호, 2018, pp. 208-216.

104 Frank Aum, "Xi Jinping and Kim Jong-Un Meet to Seek Leverage with the United States", North Korea-China Summit: The 'Strategic Choice' by Both Sides, *USIP Analysis and Commentary*, 2018. https://www.usip.org/publications/2018/03/north-korea-china-summit-strategic-choice-both-sides

중국과 북한의
상호 전략적 선택 구조

3부는 1부~2부에서 검토한 중국과 북한의 상호 전략적 선택의 행동을 바탕으로 그 선택에 영향을 미친 핵심요인들 사이의 상호작용을 정리했다. 전략적 이익균형의 관점에서 북중관계를 결정하는 핵심요인 간 상관성을 분석하고, 실제 양국 간 상호 정책적 대응과 이익 배분 과정에 나타나는 동태적 함의를 해석하려는 것이다. 앞 장에서 살펴보았듯이 중국과 북한은 역사적 경험에 비추어 각각 상대국에 대한 전략적인 정책 결정과 선택적인 대응을 보였는데, 이는 곧 상대국에 대한 외교적 태도를 결정하는 '특정 이익과 선호도'의 표출이라고 할 수 있다.[1] 이에 본 장에서는 상호 전략게임 방식으로 나타나는 북·중 양자관계의 특징을 살펴보고, 외교적 현안에서 그 역학관계가 어떻게 표출되는지 안보전략적 의미를 찾아보기로 한다.

이에 따라 3부는 전체 시기를 관통하는 핵심요인으로서 중국의 대북한 선택이 국제체제 측면에서는 한반도 지정학과 북한의 전략적 가치, 국내 정치 측면에서는 국가 정체성과 현상유지, 정책결정권자 측면은 관여와 영향력에서 비롯되었다는 관점에서 그 표출된 행태와 특성을 살폈다. 또한 북한의 대중국 선택과 대응은 국제체제 측면에서는 '자주' 정체성과 체제유지, 국내 정치 측면은 지배거부와 경제 의존, 정책결정권자 측면에서는 협력과 이탈이라는 요인에 근거를 둔다는 관점에서 검토하였다.

상기 접근과 관련, 물론 현재 북한의 최대 외부요인은 중국이 아니라 미국이다. 북한의 대외정책에서 냉전 시기 주요 행위자는 중국과 소련이었고, 탈냉전 초기 주요 행위자는 미국이었으며, 미-중 강대국 체제 등장 이후에는 미국과 중국으로 전환되었다. 북한에게 있어 미국의 역할은 냉전시대부터 탈냉전까지, 그리고 지금도 안보위협을 구성하는 핵심적인 변수이다. 중국의 지지는 정치적 후견과 경제발전의 필요조건으로 간주될 뿐, 충분조건은 아니다. 따라서 북한은 북미관계를 대외전략의 근본으로 생각하고 대외정책의 제1순위로 삼는다.[2] 그러나 본 저술의 목적은 북·중 양자관계를 중심으로 '관계성'을 규명하는 연구이기 때문에 미국 변수는 접어두고, 다만 필요한 범위에서만 원용하기로 한다.

1장

중국의 대북한 전략적 선택의
핵심요인

중국의 대북한 정책기조는 ①북한의 핵보유국 지위 불허, ②북한 정권 유지 및 체제붕괴 시도 반대라고 하는 상반된 두 가지 입장을 포함하고 있다.[3] 이 중에서 북한체제의 존속과 현상유지는 중국의 대북한 전략의 중·장기 방향이다. 표면적으로 중국은 북핵실험에 대해 단호하게 반대하지만, 북한의 존립·생존과 관련된 문제에 대해서는 포용과 지지정책으로 일관하고 있다. 즉, '북핵 이슈'와 '북한문제'를 전략적으로 분리하여 대응한다. '북한'이라는 단일국가로부터 유발된 문제를 두 가지로 구분하는 이유는 개별 문제가 가진 국가이익이 상이하기 때문이다. 즉, 중국의 입장에서 북핵문제는 핵심이익이 아니지만, 북한문제는 핵심이익에 해당한다.[4]

이와 같은 중국의 대북한 '투-트랙' 접근은 '북한'이라는 전략 자산과 '북핵'이라는 전략적 부담 사이의 안보 딜레마를 해결하기 위한 고육책이다. 중국에게 있어 북한과 관련한 문제의 본질은 미국의 영향권이 한반도 북부까지 확대되고, 북한이 지정학적으로 중국을 포위하는 전초기지가 되는 것을 미연에 방지하는 데 있다. 한반도는 미국 패권에 맞서는 방어선으로 포기할 수 없는 지역이다. 따라서 중국이 북핵문제에 대해 단호한 입장을 견지한다고 해도 북한과의 관계 전반을 악화시키는 방향으로는 가지 않는다. 오히려 중국은 북핵에 단호한 입장을 견지할수록 북한과의 관계를 안정화시켜야 할 필요성이 커질 수 있다.[5] 요컨대 중국은 남중국해에서 미·중 전략 경쟁, 대만·홍콩 문제, 한미일 안보동맹 등 일련의 외재 변수들을 고려하면서 이에 상응하여 대북제재의 강도와 북한과의 관계를 전략적으로 조정해 나갈 가능성이 크다. 중국은 남과 북이 공존하는 상태에서의 한반도 평화 안정을 유지하면서, 동시에 전략적 가치가 유용하다고 판단될 때는 남한을, 미국·일본을 겨냥해서는 북한카드를 사용할 수 있는 것이다. 그중에서 최악인 북한 붕괴를 방지하는 것이 대북 관리 전략의 핵심기조라고 할 수 있다.

총론적으로 볼 때, 중국의 대북정책 결정에서 궁극적인 선택지는 예측하기 어려운 국제 정세의 변화 속에서 최악의 시나리오를 피하기 위해서라도, 결국 최소의 리스크와 최대의 이익 사이에서 전략적 균형점을 지향한다. 그런 점에서 중국의 대북한 관리 모드는 북한이라는 전략적 자산을 유지하되, 사안에 따라 중국 국익을 극대화할 수 있도록 일정 범위 내에서 정책을 탄력적으로 운용하는 방식인 '선택적 균형 전략The strategy of arbitrary balancing act'[6]을 취하게 된다. 이러한 관점에서 2부의 검토 내용을 바탕으로 중국의 대북한 전략적 선택과 대응의 핵심요인을 추출하여 각 분석 수준별로 정리하면 【도표 20】과 같다.

상기 도표에 의거하여 중국의 대북한 전략적 선택의 결과를 해석하면, 국제체제의 수준에서는 세력 균형, 데탕트와 공존, 세계질서 편승, 신형 대국 관계의 요인이 각각 국력의 신장과 국가 정체성 변화에 따라 지도자별로 서로 다른 형태로 작용하지만, 전 시기를 관통하는 바탕에는 북한이 가지는 지정학과 전략적 가치라는 요인이 전략적 선택에 중대한 영향을 미친다고 평가할 수 있다. 또한 국내 정치 측면에서 보면, 대북한 정책

결정이 시기별로 안보와 경제를 중시하는 비중에서 차이를 보이기는 하지만, 기본적으로는 '국익과 실리'라고 하는 안보요소와 경제요소를 망라하는 종합국익, 즉 '전략이익'의 확대라는 목표가 핵심 영향요인으로 작용하며, 이를 지탱하는 기준과 대응방향은 곧 국가 정체성과 현상유지에 근거한다고 할 수 있다. 그리고 정책결정권자 개인적 측면에서는 중국 역대 최고지도자가 각각 영향력, 개혁개방, 탈전통과 정상적 국가 관계를 선호하는 등 취향의 차이를 보이기는 하지만, 전체적으로 국가 대외전략을 입안하는 정

【도표 20】중국의 대북한 전략적 선택의 핵심요인 : 포용과 선택적 관여

시기별	국제체제 수준	국내 정치 수준	정책결정권자 수준
마오쩌둥 시기	세력 균형	전통적 우의	영향력 유지
덩샤오핑 시기	데탕트와 공존	실용적 우의	개혁개방 권유
장쩌민 · 후진타오 시기	세계 질서 편승	포용적 관리	탈전통과 정상국가
시진핑 시기	신형대국 관계	전략적 관리	인식 전환과 재설계
전체 시기	지정학과 전략적 가치	국가 정체성과 현상유지	관여와 영향력

책결정권자 집단의 선택은 북한에 대해 포용적 관리와 영향력 확보를 우선 고려하면서

국익 수호를 위한 '선택적 관여(selective engagement)' 방식을 추구한다고 볼 수 있다.

1
한반도 지정학과
북한의 전략적 가치

　국제체제의 수준에서 볼 때, 중국의 대북한 정책 결정은 냉전 시기에는 미국과 소련이, 탈냉전 이후에는 미국이 핵심적인 요소이다. 그리고 구체적인 정책 결정과 외교행위에 있어서는 【도표 20】에 제시한 바와 같이 마오쩌둥 시기에는 중·소 세력 균형과 영향력 경쟁이 전략적 선택의 핵심요인으로 작용했다고 할 수 있다. 70년대 미중 데탕트와 개혁개방 시기를 거치면서 중국의 전략적 선택의 기준은 평화와 발전의 경제이익에 집중되었고, 탈냉전과 한중수교 이후의 중국은 세계화와 국제규범에 편승하면서 대북관계에서도 미국과 한반도 내 위협 균형을 관리하는 선에서 관망하거나 '포용적 관여'의 행보를 보였다. 시진핑 시기에 들어와 G2 위상과 강대국 정체성을 갖춘 중국은 북한을 대미 전략 경쟁의 지렛대leverage로 활용하기 위해 관계 재再정상화에 주력하면서도 주변국 외교의 뉴노멀 차원에서

'선택적 관여' 방식의 절제된 대응을 보여주고 있다.

(1) 미-중 이해 충돌과 한반도의 복합 지정학

국제체제 측면에서 북중관계를 일관되게 지배하는 핵심요인은 지정학과 한반도의 전략적 가치라고 할 수 있다. 중국의 대북한 관리 정책은 미국과 북한 사이에서 적절한 균형을 맞추면서 한반도에서의 전략적 이익을 지키는 데 있다. 중국은 북한문제를 미국과의 전략 경쟁에 보조 수단으로 관리하기 때문에 북중관계는 미중관계에 절대적인 영향을 받는다. 2017년 이후 중국은 대북제재 압박과 북·미 협상의 '널뛰기' 정세 변화의 과정에서 한반도 분쟁에 '연루'될 위험성과 '차이나 패싱' 우려라는 두 가지 불안감 사이를 오갔다. 중국으로서는 한반도 긴장이 증가하면 전쟁 위험으로 자국의 안보이익이 손상되기 때문에 워싱턴과 평양의 직접 대화를 권장하다가, 막상 북·미 간 직접협상이 이루어지면 한반도 미래의 결정에서 배제될 것에 대한 불안감을 느끼는 모순된 입장에 빠진다. 이른바 '연루entrapment와 방기의 딜레마'이다.[7] 2017년 '화염과 분노'로 일컬어지는 북·미 긴장 고조 시 트럼프 미국 대통령은 시진핑 주석에게 대북 압박의 레버리지 사용을 대가로 대중국 무역보복 유예와 맞바꾸려는 거래를 시도했다. 이때 중국이 보여준 대응은 '느림보 협조' 방법이었다. 트럼프는 중국으로 하여금 북한에 대해 일시적인 석유공급 차단, 북한 관련 은행계좌 폐쇄, 북한 노동자 추방 등의 '채찍' 사용에 나설 것을 요구하면서 대중국 무역제재를 유보해주는 '당근'으로 북핵문제 해결을 모색했지만, 중국은 미국의 요구에 협력을 하면서도 소극적, 단계적인 제재로 대응한 바 있다.

한반도의 지정학은 상수常數이다. 한반도는 중·일·러 주변국은 물론 미국도 이 지역에 지정학적 이익을 가지고 있어 동북아에서 전략적으로 가치가 가장 큰 지역이다. 한반도는 유라시아와 태평양 사이의 주변지대rimland로서, 일본의 유라시아대륙 진출의 교량이자 동북아 해상교통을 통제하는 '후두(喉頭: larynx)'와도 같은 곳이다.[8] 그리고 중국에게 있어 한반도는 대륙세력과 해양세력이 교차하는 지정학적 교두보 지역이며, 지전략적으로는 동북아 지역 패권과 글로벌 강대국 지위 확보를 향한 전초기지라는 점에서 양보할 수 없는 중요한 지역이다. 이러한 지정학적 가치가 바로 동북아 역내 갈등의 원인이다. 강대국의 쟁탈전략 공간인 한반도는 지리적 요인, 강대국 요인, 국가안보전략 요인을 두루 갖추고 있는 셈이다.[9]

중국의 對한반도 정책기조는 위와 같은 한반도의 지정학적 가치를 반영하고 있으며, 흔히 세 가지로 요약된다. 첫째, 한반도 평화와 안정, 둘째, 비핵화, 셋째, 한반도 내 영향력 유지·확대이다. 큰 틀에서 중국은 '신형 대국 관계新型大國關係'를 중심으로 한 강대국 외교와 포용적인 주변국 관계의 수준에서 한반도 전체를 자신의 영향권으로 편입, 통제하려는 전략 아래 움직이고 있다. 동시에 북한의 김정은 체제와 북핵문제의 변화 추이, 한국의 대외정책 기조, 한반도 주변정세 등에 대한 면밀한 검토를 통해 한반도 정책에 대한 전술적 조정을 시도한다. 이 같은 입장에 근거하여 중국은 한반도에서 전쟁방지, 북한 혼란 방지, 한국에 의한 일방적 통일 반대, 한반도 비핵화無核라는 '3不 1無'의 원칙을 반복적으로 제기하는 것이다. 결국, 지정학 측면에서 유발된 북한의 전략적 가치 요소는 바로 중국의 한반도 정책 기조를 형성하며, 동시에 북·중 양국 관계에서 중국이 북한에 대한 전략적 선택을 하도록 결정하는 첫 번째 요인으로 꼽을 수 있다.

(2) 냉전시대 북중동맹의 가치와 실효 기반 약화

중국은 1961년 북한과 동맹을 체결하였다. 중국으로서는 1950년대 소련과의 동맹관계를 통해 경제, 군사력 건설은 물론 대만을 해방시키고 미국과의 전쟁에 대비하려 했지만, 50년대 후반 미·소 데탕트와 중·소 이념 분쟁으로 안보환경이 급변하면서 전략적 입지가 크게 악화되었다.[10] 이러한 상황에서 중국은 북한과 동맹관계를 구축함으로써 안보 위기를 돌파하고자 했다. 북·중 동맹관계 구축으로 중국이 얻은 '동맹효과'는 세 가지로 정리할 수 있다. 첫째, 미국의 군사위협에 대비하는 '완충지대'를 구축함으로써, 대만과 베트남에 새로 조성된 미·중 긴장관계가 한반도까지 확대되는 것을 미연 방지하는 효과가 있었다. 둘째는 북한이 소련의 영향권에 편입되는 것을 차단하여 최소한 중·소의 중립지대에 남겨둠으로써 소련으로부터의 위협을 분산시키는 효과이다. 셋째는 소련과의 사회주의 이데올로기 정통성 경쟁에서 '우군' 확보를 통해 국내 체제안정과 정치적 입지를 강화할 수 있었다. 중국의 대외환경 악화와 안보 위기에서 북중동맹이 가져다준 지정학적 가치는 곧 국가 안보이익과 직결된다.

그러나, 1970년대 데탕트와 더불어 한반도의 지정학에 변화가 발생하고 북한의 전략적 가치는 약화되었다. 이에 따라 북·중 동맹관계는 실질적인 제도화로 정착되거나 더 이상 심화되지 못하고 노선의 분화를 가져왔다. 현재도 북·중 동맹관계에 대해 서로 양립되는 주장이 있으나,[11] 분명한 것은 미국이라는 공동의 위협이 소멸되어 동맹관계의 행태를 보이지 않고 있다는 점과 제도의 행위 구속성과 신뢰성을 근거로 볼 때, 이미 구속력과 신뢰가 상실되어 결국 동맹의 실제적 효력이 없어졌다는 점이다. 1970년대 말까지 북중관계의 여섯 가지 핵심 기반 중에서 적어도 ①상황적 특수성(한국전쟁), ②양국 지도부의 개인적 친밀도, ③문화적 유대감, ④이념적 동질성 등 네 가지 요인은 이미 약화되었고, 다만 ⑤북한의 지전략적 중요성과 ⑥중국의 대북한 경제적 역할의 2개 요인 정도가 여전히 영향력을 갖고 있는 수준이었다.[12] 중국은 북·중 동맹관계가 무력화된 사실을 공식 인정하지 않지만, 사실상 1970년대부터 동맹구조의 기반이 해체되기 시작했다. 또한 1985~86년 중·소 갈등이 완화되면서 북한의 전략적 가치가 약화되었고, 중국의 대한반도 정책도 이미 1985년에 변화가 시작되고 있었다는 점은 이미 전술한 바 있다.

다시 말해 한반도의 지정학적 가치에서 유발된 동맹은 시간의 흐름에 따라 그 기반이 허물어졌다. 미국과의 데탕트로 적대관계를 청산하고 사회주의 체제에 시장경제를 도입하려는 중국과 이를 '수정주의'라고 거부하는 북한 사이에서 양국은 상호 정치적 동질성을 상실했다. 중국의 '평화와 발전' 시대관과 북한의 '계속 혁명론'적 세계관은 상호 양립하기 어려워졌다. 또한, 혁명 1세대 원로의 사망으로 중국과 북한의 양국 최고지도자 간 개인적 유대가 소멸된 점도 원인으로 작용한다. 이제 북중관계는 '동맹'에서 '동반자 관계'로 전환되었으며, 국가이익이 양국 관계를 처리하는 중요한 원칙이 되었다.[13]

북·중 동반자 관계는 지속 발전하지만, 사실상 동맹으로서의 구속력은 상실되었다.

(3) 재인식된 북한의 지정학적 가치와 북중관계의 재再정상화

2008년 글로벌 금융위기 이후 G2로 부상한 중국은 미국의 세계전략에 대응하기 위해 북한의 '전략적 자산'을 주목했다. 다시 부각된 지정학적 가치가 비록 냉전 시기 전통적인 지정학의 귀환을 의미하지는 않지만, 중국과 북한 사이에 전략이익의 균형을 찾기 위한 재정상화 과정이라고 할 수 있다. 왜냐하면 미국의 아시아 재균형 전략과 이에 대한 중국의 반균형anti-rebalancing 대응 속에 미·중 간 세력 경쟁이 상당 기간 지속될 것이고, 그러한 국제질서 변화 속에서 북중관계도 상호 이익의 최적화가 필요하게 되었다. 결국 중국의 입장에서는 북한의 전략적 가치를 다시 주목하게 되었고, 북한의 입장에서도 핵 카드를 이용하여 미국과의 관계 개선 및 안전보장을 확보하려던 계획이 실패하면서 중국의 전략적 지원 획득이 절실하게 필요했다. 실제로 국제사회의 변화를 인지한 중국이 북한의 지정학적 가치를 재인식하고 양국 관계를 다시 정상화하는 방향으로 전략적 전환을 결정한 것은 제2차 북핵 실험 이후 얼마 안 된 시점인 2009년 7월 개최된 「중공 중앙외사영도소조 회의」라고 알려져 있다.[14]

당시 중국에게는 김정일 건강 악화에 따른 후계체제 안정이 북핵위기보다 더 핵심적인 국가이익이라는 판단이 있었을 것이다. 1990년대 이후 탈냉전과 한중수교, 그리고 '고난의 행군'의 경제위기 속에서 북한의 지정학적 가치가 일시 저평가받기도 했지만, 북한의 연이은 핵실험 강행이라는 새로운 변수에 직면하여 다시 중국의 대북 정책 역량이 시험대에 올라 있던 상황이다. 그래서 중국으로서는 북핵문제로 인한 갈등을 일단 덮어두고 북중관계의 재정상화가 필요한 상황이 됐다. 북한이 더 이상 위험한 도발을 야기하지 않는다면 불확실한 현상변경보다는 확실한 현상유지가 더 유리한 것이다.

이와 관련 그해 7월 중국 외교부의 재외공관장 회의 계기에 별도로 개최된 "중국의 대북정책 관련 내부회의"는 북한의 전략적 가치가 국익에 부합 여부를 둘러싸고 전면적인 논란을 촉발했다. 숱한 논란 속에서 중국 내 북한 전문가들의 상반된 입장이 명료하게 표출되었다. 소위 '전통파'와 '전략파'로 대별되는 관점의 차이다. '전통파'가 북한을 중국의 완충지대로 간주하여 북한과의 관계가 상실되면 중국의 전략적 여건이 악화된다고 평가하는 데 반해, '전략파'는 중국이 북한의 지정학적 함정에 빠지지 않도록 그릇된 행동에는 대가를 지불해서라도 북한을 정상국가로 만들어야 한다는 입장이다.[15] 다시 말해 '전통파'는 북한을 전략적 자산으로 간주하여 미국과의 정책 조율보다는 중국의 전통적 국익과 주변국과의 선린관계에서 접근하려는 입장이다 이에 반해 '전략파'는 북한이 전략적 부담이 된다고 평가하고, 북핵문제를 미국과의 관계에서 판단하는 접근방식을 취하고 있다.

당시 전통파와 전략파 간 1차적인 대립과 논쟁은 일단 전통파의 입장이 우세를 보였고, 북중관계의 전략적 중요성을 재정립하는 방향으로 일단락이 되었다. 하지만 그 이후 북한의 가치와 처리 문제에 대한 논의는 더욱 활발하게 전개되었다. 지정학적 가치에 근거한 국가이익에 대해 다양한 견해가 제기되었다. 즉 전통파 중에는 북한 포용론, 북한체제 동정론, 완충지대론 등으로 관점이 나누어지고, 전략파 중에도 지정학적 가치 비관론, 북한체제 비관론, 북한 방기론, 국제규범 중시론 등으로 차별화된다. 또한, 국가이익에 대한 인식과 우선순위에 따라 도의파, 규범파, 지정학파, 지경학파, 대미협상파 등으로 나뉜다.[16]

비록 북한의 가치에 대한 합의된 의견은 없으나, 북중관계가 일단 재정상화된 점은 일시적인 봉합이 아닌 중장기적 차원의 관계 정상화로 봐야 한다. 이는 북중관계가 내부적으로 많은 갈등요소를 내포하고 있으면서도, 상호 필요성에 따라 현상변경을 최대한 자제하려는 내재 동력이 작동하고 있기 때문이다. 실제로 북한의 2차 핵실험 이후 중국은 대북관계에서 제1차에 비해 신중한 입장을 유지하면서 단기간 내 재정상화를 추구하고 있다. 천안함 피격사건과 연평도 포격과 같은 분쟁에서 중국이 한국의 불만을 도외시하고 중립적인 입장을 취한 배경도 바로 이러한 현상유지를 향한 '재균형rebalancing'의 산물이다.

상기 북중관계 재정상화 이후 중국은 전략적 고려와 현실적 필요성에 따라 북핵 갈등을 적절히 회피하면서 양호한 협력을 유지해왔다. 가급적 북한을 이해하고 옹호하는 포용전략을 구사한 것이다. 이는 북한 핵개발의 목적이 단순한 체제안전 보장을 위한 엄포용이 아니라, 실제 핵보유를 통한 '절대 안보' 추구에 있다는 의구심이 중국 내 전문가들 사이에서도 제기되었기 때문이다. 북한의 실제 핵무기 보유는 중국의 안보에도 치명적인 위협이 된다. 이 경우 중국으로서

는 직접 개입하지 않으면 안 되는 상황에 직면하여 선택을 강요받게
될 것이라는 점이 딜레마로 지적된다.

　그런 차원에서 중국은 과거와 같은 일방적인 대북지원을 하기보다
는 호혜적 입장에서 북한과의 관계를 탄력적으로 유지해 나가고자
한다. 북한이 체제유지를 하는 데 필요한 최소 수준의 경제적 지원을
통해 북한의 순응을 유도하면서, 동시에 영향력을 유지하고자 하는
것이다. 다시 말해 중국은 무조건적인 지지와 옹호의 친북 행보에서
벗어나, 한반도 전략게임의 체스판에서 독립적인 행위자를 자처하게
되었다. 중국이 더 이상 동맹구조에 연루되지 않고 최종 선택은 자국
의 전략적 이익에 근거를 둔다는 점은 다음 4부의 북핵 실험에 대한
전략게임에서 잘 드러난다.

(4) 한반도 지정학의 북중관계에 대한 함의

　냉전시대 북중관계를 지배해온 지정학적 가치는 '안보이익'과 '체
제안정'의 두 가지를 들 수 있다. 안보이익은 냉전체제와 중·소 이념
분쟁, 미국의 위협 등 국제체제 환경 변화에 대처하여 국가의 생존
과 안정을 확보하는 차원에서 중국과 북한이 공유해온 부분이다. 또
한 북·중 쌍방은 체제의 이념적 요인, 정통성 문제, 경제발전을 위한
안정적 주변 환경 보장 등을 이유로 정치적 유대를 형성하고 있었다.
국내 정치체제 안정에 관해서도 이익을 공유해왔다. 이러한 지정학
적 이익의 공유 지점이 곧 안보이익이고, 지정학적 이해관계가 결국
'국가이익'의 기준점이 된다.

　탈냉전 이후 한반도에 등장한 지정학적 구도의 변화, 그리고 21세

기 '평화적인 부상'을 추구하는 중국의 등장 과정에서 북한의 지정학 가치에 대한 전략적 중요성은 크게 증대되었다. 북한에 대한 중국의 전략적 선택은 국가 안보이익과 경제이익을 모두 고려함으로써 단기적인 대응에 일정한 기복이 있더라도 결국은 장기적인 국가 목표에 부합하는 방향으로 전개된다. 그 뿌리에는 지정학적 이익구조가 자리 잡고 있다. 즉, 지정학은 지리적, 국제정치적 요소뿐만 아니라 국가발전 계획 및 발전 목표와도 밀접하게 관련되며, 국가의 총체 전략에도 직접 영향을 미친다.[17] 따라서 한반도에서 중국의 지정학적 전략은 곧 안정적인 한반도와 현상유지의 남북관계이며, 이러한 구도가 중국의 국익에 가장 부합하기 때문에 이를 근거로 중국은 전략적 선택과 정책적 결정을 할 것이다.

결국 중국의 입장에서 북한은 지리적 접경국가로서 외세에 대한 완충과 방패의 역할을 하기도 하지만 동시에 취약성도 가지고 있다. 외세에 대한 방패로서의 북한 가치는 한국전쟁을 계기로 이미 확인했다. 또한 2006년 제1차 북핵 실험 이래 한반도 긴장과 북·미 대치 상황은 중국에게 지정학적 안보위협의 관리라는 측면에서 새로운 도전 과제를 던져주었다. NPT 국제 레짐의 붕괴, 북한체제 위기, 북·중 접경지역의 혼란, 미국 주도의 한반도 통일 가능성 등 중국을 안보위협에 노출시키는 환경이 조성되었다. 이에 대해 중국은 북한과 '거리두기'를 포기하고 '선택적 관여'와 새로운 국가 관계 설정으로 방향을 바꿨다. 북중관계 갈등 고조와 전격적인 회복 과정은 표면상 매우 극적인 '롤러코스터'로 묘사되지만, 사실 북중관계의 전략적 균형이라는 본질을 놓고 보면 지극히 자연스러운 변화라고 할 수 있다.

북한은 중국의 안보에 사활적인 전략적 완충지대buffer zone이며, 미국의 포위망을 저지하기 위한 보호막이다. 그런 점에서 중국은 북한을 자신의 지배적 영향권에 두고자 했다. 문제는 중국이 미래에도 북한을 완충지대로 삼아 오직 현상유지를 하려는 선택에만 머물지는 미지수다. 북한이 미국의 진영에 편입될 경우 미·중 간 지정 전략적 경쟁에서 '등 뒤의 비수'가 될 수 있기 때문에 중국으로서는 이를 저지하는 것이 절대적으로 중요한 전략적 목표에 해당한다.[18] 따라서 중국의 대한반도 전략은 우선적으로 한반도에서 북한 정권을 유지하는 것이며, 장기적으로는 한반도에서 영향력을 확대하여 한국과 미국을 분리시키고 친중親中적 성향의 통일한국을 수립하려 할 것이라는 관점이 미국 쪽의 시각이다.[19] 물론 탈냉전 이후 북중관계가 혈맹에서 보통국가 관계로 전환되었고 완충지대로서 북한의 가치도 별다른 의미를 갖지 못한다는 평가가 있는 것도 사실이지만,[20] 그러나 북한지역의 정세 불안정이 가져올 안보위협을 우려하는 중국의 입장에서는 인접 국경지역에 반중反中적 정권이 등장하는 것을 용인하기 어렵기 때문에, 중국은 필요할 경우 주저 없이 북한지역에 군사력을 투입할 것이라는 견해도 힘을 얻는다.

장기적으로 중국은 적어도 미국과의 관계가 우호적이거나 협력적이라는 확신이 서지 않는 한, 전략적 완충지로서의 북한을 끌고 갈 수밖에 없다. 따라서 현 단계 중국의 대북정책에서 최선의 기대치는 북한 정권의 생존을 보장하면서 현상을 유지하는 정도일 것이다. 그리고 중국의 대한반도 전략은 ①한반도 현상유지, ②전쟁 방지와 군사적 충돌 예방, ③장기적인 차원의 북한 개혁개방 유도, ④중국에 유리한 조건의 점진적 한반도 통일이 중장기 목표가 될 것이다.[21] 바꿔서 말하면, 한반도 현상유지를 기본으로 하면서 장기적으로는 북한의 개혁과 대한반도 영향력 확대를 통해 친중적인 한반도 통일을 추구하는 것이다.

종합해보면, 중국의 입장에서는 북한과의 기존 관계를 잘 관리하는 것이 현실적으로 국가이익과 안보문제에서의 전략적 가치에 부합된다. 단기적으로 중국은 한반도 평화와 안정 유지 기조하에 북한에 대해 주변국 외교 차원에서 정치·경제적 지원정책을 계속할 것이다. 이를 통해 대한반도 영향력을 유지하고, 한국에 대해서도 등거리 차원의 실리 외교를 추구할 수 있기 때문이다.

2
국가 정체성과
현상유지

영국 국제정치학자 콜린 그레이Gray는 국가전략을 국가만의 고유한 방식이라고 정의한다.[22] 그는 국제 관계에서 해당 국가의 가치관, 원칙, 행동이 무엇보다 중요한 국가행위 변화의 요인이라고 본다. 중국과 북한의 관계 형성에도 '동북아'라는 특정지역을 기반으로 하는 안보공동체라는 인식이 작용하며, 이념적·사회적으로 형성된 인식, 전통, 선호 등이 투영되어 있다. 따라서 중국이 북한을 대하는 방식을 분석하려면 결국 중국 자체의 외교전략을 살피고, 동시에 북한과의 관계 정체성도 확인해야 한다.

(1) 중국의 국가 정체성

중국의 국가 정체성은 '중국 특색의 사회주의'에 있다. 시진핑 시기의 중국 특색 사회주의는 새로운 단계에 접어든 중국의 사회경제적 변화를 반영하여 "현대화 건설을 위한 목표, 전략, 방법에 대한 규율로서 새로운 이념과 방략을 제시"하고 있다.[23] 강대국화를 외교비전으로 제시하는 중국에게 있어 외교전략으로서의 국가 정체성은 '국제사회에서 책임지는 신흥 강국으로서의 평화적 부상'에 있다고 할 수 있다.[24] 이에 따라 중국은 점진적으로 기존 국제규범의 수정과 새로운 제도·규범의 제정에 참여하는 등 강대국 실현을 위한 국제환경 조성에 주력해왔다.

이 같은 중국 외교전략의 비전은 역사적으로 대외환경의 변화에도 불구하고 일관되게 정체성을 지속 견지하고 있다. 마오쩌둥부터 덩샤오핑, 장쩌민 등 역대 지도자로부터 물려받은 자국의 문명 역사에 대한 자부심과 외부 세력에 휘둘렸던 역사적 굴욕에 대한 성찰을 바탕으로 '전통적인 주권 중심의 강대국 정체성'을 꾀하고 있다.[25] 또한 후진타오도 선대로부터 계승한 강대국 정체성에 기반하여 국가 정체성을 더욱 공고히 하고 있다.

국가 대외정책에 있어 후진타오 시기는 '균형자 외교'에 주력했다. 주변국에 대해 경제지원과 협력을 전개하고, 아시아 국가 간 신뢰구축에도 힘을 쏟았다. 이러한 외교적 행보는 중국이 국제사회에서 강대국 정체성을 인정받기 위한 주변 환경을 조성하는 과정이다. 특히, 시진핑 시기에 이르러 중국의 강대국 정체성 외교는 더욱 확장되고 강화된다. 시진핑 정부는 덩샤오핑 이래로 확립된 국가이익과 경제발전 노선을 계승하는 동시에 더욱 적극적인 역할을 주창한다. 시진핑은 국제사회 강대국으로서의 핵심이익을 지키고, '중화 부흥의 꿈 中國夢'을 실현할 것을 천명하였다.

중국의 강대국 정체성이 북중관계에 영향을 주는 요인은 북한에 의해 결정되지 않고, 중국 스스로 결정한다. 중국이 강대국으로 성장하는 데는 세 가지 조건이 필요하다. 첫째, 평화적이고 안정적인 주변 환경, 둘째, 강대국으로서 응당 해야 할 책임 보장, 셋째, 지역 및 국제적 규범의 제정이 그 필요한 조건이다.[26] 그런데 북한의 핵개발이 당장 중국의 대국화에 위협이 되는 것은 아니다. 중국 내부에는 과거 중국이 핵무기 개발로 생존을 보장받은 후 미국과 국교 정상화를 이룬 것처럼, 북한의 핵개발도 체제 생존을 위한 카드로서 북미관계가 정상화되면 타당하게 해결될 것이라는 인식이 있다. 다만 북·미 대립으로 한반도 긴장이 격화되는 것을 방지하고 담판을 통해 평화적으로 해결되도록 조정자·균형자 역할을 하는 것이 강대국으로서 중국의 소임이라는 생각인 것이다. 이에 따라 중국은 한반도 평화체제와 동아시아 지역안보 기제를 정착시키는 데 있어 중요한 이해당사자로서 역할을 수행하고자 하며, 이로써 동아시아 안보 딜레마에서 벗어나고자 한다. 이 같은 논리가 중국 내부 정책에 반영되어 나타난 것이 바로 2009년 결정된 중국의 북한문제와 북핵문제 분리 접근법이다.

중국의 국가 정체성이 변화하고 재정립되었음에도 불구하고 중국의 대북정책 목표는 지속성을 유지하고 있다. 후진타오 시기의 대북정책 목표와 2013년 이후 시진핑의 대북정책 목표는 연속선상에 있으며, 최근의 대북정책 또한 같은 목표 아래 실행되고 있다. 중국의 한반도 전략은 한반도에서의 국익과 안보, 발전에 대한 관심을 우선으로 하며, 남북한 균형정책을 견지하고 있다. 중국의 대북정책은 이

러한 기조에 따라 이전 정권 때부터 구축되어온 '강대국 정체성'을
바탕으로 선택되고 결정된다.

(2) 북중관계의 정체성과 역사적 유산

북중관계에 대한 전통적인 성격 규정은 '혈맹'론와 '특수관계'론이
있다. '혈맹'은 항일시기와 국공 내전에서의 공동투쟁, 한국전쟁에서
의 조중연합사령부 '항미투쟁'에서 함께 피를 흘린 관계라는 인적 유
대와 이념적 동질성을 강조하는 개념이다. 그리고 '특수관계'란 특수
한 역사적 경험에 초점을 맞추려는 시각으로서, 공동의 항일투쟁과
공동의 '항미투쟁'을 전개했던 특수한 역사적 경험이 북·중 양자관
계를 결속시키는 요인이라는 것이다.[27] 자연스럽게 북중관계는 외교
의전에 있어서도 특수한 관계에 상응하는 특별한 대우를 한다는 의
미도 내포한다. 이 두 가지 개념은 모두 인적 유대관계와 이념적 연
대로 결속되어 있던 냉전시대의 유물이다.

중국과 북한의 '전통적 우호관계'라는 개념에서도 '전통적'이란 함
의는 모호하고 추상적이다. 이에 대해 역사적인 연합전쟁과 혈맹의
의미를 함축한 것으로 해석하면서 북중관계의 기저에 여전히 동맹
구조가 자리 잡고 있다고 하는 주장이 남아 있다.[28] 일반적으로 탈냉
전 이전까지 중국과 북한의 관계가 '동맹'이었다는 점에 대해서는 별
로 이견이 없다. 1950년부터 1965년까지 냉전의 국제환경하에서 중
국과 북한은 비교적 충실한 동맹관계를 유지했다. 공식적인 동맹조
약은 1961년에야 서명을 했지만, 사실상의 동맹은 1950년 10월 '항
미원조' 참전을 계기로 이미 시작됐다.[29] 문제는 「조중 우호원조조

약」을 체결한 지 5년이 지나서 북중관계에 파열음이 드러나기 시작했다는 점이다. 1966~1969년 중국 문화대혁명의 극좌노선으로 인해 중소관계가 긴장되고, 북중관계도 최대의 분열 상태에 빠졌다.

무엇보다 근본적인 문제는 북·중 우호조약이 체결 당시부터 동맹 결성의 목적이 서로 어긋나는 태생적 갈등요인을 가지고 탄생했다는 점이다. 북한은 '세력 균형'에 우선순위를 두고 미'제국주의' 위협에 균형을 맞추는 기제로서 동맹이 필요했던 데 반해, 중국은 북한의 미래 행보를 관리·통제하기 위한 수단으로 동맹을 활용했다. 이로 인해 상호 '기대공약'에 부합했던 시기보다는 그렇지 못했던 기간이 훨씬 더 길었고, 동맹관계는 결코 순탄할 수가 없었다.

사실 북·중 동맹관계에 변질과 균열이 발생하기 시작한 것은 이미 1970년대라는 주장이 있다. 중국의 션즈화 교수에 의하면, 1977년부터 이미 북중동맹의 정체성은 퇴색되기 시작했다는 것이다.[30] 첫째, 중국은 '항소연미'를, 북한은 '항미연소'를 추구하는 노선의 분화가 시작됐고, 둘째로 중국이 UN 가입 이후 혁명수출을 포기함에 따라 북·중 간 전략적 분열이 발생하였다. 셋째, '평화로운 한반도'가 미·중 공동의 전략적 이익이라는 점을 확인한 중국은 한반도 정책을 조정하기 시작하면서 더 이상 주한미군 철수를 강하게 주장하지 않았고, 남북통일은 반드시 평화적인 방법으로 이루어져야 한다는 입장을 정립하게 되었다. 반면, 김일성은 이 시기 베트남, 캄보디아의 공산화에 자극을 받아 제2의 한국전쟁을 통한 무력통일을 꿈꾸고 있었다. 이러한 국가전략 목표의 이질화에 따라 미국이라는 공동의 적이 없어지고, 혁명수출이라는 이데올로기 연대의 동질성도 사라지게 되었다. 이는 곧 북중동맹의 의미와 효력이 약화되었음을 뜻한다. 다만, 양국 관계가 당장 파열되는 것을 원하지 않았기 때문에 상호 균열을 봉합하기 위한 노력을 계속했을 뿐이며, 이후 1977~1992년 기간 동안 북중관계는 비록 큰 기복은 없었지만 동맹의 기반이 점진적으로 약화되다가, 결국 한중수교로 인해 동맹이 와해되었다는 설명이다.

현재 북·중 간에 이데올로기 연대, 나아가 동맹을 형성하던 시기의 공동안보 인식은 사라졌으나, 그럼에도 역사적 정체성을 공유하는 측면은 여전히 남아 있다. 동맹관계가 무력화된 이후 오랜 암중모색의 기간을 가졌지만, 중국과 북한은 다시 '동반자 관계'를 회복하고 새로운 관계 형성을 시도한다. 중국은 한반도 안보전략적 필요성 때문에 북한을 필요로 했다. 북한도 안보 딜레마와 내부의 경제적 어려움을 벗어나기 위해서 중국과의 관계 개선이 필요했다. 결국, 1999년 북한 김영남 상임위원장의 방중을 계기로 북중관계는 정상화되었다. 이에 따라 2000년대 이후 중국과 북한은 동반자 관계로 지속 유지 발전되어왔다.

여기에서 북·중 간 '동반자 관계'의 개념은 일반적인 개념과 특별한 개념을 동시에 함축하고 있다. 중국 외교에서 '동반자(伙伴, partnership)'란 개념은 1990년대 탈냉전의 국제질서에 적응하기 위해 이데올로기에 구속되지 않고 동맹을 추구하지 않는 새로운 형태의 '신안보관'을 수립하면서 제시되었다. 그리고 외교상 '동반자 관계'는 "상호 공동의 이익을 전제하면서 이를 달성하기 위한 수단은 무력이 아니라 협상과 타협을 통해 협력을 추구하는 것을 원칙"으로

【도표 21】중국 지도부의 대북한 전략적 소통 강조 주요 사례

시기/장소	면담 대상	언급 요지
2001. 9/평양	장쩌민-김정일	양국 고위층 교류 유지 및 중대 문제에 대한 소통·협력, 양당 간 소통과 교류강화 거론
2005. 10/평양	후진타오-김정일	고위층 왕래 지속과 소통의 강화
2008. 6/평양	시진핑 부주석-김영남 상임위원장	정치적 소통(政治溝通), '중대 문제'에 있어서 소통 유지 강조
2009. 10/평양	원자바오-김정일	'중대한 문제에서의 소통(溝通)과 조율(協調)의 강화'
2010. 5/베이징	후진타오-김정일	'내정·외교의 중대문제, 국제·지역정세, 치당치국(治黨治國)의 경험'에 대한 전략적 소통을 제의
2011. 5/베이징	후진타오-김정일	• 전략적 의사소통 심화 등 5개항 합의 • 중·북 양당 간 '전략대화' 채널 제도화 합의
2018. 3/베이징	시진핑-김정은	• '고위급 왕래 강화, 전략적 의사소통 심화' 강조 • 중북우의는 전략적 선택이고 유일하게 올바른 선택
2018. 5/다롄	시진핑-김정은	양당 고위층 교류로 전략적 소통 강화
2019. 6/평양	시진핑-김정은	선대 지도자의 우의 전승과 '전략적 선도(戰略引領)'가 중북관계의 최대 장점

* 출처: 중국 관영언론 및 北「노동신문」에 의거 작성

하고 있다.[31]

그런데 북중관계에서 주목할 필요가 있는 부분은 북한의 제2차 핵실험 이후 중국 지도부가 북한에 대해 '전략적 소통'을 수시로 강조하는 점이다. 이는 북한의 전략적 가치에 대한 중국 지도부의 인식의 변화와 깊은 관련이 있다. 북·중 지도부는 2010년 김정일의 방중 과정에서 전략적 소통을 강화하기로 합의한 바 있다. 이러한 인식의 변

화는 북핵문제 전개 및 미·중 갈등의 표면화 과정에서 북한의 전략적 지위가 제고된 사실을 입증해주며, 북핵 실험 이후 중국이 1990년대와 달리 북한의 전략적 가치를 중시하는 방향으로 입장을 바꿨다는 점을 보여준다. 다시 말해 1999년 새롭게 설정된 북·중 '동반자 관계'는 2009년 제2차 핵실험을 전후하여 '전략적' 관계로 격상되는 재조정이 이루어졌다고 볼 수 있다.

그런데 문제는 【도표 21】에서 보는 바와 같이 2010~2011년 김정일의 방중 계기에 '정치적 소통'과 전략대화 채널 제도화에 합의함으로써 양국 간 '전략적 관계'를 회복했음에도, 2018년 김정은 방중에서 중국 지도부가 새삼 '전략적 소통'을 강조하는 것을 보면, 김정일의 사망과 함께 그동안 회복되었던 '소통·통보제도'가 다시 무력화되었던 것으로 보인다. 그리고 이는 최근까지도 북중관계에서 '전략적 협력'에 상응하는 긴밀한 소통이 제대로 이루어지지 않았음을 의미한다. 실제로 전략대화 개설에 따라 2011년 6월 평양에서 리위안차오 당 조직부장과 최태복 당 비서 간에 처음 개최된 북·중 전략대화는 2012년 4월 베이징에서 김영일 국제부장-왕자루이 중련부장 간 2차 전략대화가 열린 이후에는 2013년부터 격을 낮춰 차관급 전략대화로 전환했으며, 그것도 두 차례 개최되다가 중단된 바 있다.[32] 그런 점에서 오늘날 북중관계는 그 많은 화려한 수사에도 불구하고 실제적으로는 '전략적 협력관계' 정도의 수준을 넘지 못한다고 할 수 있다.

물론 지금도 중국은 한국전쟁 참전에 대해서 정당했다는 입장을 견지하고 있다. 한국전쟁 개입에 대해 중국은 미국의 침략에 대항하여 조선을 도운 전쟁이라고 생각하기 때문에 한국과 싸운 전쟁이라는 인식이 거의 없다. 2010년 10월 25일 당시 국가부주석 신분이던 시진핑은 중국의 인민지원군 한국전쟁 참전 60주년 기념 좌담회에서 발표한 연설에서 "항미원조는 평화를 수호하고 침략에 저항하는 정의로운 전쟁"이었으며, "이 승리로 중화민족은 어떤 강포한 것도 두려워하지 않으며 세계의 평화를 지키겠다는 견고한 결심과 역량을 보여주었고 우리의 국제 지위를 극대화시켰다"[33]는 발언을 남겼다. 이는 국가 정체성과 관련된 문제이기 때문에 선명한 입장을 견지할 필요에 따른 것으로서, 북중관계를 다시 혈맹의 관계로 되돌리려는 의도라고 확대 해석할 필요는 없다. 이 시기는 2차 북핵 위기와 함께 2009년부터 분명해진 미국의 '아시아로의 회귀' 정책에 따른 국제 압력에 직면하여 중국이 대미 반反균형을 위해 북한과 공동의 역사인식 및 정체성을 강화하려는 시점이었다.

2009년 들어 미국은 위안화 절상 압력, 대만 문제와 티베트 문제 개입 등 중국이 레드라인으로 설정한 '핵심이익'을 건드리기 시작했다. 이에 중국은 미국의 '아·태 재균형' 전략에 직면하여 북한의 전략적 가치를 새롭게 인식하게 되었다. 그리고 이 같은 안보전략적 위협 인식이 중국으로 하여금 북한과의 관계를 재조정하는 동력으로 작용했다. 이와 관련 2010~2011년 김정일의 세 차례 방중 과정에서 북·중 지도부는 전략적 소통을 강화하기로 합의한 바 있다. 요컨대, 중국과 북한은 공동의 위협 인식을 바탕으로 양국 관계의 성격을 '전략적 동반자 관계'의 수준으로 격상시키고,[34] 신新밀월 시대를 열었다. 당시는 동북아 정세의 급변에 따른 안보 위기의식이 높았다. 2010년 3월 천안함 피격, 11월 연평도 포격사건으로 긴장이 고조된 한반도에는 한미일 공조 강화와 연합군사훈련 확대가 잇따랐고, 중국과 북한은 역사적·이념적 유대 강화를 통해 이러한 국면에 공동 대응 전선을 넓히고자 했다. 천안함 폭침 이후 항공모함을 동원한 한미 연합군사훈련에 중국이 강하게 반발한 이유도 바로 이러한 정세 인식 때문이었다.

이러한 맥락에서 북·중 양국은 2009년을 '조중 우호의 해'로 지정하고, 원자바오 총리의 방북을 통해 경제협력을 대폭 강화하는 등 소원해진 북중관계를 복원시켰다. 특히 후진타오는 창춘까지 내려가 방중한 김정일과 회담을 갖는 자리에서 "김일성 주석이 중국 혁명 승리에 커다란 기여를 했다"고 칭송[35]하면서 양당 지도부 간 공동의 정체성을 부각시키려 했다. 그러나 유의하여 해석해야 할 부분은 양국이 공식회담에서 전통적 유대에 관한 아낌없는 외교적 수사를 구사하는데, 이는 당연한 것으로 그러한 수식어에 과도한 평가와 비중을 둘 필요는 없다는 점이다.

(3) 국가 정체성에 따른 전략적 목표: 현상유지

중국은 경제성장을 위한 주변 환경의 안정을 대외전략의 최대 목표로 삼고 있기 때문에, 동아시아 세력 판도의 현상유지가 지속되기를 원하고 있다. 중국으로서는 한반도 평화 안정을 최우선으로 하면서 남북한 모두와 '우호적' 관계를 유지하는 가운데 현상의 점진적 변화를 유도하는 것이 자국의 전략적 이익에 가장 부합되며, 이런 관점에서 볼 때 중국에게 북한은 '당장 해결되어야 할 과제'라기보다는

'능숙한 관리skillful management를 요하는 이슈'라고 보는 편이 옳다.[36]

중국은 미국과의 전략적 대결 구도 속에서 북한문제를 판단한다. 북한문제 그 자체가 관심사라기보다는 중국의 국제정치적 위치와 동북아 질서 이익상관자로서 전략적 이익을 어떻게 배분할 것인지가 관심이다. 중국은 북중관계로 인해 미중관계가 손상되는 것을 원치 않는다. 국가발전이라는 국가 최우선 목표에 차질을 가져올 것이기 때문에 현상유지 속에서 한반도 영향력을 유지함으로써 중국의 이익을 극대화하는 방향으로 관리하고자 한다.

다시 말해 중국의 대북한 외교의 최우선 목표는 결국 북한에 대한 영향력 확보에 있다. 모든 국가이익의 득과 실을 종합적으로 고려할 때, 대북 영향력의 현상유지와 영향력의 확대라는 양대 구간에 위치하는 전략적 선택이 가장 바람직하지만, 그러나 최선이 아니라면 차선도 좋고, 최소한 현상유지의 구간이라면 선택을 고려할 수 있는 것이다.

그런 점에서 중국의 기본적인 한반도 전략은 '현상유지'이다. 신속한 현대화 발전을 위해서는 평화로운 주변 환경이 필요하기 때문이다. 한반도에서 급격한 정세 변화를 막고 영향력을 지속 유지하기 위해 중국은 오랫동안 현상유지 전략을 유지해왔다. 그런데 중국에게 한반도 현상유지를 지탱해주는 결정적인 요소가 바로 북한의 '완충지대' 역할이다. 그리고 북한은 중국이 북한의 '자산'가치를 포기하지 못할 것이라는 점을 잘 알고 있기 때문에 '제멋대로' 행동을 하고, 핵실험 고도화를 일사천리로 강행할 수 있는 것이다. 다시 말해 북한은 압록강·두만강 강변에 미군이 주둔하는 것을 견딜 수 없는 중국의 약점을 정확히 꿰뚫고 있는 것이다.

이와 같은 중국에 대한 북한의 지정학적 가치는 역설적으로 북한이 미국에게 흥정할 수 있는 전략적 요인이기도 하다. 강대국과 약소국의 비대칭 관계임에도 북한이 중국에게 이니셔티브를 빼앗기지 않는 이유가 여기에 있다. 중국의 입장에서는 북한의 모험주의 행동을 수수방관하여 한반도 정세 불안을 초래하고 전쟁의 위험에 노출되는 안보 리스크를 그대로 방치할 수는 없는 노릇이다. 그렇다고 북한이 친미노선으로 돌아서는 것은 더더욱 방관할 수 없다. 그래서 최선은 현상을 유지하는 것이다.

중국의 전통적인 시각은 한반도에서 한국 주도의 통일이 동북아에 '작은 나토NATO'를 형성하여 중국을 제1도련선 안에 갇히게 만들 가능성을 우려해왔다. 이에 중국은 미국으로부터의 포위와 견제를 벗어나기 위해 네 가지 방향에서 대한반도 전략을 설정하고 있다. 즉, ①한국을 '중립' 위치에 묶어두고, ②북핵문제의 완전 해결과 한반도 비핵화를 전제로 하는 북·중 우호관계 발전, ③여의치 않을 경우 현상유지하에서 한반도 전쟁과 혼란 방지에 주력, ④통일 이후 한반도는 '중립국' 선포가 중국의 이익과 동북아·세계평화에 부합한다는 입장으로 요약된다.[37]

이는 곧 △핵을 갖지 않은 '통일북한'과 우호관계를 발전시키거나 또는 △'작은 나토'의 틀에 갇히지 않는 중립국으로서의 '통일한국'을 수용 가능한 대안으로 간주하며, △그렇지 않을 경우 현상유지가 중국의 국가안보 이익에 대한 침해를 줄일 수 있는 최선이라는 인식을 갖고 있음을 의미한다. 요컨대 국가안보 이익을 최우선으로 한반도에 예기치 못한 불확실한 사태가 오지 않도록 대비해야 한다는 것이 중국의 대한반도 전략적 선택의 핵심이다.

이제 중국의 대북한 외교에 있어서도 '신형 국제 관계'의 원칙하에 '신창타이(新常態: New-Normal)'의 새로운 모색과 재설계가 진행되고 있다. 중국은 국가이익에 입각하여 한반도의 평화와 안정, 한반도의 비핵화, 한반도의 지속 가능한 발전을 위해 정치적 해결 원칙을 보다 확고히 하고 있다. 중국 19차 당대회 이래 한반도 긴장 정세가 완화되고, 중국의 대북정책은 모호한 입장에서 벗어나 분명해지고 있다. 반면 한국과의 외교는 열기가 식어 냉랭해졌다. 그 배경에는 미·중 간 힘겨루기가 있고, 남북 간 대외전략의 변화와 핵문제에 있어 '연착륙'이라는 공동 인식의 요소가 놓여 있다.

2017년까지만 해도 북한은 미국과 '벼랑 끝'에서 강경 대치하며 격화된 분위기를 형성하였고, 동시에 중국의 이익을 무시하는 태도를 보였다. 이에 중국은 유엔 안보리 제재결의안에 동참하여 대북제재의 강도를 지속 격상시키는 갈등 격화 국면이 이어졌다. 북핵 실험의 연속 강행에 대한 중국 내부의 기류는 한때 매우 격앙되고, 강경 대응을 주문하는 여론이 높았었다. 자칭궈賈慶國 북경대 국제관계학원장은 『환추시보』에 게재한 기고문에서 중국이 북한의 핵보유를 반대하는 다섯 가지 이유를 설명했다.[38] 첫째, 중국 동북지역의 환경과 주민의 생명 안전을 위협하고, 둘째, 핵확산 위험으로 중국의 안보에 위협이 되며, 셋째, 미국의 선제적 타격을 초래할 위험이 있으며, 넷째, 한국과 일본의 핵무장을 촉발하고, 다섯째, 비확산 체제 훼손으로 중국의 국익이 손상된다는 것이다. 그래서 중국은 북한이 중국의 국익을 훼손하는 것을 방관해서는 안 되며, 북한의 핵무기 개발을 결연히 반대하고 저지해야 한다는 주장이다. 이는 북한이 '갈등을 통한 대미 접근 모색' 전략을 구사하면서 중국을 '패싱'하는 태도를 취하는 데 대한 본격적인 문제 제기라고 할 수 있다.

그러나 결국 중국의 대북 태도는 안정적 관리 입장으로 회귀했다. 2018년 이후 남북 정상회담과 북·미 직접접촉을 통한 한반도 비핵화 평화체제 구축 협상이 진행되면서 중국은 한반도 평화체제에서 소외될 수 있다는 위기의식에 직면하게 되었다. 이에 중국은 베이징 이니셔티브Beijing's Initiative에 토대를 두고 북중관계의 안정적 관리 모색에 있어 한계 요인이었던 북한 핵·미사일 문제에 대해 용인하는 태도로 관계 회복을 시도했다.[39]

2018년 3월 김정은의 전격 방중이 성사되면서 북·중 전통적 우호관계를 다시 확인하고 양국 관계가 정상화되었다. 중국은 북한에 대해 '3개 불변'과 '5개 총력 지지' 입장을 밝혔다.[40] 북한 측은 북·중 우의가 전례 없는 최고 단계의 특수관계로 회복되었다고 평가[41]하지만, 이는 외교적인 수사일 뿐이다.

종합해보면, 중국과 북한은 혈맹관계를 거쳐서 동맹도 아니고 비맹非盟도 아닌 시기와 한중수교 이후 동맹 해체기의 진통을 겪었고, 다시 전통적인 우의관계를 지향하면서 정상적인 국가 관계로 재탄생하고 있다고 할 수 있다. 다른 한편으로 한중관계는 사드배치 갈등으로 수교 이래 최고의 협력단계에서 최저의 불편한 관계로 롤러코스트 식 변화를 겪었고, 이로 인해 경제무역 관계와 FTA 실행 등에서 전반적인 악영향을 받고 있다. 그러나 중국의 대한반도 전략은 남북한 간의 균형전략에서 변함이 없다. 한·중 사드갈등은 미·중 전략 경쟁의 격화 과정에서 비롯된 국제체제의 환경 변화의 산물이지, 중국의 대한반도 국가이익이 변한 것은 아니다.

$$3$$

선택적 관여와
영향력

(1) 중국의 대북 '관여정책'의 성격과 관여 사례

관여정책engagement policy은 근본적으로 주체국의 이익을 위한 담론이다. 주체국의 현상유지 또는 현상강화를 위한 수단으로서 자국의 영향권에 묶어두려는 목적이다. 관여의 대상국 입장에서는 세력 균형 면에서 일시적 또는 단기적으로 유리한 이익을 얻을 수 있다. 상대 국가는 이익을 매개로 행동의 변화를 보일 수 있지만, 이러한 일시적 이익은 양국 간 근본적인 세력 균형에 변화를 미치지 않을 것이라는 확신이 있어야 성공할 수 있는 정책이다. 관여의 과정에서 생겨나는 세력 균형의 변화에 불안을 느끼고 관여를 철회할 경우 장기적인 효과를 바라기 어렵다.[42]

이 같은 관여정책은 곧 중국의 대북정책에 나타나고 있으며, 실제 중국은 '북한체제의 안정'을 통한 장기적인 변화를 추구해왔다. 중국은 매번 북한이 도발을 할 때마다 관련 국가들의 인내와 냉정을 요구하면서 북한에 대한 제재 수위 조절에 앞장선다. 유엔의 대북제재 결의안에는 동참을 하면서도 구체 제재항목의 조정 및 인도적 사유의 제재를 배제하기 위해 노력한다. 이에 따라 중국은 북한 핵·미사일 모라토리엄과 동시에 한미 군사훈련을 중단하는 이른바 '쌍중단雙暫停'과 한반도 비핵화와 한반도 평화체제를 동시에 논의하는 '투-트랙雙軌竝行' 방안을 제시했다. 또한 6자회담 틀 속에서 다양한 방식의 대화채널을 가동하고자 했다.

중국의 대북한 관여정책은 크게 △소극적 관여, △적극적 관여, △물리적인 관여 등으로 구분할 수 있다. 또한 관여의 성격을 놓고 '관계적 관여'와 '구조적 관여' 또는 '경성관여'와 '연성관여'로 구별할 수 있다. 역사적으로 중국의 대북한 관여는 한국전쟁의 직접 참전, 전후 경제복구 지원, 이데올로기 공유 및 영향력 쟁탈 경쟁, 개혁개방 권유, 식량·에너지 경제지원, 비핵화 원칙과 핵실험 반대, UN 제재 결의안 찬성 및 대북제재 동참 등의 형태를 보였다.

중국이 북한에 대한 경제원조를 제도적으로 처음 공식화한 것은 1953년 11월 「조·중 무역문화과학기술협정」 체결이다. 이를 통해 중국은 소극적 관여를 처음 시작했다. 이후 중국은 북한을 자국의 전략적 이해관계에 유리한 방향으로 유도inducing하기 위해 경제적 지원을 지속해왔다. 필요할 때는 늘리고, 특별한 계기에 특별 지원을 하며, 최고위층 교류에도 선물처럼 경제지원이 따라붙었다.

물론 중국의 대북 경제지원의 성격이 북한에만 예외적으로 적용되는 특화된 관여 방식은 아니다. 중국의 대외 원조 대상은 1950년대 초 이데올로기적 유대와 지리적 여건을 고려하여 지원 대상국을 북한과 베트남으로 한정하다가, 1955년 저우언라이 총리가 비동맹 운동에 동참하면서 주변 국가뿐만 아니라 아프리카까지 확대되었다. 또한 무상 원조 또는 장기 저리 차관정책도 북한에 대해서만 적용되는 특별한 혜택이 아니다. 원조 대상 국가들에게는 똑같이 적용되는 원칙이 있으며, 다만 필요에 따라 원조 규모에 차등을 두고 있을 뿐이다. 저우언라이 총리는 1963년 말에서 1964년 초 사이에 11개 아프리카 및 아시아 국가를 순방하면서 대외 원조에 대한 이념을 구체화하고, 북한에게도 역시 동일하게 적용될 것이라는 점을 밝힌 바 있다.[43] 저우언라이의 대외 경제기술원조에 관한 8개 원칙에 의하면, ①평등호혜 원칙, ②주권 존중 및 특권 불不요구, ③무상 원조 또는 장기 저리 적용, ④자력갱생 강화, ⑤소액투자로 즉시성 효과, ⑥국제가격에 의한 양질의 설비와 물자 공여, ⑦수원국의 기술습득 보장, ⑧파견 전문가의 최혜국 대우 등의 원칙을 두고 있다.[44] 이러한 중국의 기본적인 원조정책 방향은 '중국식 경제원조 모델'로 정착되었지만, 그 본래의 성격은 어디까지나 국가안보 차원의 전략적 선택이라고 할 수 있다. 제3세계 신생 독립국을 대상으로 자력갱생과 경제발전을 지원하여 반제국주의 이념을 전파하고 대만 국민당 정부의 영향력을 차단하는 한편, 냉전 시기의 국제 권력게임 속에서 미국 및 소련과 경쟁하기 위한 외교전략적 대응방식인 것이다.

먼저 소극적인 관여 방식으로서의 경제원조를 살펴본다면, 경제원조는 중국의 대북 관여 방법에 있어서 정치적 개입을 우회하면서도 실질적인 영향력을 유지하는 끈으로서 지속적으로 실행에 옮겨진 대표적인 포용정책이라고 할 수 있다. 중국이 한국전쟁 당시 북한에 제공한 물자와 차관을 전액 면제하고, 1952~57년에 걸쳐 3억 2천만 달러의 무상 원조를 제공한 사실은 이미 앞에서 서술한 바 있다. 중국은 1960년대에는 평양시의 지하철과 비료공장, 정유공장, 수력발전소 건설을 위한 차관은 물론, 과학자와 기술자까지도 북한에 파견했다. 1970년대에도 중국은 줄곧 소련보다 더 많은 경제적 지원을 북한에 제공했다. 가령 중국은 1976년 이래 매년 1백만 톤의 원유를 우대가격(친선가격, 배럴당 4~5달러)으로 북한에 제공하는 동시에 1977~81년 5개년 원조협정도 맺었다.[45]

1990년대에도 중국은 전례 없는 침체기에 빠져 있던 북중관계를 돌이키기 위해 북한에 대한 경제지원에 적극적이었다. 북한 내부 식량난이 극심했던 '고난의 행군' 시기에 중국의 대북한 식량원조는 당시 북한이 각국에서 받은 식량원조 총량의 70%를 넘는다.[46] 이러한 인도적 지원은 총체적인 경제대란에 직면한 북한에 대해 이웃국가로서 당연한 조치이기도 하지만, 큰 틀에서 보면 중국의 대북한 영향력 유지를 위한 포용적 관여의 수단이라고 봐야 한다. 특히, 1990년대 국제원조의 감소 추세 속에서도 중국은 1995년 이후 신흥 공여국으로 등장했다. 중국이 주도하는 중국식 원조모델이 다시 주목을 받게 되면서 중국의 대북한 경제지원 방식은 현물 중심의 구제remedial 지원보다는 인프라 건설과 기술협력 및 개발경험 전수에 초점을 두는 방향으로 전환되었다. 이전의 북한 내부 위기에 따른 인도적 식량 무상 지원과 수해 복구사업 위주의 현물 지원에서 벗어나 생산설비 건설을 지원했다. 2005년 중국의 무상 지원으로 평양에 건설된 대안

우의유리공장과 평진자전거합영회사가 그 대표적인 사례이다.

결국 중국의 대북 경제지원은 한반도 안정을 '매수'하기 위한 전략적 차원의 관여정책에 해당된다. 이러한 경제지원 방식은 단기적으로는 효과를 거둘 수 있다. 중국의 전략구도, 즉 정권 안정, 한반도 긴장완화, 비핵화 대화, 점진적 개혁개방의 방향으로 일시 유도할 수 있다. 그러나 북한은 중국의 정책적 의도에 순응하기보다는 수시로 이를 역이용하기 때문에 그 효과 측면에서는 한계성을 내포할 수밖에 없다. 그리하여 최종적으로 중국은 북한을 자국의 가치와 발전모델로 끌어들이는 데 실패하고 있다.

다음으로 적극적인 대북 관여의 대표적인 형태는 경제제재이다. 안보리 대북제재는 전형적인 봉쇄전략이다. 봉쇄전략은 소련의 체제변화를 통해 냉전 종식에 기여했던 케넌George F. Kennan의 이론을 원용하고 있다.[47] 중국은 국제사회 책임 있는 대국으로서의 역할 때문에 원하지 않는 대북제재에 점차 깊이 연루될 수밖에 없었다. 핵문제와 관련해서는 북·중 간에 좁힐 수 없는 간극이 존재한다. 핵보유를 통해 억지력을 확보하려는 북한과 한반도 비핵화 입장을 견지하는 중국 사이에 인식의 차이가 엄연히 상존하는 것이다. 한반도에서 긴장을 유발하는 북한의 행동은 중국의 국제 신질서 구축에 방해가 되기 때문에 이에 대해 중국은 어떠한 형태로든 대응을 필요로 한다. 경협을 통해 북한의 실질적인 변화를 추구하는 정책이 '포용적 관여'라면, 각종 경제적인 제재를 통해 비핵화를 압박하는 수단은 '강압적 관여' 정책에 해당된다. 강압적인 관여는 역사적으로 한국전쟁 시기 지휘권 갈등과 연안파 숙청에 대한 개입부터 1958년 중국 인민지원군의 완전 철수 때까지 종종 있었지만, 그 이후에는 제한적으로 잠시 드러내 보였을 뿐 거의 사용하지 않았다. 대부분의 경우 포용적 관여의 형태를 보이며, 그 정도에 따라 소극적 또는 적극적인 관여로 나타날 뿐이다.

포용적 관여의 형태 중에서도 적극적인 끌어들이기 차원에서 중국이 북한에 대폭 양보를 했던 외교사례가 국경회담이다. 1962년 「조·중 국경조약」과 1964년 「조·중 국경의정서」의 타결 결과가 북중관계의 전례 없는 '밀월기'를 배경으로 가능했다는 점은 1부에서 이미 서술한 바 있다. 또한, '물리적 관여' 형태도 중국의 대북정책에 적용된다. 중국이 북한에 대한 물리적 관여를 제도적으로 처음 공식화한 것은 1961년 7월 「조·중 우호원조조약」이다. 동 조약의 제2조는 군사적 개입 지원을, 제7조에는 경제, 문화, 과학기술 등에 관한 협력 지원을 규정하고 있다. 중국은 한반도 전쟁과 북한 경제지원에 적극 참여하는 입장을 제도화하여 이를 국내외에 선언함으로써 동맹국 자격으로 '대북 관여'를 공식화한 것이다. 중국이 북한문제에 관여하는 근거는 북한의 참전 요청에서 비롯되었지만, 제도적으로는 동맹 조약인 「조·중 우호원조조약」에 바탕을 두고 있다. 이 조약은 역사적 산물이지만, 여전히 중국과 북한의 양자협력을 지탱해주는 토대이다. 폐기돼야 한다는 국내외 목소리에도 불구하고 여전히 다수 중국 전문가들은 이 조약이 가지는 긍정적인 의의를 평가하고 있다. 이 조약은 다른 한편으로 북한을 견제할 수 있으며, 동시에 한미동맹에 대해서도 어느 정도 억지력을 발휘할 수 있다는 것이다.[48]

그러나 현 시점에서 보면, 이 조약은 오늘날 국제체제에서 대북 관여 수단으로서의 확실한 효용성을 발휘하지 못하고 있다. 그 이유는 조약에 상응하는 구속력이 없고, 또한 군사적 조정과 상응하는 군사 배치에 일정한 역할을 하지 못하기 때문이다. 중국은 1960년대 북한과 동맹을 맺었지만, 1970년대부터는 평화공존 5원칙에 입각하여 모든 국가와 정상적인 국교를 맺고 있다. 또한 북한의 핵개발이 중국의 안보이익을 침해하는 문제도 걸림돌이다. 덩샤오핑 시기까지는 「조·중 우호원조조약」이 여전히 효력이 있었지만, 지금은 북중관계가 이미 큰 변화를 겪었다. 중국으로서는 한편으로 비동맹 외교원칙을 준수해야 하는 입장이며, 다른 한편으로 미중관계의 해빙 및 한중수교로 인해 '공동의 적'이 사라졌기 때문이다. 또한 북한의 핵보유가 중국의 안보에 심각한 잠재적 위협이다. 핵확산 도미노 효과에 대한 위기감은 물론, 핵을 가진 북한의 '배신'이 가져올 수 있는 '린치 핀 (linchpin, 핵심축)' 붕괴 효과에 대한 위협 인식이 크다. 중국으로서는 핵무기 보유국에 둘러싸인 유일한 국가가 될 수도 있기 때문이다.

(2) 대북 경제제재 관여정책에 대한 평가: 영향력과 한계

'영향력'이란 어떤 국가가 일정한 목적을 달성하기 위해 다른 국가를 통제할 수 있는 능력으로서, 한 국가가 정치, 경제, 문화적인 수단을 통해 설득력 있게 상대국의 지도자, 경제와 무역, 다자협력에 영향을 미칠 수 있는 역량을 의미한다.[49] 국제정치에서의 '영향력'은 일반적으로 군사력이나 경제력으로 평가하는 '하드 파워'와 구별하여 비군사적인 방법을 통해 직간접적으로 자국의 정책 이익에 부합하도록 상대국에 영향을 미치는 것을 뜻한다. 또한 '영향력'은 행위국가의 선호 패턴이 반응국가에 전이되는 현상으로서, 비대칭적 asymmetrical이며 상호작용의 과정이기도 하다.[50] 영향력이 과정process 과 결과product의 개념이라면, '소프트 파워'는 영향력 행사를 위한 수단tools이 된다. 냉전 시기 중국은 무력과 같은 강압적인 수단이 역부족일 때 주로 이념ideology, 신념체계belief system와 같은 정치적 이상을 내세워 국제사회에 영향력을 확대하고자 했다. 그 대상은 주로 제3세계였지만, 북한도 그 대상 국가 중의 중요한 일원이었다.

중국은 건국 초기 소련에 대한 의존정책一邊倒을 수용하다가 1956년 소련 제20차 공산당대회의 노선 갈등을 계기로 소련의 종주권을 거부하고 미국과 소련의 영향권 사이에서 제3세계 외교 공간 확보를 위한 통일전선을 전개했다. 그런데 이때 사용한 반제국주의反帝, 반수정주의反修, 반패권주의反覇의 슬로건은 북한의 '자주외교'와 공유 가능한 가치와 신념체계가 될 수 있었다. 평화공존 5원칙과 내정 불간섭에 근거하여 평등한 관계를 추구하는 외교정책은 북한에게 매력과 관심을 얻기에 충분했다. 또한 1980년대 덩샤오핑의 '비동맹 노선과 남남협력'으로 상징되는 제3세계 외교도 북한에 대한 공감대를 유지할 수 있는 영향력 요인으로 작용했다.

그러나 중국의 대북한 영향력 행사에는 몇 가지 제약이 있다. 첫째는 중국이 한반도 현상변경을 원하지 않는다는 것이고, 둘째는 영향력을 행사하더라도 그 기대효과가 제대로 나타날 것인지에 대한 불확실성이다. 이 때문에 중국은 불확실성을 증대시키게 될 대북 영향력 행사에 매우 신중할 수밖에 없으며, 국제사회의 요구에 못 이겨 마지못해 대북제재에 동참을 한다.

중국이 북한에 대해 선택할 수 있는 수단은 ①적극적인 영향력 행사, ②제한적인 영향력 행사, ③적극적인 지원 등이 가능하겠지만, 모두 한계를 가지고 있다. 첫 번째 선택은 그 결과가 불확실한 데다 위험부담이 크고, 두 번째 선택은 비용과 불확실성은 적지만 그 효과가 미미하며, 세 번째 선택은 지나치게 비용이 많이 들면서도 그 효과를 장담하기 어렵다는 제약이 있다. 결국 중국으로서는 북한이 별다른 문제를 일으키지만 않는다면 불확실한 '현상변경'보다는 예측과 관리가 가능한 '현상유지'가 자국의 이익에 부합된다.[51] 이러한 현상유지 전략을 통해서 중국은 그동안 한반도에서 급격한 정세 변화를 제어하면서도 영향력을 지속 확보해왔던 것이다.

그러나 북한의 연이은 핵실험 강행이라는 변수에 직면하여 중국의 대북정책 역량은 시험대에 올랐다. 제5차 핵실험을 전후하여 중국은 미국과 국제사회에 의해 '중국역할론'에 내몰렸다. 북한이 핵개발을 포기하도록 정치적 지지를 철회하고 북한과의 경제관계를 제한하라는 요구이다. 중국으로서는 과거의 역효과를 초래했던 학습효과 때문에 가장 피하고 싶어 하는 강압적인 영향력을 북한에 행사하도록 압박을 받게 된 것이다. 이 경우 일방적 의존관계에 있는 북한이 치명적인 타격을 입게 될 것이지만, 역설적이게도 중국의 영향력 행사는 이러한 의존성과 취약성으로 인해 매우 신중할 수밖에 없다. 강압적인 영향력 행사로 인해 북한체제의 붕괴를 초래한다면 이는 중국의 대외전략 목표에서 벗어난다.

따라서 중국이 비우호적이고 강압적인 관여정책을 구사하기 위해서는 북한지역의 상실 또는 한반도에서 분쟁 발생 가능성을 받아들이는 것이 북핵을 인정하는 것보다 중국의 국익에 유리하다는 판단이 서야 한다는 전제가 필요하다. 또한 강력한 대북 압박을 가할 경우 북한은 체제 생존의 위협을 받게 되겠지만, 그렇다고 해서 북한이 반드시 순응하리라는 보장도 없다. 북한 내부에서 반중국 정서를 촉발하여 궁극적으로 중국의 영향력을 상실하는 계기가 될 수 있으며, 나아가 북한의 붕괴와 같은 원치 않는 사태를 불러올 수도 있는 것이다. 중국의 주변국 외교 대상 중에서 가장 통제 불가능하고 예측하기 어려운 국가가 바로 북한이다.

실제로 중국의 적극적인 관여와 경제원조에 대해 불신과 경계심을 가지고 있는 북한은 중국의 관리대상으로 '인질화'되는 것을 거부한다. 북한이 수교 60주년 '북·중 우호의 해'에 제2차 핵실험을 강행한 것은 중국의 대북 영향력의 한계를 국제사회에 폭로시킨 대표적인 사례라고 할 수 있다.[52] 북한은 6자회담을 무력화한 채 미국 오바마 행정부와 직접협상을 통해 체제안전을 보장받고자 했지만, 오바마 행정부와의 협상에 진전이 없자 북한은 중국의 만류에도 불구하고 전격적인 강공책을 밀어붙였다. 2009년 4월 14일 6자회담 퇴출을 선언하고 IAEA 핵사찰 인원을 축출했으며, 4월 27일에는 '정전협정' 탈퇴를 선언하고 이어서 제2차 핵실험을 감행했다. 중국은 북한에 영향력을 행사하려다 오히려 영향력의 축소라는 딜레마에 빠졌다.

2006년 10월 북한은 제1차 핵실험을 하면서 러시아에 두 시간 전에 통보한 데 반해, 중국에는 핵실험 30분 전에 주평양 대사관에 전화로 알렸다. 이러한 절차는 단순한 요식행위가 아니다. 분명한 점은 중국이 아무리 반대를 해도 핵실험을 중단할 의사가 없다는 시그널이 함축되어 있다는 것이다. 이에 앞서도 북한이 매번 핵위기 때마다 미국을 향해 시위를 벌였지만, 중국은 측면에서 대북 영향력을 발휘하는 데 늘 한계를 보였다.

중국의 입장에서는 북한이 이탈하여 미국과 직접 타협하는 상황이 발생할 경우 이는 핵문제뿐만 아니라 한반도 문제에서도 영향력을 상실한다는 것을 의미한다. 다시 말해 북핵문제와 북한문제를 분리 대응해온 중국으로서는 대북정책 목표에서 자칫 '두 마리 토끼'를 모두 놓치고 통째로 실패로 돌아가게 되는 상황을 우려하지 않을 수 없다. 핵개발을 정권의 자주권과 생존의 문제로 인식하고 있는 북한이 핵을 포기할 가능성은 거의 없다. 북한은 1960년대 중국과 소련 사이에서 줄타기 외교를 했던 것처럼, 지금은 중국과 미국 사이에서 자신의 이익을 극대화하려는 시도를 한다. 현실적으로 중국의 의도가 북한에 일방적으로 관철된다는 보장이 없기 때문에 중국의 영향력은 제한적이다. 따라서 정치적 차원의 압박은 극한적인 상황이 아닌 한 선택하기 어려운 수단이라고 할 수 있다.

서방의 일부 전문가들은 흔히 북한 최고권력자가 국제사회의 규범을 무시하고 예측할 수 없는 비이성적인 행위를 보이는 것이 중국의 무조건적인 비호 때문이라며, 북한의 행동을 바꾸기 위해 중국이 국제제재를 충실히 이행하고 더 큰 압박을 가해야 한다고 주장한다. 그러나 중국은 북한의 핵·미사일 개발에 대해 제재 압박을 가했지만, 그것이 북한의 행동에 거의 영향을 미치지 못했다.

가령, 2006년 1차 핵실험 이후 중국의 대북 식량 수출이 66% 줄었다. 2009년 2차 핵실험에 중국은 석유 수출의 44%를 줄였고, 2013

년 3차 핵실험 이후에는 북한에 대한 식량과 석유 수출을 각각 89%, 81% 줄였다. 2016년 이후에는 중국이 북한산 임가공 수입을 금지하고 중국 내 모든 북한 사업을 폐쇄했지만, 북한의 핵실험과 미사일 고도화를 막지 못했다. 중국의 압박이 북한의 행동을 변화시키는 열쇠가 되지 못한다는 것을 의미하며, 적어도 북한이 핵실험을 기본적으로 완료하고 중국과의 관계 회복에 나설 때까지 경제제재의 영향력은 제한적이었다. 결국 북한이 스스로 전략적 선택을 통해서 북중관계 재정립 및 동반자 관계로 복귀한 것이다.

(3) 북핵문제에 대한 중국의 역할과 한계

중국에게 있어 북핵문제는 억지deterrence의 대상이지만, 강요compellence의 대상이 될 수는 없다. '전략이론'에서 보면, 억지와 강요는 모두 상대방이 선택한 이익구조와 행동패턴을 다른 방향과 방식으로 전환시킬 것에 대한 요구이지만, '억지'는 어떤 일이 발생하지 못하도록 예방적 차원에서 사전 제어하는 것을 의미하며, '강요'는 이미 발생한 행동에 대해 상대방의 의도를 꺾고 이를 변경시키거나 다시 되돌리는 데에 목적이 있다.[53] 그런데 북중관계는 전통적, 지정학적으로 특수한 안보체계로 엮여 있기 때문에 현실적으로 강요를 강제화할 수 없는 구조로서, 억지의 실패를 강요로 전환하기가 쉽지 않다. 그 이유는 만성화된 북한위험 인식, 중국의 대한반도 활용 전략, 미·중 간 전략적 충돌지점, 강대국들의 동북아 질서 현행유지 선호, 중국의 현상유지 전략 등을 꼽을 수 있다. 이러한 요소를 고려할 때, 중국에게 북한은 '관여'의 대상이지 압박과 무력행사의 대상이 아니다. 북한은 이를 잘 이용하여 선제적인 기습행동으로 상황을 기정사실화하는 패턴을 반복해왔다. 북한의 일방적인 핵개발은 바로 이 같은 교묘하게 계산된 전략적 선택이라고 할 수 있다. 북한은 중국이 대북한 정책을 '억지'에서 '강요'로 전환하지 못한다는 점을 역이용하는 것이다.

북핵문제 해법에 대한 중국의 접근방식은 △대화를 통한 문제 해결, △물리적인 경제·군사조치 반대, △북한의 안보 관심사 존중의 세 가지 로드맵으로 나타난다. 이는 북한문제에 대한 상위정치적 접근과 대비가 되는 지극히 기능주의적인 하위정치 접근법이란 점을 보여준다. 다시 말해 북한문제가 동북아의 핵심적인 전략적 고려의 대상이라면, 북핵문제는 상위개념의 전략적 고려하에서 현실적으로 타협이 가능한 단계별 접근을 추구한다. 중국이 북핵문제를 북한문제와 분리하여 대응하는 이유가 바로 여기에 있다.

한반도 핵위기 해결 과정에서 중국이 보여준 역할에 대한 평가는 엇갈린다. 그동안 중국의 역할은 방관자, 중재자, 촉매자, 균형자 등 다양한 성격을 띠고 있다.[54] 위기 전개 과정에서 중국의 역할이 바뀌는 것은 기본적으로 중국이 북한과 미국 등 관련 행위자로부터 배우고 적응해온 결과물이다. 일부 전문가들은 북한의 핵 프로그램 중단을 설득하는 데 중국의 역할이 결정적이라고 보고 있지만, 사실상 중국은 이러한 기대를 충족시키는 데 한계가 있다. 또한 다른 전문가들은 중국이 완충지대라는 지정학적 가치와 북한의 정권 붕괴 시 수반될 안보비용 때문에 대북제재에 적극 나서지 않는다는 주장을 편다. 기본적으로 맞는 얘기지만, 그러나 이러한 단선적인 지정학 관점으로는 중국의 정책방향과 역할 결정 패턴을 충분히 설명하지 못한다. 한반도 평화와 안정을 유지하려는 전략적 목표를 바꾸지 않는 한, 중국은 북한의 체제안정 유지를 우선 추구해야 하며, 비핵화는 차선의 목표가 될 수밖에 없다. 따라서 현상유지를 현실적인 우선목표로 두고 있는 중국에게 대북 압박을 요구하는 것은 모순이며 기대난망이다.

중국의 이중적 대응의 배경에는 한미일 안보 동맹에 대한 불신과 의심이 깔려 있다. 중국은 한반도에서 미국의 영향력이 확대되고, 대북제재가 중국의 부상을 견제하기 위한 수단으로 이용되는 것을 경계하고 있다. 특히 북한의 고립주의적이고 도발적인 행동이 스스로 체제 붕괴를 초래하여 한미동맹의 영향력이 한반도 북반부까지 확대되는 결과로 이어질 것을 우려한다. 또한 중국은 미국과 일본이 북핵문제를 적극 해결하기보다는 한반도에 적절한 긴장이 유지되는 것을 선호하며 실제로 그런 방향으로 유도하고 있을 것이라는 의심도 풀지 않고 있다.

그런 점에서 중국은 북한의 비핵화와 중국 친화적인 북한체제의 안정적 유지 중에서 하나를 선택해야 하는 딜레마를 극복하는 데 외교적 노력을 집중할 수밖에 없으며, 양자택일을 피할 수 없다면 후자를 택할 가능성이 높다는 평가다.[55] 심지어 '전쟁으로 혼란에 빠질 위험이 있는 한반도'와 '핵을 보유한 북한' 중에서 택일擇—을 해야 한다면 중국은 후자를 택할 것이라는 중국 학자의 견해[56]는 중국의 확고한 현상유지 선호 입장을 여과 없이 보여준다. 중국은 한반도 핵문제 해결에서 결정적인 역할을 할 수가 없다. 중국이 아무리 북한과 전통적인 우의를 갖고 있더라도 과도하게 대북 영향력을 행사할 경우, 북한이 이를 수용하기보다는 오히려 반발을 하여 더 큰 모험적인 행동을 보일 수 있기 때문이다.

북한의 핵보유를 통한 생존전략과 국제사회의 완전하고 불가역적인 폐기의 해결방법 사이에서 중국이 할 수 있는 역할 공간은 제한된다. 이는 단순히 대북 영향력 한계의 문제가 아니라, 국가이익에 기반한 전략적 우선순위의 문제이다. 중국이 앞장설 이유가 없다는 뜻이다. 현 단계에서 중국은 북핵문제의 근본적인 해결보다는 상황의 안정적인 관리에 주력하는 것이 유리하다. 이에 따라 중국은 북핵문제의 악화를 방지하고 한반도 평화와 안정을 확보하는 선에서 북핵문제를 안정적으로 관리하는 데 중점을 두고 있는 것이다. 이렇게 입장이 분명한 중국에게 '북핵 역할론'을 기대하고 압박하는 것은 의미가 없다. 중국은 북핵문제의 해결을 위해 경제적·군사적 제재를 포함한 강요나 압박을 가하려는 의지가 없다. 결국 북핵 관련 중국의 대북 역할은 참여와 균형, 그리고 안정을 위한 외교안보적 '관리'에 국한될 수밖에 없으며, 중국은 북한문제를 우선 고려하는 포괄적이고 장기적인 접근을 시도할 것이라는 평가[57]가 보다 냉철하고 설득력이 있다. 이에 따라 중국은 북한에 대해 국제적 역학관계보다는 양자관계의 틀 속에서 관리하는 주변국 외교의 원칙을 적용하고자 한다. 적극적인 관여보다는 일정한 영향력을 유지하고 관리하는 데 치중하는 것이다.

2장
북한의 대중국 전략적 선택과 대응 요인

북한의 중국에 대한 인식은 기본적으로 이중성을 갖고 있다. 중국의 외교안보적, 경제적 지원이 국가 생존에 필수적인 북한은 중국을 후견국가로 인식하면서도, 중국에 대한 불신과 안보 우려가 여전하다. 북한의 대중국 불신감은 상호 이념적 연대 약화, 전략적 이해관계 차이의 확대, 중국의 유엔 대북제재 동참 등 비우호적인 행태에 대한 역사적 경험에 뿌리를 두고 있다. 이 같은 이중적인 인식은 북한의 대중국 정책 결정 과정에서 이중적 구조로 작용하게 되며, 상호 모순적인 전략적 딜레마를 낳게 했다. 이에 따른 북한의 전략적 선택과 대응은 다양한 형태의 헤징전략으로 나타난다.[58] 즉 북한은 안보나 정치, 경제적인 영역에서 중국으로 인한 불확실성과 리스크에 대비하기 위해 기본적으로는 '자주'의 정체성을 지키지만, 국내 정치와 전략적 필요에 의해 의존과 거부, 협력과 이탈의 선택적 대응을 병행하는 행보를 반복해왔다. 요컨대 북한의 대중국 정책은 전술적으로 변화무쌍한 것 같지만, 전략적으로는 '자주'와 '편승'을 기본으로 하면서 '선택적 병행'과 '균형 유지'의 틀을 일관되게 지켜왔다. 이와 같은 행보를 종합하면, 결국 북한의 전략적 선택을 결정하는 핵심요인은 '선택적 편승'으로 귀결된다고 할 수 있다.

앞서 2부의 검토에서 추출한 북한의 대중국 전략적 선택과 대응의 주요 요인은 아래 【도표 22】와 같이 정리할 수 있다. 도표에 나타나 있는 것처럼 국제체제의 차원에서 북한은 균형과 편승, 다변화와 대미 편승, 핵−안보 교환의 형태로 전략적 대응을 함으로써 체제를 지탱하고 국익을 신장하는 국가 전략목표를 추구해왔으며, 이러한 체제유지

[도표 22] 북한의 전략적 선택과 대응의 핵심요인: 자주와 선택적 편승

시기별	국제체제 수준	국내 정치 수준	정책결정권자 수준
김일성 시기	균형과 편승	동맹과 이데올로기	등거리 자주노선
김정일 시기	다변화와 대미 편승	안보·경제 선택적 교환	거부와 실용의 병행
김정은 시기	핵-안보 교환	자주외교-자력경제 병진	위기조성과 편승
전체 시기	'자주' 정체성과 체제유지	편승 : 의존과 거부	협력과 이탈

목표를 뒷받침하는 이념적 기반은 '자주'의 정체성이라고 할 수 있다. 또한 북한이 대중국 전략을 선택하는 국내 정치적 요인은 기본적으로 미국에 대한 세력 균형과 체제 생존, 체제 안정에 목표를 두고 있지만, 그 대응방식은 때로는 의존하고 때로는 거부하는 형태로 표출된다. 이에 따라 역대 표출된 대중국 대응 형태는 이념 동맹, 자주외교, 등거리, 다변화, 선군외교, 정체성 정치, 실리와 의존, 핵-경제 병진, 자력경제, 핵보유 강국 등 다양하게 나타난다. 그리고 정책결정권자 측면에서는 역대 최고권력자들이 각각 등거리 자주노선, 거부와 실용의 병행, 위기 조성과 편승의 선호 취향을 보이지만, 공통적으로 권위주의체제 지도자의 특징인 '친정親政외교'의 특성과 함께 '협력과 이탈'의 반

복이라는 대응방식을 보여준다. 이와 같은 협력과 이탈의 반복은 최고권력자의 역사적 트라우마에서 비롯된 대중국 '불신'과 경제지원이라는 현실적 '필요성' 사이의 모순 구조에서 비롯된다. 이에 북한의 최고권력자는 양면적 취향을 병행하는 전략적 균형을 유지하면서 중국에 대해 일관되게 자주와 '선택적 편승'의 대응법을 구사하고 있는 것이다.

1
'자주'의 정체성과
체제유지

　전체주의 국가에서는 공식 이데올로기가 외교정책 목표를 규정하고 정책수단을 선택하는 지침을 제공한다. 북한도 역시 공식 이데올로기인 '주체사상'에 입각하여 외교정책 목표를 규정하고 정책수단을 선택한다. 특히 '자주'는 외교정책의 제1의 원칙으로서 중요시된다. 주체사상의 '자주성 원칙'은 북한이 정권 수립 이후 겪었던 한국전쟁과 중·소의 내정간섭, 그리고 김일성 1인 지배체제 확립 과정에서의 권력투쟁 등 여러 가지 역사적 경험에서 비롯된 것으로, 이러한 경험이 김일성으로 하여금 대내외 정책수립 및 추진에 있어서 '자주'를 제1의 원칙으로 내세우게 했다.

　1966년 8월 '자주성을 옹호하자'는 『노동신문』 사설은 북한 대내외 정책의 기본 노선과 목표를 분명하게 보여준다. 당시 사회주의 진영의 분열과 미국에 의한 안보위협이 가중되는 상황에서 북한은 "앞으로 대내외 활동에서 독자성을 견지할 것이며 자주노선을 관철하여 나갈 것"이라고 밝히고 있다. 자주성의 원칙은 1960년대 초반까지는 사상, 정치, 경제, 군사 등 국내 정치 영역에서 '주체'를 기반으로 하여 반복 강조되었으며, 1966년부터는 외교정책에서의 자주노선[59]으로 확대되었다.

(1) 이데올로기의 고착과 변용

북한의 초기 외교정책에서 이데올로기는 절대적인 영향을 미치는 핵심요인이었다. 냉전 시기 외교정책은 기본적으로 국가 이데올로기의 반영으로서, 정책의 목표 설정뿐만 아니라 정책방향 결정에도 이데올로기가 중요한 요인으로 작용하고 있다. 한 국가에 있어서 지배적인 이데올로기는 기능적 측면에서 볼 때 "선호된 정치질서를 설명하고 정당화시키는 신념체계이며, 동시에 그것을 달성하기 위한 하나의 전략을 제공하는 것"[60]이라고 할 수 있다. 즉, 이데올로기는 사회 구성원들의 신념체계에 영향을 미치며, 정치적 목표를 제시하고 이를 달성하기 위한 구체적인 전략을 제공한다.

외교정책의 성격을 이데올로기와 연관 지어 설명하려는 연구에서는 한 국가의 외교정책은 기본적으로 그 국가의 특정 이데올로기의 표현이라고 본다. 외교정책의 선택, 즉 정책수립 과정에서 정책결정자가 지니고 있는 이데올로기는 매우 중요하며, 특히 폐쇄적인 성격을 지닌 체제일수록 더 강한 힘을 발휘한다. 북한이 지배 이데올로기로 내세우고 있는 주체사상은 수십 년간 흔들림 없이 북한의 대외정책 결정에 절대적인 영향을 미치는 사상적 기조임에 틀림없다. 그런 점에서 김일성 집권 시기 대중국 정책에 있어서 이데올로기 요인은 중요한 지표가 될 수 있다.

북한의 전략적 선택은 양대 사회주의 대국인 소련 및 중국과의 동맹체제 강화를 통한 세력 균형이었다. 이에 1961년 중·소와 각각 우호동맹조약을 체결하여 외적 균형external balancing을 도모하는 한편, 1962년부터 '국방에서의 자위自衛'를 목표로 군비증강에 주력함으로써 내적 균형internal balancing을 동시에 추구하고자 했다.[61] 중·소 이념 분쟁으로 인해 양국으로부터 '방기'의 위험에 직면하자 자주국방을 통한 내적 균형을 더욱 강화하였고, 제3세계 국가와의 반제反帝 공동 연대와 통일전선을 강조하는 자주외교 노선으로 정착되었다.

따라서 냉전 시기 북한의 대중국 외교의 기본 틀은 진영외교와 자주외교의 '투-트랙'이라고 할 수 있다. 먼저 진영외교는 사회주의권 국가와의 친선관계를 통해서 북한의 현존체제의 유지 발전을 꾀하고 '반혁명세력'으로부터의 안전을 확보하려는 외교정책을 말한다. 북한의 입장에서는 당시 냉전 질서하에서 '남반부'에 형성된 남방 3각체제가 거대한 안보위협으로 인식되었다. 「한미 방위조약」(1953. 10. 1)과 「미·일 상호협력 및 안전보장조약」(1960. 1. 19), 「한일 기본조약」(1965. 6. 22)이 잇따라 체결되면서 북한은 이를 한미일 3각 안보체계로 이해하였다. 이에 북한은 기존의 「중·소 우호동맹 및 상호원조 조약」(1950. 2. 14)을 바탕으로 소련과 중국에 대해 「조·소 우호 협조 및 상호원조 조약」(1961. 7. 6)과 「조·중 우호협력 및 상호원조 조약」(1961. 7. 11)의 체결을 통해서 북방 3각체제 구축으로 대응하려 했던 것이다.

북한의 '자주외교'의 성격은 이러한 균형 논리 이외에도 사대주의, 수정주의, 교조주의에 의한 간섭을 거부하고 평등과 자주에 입각한 대외정책을 추진한다는 의미가 크다. 중국의 대소련 '수정주의' 비난과 소련의 대중국 '교조주의' 비난 사이에서 어느 한편에 서지 않고 자율성을 도모하는 선택을 한 것이다. 그런데 북한이 어느 한 국가에 편승할 수도 있었지만, 왜 자율성을 확대하는 정책을 선택했을까 하는 점에 대해서는 다른 영향요인의 가능성을 염두에 둘 필요가 있다. 즉 북한의 자주노선 선택은 정책결정권자의 인식과 당시 국제체제의 구조가 함께 작용한 결과라는 점이다.[62] 역사적으로 약소국이 생존과 자주성 유지를 위해 강대국에 취하고 있는 전략적 외교행태는 유화정책, 비동맹 중립주의, 동맹, 집단안보, 고립주의 등으로 나타난다.[63] 그중에도 비동맹 중립주의와 동맹안보가 대표적인 행태이다. 비동맹 중립주의는 1960년대 냉전체제의 갈등 속에서 제3세계 국가들이 비동맹 그룹을 중심으로 미·소 진영의 군사블록에 가담하지 않고 반제·반식민주의에 입각한 새로운 세계질서를 추구했던 중립노선을 의미한다.

북한은 정권 초기의 중·소에 대한 의존과 제한적인 대외관계에서 벗어나 제3세계의 비사회주의권 국가로 외교범위를 확대하였다. 당시 동북아 외교환경의 특징은 안보위협의 강화와 중·소 분쟁의 심화로 요약될 수 있다. 1964년 통킹만 사건으로 미국이 베트남전에 뛰어들었고, 1965년 한일 기본조약이 체결되면서 한미일 공조체제가 출범했다. 북한은 이를 중대한 안보 위기로 간주했다. 이 같은 안보위협에 노출된 약소국이 선택할 수 있는 전형적인 대안은 균형과 편

승이다.[64]

이후 탈냉전기 북한 외교정책은 '주체외교' 원칙과 당면한 국가적 이익의 사이에서 혼선을 빚게 되는 경우가 늘어난다. 당시 북한의 경제개혁 조치들은 시장경제 원리를 부분적으로 도입하면서 주체사상과 충돌하는 모험을 감수하고 있었다. 가령 김정일은 김일성 사망 이후 주체사상을 승격시켜 '김일성주의'라는 이름으로 헌법에 명시하면서도 실질적으로는 자신의 통치철학 구축에 나선다. 그러한 필요에 따라 김정일이 독자적인 통치담론으로 내세운 것이 바로 '강성대국론'과 '선군정치론'이다.

'강성대국론'은 김정일 시대를 맞아 김정일 자신의 리더십을 강조하는 새로운 통치 이념과 구호를 만드는 방안을 모색하는 과정에서 등장했다. 아울러, 간부들과 주민들의 체제불안 심리를 진정시키기 위해 북한은 무너지지 않는 강한 국가로 발전할 것이며 김정일의 강력한 리더십이 이를 성취시켜줄 것이라는 이미지를 형성하기 위해 제시된 것이다. '선군정치' 노선은 1990년대 '고난의 행군'을 강행해야 할 정도로 심각했던 경제난과 체제위기 속에서 가장 의존할 만한 정치세력인 군의 정치적 지지를 획득하기 위한 선택이며, 동시에 냉전 붕괴와 한중수교 등 외교적 고립으로 최악의 국제환경에 직면하여 핵개발을 체제 생존의 수단으로 활용하겠다는 의지를 내포한 것이었다.

(2) 대외전략에서 주체사상의 영향과 제약

주체사상이 등장하게 된 배경은 1950~60년대 당시 김일성이 처해 있던 국내외적 환경과 밀접한 관련이 있다.[65] 즉 소련의 흐루쇼프가 탈스탈린화 정책을 내세우면서 평화공존을 표방하고, 또한 한국전쟁에 대한 책임 전가와 관련한 중국과 소련 간의 분쟁 등 당시의 대내외 환경이 김일성으로 하여금 독자적인 통치 이데올로기를 내세우게 만든 배경이 되었다. 당시 김일성은 1955년부터 1966년까지 소련의 반스탈린 운동의 북한 유입 차단, 소련 원조 중단을 극복하기 위한 경제 자력갱생, 중·소 대립에서의 등거리외교 등의 정치구호를 자신의 취약한 권력기반을 강화하는 데 이용하였고, 결국 김일성 개인숭배와 1인 독재체제를 합리화하는 수단으로서 주체사상을 체계화하였다. 그 후 1980년대에 들어오면 "수령은 무오류성을 지닌 생명체의 뇌수이며, 인민대중은 수령에 충성함으로써 생명을 부여받을 수 있고, 당은 생명체의 신경조직"이라는 이른바 '수령론'[66]을 내세우면서 현재의 주체사상의 틀이 갖추어졌고, 부자세습의 정당성을 주장하는 근거로 뿌리를 내렸다.

김정일은 1982년 발표한 「주체사상에 대하여」라는 논문을 통해 주체사상을 '김일성주의'라고 불리는 넓은 의미의 주체사상으로 체계화하였다. 김정일은 주체사상을 철학적 원리, 사회역사 원리로 해석하면서 지도원칙을 제시하고 있는데, 여기에서 '자주적 입장'은 곧 "사상에서의 주체, 정치에서의 자주, 경제에서의 자립, 국방에서의 자위"라고 규정하고 있다.[67] 이러한 통치 이데올로기로서의 주체사상은 북한체제의 실천규범으로서 국내 전반에 강력한 영향력을 행사하는 것은 물론, 대외관계에 있어서도 중요한 지침이 되었다. 주체사상이 북한의 대외정책에 미친 가장 중요한 영향은 중·소 분쟁하에서 '지배주의' 및 '패권주의'로부터 자율성을 확보하려는 자주외교의 기틀이 되었다는 점이다. 중·소 양국의 북한 끌어안기 경쟁도 북한이 국가목표와 이익에 따라 전략적 선택의 자율성을 발휘하는 데 유리한 공간을 만들어주었다.

주체사상은 북한의 대외정책 추진에 있어서도 변함없는 사상적 기조로서 역할을 했다. 북한은 세 가지 기본적인 외교 이념인 '자주-평화-친선' 중에서도 '자주'를 가장 중요한 이념으로 강조하여 맨 앞의 최우선 위치에 놓고 있다. 특히 국제정치 분야에서 자주적, 민주적 질서를 수립하기 위해서는 국가와 민족들의 대소, 강약, 빈부의 차이에 관계없이 자주권과 영토안정, 내정 불간섭, 평등의 원칙이 적용되어야 함을 강조하고 있다.[68] 안보 및 군사 분야에서는 민족, 국가, 지역 간 분쟁이 대화와 협상을 통해 해결되어야 하며, 타국에 대한 군사적 위협과 간섭 중지, 외국 군대의 주둔과 기지 설치의 불허 등을 제시하고 있다. 이처럼 북한은 국가와 민족의 자주권을 실현하자면 정치에서의 자주원칙을 구현해야 한다는 인식하에 "모든 문제를 자기 실정에 맞게 풀어나가는 정치"[69]라는 의미로 '자주정치'를 강조하는 것이다.

주변 강대국의 간섭에 대한 경계심에서 비롯된 자주외교는 김일성 시대부터 시작되어 일관된 원칙으로 자리 잡고 있다. 북한은 한국전쟁 종전 이래로 중국이 북한 정치에 개입하고 유일지배체제를 위협하는 정치적 도전세력을 후원할 가능성에 대해 끊임없는 경계심을 유지해왔다. 정권안보의 실질적인 위협은 서방 적대세력이 아니라 중국과 소련의 전통적 동맹국으로부터 기원할 수 있다는 것이 김일성의 뿌리 깊은 인식이다.[70] 이러한 인식은 '유훈통치'를 통해 김정일과 김정은에까지 전수되었다. 1956년 종파투쟁에서 연안파와 소련파를 숙청한 이후에도 1967년 갑산파 숙청, 1974년 친중 인맥의 빨치산 유자녀 지방 축출, 그리고 김정은의 장성택 처형 및 친중 경협파 인물 제거 등이 모두 뿌리 깊은 중국 위협 인식의 구체 사례라고 할 수 있다. 그리고 이러한 불신은 북한 내부의 주체사상과 대외관계의 자주외교 노선을 견지하는 명분으로 지속 전수되었다.

주체사상은 적어도 김일성 시기까지는 북한의 대외정책 결정에 있어서 절대적인 지도원리로 작용했으며, 국제환경을 인식하는 데 있어서도 프리즘적 역할을 했던 것이 사실이다. 그런데 1980년대 후반부터는 주체사상이 대외정책에 있어서 어느 정도 신축적인 측면을 보여준다. 주체사상이 비록 대외정책 입안 과정에 우선적인 영향력을 발휘하는 것은 분명하지만, 정책방향을 전환해야 할 절대적인 필요성이 대두되었을 때는 주체사상보다 실리를 앞세운 정책이 입안되는 경우가 많았다. 이는 북한이 점차 국가이익에 대한 합리적인 근거를 바탕으로 대외정책을 수립하고 있다는 것을 의미한다. 중국의 영향력을 시종 경계하면서도 국제 안보체제와 경제발전 측면에서는 중국의 보호와 지원을 필요로 했다. 특히, 핵문제로 인한 국제적 고립에서 벗어나기 위해 북한은 한중수교 이후 사실상 동맹관계의 해체에도 불구하고 다시 중국의 정치적 후견 역할을 필요로 했다. 북한은 중국이 미국의 대중국 포위전략을 무력화시키기 위해 북한을 꼭 필요로 한다는 점을 효과적으로 활용했다. 그러한 차원에서 북한의 대중국 전략의 출발점은 무조건 거부보다는 제한적 편승limited bandwagoning에 뿌리를 두고 있다. '제한적 편승'은 중국에 선택적으로 의존 또는 협력하는 것으로, 대중국 '헤징전략'의 한 형태이다.[71] 이에 따른 북한의 구체적인 대중국 전략은 첫째, 체제보위와 관련 자주적 입장 고수, 둘째, 국제무대에서는 중국에 편승하여 국익의 극대화 추구, 셋째로 경제 면에서는 한국과 중국의 양쪽에서 실리를 확보하는 것으로 정리할 수 있다.

(3) 독립 자주외교 노선

북한은 자주, 평화, 친선을 대외정책의 기본 이념이자 외교활동의 원칙으로 삼고 있다. 김일성에 의하면, '자주'란 "모든 대외정책을 우리나라의 실정과 우리 인민의 이익에 맞게 독자적으로 결정하며 자신의 판단과 주견에 따라 외교활동을 벌여나가는 것"이며, "국제관계에서 나서는 모든 문제를 우리 혁명의 이익에서 출발하여 풀어나가는 것"을 의미한다.[72] 이에 따라 북한은 타국이 민족의 이익을 침해하거나 내정에 간섭하는 것을 허용하지 않을 것이며, 북한 역시 다른 나라에 자기의 의사를 강요하지 않을 것이라고 주장한다. 이에 따라 북한의 대외정책에서 '자주'의 정체성은 '독립 자주외교 노선'으로 나타난다. 김일성 시기에는 중·소 등거리외교, 김정일 시기에는 '선군외교'가 대표적이다. 김정은 시기에도 자주외교와 자력경제의 병진 형태로 나타난다.

북한의 외교 이념에는 '국익추구 행위로서의 외교' 관념과 '혁명운동으로서의 외교' 관념이 결합되어 있다. 대외적으로 반미반제 자주, 민족적 계급적 해방, 세계 사회주의 운동의 발전 등의 명분을 내세워 민족해방민주주의 혁명과업을 수행하고 세계혁명에 기여하는 것이 외교 목표의 한 축이라면, 다른 한 축은 겉으로 드러내지 않고 국가 이익을 추구하는 목표가 실질적인 내부방침으로 작용한다. 이에 프롤레타리아 국제주의와 국가이익 간의 충돌에 대처하기 위해 개발한 논리가 바로 '자주외교'이다. 즉 자주외교는 소련과 중국의 갈등 관계에서 연루의 위험을 회피하고 자율성을 지키기 위한 외교원칙이자, 대중·소 동맹외교를 내부적으로 규제하는 규범으로 제시된 노선이라 할 수 있다.

 '자주외교'는 1955년 12월 28일 김일성의 연설에 그 뿌리를 두고 있다. 연설은 소련이나 중국을 모방할 것이 아니라 조선혁명, 다시 말해서 국익을 중심에 두고 사고하라는 요구를 담고 있다.[73] 그 후 1956년 8월 종파사건에 대해 중국과 소련이 내정간섭을 하면서 김일성에게 심한 굴욕을 안겼고, 이어서 중·소 이념 분쟁이 격화되면서 자주외교론이 당위성을 확보했다. 이후 '사상에서의 주체, 정치에서의 자주, 경제에서의 자립, 국방에서의 자위'라는 '주체사상'으로 그 범주가 확대되고 정체성이 형성되었다. 자주외교는 처음에는 소련과 중국의 '지배주의'에 대한 수동적 저항에서 시작되었지만, 1960년대에는 중·소 사이를 오가며 경쟁적인 경제지원을 얻어내고 이중의 동맹체결을 통해 안보이익을 극대화하는 '등거리외교'로 발전하였다. 중·소 분쟁은 북한의 지정학적 가치를 증가시켰고, 북한은 이 기회를 활용하여 안보적, 경제적 이익을 극대화할 수 있었던 것이다.

 북한은 1959년 10월 이후 표면화되기 시작한 중·소 갈등에 편승하여 양국으로부터 군사원조와 경제지원을 챙기면서도 '주체외교'

명목하에 자주노선이라는 표방을 내려놓지 않았다. 북한 외교의 대표적인 성공사례로 꼽히는 이른바 김일성의 '등거리외교'가 펼쳐진 것이다. 사회주의 진영에서의 지도권leadership을 다투던 소련과 중국은 경쟁적으로 북한에 대한 원조 규모와 금액을 늘렸다. 북한을 자신의 진영으로 끌어들이는 데 있어서 정치적 포섭 외에 가장 효과적인 방법은 당연히 실질적인 경제원조이다. 북한은 중·소 어느 쪽에도 편향되지 않고 국익을 최대한 늘리는 데 힘을 쏟았다. 이와 같이 김일성은 중·소 대립과 경쟁을 이용하여 양쪽으로부터 지원을 얻어내는 데 성공했다.

북한을 끌어들이려는 중국과 소련은 비밀 암투와 폭로, 이간 술책도 마다하지 않았다. 가령, 1960년 5월 김일성이 비밀리에 베이징을 방문하여 마오쩌둥과 정치적으로 의기투합하자, 흐루쇼프는 비밀리 김일성을 모스크바로 불러 '8월 종파사건'에 대해 해명을 하고 마오쩌둥의 김일성 험담을 고자질하기도 했다. 그러나 1963년 중·소 노선 투쟁이 전면 공개되자 김일성은 중국을 공개적으로 지지하기에 이르렀고, 북한의 등거리 중립정책은 더 이상 계속되기 어려워졌다.

1960년대 북한과 중·소 관계의 극적인 변화에 대한 원인 규명에 대해서는 해석이 엇갈린다. 기존의 전통적인 연구는 그 원인을 이데올로기 논쟁에서 찾는 경향이 있었지만, 구소련의 외교문서가 공개되고 중국 정부의 과거 외교당안이 비밀 해제되면서 진보적인 학자들에 의해 많은 새로운 관점의 연구가 나왔다. 현재는 대체로 당시의 사회주의권 국제체제의 헤게모니에 얽힌 이해관계로 간주하거나 국가이익에 바탕을 둔 전략적 게임의 결과라는 분석이 주류를 이루고 있다.

(4) '자주'의 탈색: 지정학과 지경학의 겸용兼用

중국의 전후 세대 지도자들이 개혁개방에 자신감을 가지고 이데올로기적 가치관의 굴레를 벗은 데 반해, 북한은 자주의 틀을 깨지 못하고 국제체제 변화에 대한 적응과 변화에서 소외되고 있었다. 여전히 생존 투쟁의 수단으로 핵무기 개발을 고집하는 상황에서 중국과 북한의 지도부 사이에는 상호 안보 인식의 괴리가 나타나고 역사적인 공감대도 상당히 희박해졌다. 더 이상 북중관계를 이념적으로 결박하기 어려워진 것이다.

하지만 탈냉전 이후 북한은 외교정책의 사상적 기조라고 할 수 있는 주체사상을 대외환경 변화에 맞게 어느 정도 유동적으로 적용하기 시작했다. 그동안 대외정책 전반에 걸림돌로 작용해왔던 이데올로기 중심의 자주외교는 탈냉전 이후 사회주의 진영의 붕괴와 외교 고립에 직면하면서 지극히 실리 위주의 성향을 보인다. 북한은 대외정책에서 지정학적 의미의 동북아 완충지대 역할을 유지하면서 다른 한편으로는 한반도 지경학적 역할을 적절히 발휘하는 '양자겸용兩者兼用'의 방식을 최대한 활용하는 대외정책을 강구했다. 명분이나 체면보다는 실리 여부가 대외정책을 결정짓는 주요 변수가 된 것이다.

냉전 시기 중·소를 대표로 하는 대륙세력과 미·일을 대표로 하는 해양세력이 한반도에서 남북한을 중심으로 3각 역량의 대치공간을 구성했다면, 냉전체제 붕괴 이후에는 북·중·소 3각 동맹의 해체에도 불구하고 한·미·일 남방 3각 동맹은 일정한 조정을 거쳐 그대로 유지되었다. 이러한 상황에서 북한은 완충지대로서의 지정학적 가치를 살려서 미국을 끌어들임으로써 다시 북한을 중국과 미국의 경쟁공간으로 대체하는 한편, 지경학적으로는 남북 교류협력과 일본의 참여를 유도하여 중국과의 경쟁구도를 만들어냈다. 1990년대 북한은 이와 같은 지정학과 지경학이 교차하는 경쟁공간으로 자국을 활용함으로써 외교 고립과 경제난을 동시에 탈출할 수 있었다는 점에서 전략적 측면에서 보면 매우 명철明哲한 선택이었다고 할 수 있다.

왈트Stephen Walt에 따르면, 어떤 약소국이 강력한 적대세력에 직면할 경우 동맹형성을 통한 외부 균형을 우선 추구하게 되지만, 마땅한 외부 균형 대상이 없을 경우에는 불가피하게 적대세력에 편승할 수밖에 없다. 반미반제反美反帝에 앞장섰던 북한도 역시 탈냉전 세계질서를 주관하는 미국에 편승하는 길 이외에는 대안이 없었다. 그런데 북한은 미국에 일방적인 굴복을 하는 것이 아니라 갈등을 조성하여 미국의 관심을 유발하고 이에 편승하는 방식으로 미국에의 접근을 시도했다. 소련·동구권 붕괴와 사회주의 체제 전환을 목도한 북한은 '굴복을 통한 편승'이 어떤 결과를 가져오는지를 잘 알게 되었고, 체제 붕괴를 면하기 위해서 어떻게 대응해야 하는지도 자명해졌다. 이에 북한은 정권과 체제를 유지하는 가운데 통제 가능한 방식으로 탈냉전 국제질서에 편입되기를 원했다. 이를 위해 동원한 전략적 선택이 핵무기 개발이고, '핵외교'를 활용한 미국과의 협상 및 안전보장 교환 카드였다.

이와 같이 북한의 '자주외교'는 냉전 시기에는 등거리외교, 탈냉전 이후에는 '갈등적 편승외교'라는 서로 상반된 형태로 표출되지만, 이는 시대적 환경과 국제조류에 적응하여 생존하기 위한 전략적 선택이고, 국가이익이라는 '자주적' 가치판단에 뿌리를 두고 있다는 점에서 본질적으로는 서로 모순되지 않고 오히려 합리적이라고 할 수 있다. 그 과정에서 두 차례 핵위기 조성을 전략적으로 잘 활용했지만, 끝내 핵실험을 협상용이 아니라 핵보유의 길로 향하는 선택을 고집하면서 '안보'와 '경제이익'을 모두 얻을 수 있는 기회를 상실했고, 결과적으로는 아직까지 최종 해결에 실패하고 있다.

북한은 1999년 하반기부터 외교전략을 조정하기 시작하여, 전방위적으로 실용주의 외교 공세를 전개했다. 한국과 긴장관계를 완화하고 중국 및 러시아와의 전통적인 관계 회복에 주력했다. 북한의 전방위 외교정책은 생존 공간을 확장하고 세계 각국과의 교류협력을 촉진하기 위해 목표를 유연하게 조정한다. 하지만, 북한이 이처럼 명분보다는 실리 위주의 대외정책에 역점을 두고 있다고 해서 유일지배체제의 특성을 완전히 버린 것은 아니다. 북한은 여전히 김일성 시대와 다를 바 없는 유일지배체제의 중요성을 강조하고 있으며, 이를 대내외 정책에 반영하고 있다. 특히 실리 위주 대외정책 추진 과정에서 대외개방으로 인해 수반되는 외부사조의 유입을 차단하기 위한 방책에는 소홀함이 없다. 즉, 개방정책 추진 과정에서 수반될 수 있는 자본주의 사조의 침투, 서구식 민주주의 개념의 확산 등이 체제 안정성을 흔들 수 있다는 우려를 지우지 못하는 것이다. 따라서 북한은 사회주의의 훼손을 초래하지 않는 범위 내에서 대외개방 정책을 추진하는 제한적 실용주의 원칙에서 벗어나지 못했다. 장성택의 처형 이후 유명무실화되기는 했지만, 황금평 경제특구와 나선 경제지대 설정의 경우에도 전면 개방이 아닌 통제된 개방전략 구도하에서 외부사조 유입에 따른 체제불안 및 동요를 최소화하고자 하는 시도였다.

2
전략적 편승:
의존 또는 거부

북한의 선호도가 가장 높은 것은 편승전략이다. 독자적으로 힘의 균형을 통제하기 어려운 북한으로서는 중국의 부상 과정과 부상의 결과를 자국의 이익에 맞도록 조절하고 손해를 최소화하려는 전략적 편승을 취하는 것이 유리하다. 약소국의 입장에서는 강대국이 기존 국제 관계를 유지하는 데 도움을 주면서 강대국으로부터 최소한의 안보 혹은 이익을 얻는 방식으로 편승을 한다. 한 국가가 편승전략을 선택하는 목적은 강한 국가의 위협을 해소하기 위한 방편일 수 있으나, 강대국이 조성해놓은 유리한 국제적인 상황을 이용하기 위한 것일 수도 있다.[74]

북한이 중국에 대해 편승전략을 구사하는 조건하에서 북한이 선택할 수 있는 구체적인 정책은 동맹과 유화, 그리고 현안별 지지정책 등의 형태로 나타난다. 북한은 단기적으로 중국에 대해 동맹과 유화

정책을 취하면서 중국의 요구를 일부 수용함으로써 안보와 경제적인 부분에서의 지원을 획득하겠지만, 장기적으로는 이해관계가 일치하는 부분에서만 협력하는 현안별 지지정책으로 나갈 것으로 평가된다.[75] 또한 북한은 대중국 전략에 있어서 중국에 복종하는 모습의 정치적 리스크를 최소화하려는 '지배 거부dominance denial' 입장을 취하면서도, 불가피하게 중국에 의존 또는 협력을 해야 하는 제한적 편승전략을 구사한다. 그런 점에서 북·중 양국 관계는 조화를 이루기 어려운 면이 있다. 왜냐하면 북한은 미국 등 국제사회의 제재와 압력을 받아 어려움에 처할 경우 중국의 안보적, 경제적 지원을 필요로 하면서도, 중국의 정치적 영향력에 대해서는 거부하는 자주외교 노선을 유지하기 때문이다. 이러한 상황에서 중국이 북한에 대해 일정한 정치력을 발휘하고 있지만 그 영향력은 제한적이다.

(1) 현상유지와 현상타파의 전략게임

중국으로서는 한반도 안정, 비핵화, 영향력 확대의 전략적 필요성 때문에 북한에 대해 경제지원과 정치적 후견 역할을 자임하고 있지만, 이러한 관여정책의 의도를 모를 리 없는 북한은 중국의 의도에 순순히 부응하지 않는다. 북한은 과거 역사적 사실로 미루어 봐도 이에 불응하고 거부와 이탈을 반복했다. 북한은 현실적인 제약과 세력균형의 불가피성 때문에 당장 중국과의 의존관계를 허물기 어렵지만, 항시 '대외 의존의 균형'을 꿈꾸며 의존과 거부 사이에서 '이니셔티브initiative'를 노리는 것이다. 다시 말해 북한은 안보 측면에서 미·중 간 경쟁과 갈등을 최대한 활용하는 전략을 구사하면서도 다른 한편으로 자신의 지정학적 가치를 최대화하는 전략을 병행한다. 이 두 가지 요소를 이용하여 고립과 체제위기를 탈출하는 것이 북한의 당면한 대외전략 목표이다.

요컨대 중국의 대북 전략목표가 '현상유지'라면, 북한의 목표는 '현상변경' 내지 '현상타파'라고 할 수 있다. 역대 핵실험 시 중국은 매번 북한의 자제를 이끌어내려고 우호적인 입장에서 중재 노력을 기울여왔지만, 그 어떤 경우에도 북한의 태도는 중국의 영향력을 일단 거부하는 대응법을 사용해왔다. 중국이 '물리적인' 수단을 제외하고 모든 방법을 동원해보지만 북한은 중국의 간섭을 거부하는 자주노선을 벗어나지 않았다. 북한에 대해 확고한 안전보장과 대규모 경제지원을 제공하여 체제의 생존을 보장해줌으로써 핵을 포기하게 하는 방법이 있겠지만, 문제는 그 정도의 지원을 대가로 북한이 핵개발을 포기할 가능성이 높지 않다는 점이 중국에게는 전략적 딜레마이다. 일반적인 여론의 대북 인식은 북한이 탈냉전 이후 30년간 국제규범을 무시하고 예측 범위를 벗어나는 도발적인 행동을 지속적으로 감행해온 외교 행태를 '비합리성irrationality'의 틀 속에 고착시키려는 경향이 있지만, 실제적으로 북한은 동아시아의 큰 전략지형에 대한 나름의 해석을 바탕으로 현상타파를 위한 전략적인 선택과 대응을 해왔다. 북한의 외교정책이 비합리적인 것처럼 보이는 이유는 관찰자의 기준에서 볼 때 합당하지 않기(unreasonable) 때문일 수 있다.[76]

북한의 현상타파를 위한 돌출외교는 체제 생존을 위한 수단이다. 1차적으로는 1992년 8월 한중수교가 북중관계를 악화시키는 기폭제가 됐다. 물론 중국은 사회주의권 붕괴에 앞서 1980년대 이념보다 경제적 실리를 중시하는 방향으로 거대한 정책적 변화가 있었고, 북한에 대해서도 1991년부터 정상적인 무역관계로 전환했다. 기존의 사회주의 블록경제의 틀 속에서 유지해온 구상무역을 중단하고 경화결제를 요구하고 나섰다. 동맹관계의 중국으로부터 배신과 방기를 당한 북한은 외교적 고립을 타파하기 위해 다변화 개방외교와 함께 미국과의 관계 구축에 나섰다. 소극적인 미국의 관심을 끌기 위해 핵 카드를 꺼내 들었다. 1차 핵위기가 북한이 기대했던 대로 핵동결과 경제지원 및 미국과의 관계 개선으로 성공을 거두는 듯했지만, 미국 내 보수정권 교체로 인해 무산되었다. 이후에도 북한은 중국의 만류를 뿌리친 채 6자회담 무효화를 선언하고, 미국과 양자회담을 통해 핵과 안전보장을 직거래하려는 시도를 계속했다. 이는 곧 '현상변경'을 위한 공세적 대응이다.

그런데 북한의 공세적인 현상변경 시도에도 불구하고, 중국은 중국판 '전략적 인내' 정책을 이어간다. 왜냐하면 2002년 제2차 북핵 위기 해결 과정에서 북한에 적극적인 영향력을 행사하다가 결과적으로 북핵문제에서 주도권을 상실하고 '배제'를 당하는 시행착오를 겪었기 때문이다. 그 후에도 중국은 제1차 북핵 실험에서는 미국이 변하지 않으면 먼저 움직여서는 안 된다는 것을 알게 됐고, 2차 핵실험에서는 대북제재의 양면성과 제재 동참의 딜레마를 깨달았다. 이러한 경험을 통해서 중국은 똑같은 전철을 밟지 않기 위해서는 신중한 대응이 필요하다는 것을 학습했다.

이와 같은 학습효과로 북핵문제에 둔감해진 중국을 움직이기 위해 북한은 더욱 강한 돌발행동으로 중국을 자극했다. 제3차 핵실험은 그 시발점이다. 시진핑 신지도부 출범을 위한 정치 축제를 앞둔 시점에 김정은이 집권 이후 첫 핵실험을 강행함으로써 북중관계는 새로운 시험대에 올랐다. 북한은 연이은 핵실험과 장·단거리 미사일, SLBM 시험을 감행하면서 중국의 중요 국제행사 시점에 맞춘 '재뿌리기'를 마다하지 않았다. 요컨대, 북한의 공세적인 핵실험 강행은 결국 대미 편승과 대중국 의존 사이에서의 전략적 선택이며, 중국의 '전략적 인내'에 대한 거부의 산물이었다. 북한은 중국을 끌어들여 외교적 중재 내지 안보적 지지를 확보해야 할 절박한 필요가 있었다. 다시 한 번 중국을 결박하여 미국으로부터의 안보위협에 대해 전략적 균형을 맞추고자 했던 것이다.

반면, 중국으로서는 불확실한 제재 수단으로는 한반도의 지정학을 뛰어넘을 수 없으며, 양날의 칼과 같은 북한 핵무기는 결국 장기적인 전략 차원에서 다뤄야 한다는 지혜를 이미 터득했다. 그래서 중국은 표면상 국제제재에 적극 동참하면서도, 북한이 '경계이탈'이라는 인내할 수 없는 범위를 넘어서지 않는 한 우호관계의 틀을 깨지는 않았다. 경계를 벗어나려는 북한의 거부와 곁에 붙잡아두려는 중국의 포용 사이에서 끊임없는 줄다리기가 반복되는 것이다.

김정은의 대외전략은 결국 미국과 중국 사이에서 안전보장을, 한국과 중국 사이에서 경제적 이익 확보를 병행하려는 전략게임에 다름 아니다. 중국에 대해서는 '전략적 거부' 입장을 취하면서 미국과 중국 사이에서 시계추 외교를 통해 안보이익의 극대화를 도모하는 제2의 등거리외교 실험이다. 경제적으로도 북한은 한국과 중국 사이에서 경제적 지원과 협력을 최대한 이끌어내려는 '선택적 병행' 전략을 구사하고 있다. 현재는 남북경협이 전면 중단된 상황에서 중국에 의지할 수밖에 없는 구조지만, 유엔 대북제재 해제와 함께 남북관계가 호전되면 북한은 언제라도 중국에 '전략적 거부' 방식으로 선회하여 한국에 경사될 수도 있다.

(2) 대중국 편승의 한계와 '자주'의 딜레마

북한은 소련 및 중국과 거의 동시에 이중의 동맹조약을 체결했지만, 소련과의 동맹은 2년 만에 무력화되었고, 중·소 분쟁에 휘말려 어느 일방에 대한 편승은 다른 일방으로부터 보복을 초래하는 딜레마를 경험했다. 1975년 베트남 공산화 기회에 중국에게 제2의 한국전쟁 지원을 타진하려다 실패한 북한은 중국과의 동맹도 진정한 군사동맹이 되지 못한다는 점을 깨달았다. 결국 북한은 자체 군비증강이 유일한 자구책이라는 인식을 굳히고 핵개발 계획에 착수했다. 중국에 대한 안보 의존도를 낮추고 자주국방을 추진하면서 자구책으로 핵무장을 추진한 것이다. 북한의 모험주의적 돌출행동은 사실은 미국과 중국을 동시에 겨냥하여 지정학적 가치를 높이기 위한 방법이라고 할 수 있다.

탈냉전 이후 국내외적 안보환경은 북한으로 하여금 대중국 안보 의존과 중국 영향력의 거부라는 서로 모순된 선택의 사이에서 안보 딜레마에 처하게 만들었다. 핵개발 반대 문제로 중국과 갈등을 겪은 북한은 북중관계의 결박으로부터 이탈을 꿈꾸지만, 당시 상황은 북한에게 독자적인 외교공간이 주어지기 어려운 구조였다. 북한은 두 차례 북핵 위기 과정에서 자국의 안보는 미국을 통하지 않으면 안 된다는 인식을 깨닫고 중국의 '중재'보다는 미국과의 직접협상을 시도해왔다. 핵위기를 매개로 한 북한의 대미 편승은 위기상황에 처한 약소국이 패권국과의 갈등관계를 효율적으로 관리함으로써 힘의 비대칭성을 완화시키는 새로운 형태의 편승, 즉 '갈등적 편승'이라는 특별한 형태로 나타난다.[77] 하지만 북한의 '갈등적 편승'도 결국 효과를 거두기 어려웠다. 당시 상황은 글로벌 금융위기 이후 G2 반열에 올라선 중국이 동북아에서 대미 반균형anti-balancing에 나설 만큼 영향력이 커졌다. 또한 미국이 2009년부터 이라크 주둔 전투부대 철군 결정 및 2011년 '아시아 재균형' 선언 이후 한미일 삼각 안보체제를 강화하면서 북한은 안보 비대칭 위협에 노출되게 되었다. 국내적으로는 김정일 건강 악화와 후계체제 구축의 와중에서 권력투쟁의 취약성도 드러나 있었다.

북한 지도부의 인식은 북중경협에 나서면서도 여전히 중국에 대한 의심과 경계심을 가지고 있으며, 전략적으로는 경제를 중국에 의존하지 않으려는 생각에 변함이 없다. 북한으로서는 지나친 대중국 경제 의존도를 분산시켜줄 경협 파트너가 필요했다. 그러나 대북 경제 협력을 놓고 한·중이 갈등을 빚을 정도로 이해가 상충하는 구조는 아니기 때문에 북한이 한국을 대상으로 중국과 경제협력 경쟁구도를 유도하기는 어렵다. 또한 등거리 경협 줄타기는 안보 줄타기에 비하면 그다지 민감하게 받아들여지지 않는다. 다시 말해, 북한의 미·중 간 안보 줄타기는 교집합이 거의 없는 매우 상충적인 교환관계이지만, 북한의 한·중 간 경제 줄타기는 둘 중 하나를 선택하지 않고도

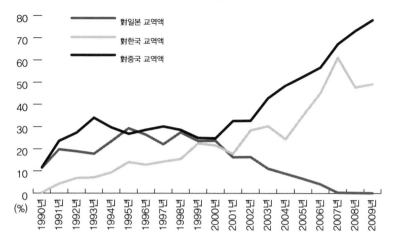

【도표 23】 1990년 이후 북한 무역 중 한중일 비중(%)

對일본 교역액
對한국 교역액
對중국 교역액

* 자료: 북한 무역 자료 및 남북교역 자료는 K-stat(한국 무역협회 운영, https://stat.kita.net/main.
  screen)를 참고했고, 중국 자료는 중국 통계연감, 일본 자료는 일본재무성 무역통계(https://
  www.customs.go.jp/toukei/info/index.htm)를 참고하였으며, 각국에서의 공시자료를 교차하여
  수치를 확인함.

동시병행이나 보완적 관계가 가능하다는 것이다.

북한은 중국의 경제원조뿐만 아니라 대북 투자와 경제협력에 대해서도 정치적 동기가 내재되어 있다는 인식을 가지고 부단히 경계심을 보인다. 냉전 시기 북한은 중국과 소련의 사이에서 등거리외교를 하면서 편승과 이탈을 반복했고, 경제무역 방면에서도 어느 일방에 의존하지 않도록 균형을 유지한 바 있다. 탈냉전 이후에는 붕괴된 사회주의 경제권에서 벗어나 새로운 무역질서에 적응하면서 일본과 한국을 차례로 끌어들여 중국과의 균형을 맞추는 행보를 보였다.【도표 23】에서 보듯이 북한은 1990년대에는 중국과 일본을 통해, 2000년대에는 한국과 중국을 통해 각각 무역 균형을 유지하면서 어느 한 국가에 일방적으로 편중되지 않으려 노력했다. 이는 경제적으로 소

런을 대체한 한국 및 일본과의 교역을 레버리지로 활용하여 과도한 대중국 경제 의존에서 벗어나려고 하는 경제적 등거리정책이며, 전략적 균형정책이라고 할 수 있다. 이 같은 정책은 그런 점에서 북한의 전략적 선택에 있어서 무역의 '의존과 거부', 경제의 '편승과 이탈'이라는 단면을 보여주는 사례라고 평가된다.

북한의 대외전략은 2009년을 기점으로 편승전략에서 균형전략으로 변화되었다. 그 배경은 2008년 여름 김정일의 건강 악화로 편승전략의 미래가 불투명해진 상황에서 북한 내부 후계문제로 인해 정권 안보에 심각한 위협이 제기되었기 때문이다. 균형전략으로의 전환은 비단 대외전략의 변화일 뿐만 아니라 경제정책을 포함한 포괄적 국가전략의 변화를 수반했다. 이 같은 대외전략의 변화는 최고권력자의 건강 이상이라는 국내 정치적 요인이 크게 작용했지만, 대외적으로는 북핵문제 해결에서 미국에 의존하여 핵-안보를 맞교환하는 방식이 효과를 거두지 못하고 장기화됨에 따라 조급한 쪽이 북한이었고, 이에 중국을 레버리지로 재균형을 도모하려는 시도에서 비롯된 것이다.

(3) 대중국 경제 의존: 불가피한 순응과 잠재적 이탈 동력

북한의 입장에서 중국에 대한 의존은 지정학적 필요성과 지경학적 필요성이 양립하고 있다. 전통적인 측면에서는 사회주의 경제권이 이데올로기의 일부였기 때문에 경제가 종속변수로서 별다른 독자성을 갖지 못했지만, 냉전체제 붕괴 이후에는 대외전략에서 경제의 중요성이 높아졌다. 중국과의 경제교역이 경제발전과 체제유지에 필수조건이면서도 과도한 경제 의존은 피해야 한다. 그만큼 지경학적 요인에 대한 고려가 필요하고, 안보전략 측면에서도 지경학적 협력을 활용하지 않으면 안 된다.

중국의 관여정책 차원의 대북 경제지원은 단기적으로 북한에 유리하다. 북한으로서는 중국의 관여를 용인하는 대가로 외교적, 경제적 이득을 취할 수 있고, 세력 균형의 변동에서 유리한 입장에 설 수 있다. 하지만 물리적 이득을 취하면서도 개혁개방의 요구와 같은 관계적 관여의 영향력이 침투하는 것을 거부해야 한다. 보다 근본적으로는 구조적 관여의 잠재적 파괴력을 경계해야 하는 것이다. 이는 관여의 본질적인 문제이다. 북한의 입장에서는 중국의 대북 경제협력에 정치적 동기가 내재되어 있다고 인식하며, 그런 점에서 북·중 간 경제협력에도 일정한 한계성이 내포되어 있다. 중국 기업의 대북 투자에 대해 중국 정부가 보증을 해주지 않는 점도 북한에게는 신뢰성을 의심하는 부분이다.

2008년 김정일의 건강이 악화된 이후 북한은 후계체제 정착을 위해 경제적으로 긴급 외부 수혈이 필요했다. 핵실험에 대한 국제사회의 견제와 유엔 대북제재, 한미일의 개별 제재가 중첩되면서 북한은 대중국 경제 의존이라는 탈출구가 필요했다. 북한은 일시적이지만 적극적인 대중국 접근과 경제지원을 요청했다. 이에 호응하여 중국은 신속하게 적극적인 대북 관여정책으로 전환을 시도했다. 경제지원을 대북 레버리지로 활용할 수 있는 기회였다. 이는 중국이 종래의 핵문제 중심의 지정학적 접근에서 벗어나 새롭게 지경학적 접근방식으로의 전환을 의미한다. 이러한 중국의 새로운 접근법은 2009년

10월 원자바오 총리의 방북을 전후하여 구체화되었고, 그 접근방법은 '북핵 이슈'와 '북한문제'를 분리 대응하는 방식이었다.

북한경제의 대중국 의존도는 지속적으로 높아지고 있다. 과거 북한은 1960년대 이후 주체사상을 확립하면서 대외 거래에서도 결코 어느 한 국가에 완전히 의존하지 않고 나름 균형정책을 유지하고 있었다. 그러나 2000년대 이후 대중국 교역이 절대적인 비중을 차지하고, 2018년에는 북한의 대중국 무역 의존도가 90%를 훨씬 넘었다. 북한의 대중국 경제 의존도 증가에 대해서는 상반된 평가가 있다. 하나는 대중국 예속화가 심화되어 남북관계 개선과 한반도 통일에 장애가 될 수 있다는 우려의 시각이고, 다른 하나는 북·중 교류가 확대되고 중국자본이 북한에 진출하면 북한의 개혁개방과 시장화를 촉진하는 작용을 할 것이라는 긍정적 시각이다. 극단적인 우려의 시각 중에는 북한경제의 대중국 예속이 고착화되면 북한이 중국의 '동북4성'이 될 수도 있다는 과도한 민족주의 성향으로 표출되기도 한다. 그러나 이러한 '중국 예속론'은 근거가 부족하다는 평가가 이미 내려졌다.[78]

중국에 대한 과도한 경제 의존도를 경계하는 북한의 인식은 오랜 역사적 뿌리를 가지고 있다. 김일성 시기부터 중국 의존 구조에서 탈피하기 위해 노력했다. 당시 북한은 대중·소 균형외교와 함께 경쟁적인 경제지원을 유도하면서 양국 사이에서 줄타기를 했다. 중·소 분쟁에 직면해서는 중국도 소련도 아닌 서방권 국가와의 경제무역 확대를 모색했고, 서방권 자금을 유치했다가 1973년 '제1차 석유파동'으로 외채위기를 맞았으며, 80년대 들어 채무불이행(모라토리엄)

사태에까지 몰렸다. 이와 같은 참담한 실패는 역설적이게도 경제가 특정국가에 편중되는 상황에 대한 과도한 경계심의 결과였다.

북한이 중국식 개혁개방을 거부하고 주체식 경제노선을 고집했던 배경에도 중국에 대한 경제적 편향을 벗어나려는 인식이 작용했다. 하지만, 체제안정이 위협받을 정도의 경제난과 식량위기가 닥쳤을 때는 불가피하게 경제적 실용주의를 채택하고, 현실에 순응하여 중국과 러시아에 경제적 지원을 요청하기도 했다. 가령, 1990년대에는 장기간 경제침체와 '고난의 행군' 시기를 겪으면서 체제위기를 벗어나기 위해 중국에 대한 무역 창구를 열었다. 국경무역이 경협으로 확대되고 교역액은 날로 늘어났으며, 대중국 경제 의존도는 이에 비례하여 상승했다. 이는 대중국 교역 이외에 대안이 없는 불가피한 선택의 산물이었다.

북한과 중국 간 무역관계의 진전은 실제로 북한경제에 긍정적이며, 중국의 대북 투자도 자원배분의 효율성 증대로 이어진다. 북·중 교역 증대가 북한경제에 긍정적인 파급효과를 가져온다는 점은 실증연구에서도 확인된다.[79] 더욱이 북한의 시장경제체제를 향한 개혁과 개방에도 긍정적으로 작용한다. 또한 중국의 대북 경협 강화와 북한 진출 확대 의도가 반드시 북한을 예속시키려는 것이라고 할 수는 없다. 중국의 '동북진흥계획'은 오히려 북한의 접경지역 개발과 인프라 확충 등 협력 공간을 확대하는 결과를 가져올 수 있다. 중국의 대북 경제원조 규모에서도 종속화 또는 편입 의도를 보일 만큼의 무상원조 규모가 지속 증가하는 근거가 보이는 것도 아니다. 그리고 무엇보다 북한의 의지가 중요한데, 위에서 상술한 것처럼 북한은 정권 수립 이래 '자립적 민족경제'를 주창해왔을 뿐만 아니라, 강대국에 대한 복종을 배척하는 확고한 '지배 거부' 원칙을 고수해왔다. 지하자원 개발과 탐사·채굴에 관해서도 북한은 배타적인 제한 규정을 두고 있다.[80] 특히 그동안 북한 지도자가 보였던 인식과 신념에 비추어 볼 때, 과도한 경제 의존에 따른 대중국 종속이나 북한의 '동북4성'화 우려는 설득력이 없다.

이상의 몇 가지 측면에서 검토해본 결과는 중국이 북한을 예속시킬 의도를 보인다기보다는 오히려 기존의 특수관계에서 정상국가 관계로의 전환이 진행되는 추세라고 해석하는 것이 타당해 보인다. 그리고 경제 질서와 무역환경이 바뀌면 북한은 대중국 편향의 무역 의존을 스스로 탈피하려 노력할 것이며, 대외경제 전략과 교역 경로에도 변화가 뒤따르고 다양한 전략적 선택이 가능하게 될 것이다.

3
협력과 이탈의
선택적 병행

북한의 대중국 전략은 환경의 변화와 조건에 따라 선택적으로 전략적 결정을 하는 '선택적 병행'의 형태를 취한다. 전략적 선택의 대상에 있어서도 안전보장은 미국과 중국 사이에서, 경제협력은 한국과 중국 사이에서 병행 노선을 활용한다. 북한은 중국의 전략적 의도를 오랜 역사 전통과 교류 경험을 통해서 잘 간파하고 있다. 중국이 미국과의 전략 경쟁 차원에서 북한이 갖는 지정학적 가치를 여전히 중시하고 있고, 경제지원을 통해서 북한체제를 유지시키면서 영향력을 확보하려 한다는 사실은 북한에게는 중국을 역이용하는 대응 카드인 셈이다. 북한이 이러한 중국의 전략적 의도를 헤징하는 과정에는 협력과 이탈의 양면적 행태가 반복되고, 이로 인해 양국 관계에 불신과 갈등이 증폭되기도 하지만, 그럼에도 양면적 대응방식은 동시에 병행하면서 전략적 선택의 형태로 나타난다.

(1) 북한의 거부와 이탈

역사적으로 북중관계는 순치의 우의와 이념적 유대를 특정으로 하지만, 배후에서는 끊임없는 긴장관계가 조성되고, 상호 불신과 비대칭적인 의존관계에서 오는 갈등으로 표출되기도 했다. 그 과정에서 북한 권력자들은 중국에게 종속되는 것을 일관되게 경계해왔다. 중국이 비록 북한에 대해 상당한 경제적, 정치적 영향력을 행사해왔지만 그에 상응하는 수준으로 영향력이 전달된 적은 거의 없다.[81] 북중관계의 변천은 약소국이 꼭 약한 것은 아니라는 특성을 보여준다. 현실주의 이론에 의하면, 일반적으로 강대국이 국제체제를 주도하며, 약소국은 세계 정치에서 영향력이 제한적이고 강대국 게임의 피해자가 될 가능성이 크다.

그러나 북한과 중국 관계의 변천을 보면, 오히려 약소국의 영향력이 결코 만만치 않음을 입증해준다. 김일성은 1955년 '주체사상'을 처음 제기한 이래 독립 자주노선을 반복 강조했다. 1960년대 북한의 등거리 노선은 일정한 대가를 치르기도 했지만 중·소 두 동맹의 존중을 받았다. 이에 따라 1970년대 이래 북한은 중·소 양국과의 우호적인 관계를 여유 있게 유지할 수 있었다. 경제 측면에서도 북한은 중·소 분쟁과 경쟁구도에 편승하여 등거리외교를 구사하면서 중국과 소련으로부터 경쟁적인 경제지원을 획득하는 성과를 거뒀다. 그러나 이러한 자주노선에 근거한 독자적인 경제외교 전략이 반드시 순탄하게 성과를 거둔 것은 아니다. 1970년대 초 중·소 중심의 경제권, 특히 소련의 사회주의 분업경제 편입을 거부하고 자주경제를 선택한 결과는 참담했다. 서방국가와의 무역거래를 늘리고 유럽 은

행권의 외채를 도입했다가 제1차 오일쇼크로 외채위기에 직면했다. 1980년대 초에는 채무이행을 포기하고 모라토리엄을 선언했다. 이후 해외차입이 거의 불가능했고, 김일성의 자주경제는 그렇게 실패로 끝났다. 1978년 12월 중국의 개혁개방 선언에 충격을 받은 북한은 부분적인 개방을 추진하여 1984년 9월 「합영법」을 공포하고 조총련의 대북 투자를 끌어들였으나, 이마저도 결국 실패했다.

1970년대 중국은 미국과 전략적 화해를 도모하는 과정에서 북한을 곁에 묶어두기 위해 「경제협력협정」(1971. 8)을 체결하면서 북한에 남북관계 개선을 요구했다. 이에 따른 결과가 1972년 「7.4 남북공동성명」으로서, 북한은 잠시 중국의 요구에 호응하는 듯했다. 그러나 1974년 이후 북한은 중국의 중재역할에 의존하기보다는 독자적으로 미국과의 관계 개선을 모색했다. 북한은 '북미 평화협정' 체결을 주장하면서 미국의 관심을 끌기 위해 위험한 도발을 마다하지 않았다. 1976년 8월 판문점 도끼만행사건은 그 대표적인 사례의 하나다. 1980년대에도 중국은 한반도 평화정착을 위해 '남·북·미 3자회담'의 베이징 개최를 주선하면서 1982년 9월 「조중 군사·경제원조 증대를 위한 합의서」에 서명하는 등 대북지원을 했지만, 북한은 1983년 미얀마 랑군 테러를 감행하여 회담을 무산시켰다.

1990년대에는 1차 북핵 위기를 방관하던 중국이 북한의 4자회담 참여를 유도하기 위해 1996년 「조중 경제기술협력협정」에 조인하고 대북 경제지원에 나섰지만, 북한은 1998년 대포동 미사일 발사로 4자회담을 무력화시키고 미국과의 양자회담 구도로 몰아갔다. 끊임없는 미국과의 직접접촉 시도의 연장선이라 할 수 있다. 2000년대 2

차 북핵 위기가 발생하자 중국은 적극적인 중재외교로 6자회담을 성사시키는 한편, 북한에 대해서는 2005년 「투자장려 및 보장 협정」과 「경제합작협정」, 2009년 「경제기술협조협정」 등으로 대북지원 의사를 표명했지만, 그럼에도 북한은 두 차례의 핵실험으로 6자회담을 사실상 파탄내버렸다.

1996년 한국과 미국이 4자회담을 제안했을 때 북한은 한반도 평화보장 문제는 북·미 간 직접협상을 통해서만 해결할 수 있다며 동의를 하지 않았다.[82] 당시 중국에 대한 불신과 섭섭함이 아직 남아 있었음을 의미한다. 또한 1997년 북한은 다시 "미국과 남북한 3자회담을 개최하여 북·미 간 평화협정을 체결하고, 남북한 간에는 불가침선언을 하자"고 제안했다. 명분은 '제3자'가 개입되면 회담의 복잡성과 난이도가 높아지기 때문이라고 하지만, 실제는 중국이 미국 편에 가깝다는 불신감과 누적된 불만의 표출이라고 봐야 한다. 또한 1997년 3월 북한은 미국이 대량의 식량지원과 경제제재를 경감해준다는 조건으로 3자회담에 동의했다. 이어서 4월에는 북한이 '3+1' 회담 모델을 제시했다. 회담이 좀 더 실효성 있고 건설적이려면 먼저 북한과 미국 및 한국이 3자회담을 진행한 연후에 중국을 포함시키는 4자회담을 거행하자는 구상이다. 이는 북한이 정전협정 당사자인 중국을 의도적으로 배제하려는 움직임을 뜻한다. 북한에게는 한중수교 이래로 쌓였던 앙금이 여전하며, 중국이 한반도 관련 문제에 참여하거나 영향력을 행사하는 것을 그만큼 꺼려하고 있다는 뜻이다.

2003년 7월 북한은 중국의 설득을 수용하여 6자회담 참여를 결정했다. 후진타오의 특사인 다이빙궈 외교부 부부장이 북한을 방문하

[도표 24] 북한-중국 간 관여와 거부의 전략게임: 역사적 사례

시기	중국의 관여 조치 (소극적+적극적=포용적)	북한의 거부와 이탈
1950년대	• 중국인민지원군 참전(1950.10) • 이데올로기 동맹과 전후 복구지원 • 조중 경제문화 협력 협정(1953.11), 대북차관제공협의서(1958.9)	• 조중 연합군 지휘권 갈등 • 종파사건(1956.8)과 연안파 숙청 • 북한주둔 인민지원군 철수 갈등

1960년대	• 조중우호협력상호원조조약(1961.7)
	• 국경조약(中朝邊界條約)(1962.10)
	• 국경하천공동이용관리협정
	  (1964.5),
	• 위생협력협정(1966.6)
		• 등거리외교(소련↔중국)
		• 문화대혁명과 상호 비방전, 주재 대
		  사 상호 소환
		• '대국주의' 거부, 자주외교

1970년대	• 북중공동코뮈니케(1970.4) • 저우언라이 수시 방북, 소통 • 경제협력협정(1971.8)	• 7.4 남북공동 성명(임시 호응) • 북미 평화협정 체결 요구(1974) • 푸에블로호 나포(1968)

1980년대	• 군사·경제원조 증가를 위한 합의서
	  체결(1982.9)
	• 남북미 베이징회담 중재 시도
		• 미얀마 랑군 테러 감행(1983)으로
		  회담 성사 불발

1990년대	• 경제·기술 합작 협정(1996.5) • 4자회담 북한 참여 설득	• 1998년 대포동 미사일 발사로 4자 회담 무용화 시도 • 북미 양자회담 구도 구축

2000년대	• 2차 북핵위기에 6자회담 중재 주도
	• '투자장려 및 보호협정(2005.3), 경
	  제 협력협정(2005.10), '경제기술협
	  조협정'(2009.10) 등 적극적 대북지
	  원
		• 북핵실험 강행으로 6자회담 무력화
		• 1차 핵실험(2006.10), 2차 핵실험
		  (2009.5)

2010년대	• 북핵실험 반대, UN 대북제재 동참 • 북미회담 전후 후견 역할 • 고위급 교류 및 전략적 소통 요구	• 핵실험 강행(3차~6차) 및 장·단거 리 미사일 고도화 • 중국 주요행사에 '재 뿌리기' 도발

여 디젤유 1만 톤 제공과 함께 설득한 결과였지만, 정작 북한의 6자
회담 수용 방침을 먼저 받아든 측은 러시아였다. 북한은 중국보다 러
시아에 6자회담 참여 의사를 먼저 통보했다. 이러한 어깃장 외교 행
태는 중국이 미국 측 주장에 경사되어 있다는 의구심과 불만을 간접
표출하는 것이지만, 북한으로서는 '주체외교'의 표현이다. 이는 '전략
적 거부'이자, 동전의 양면인 '전략적 순응'이기도 하다.

그 밖에도 중국이 2000년 올림픽 유치를 신청했을 때 한국은 중국에 찬성표를 던졌지만, 북한은 오히려 결정적인 반대표를 던져 올림픽 유치권을 호주의 시드니에 넘겨준 전례에서 보듯이, 북한의 중국에 대한 불만은 집요하고 장기적인 형태로 표출되곤 했다. 이와 같은 북한의 중국에 대한 거부와 이탈의 행태는 【도표 24】에서 보듯이 역사적으로 지속적이고 반복적인 패턴의 전략적 대응으로 드러난다.

(2) '홀로서기'용 핵거래 실패와 대중국 이탈의 한계

중국의 정치적 지지가 없다면 북한은 사실상 국가 안전을 보장하기 어렵고, 미국과의 대결에서 살아남을 수 없다. 그럼에도 북한이 중국의 관여와 후견국 울타리를 벗어나서 '홀로서기'를 하기 위해 미국과의 관계 정상화 및 안전보장 확보에 진력하고 있는 점은 매우 역설적이다. 미국과 '통 큰' 안보거래를 시도하는 것이 바로 핵위기 조성과 비핵화 협상의 핵심이다. 북한은 오랫동안 이 같은 거래를 중국을 제쳐놓고 미국과 직거래로 성사시켜보려 해왔으며, 그러한 시도가 바로 두 차례 핵위기 조성과 여섯 차례 핵실험 및 장거리 탄도미사일 개발로 이어지는 한반도 안보 위기의 본질이다. 이른바 '핵거래를 통한 안보 편승' 시도이다. 물론 북한의 핵위기 조성을 통한 대미 편승전략은 미국의 무시정책과 '전략적 인내'에 막혀 실패하고 말았다.

이 같은 북한의 핵개발을 통한 대미 관계 개선 전략은 중국에게 우려와 불만을 야기할 수밖에 없다. 북핵문제는 중국 자체의 안보에 위해가 될 뿐만 아니라 미국에게 계속적인 한반도 개입과 군사력 증강의 빌미를 제공하고, 동북아 각국의 핵군비 경쟁으로 이어질 수 있기 때문이다. 중국은 그럼에도 북한이 중국으로부터 확실하게 의지할 만한 외교안보적 보장을 받지 못할 경우 미국 중심의 서방 진영으로 편향될 가능성에 우려를 갖고 있다. 북한으로서는 당면한 경제난을 해소하고 나아가 국제사회에서의 외교적 지지를 확보하는 데 중국의 지원이 절대적으로 필요하며, 중국 역시 동북아 국제질서에서 발언권을 행사하고 아울러 대한반도 영향력을 유지하기 위해서는 북한과의 연대가 필요하다. 그럼에도 북한은 중국의 후견 역할을 거부하고, 오히려 중국에 대한 군사적 의존을 낮추는 대안으로 핵무장을 선택했다.

북한의 입장에서도 중국과 이익을 공유하는 부분이 있다. 이 부분은 북한에게는 '안보이익의 공유'에 해당하고, 중국으로서는 '전략적 자산'이다. 2010년 중국을 방문한 김정일에게 후진타오는 "내정과 외교의 중대 문제, 국제·지역 정세, 치당치국治黨治國의 경험"에 대한 긴밀한 소통을 제의했고, 별도로 원자바오 총리는 "중국의 개혁개방과 건설의 경험"을 소개해주고 싶다는 뜻을 전했다. 본격적인 대북 관여 의지가 드러나는 부분이다. 또한 대북 관여의 방식에 있어서도 기왕의 무상 원조의 경제지원 방법에서 경협 강화 및 경제발전 경험 전수 방식으로 전환을 시도하고, 특히 '전략적 소통'에 방점을 두는 영향력 공작 차원의 관여에도 착수하고 있음을 보여준다. 2009년 10월 원자바오 방북 시에는 「중국 관광단체의 조선관광 실현에 관한 양해각서」에 조인을 하고, 2010년 4월 중국 전 지역 주민을 대상으로 대북관광을 허용함으로써 '연성관여'의 길도 넓혔다. 이는 북한

내 정치적 안정, 경제의 시장화 확산, 대북 경제무역협력 확대 등을 통해 북한 정권의 점진적 변화를 유도하려는 장기적인 전략의 일환으로 평가된다.

이에 대해 북한은 중국의 관여정책 의도를 무력화시켰다. 유일지배체제의 정체성 변화를 용납하지 않고 지배집단의 응집력을 강화하는 정권안보의 선결요건을 충족하는 범위에서 제한적인 개혁과 개방만을 허용했다. 북한의 대응방식은 중국의 우호적인 경제지원을 실용적으로 수용하되, 경제자원의 분배 권한에 대해서는 중앙집중 방식을 포기하지 않는 방법이다. 대내적으로는 국방과 중공업을 우선으로 하되, 경공업과 민생경제 부문을 개선하는 중앙의 정책중심 노선은 견고하게 유지했다. 특히 대외적으로는 자체적인 군사적 억지력을 특정 국가에 의존하지 않도록 자주국방에 주력하고 있다. 북한이 중국의 의도대로 끌려다니지 않으려는 의지는 북중 정상회담 결과 공표 내용의 차이점에서도 드러난다. 가령, 2010년 5월 8일 후진타오와 김정일의 회담 결과 발표 내용은 중국이 '전략적 소통'과 '개혁개방 소개'를 강조한 데 반해, 조선중앙통신은 이를 누락시켰다.

종합해보면, 북한은 중국으로부터 이탈을 꿈꾸지만 완전히 벗어날 수는 없다. 중국의 경제적 영향권에 종속되는 것을 거부하지만, 현실적으로 경제적 지원을 얻을 나라는 중국밖에 없다. 하지만 경제적 지원의 대가로 중국이 비핵화를 요구한다면 북한은 이를 받아들일 생각이 없다. 북한은 중국에 대해 정치적으로 종속되지 않고 경제의 영향권으로 완전 편입되는 일 없이 경제적 지원을 획득하고자 한다.

(3) 현상변경과 현상유지의 결합: 선택적 균형

북한은 중국에 대한 정치적 리스크를 최소화하려는 '지배 거부' 입장을 분명히 하면서도 중국에 대한 의존관계에서 이탈하기 어려운 정치 구조를 가지고 있다. 북한이 여전히 중국을 필요로 하는 이유는 ①사회주의 체제를 공유하는 정치적 동질성, ②아직 유효한 '조중 우호원조조약'에 대한 동맹관계로서의 기대감, ③식량, 원유 등 전략물자 공급의 절대적 의존, ④국제무대에서 외교적 지지와 후견을 기대할 수 있는 대상국, ⑤한미일 안보동맹 체제에 대한 공동안보 의식 공유 등으로 요약할 수 있다. 이와 같은 공동이익이 상존하는 조건에서 북한이 무조건 현상변경을 추구하는 것은 아니다. 현상유지를 위한 동력과 현상변경을 모색하는 동력은 상호 균형을 이루며 전략적 선택의 구조 속에서 부단히 변용을 거듭하고 있는 것이다.

중국의 관여정책에 대한 북한의 반응은 언제나 현상변경을 통한 국면 전환이다. 북한은 체제유지와 정권 생존을 위해 중국으로부터 재정 확충 등 직간접 도움을 받으면서도 주기적인 돌출행동으로 상황을 반전시키곤 한다. 북한은 필요에 따라 중국이 희망하는 한반도 안정, 비핵화, 개혁개방에 부응하는 듯한 전술적인 제스처를 보이다가도 돌출적인 현상변경 전략으로 주어진 현상을 타파한다. 2010년 천안함 공격과 연평도 포격이 그러한 돌출적인 현상타파 행동의 대표적인 사례이다.

김정일은 2006년 1월 방중 시 후진타오에게 "조선의 당과 정부는 경제영역에서 양국 간 협력 잠재력을 발굴하고 호혜의 원칙에 따라 협력을 전개할 것"이라고 경제협력 강화 의지를 표명하였다.[83] 호혜

협력의 원칙을 내세우지만, 실질적으로는 중국의 일방적인 대북 투자와 경제지원을 늘려달라는 의사 전달이다. 북한으로서는 경제의 대중국 의존도 심화를 경계하면서도 현실적으로 대안이 없기 때문에 경제교류와 의존을 계속하는 대신, 이를 반감시키는 대응법으로 정치적 돌출행동을 통해 고분고분하지 않다는 인식을 심어주려 한다. 이러한 주기적인 돌출행위는 곧 정치적 영향력에 대한 견제심리의 집중적 표현이라고 볼 수 있다.[84]

중국은 2010년 3월 천안함 폭침사건에 대한 유엔 차원의 제재 논의를 차단하고, 동년 11월 연평도 포격 도발에 대해서도 북한을 두둔하며 후견국 역할을 자처한 바 있다. 당시에는 북한의 대중국 의존이 더욱 심화될 것이라는 예측이 지배적이었다. 그러나 2010년부터 2년 사이에 김정일이 네 차례나 방중을 하면서도 핵문제에 대해서는 의견 차이를 좁히지 못했다. 한미의 대북 압박에 대응하여 북한을 지지하는 것과 핵개발 문제는 별개의 차원이다. 국가이익이라는 관점에서 북중관계의 밀착에는 한계가 있음을 보여준다.

김정은 정권도 마찬가지다. 권력 승계 초기의 김정은은 취약한 권력기반을 공고히 하기 위해 북한 주민의 사회적·경제적 불만을 무마해야만 하는 과제에 직면해 있었다. 그래서 초기에는 김정일식 편승 노선의 연장선에서 대중국 경제 의존에 순응하는 태도를 보였다. 경제난으로 국가 물적 자원이 고갈된 상황에서 외부의 경제적 지원은 필수적이며, 특히 외부 지원은 내부개혁을 통해 경제 재건을 이루는 것보다 비용이 저렴할 뿐만 아니라 단기간 내 효과를 기대할 수 있다.[85] 북한으로서는 자생 능력을 상실한 경제구조를 개편하기 위해 초기 비용으로서 외부로부터의 경제지원은 꼭 필요하다. 특히 경제 원조로 접수한 자산 중에서 현금성 자산은 통치자금으로, 원조 물자는 주민 무마용으로 활용함으로써 지배계층의 자원 독식 및 권력집중을 정당화하는 용도로 사용할 수도 있는 것이다.[86]

핵무력 완성을 선언한 김정은이 2018년 이후 중국과 한국에 유화적 태도를 보이며 대외 관계에 적극적으로 나선 것은 사실상 침체된 경제를 회복하고 경제개발 5개년의 동력을 확보하기 위한 중대 전환으로서, 새로운 전략적 선택을 의미한다. 김정은 권력 승계가 안정화된 이후 북한은 핵무기 보유국이라는 국가목표 달성을 위해 의식적으로 중국과 일정 수준의 긴장관계를 조성하는 전략을 추구해왔다. 이에 따라 북한은 그동안 중국의 고강도 경제제재에도 물러서지 않고 핵실험과 탄도미사일 개발에 모든 국가역량을 집결했었다. 2018년 김정은의 집중적인 방중을 통해 중국과의 관계 회복에 나선 것은 바꿔서 말하면 그동안 추구해왔던 핵탄두와 탄도미사일 개발에서 소기의 목표를 이미 달성했다는 자신감의 표출이다.

최근 들어 김정은은 동생 김여정을 대남 통일전선 책임자로 내세워 미국을 대상으로 '관심 끌기' 게임을 벌이고 있다. 문재인 대통령에 대해 저급한 수준의 비난 행태를 보이는 점은 한국의 중재자 역할에 대한 기대를 완전히 포기한 것처럼 보이지만, 결국 일정 시간이 경과되면 필요에 따라 다시 남북관계에서 이익 획득을 위한 시도에 나서리라는 예상이 가능한 것처럼, 미국과 중국을 겨냥한 북한의 의도와 목표도 곧 분명하게 드러날 것이다. 개성공단 내 '남북연락사무소 폭파'라는 이벤트 식 돌출행동은 비단 미국을 향한 대화 요구일 뿐만 아니라, 중국을 겨냥한 메시지도 담고 있다. 미국에 대해서는 '불가역적 핵보유'를 완성하겠다는 시그널을 보내는 한편, 중국에 대해서는 친중적이지만 종속되지 않겠다는 '신新자력갱생' 전략을 구사할 것이라는 전망을 가능케 한다.

　당면한 북한 상황은 UN 제재에 더해 코로나19 사태로 인해 경제적으로 심각한 어려움에 처해 있는 것이 주지의 사실이다. 미국이 대북제재를 해제해주지 않는 한 북한경제는 더욱 극한상황에 몰리게될 것이다. 미국에 대한 기대가 난망한 상황에서 결국 중국에 의지할수밖에 없는 현실이다. 그동안 최대의 대북제재 압박의 그물에 갇혔다가 다섯 차례 북중 정상회담을 통해서 일부 급박한 식량과 에너지공급을 확보했지만, 코로나19 확산에 따른 국경봉쇄로 인해서 북한의 경제상황은 더욱 악화되어 체제유지가 불투명한 상황에 빠지고있는 것으로 보인다. 이에 북한은 중국이 가장 우려하는 한반도 안정을 흔드는 카드로 중국을 자극하려는 의도를 드러낸다. 수시 반복되는 북한의 남북관계 긴장 조성은 결국 우회적인 대중국 요구를 담고있다. 다시 말해, 북한은 자율성 확보와 전략적 운신을 위한 최소한의 장치로서 핵무장을 포기할 생각은 없으니 알아서 경제지원을 좀해달라는 간접적인 메시지를 지속 표출하고 있는 것으로 봐야 한다.

주석_3부

1 Ted Hopf, "The Promise of Constructivism in International Relations Theory", *International Security*, Vol. 23, Issue. 1, 1998, p. 175.

2 庞朕 · 杨鑫宇,「从同盟到伙伴: 中朝关系的历史演变」,『重庆社会主义学院学报』第3期, 2008, p. 86–88.

3 흔히 중국의 대북한 정책기조를 설명하면서 대한반도 정책의 내용을 거론하나, 그러한 관점은 중국이 가진 북한에 대한 차별성을 짚어내기 어려울 뿐만 아니라, 북중관계의 구조적 특성을 무시한 접근이다. 중국의 대한반도 3대 정책기조는 △한반도의 평화와 안정, △비핵화, △한반도 내 영향력 유지 · 확대이며, 이는 어디까지나 남 · 북한 공통사항이다. 대북한 정책을 한국과 동일 선상에서, 또는 한국을 포함한 한반도 정책기조로 북한문제를 바라보는 것은 북중관계가 기본적으로 가진 협력과 갈등, 기대와 불신의 불안정한 공존이라는 구조적 특성을 반영하지 못하기 때문에 타당하지 않다.

4 북한문제가 중국의 핵심이익에 해당하는지에 관해서는 몇몇 연구자들에 의해 연구과제로 제기된 바 있지만, 결론이 일치하지 않는다. 평가는 크게 두 가지 견해로 나뉜다. ①중국이 북한문제를 핵심이익이라고 명시한 적은 없지만 핵심이익에 준하는 중요사안이라는 '준准핵심이익론'과 ②대만 문제나 남중국해 문제에 비해 절대성이 떨어진다는 '비非핵심이익론'이 그것이다. 그런데 이는 비교의 부정합성에서 비롯된 논점의 오류로서, 북한문제를 핵심이익core interests인지 여부의 대상으로 보면 안 된다. 이러한 판단의 근거는 중국 내 '핵심이익'에 관한 개념에서 찾을 수 있다. 중국의 핵심이익 개념은 자국의 영토와 주권 범위 내에서 우선순위를 규정하는 것이지, 타국의 문제를 대상으로 삼지 않는다. 영토 · 주권 존중과 내정 불간섭을 표방하는 중국이 북한문제를 '핵심이익'의 범주에 포함시킨다면, 이는 오히려 타국의 주권침해라는 자가당착의 모순에 빠질 수 있다. 본 연구에서는 중국의 A2AD(반접근, 지역거부)와 반反포위 전략 목표 면에서 볼 때 북한문제도 중국에게 다른 핵심이익에 비견할 정도로 중요하다는 저자의 판단에 의거, 극히 중요한 요인crucial issue으로서의 '핵심이익'이라 표현하고, '편의상의 잠정 정의' 개념으로 사용한 것임을 밝혀둔다. ; 이민규, "중국의 국가핵심이익 시기별 외연 확대 특징과 구체적인 이슈", 『중소연구』 제41권 1호, 2017, pp. 42–69. ; 이상만 · 김동찬, "핵심 국가이익의 충돌과 타협의 메커니즘: 미중관계 분석 중심으로", 『21세기정치학회보』 제27집 2호, 2017, pp. 199–202.

5 이석 외, 『동북아 국제질서의 변화와 우리의 대응전략』, KDI 연구보고서 2017-01호, 세종: 한국개발연구원, 2017, pp. 468–472.

6 문흥호, "시진핑 집권 2기 중국의 대북정책: 선택적 균형전략의 최적화와 공세적 한반도 영향력 경쟁", 『현대중국연구』 제20집 3호, 2018, PP. 15–18.

7 '연루와 방기의 딜레마'는 원래 비대칭 동맹관계에서 약소국가가 자신의 의지와 상관없이 상대 동맹국의 안보 리스크에 의해 휘말리게 되는 두려움을 의미하지만, 본고는 중국의 북한문제 접근에서도 같은 형태의 딜레마가 나타난다는 해석임. 스나이더Snyder는 동맹에 참여하는 국가가 '방기'와 '연루'라는 갈등적 상황에 처하는 '동맹의 안보 딜레마'에 직면하게 된다고 설명함.: Glenn H. Snyder, 1984, pp. 466–467.

8 孟慶義, "地緣政治研究角度下的朝鮮半島", 한국평화연구학회 학술회의 2013 하계 국제세미나, 광

주: 2013년 5월, pp. 447–456.

9 刘会清, 「朝鮮半岛问题研究的地缘价值取向因素」, 『内蒙古民族大学学报(社会科学版)』, 第35卷 3期, 2009, pp. 1–4.

10 Jian Chen, *Mao's China and the Cold War*, Chapel Hill: The University of North Carolina Press, 2001, pp. 172–173. ; 박창희, 2007, pp. 33–35.

11 북·중 동맹관계에 대한 기존의 연구는 '동맹 유효론'과 '동맹 무용론'으로 나뉜다. 중국에서는 북핵 실험 강행 이후 옌쉐퉁閻學通, 주펑朱鋒, 왕이웨이王義桅 등에 의해 '동맹 무용론'이 제기되었고, 장롄구이張璉瑰의 「조중 우호원조조약」의 '사문화死文化'론, 스인홍時殷弘의 '지원의무 이행 불필요'론 등이 있었지만, 왕이성王宜勝, 양시위楊希雨, 한셴둥韓獻東, 왕쥔성王俊生 등의 북중동맹의 안보이익과 미래 전략가치는 여전히 유효하다는 반론에 부딪히고, 중국 정부의 '모호성' 유지와 대북 태도의 '투–트랙' 전환 이후 더 이상의 논란은 잠잠해진 상태다. 국내에서는 이종석, 정재호, 조영남, 박창희, 전병곤, 최명해, 김예경, 나영주 등에 의한 동맹 유효론이 대체적인 주류를 차지한다. 그리고 전략적 이해관계로 북중관계를 접근하는 학자들에 의해 '동맹론'의 굴레가 벗겨지고 있기는 하지만, 미·중 간 적대적인 전략 경쟁의 향배에 대한 불확실성이 증대된 상황에서 좀 더 장기적인 관찰이 필요하다는 의견도 타당성이 있다. : 閻學通, "中韓能建立同盟關係嗎?", 「韓美關係與中韓關係如何共存?」 성균중국연구소–한중문화협회 공동국제학술회의(2014. 4. 24) 자료집, 2014, p. 18. ; 朱鋒, "中朝關系中的同盟因素: 變化与調整", 「북중 우호협조 및 상호원조 조약과 한미동맹」, 국가안보전략연구소 주최 학술회의(2011. 9. 1), 2011. ; 王義桅, "한·중 동맹론: 선린우호조약 체결", 아주대 중국정책연구소 개원 세미나(2014. 9. 26) 발표문, 2014, pp. 2–3. ; 楊希雨, "朝鮮半岛的危机周期与长治久安", 「东疆学刊」 第36卷 第1期, 2019, pp. 5–6. ; 王俊生, "中朝'特殊关系'的逻辑: 复杂战略平衡的产物", 「东北亚论坛」 第1期, 2016, pp. 59–64. ; 이종석, "중·소의 북한 내정간섭 사례연구: 8월 종파사건", 「세종정책연구」 6(2), 2010, pp. 381–419. ; 조영남, "한중관계 20년의 안보 쟁점 분석: 북중동맹과 한미동맹에 대한 전략적 고려", 「국제지역연구」 제21권 4호, 2012, pp. 10–11. ; 최명해, "북중 조약의 현대적 함의와 북중관계 전망", 「북중 우호협조 및 상호원조조약과 한미동맹」, NSS 세미나(2011. 9. 1) 발표 자료집 등 참조.

12 정재호, 『중국의 부상과 한반도의 미래』, 서울: 서울대학교출판문화원, 2011, pp. 84–85.

13 庞肸·杨鑫宇, 2008, p. 8.

14 당시 베이징에서 당중앙외사영도소조 회의와 중국 외교부 재외공관장 회의가 각각 개최되었는데, 동 회의 기간 '중국의 대북정책 관련 내부회의'가 개최되었으며, 전·현직 주북한 대사의 조언이 제기되면서 북한을 다시 전략적 자산으로 인식하고 대북정책을 조정하게 된 것으로 알려진다.: 이희옥, 2010, pp. 43–48.

15 리신, "중국은 북한을 어떻게 인식하는가? 제2차 북핵실험 이후 중국 엘리트의 인식과 선택", 성균중국연구소 편, 『북중관계 다이제스트– 한중 소장학자들에게 묻는다』, 서울: 다산출판사, 2015, pp. 155–156.

16 리신, 2015, pp. 156–160.

17 程卫华, 「地缘战略与中国周边安全的思考」, 「江南社会学院学报」第12卷 3期, 2010, pp. 6–9.

18 John J. Tkacik, "How the PLA Sees North Korea", Andrew Scobell and Larry M. Wortzel, eds. *Shaping China's Security Environment: The Role of the People's Liberation Army*, SSI: Carlisle, 2006, pp. 149–150.

19 David Shambaugh, "China and the Korean Peninsula: Playing for the Long Term", *The Washington Quarterly*, Vol. 26, No. 2(Spring), 2003, pp. 44–45. ; Wu Anne, "What China Whispers to North Korea", *The Washington Quarterly*, Vol. 28, No. 2(Spring), 2005, p. 40.

20 Bonnie Glaser, Scott Snyder, and John S. Park, *Keeping an Eye on an Unruly Neighbor: Chinese Views of Economic Reform and Stability in North Korea*, United States Institute of Peace Working Paper, CSIS(January 3), 2008, p. 6.

21 박창희, "북한급변사태와 중국의 군사개입 전망", 「국가전략」 제16권 제1호, 2010, pp. 38–39.

22 Colin S. Gray, "Strategic Culture as Context: The First Generation of Theory Strikes Back," *Review of International Studies*, Vol. 25, Iss. 1, 1999, pp. 49–53.

23 习近平, "决胜全面建成小康社会 夺取新时代中国特色社会主义伟大胜利: 在中国共产党第十九次全国代表大会上的报告", 「中国共产党第十九次全国代表大会文件汇编」, 北京 : 人民出版社, 2017, p. 7.

24 이동률, "중국의 강대국화 외교전략과 과제", 「국방연구」 53권 3호 참고, 2010.

25 Johnston, Alastair Iain & Evans, Paul, 'China's Engagement with Multilateral Security Institutions', In Johnston, Alastair Iain & Robert S. Ross(eds), *Engaging China: The Management of an Emerging Power*, New York: Routledge, 1999, pp. 252–272.

26 이신, "중국의 국가 정체성과 북핵 정책의 변화: 상대적 지위, 국가성격, 국가이익을 중심으로", 서울대학교 박사학위 논문, 2015, p. 225.

27 이종석, "탈냉전기의 북한·중국 관계", 장달중·이즈미 하지메 공편, 「김정일 체제의 북한:정치·외교·경제·사상」, 서울: 아연출판부, 2004, pp. 80–116. ; 신상진, 「중·북관계 전망」, 연구보고서 97–04, 서울: 통일연구원, 1997, pp. 25–28.

28 成晓河, 2009, pp. 21–35. ; 王俊生, 2016, pp. 59–61. ; 김흥규, "북한의 제2차 핵실험과 중국의 대북정책", 「시대정신」 제44호, 2009. ; 최명해, 2009, p. 166–188. ; 조영남, 2009, pp. 19–21.

29 沈志华, "中朝关系的历史回顾", 「战略参考」 2017年 第7期. http://www.daguoce.org/article/12/145.html

30 沈志华, "中朝关系演变与朝鲜拥核政策的关联", 「钝角网」(2017. 11. 29) http://www.dunjiaodu.com/top/2017-11-29/2198.html ; 沈志华, "中朝关系的历史回顾", 2017. ; 션즈화, 〈중·북관계 세미나〉(국립외교원, 2017. 8. 7) : 션즈화 교수는 중북관계가 긴장(1950–53) → 냉담(54–55) → 충돌(56–58) → 회복(59–60) → 최고밀월(61–65) → 바닥(66–69) → 회복·평온 속 균열(70–76)의 갈등과 기복을 거쳤으며, 1977년부터 동맹관계가 와해되기 시작했다고 평가한다.

31 김흥규, "중국의 동반자외교와 한중관계", 「중국 신외교전략과 당면한 이슈들」, 서울: 오름, 2013a, pp. 20-22.

32 2013년 제3차 전략대화부터는 '당' 채널이 아닌 정부 간 공식채널을 통해서 진행되었다. 회의 명칭도 양당 간 대화는 '전략소통strategic communication'으로, 외교당국 간 대화는 '전략대화 strategic dialogue'로 구분했으며, 김계관 제1부상과 장예수이張業逐 부부장이 각각 양측 대표로 나섰다.

33 「在纪念中国人民志愿军抗美援朝出国作战60周年座谈会上的讲话」, 『新华社』, 2010年 10月 25日. ; http://news.sina.com.cn/o/2010-10-26/043818284947s.shtml

34 김흥규, 2013, pp. 36-37.

35 『조선중앙년감』, p. 362. ; 리신, 2015, p. 161 재인용.

36 최명해, 2010, p. 2.

37 孟庆义, 「朝鲜半岛统一进程及中国战略选择」, 『延边大学学报(社会科学版)』, 第51卷 4期, 2018, pp. 5-13.

38 贾庆国, "中国为何坚决反对朝鲜拥核", 『环球时报』 2014年 2月 25日. http://star.news.sohu. com/20140225/n395587033.shtml?pvid=6aa0c692c0b968f8

39 Evans J. R. Revere, "Lips and teeth: Repairing China-North Korea relations", *Brookings Report*, November 2019. https://www.brookings.edu/research/lips-and-teeth-repairing-china -north-korea-relations/

40 「王毅同朝鲜外相李勇浩举行会谈」, http://www.fmprc.gov.cn/web/zyxw/t1556221.shtml ; 「习近平同朝鲜劳动党委员长金正恩举行会谈」, http://www.Fmprc.gov.cn/web/zyxw/t1569948.shtml

41 「中国驻朝鲜大使馆宴会」, http://www.kcna.kp/kcna.user.article.retrieveNewsViewInfoList. kcmsf#this

42 전재성, "관여(engagement)정책의 국제정치이론적 기반과 한국의 대북 정책", 『국제정치논총』 제43권 1호, 2003, pp. 240-241.

43 倉持一(쿠라모치 한), "習近平政權の對北朝鮮外交の特徵に關する考察", 『危機管理硏究』, 日本危機管理學會誌(26), 2018, pp. 16-24.

44 남영숙, "신흥원조공여국으로 부상하는 중국: 중국식 원조모델과 국제원조질서에의 시사점", 『국제 지역연구』 제18권 4호, 2009, p. 41.

45 유세희, "중·소의 북한에 대한 영향력 경쟁에 관한 연구", 『중소연구』 제12권 2호, 1988, pp. 133-135.

46 1996~2000년간 북한의 식량원조 수원총량 349만 톤 중에서 중국의 원조가 222만 톤으로 64%를 차지하며, 특히 식량난이 극심했던 1995~1996년의 경우 중국의 원조 비중은 71%에 이른다.; 앞 【도표 15】의 USDA 통계자료에 의거함.

47 케난George F. Kennan은 1947년 소련 봉쇄론으로 냉전의 대결과 봉쇄정책을 주창한 미국 외교고문이자 역사학자. 냉전의 종식은 봉쇄전략이라는 현실주의적 수단과 소련체제의 전환이라는 자유주의적 목표가 결합하여 이끌어낸 결과라는 점에서 봉쇄전략은 '자유주의적 현실주의'의 대표적인 사

례라고 평가된다. ; 김용호, "비대칭동맹에 있어 동맹신뢰성과 후기 동맹딜레마: 북 · 중동맹과 북한의 대미접근을 중심으로", 「통일문제연구」 제13권 2호 통권 36호, 2001, p. 16~33. ; 박용국, 2014, p. 17~19.

48 田一隆, 2019, pp. 111~112.

49 김예경, "중국의 영향력 균형 전략과 제3세계 외교: 과거의 경험, 그리고 오늘날의 함의", 「국가전략」 제16권 1호, 2010, pp. 8~11.

50 Alvin Z. Rubinstein, Soviet and Chinese influence in the Third World, New York: Praeger, 1975, p. 10.

51 유현정, "시진핑 2기 중국의 한반도 정책과 우리의 대응방향", 「INSS전략보고」, 국가안보전략연구원 2018-07호, 2018, p. 5.

52 李熙玉, "脫冷戰期の中朝關係: 連續と非連續", 「KEIO SFC JOURNAL」, Vol. 10, No. 2, 2010, p. 39. ; 박용국, 2013, p. 130.

53 군사행동은 거시적인 관점에서 '전투, 억지, 강요'의 세 가지 영역으로 세분화되는데, 이와 관련한 군사행동의 전략적 범위scope에 대한 자세한 설명은 다음을 참고. : Daniel Byman and Matthew Waxman, *The Dynamics of Coercion: American Foreign Policy and the Limits of Military Might*, New York: Cambridge University Press, 2002.

54 Hakan Mehmetcik, Ferit Belder, "China's role in the regional and international management of Korean conflict: an arbiter or catalyst?", *Third World Quarterly*, Vol. 39, No. 12, 2019, pp. 2255~2271.

55 Hakan Mehmetcik, Ferit Belder, 2019, pp. 2255~2271.

56 진징이(金景一), "북중 관계와 한반도의 미래(China-North Korea Relations & The Future of the Korean Peninsula)", IFANS 중국연구센터 국제학술회의, 외교안보연구원 주최, 서울, 2016년 9월 29일.

57 Gong Keyu, "Tension on the Korean Peninsula and Chinese Policy", *International Journal of Korean Unification Studies*, Vol. 18, No. 1, 2009, pp. 93~119.

58 헤징전략은 간접균형indirect balancing, 지배거부, 경제적 실용주의, 결속적 관여 bindingengagement, 제한적 편승limited bandwagoning 등 다양한 정책을 포함한다.: 장용석, 2012a, p. 48.

59 북한은 자주노선을 다음과 같이 정의한다. 즉 "자주노선은 혁명과 건설에서 나라의 자주권을 견지하며 맑스레닌주의 원칙과 나라의 구체적 실정에 기초하여 자신의 주견과 판단에 따라 독자적으로 로선과 정책을 세우고 그것을 주체적으로 관철해나가는 우리 당의 로선이다.": 북한 사회과학원, 「정치용어사전」, 평양: 사회과학출판사, 1970, p. 430.

60 Reo M. Christenson, *Ideologies and Modern Politics*(2nd ed), New York: Harper & Row, 1975, p. 6.

61 균형balancing의 방법을 내적 균형과 외적 균형으로 분류하는 이론은 Kenneth N. Waltz, *Theory* *of International Politics*, Boston, Mass: MaGraw-Hill, 1979, p. 169.

62 김응서, 2012, pp. 241-243.

63 이석호, "약소국 외교정책론", 이상우·하영선 편, 『현대 국제정치학』, 서울: 나남, 1992, pp. 462-467.

64 Stephan M. Walt, 1987, pp. 17-21.

65 '주체사상' 용어는 김일성이 1955년 12월 28일 조선 로동당 선전선동원대회 연설에서 처음 사용하였으며, 1965년 4월 반둥회의 10주년 기념식에 참석차 인도네시아를 방문한 김일성의 알리아르함 사회과학원 연설에서 "사상에서의 주체, 정치에서의 자주, 경제에서의 자립, 국방에서의 자위"라는 소위 주체사상의 4대 원칙을 천명하면서 하나의 사상체계를 갖추게 되었다.

66 이교덕, 『북한의 후계자론』, KINU 연구총서 03-12, 서울: 통일연구원, 2003, pp 4-18. ; "수령론", 『통일부 북한정보포털』. https://nkinfo.unikorea.go.kr/nkp/term/viewNkKnwldgDicary.do?pageIndex= 1&dicaryId=134

67 김정일, 『주체사상에 대하여』, 평양: 조선로동당출판사, 1982, p. 121.

68 『로동신문』 1995년 6월 16일. ; 허문영, 『북한외교의 특징과 변화 가능성』, 서울: 통일연구원, 2001, p. 47.

69 철학연구소, 『사회주의 강성대국 건설사상』, 평양: 사회과학출판사, 2000, pp. 34-36.

70 현성일, 『북한의 국가전략과 파워엘리트』, 서울: 선인, 2007, pp. 346-347.

71 '헤징'이란 원래 '울타리 치기'라는 뜻의 금융 용어로 현물 가격 변동에 따라 발생할 수 있는 투자 손실을 줄이기 위한 위험 분산 전략을 뜻하며, 국제정치학에서는 국가이익을 극대화하고 리스크를 최소화하기 위한 외교전략을 지칭하는 데 차용된다. 중국의 부상에 따른 각국의 헤징전략으로는 균형과 편승의 두 가지 극단적인 선택보다는 그 중간에 있는 지배 거부dominance denial, 제한적 편승, 경제적 실용주의economic pragmatism, 구속적 관여binding engagement, 간접 균형 등 다섯 가지 선택의 가능성을 높게 평가한다.: 〈2012년 북미아시아학회(AAS; Association for Asian Studies) 연차 총회 전문가 토론회〉, KF·캐나다 토론토대학 한국연구센터 공동주최, 토론토, 3월 15일. ; 박진, "중국 부상에 대처할 최선의 헤징 전략은?", 『중앙일보』 2015. 4. 9. ; https://news.joins.com/article/17546714

72 김일성, "조선로동당 제6차대회 중앙위원회 사업총화보고"(1980년 10월 10일), 1987.

73 김일성, "사상사업에서 교주주의와 형식주의를 퇴치하고 주체를 확립할 데 대하여", 『김일성 저작집 9』, 평양: 조선노동당출판사, 1980.

74 Randall L. Schweller, "Profit: Bringing the Revisionist State Back in", *International Security*, Vol. 19. No. 1, 1994, pp. 92-99.

75 김예경, 2007, p. 78, pp. 84-89.

76 전병곤 외, 2017, p. 145.

77 안경모, "북한의 대외전략 분석(2008-2016): '편승'에서 '균형'으로의 변화를 중심으로", 『국가전략』 제22권 4호, 2016, pp. 7-8. ; 장노순, 1999, pp. 379-397. : Waltz에 의하면, '편승'이란 원래 위협

이 되는 상대 국가와 대내외 정책의 공조를 취함으로써 자국의 안보 혹은 이익을 확보하려는 대외전략을 뜻한다. 여기서는 이러한 관점에 따라 북한의 통미봉남通美封南을 대미 편승전략으로 간주하는 입장을 따르고 있다.

78 조동호·이상근, "북한경제 중국예속론의 비판적 고찰", 『국제지역연구』 제12권 3호, 2008, pp. 377–383.

79 박순찬, 『북한과 중국 간 무역이 경제성장 및 소득에 미치는 영향 분석』, 서울: 대외경제정책연구원, 2005. ; 이영훈, "북중무역의 현황과 북한경제에 미치는 영향", 『금융경제연구』 제246호, 2006.

80 1993년 4월 채택된 북한 최고인민회의 법령 제14에 규정되고 2004년 12월 최고인민회의 상임위원회 정령 제868호로 수정·보충된 북한의 지하자원법 제2조에는 "조선민주주의인민공화국에서 지하자원은 국가만이 소유한다"고 명시되어 있으며, 이에 따라 북한은 채굴권 등 지하자원 기본권리 자체의 양도가 금지되어 있을 뿐만 아니라 자원탐사도 다른 나라와 협조하지 않는다는 방침을 두고 있다. 통일부, "중국의 대북 자원개발투자 관련", 내부자료(2007).

81 Daniel Wertz, "China–North Korea Relations", *NCNK Report*, November, 2019. https://www.ncnk.org/resources/briefing–papers/all–briefing–papers/china–north–korea–relations

82 북한 외무성 대변인은 1996년 4월 18일 성명에서 "한국과 미국이 4자회담을 제의한 것은 구체성이 없으며, 한반도 평화보장 체제는 본래 정전협정의 실제 당사자인 우리와 미국이 논의하여 결정할 문제"라고 밝혔다.: 刘金质, 『当代中韩关系』, 北京: 中国社会科学出版社, 1998, pp. 227–229.

83 『중국국제방송』 2006. 1. 18.

84 현성일, 2007, p. 350.

85 Stephen Haggard and Marcus Noland, "North Korea's External Economic Relations", *PIIE Working Paper Series*, WP 07–7, 2007, pp. 32–34. ; 정성윤, 2014, p. 184.

86 Danial Byman and Jennifer Lind, "Pyongyang's Survival Strategy: Tools of Authoritarian Control in North Korea", *International Security*, Vol. 35, No. 1, 2010, pp. 55–61.

4부

북중관계
전략적 선택 모형과 공생

1장

중국과 북한의
상호 '전략적 선택과 대응' 모형

본 장에서 검토할 '전략적 선택'의 구조화 작업은 특정 국가 간 관계 설정이 기본적으로 게임의 원칙에 의해 작동된다는 지극히 보편적인 관점에서 출발했다. 그리고 중국과 북한의 양자관계에 전략게임의 원리를 적용하되, △북·중 간 국가 정체성의 상충에서 비롯된 잠재적 불신과 견제의 긴장관계가 내재되어 있고, △전략이익을 둘러싼 양국의 이해는 공유와 상충이 병존하며, △북·중 양자는 각각 상대방에 대해 독자적이면서 동시에 합리적인 정책 결정을 할 수 있다는 점을 전제조건으로 삼았다. 이 같은 전제하에 '전략적 선택'의 접근방법에 따라 북중관계 이익 균형의 구조를 설명하고, 이어서 두 차례 북핵 위기의 대응 및 여섯 차례 북한 핵실험을 둘러싼 양국 간 갈등과 이해 상관관계를 분석한 후, 추출된 성과표를 '전략적 상호주의' 개념[1]으로 설명해보려는 시도를 했다. 그리하여 중국이 왜 한반도 비핵화 원칙을 견지하면서도 문제 해결에는 소극적인지를 설명할 수 있는 모형을 찾고자 했다. 이러한 접근과 검토의 결과에서 북중관계의 상호 전략적 선택을 결정하는 핵심 동인은 결국 중국의 '선택적 관여'와 북한의 '선택적 편승 optional bandwagoning' 간 상호작용interaction이며, 양자관계를 지배하는 공통의 논리는 '전략적 공생strategic symbiosis'이라는 결론에 도달했다.

중국은 1950년 한국전쟁에 참전한 이후 10여 년이 지나서 북한과 정식 동맹관계를 맺었다. 그러나 북중관계는 결속을 다지기보다 미·중 데탕트, 소련의 붕괴와 냉전의 종식이라는 국제사회의 변화 속에서 한중수교, 그리고 북핵 실험에 대한 중국의 UN 제재

【도표 25】 북중관계의 전략적 선택 모형 구조도

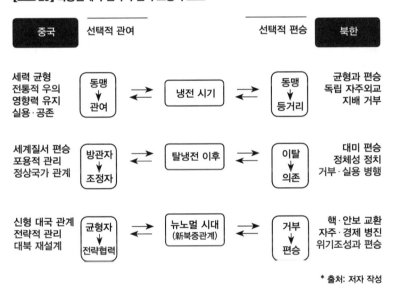

* 출처: 저자 작성

동참 등 상호 갈등이 부각되는 결과로 나타났다. 하지만 앞서 3부에서 분석한 바와 같이 북중동맹은 이미 그 형성에서부터 동맹의 제도적 한계를 내포하고 있으며, 동시에 동맹관계 유지에 우여곡절을 겪었음에도 불구하고 기본적으로 우호적인 관계는 유지되고 있다. 탈냉전 이후 중국이 동맹체결국이 아닌 '일반국가 관계' 당사자의 행태를 보이면서 동맹관계는 무력화되었고, 공식적으로는 '전통적 우호협력관계'를 표방하고 있다는 점도 확인했다.

이에 본 장에서는 중국과 북한의 그러한 관계적 특성을 하나의 '전략적 선택 모형'으로 구조화하여 양국 관계를 재조명하고자 한다. 하나의 통합적인 틀frame 속에 개념화, 추상화를 하려는 시도이다.[2] 북·중 간 상호 대외정책의 결정이 어떠한 전략적 선택에서 비롯되었으며 또한 상호작용을 통해 어떻게 전개되는지에 초점을 두고, 【도표 25】와 같이 전략적 선택의 모형을 구성했다.

1
중국의 대북한 역할:
개입, 방관자, 조정자, 균형자

시진핑 시기 중국의 대북한 외교는 신형 대국 관계의 주변국 외교와 밀접하게 연계되어 나타난다. 2013년 10월 시진핑은 중국 지도부 전원이 참석한 「주변외교공작좌담회」에서 주변 지역 국가와 친·성·혜·용의 외교 기본방침을 제시했다. 2014년 판 『아·태 청서亞太藍皮書』에는 중국의 대주변국 역할이 적응자適應者에서 지역질서 조정자調整者 또는 구축자構建者로 전환되었다고 밝히고 있으며,[3] 2014년 11월 「중공중앙외사공작회의」에서는 주변국 외교가 중국 외교의 최우선 사안임을 강조한 바 있다. 동맹관계가 무력화된 상황에서 북·중 외교는 이제 주변국 외교 대상의 하나가 되었고, 주변국 외교의 전략목표 아래에서 다뤄지고 있다. 중국의 주변국 외교의 목표는 덩샤오핑 이래 중국의 경제발전을 위한 안정된 주변 환경 조성이라는 소극적 목표에서 벗어나, 이제 적극적인 목표를 지향하고 있다. 시진핑 시기 중국은 이전보다 더 적극적이고 구체적이며 전면적인 수준의 주변국 외교전략을 표방하고 있다. 중국의 주변국 외교는 2009~2010년을 전후로 명시적인 변화를 보였다는 평가를 받는다. 2008년 세계 금융위기와 함께 미국의 패권 영향력이 축소되기 시작한 시기와도 일치한다. 기존의 미국 중심 질서에 편승하여 최대 이익을 누린 국가로서의 중국의 정체성은 대외적으로 소극적인 현상유지 선호 국가에서부터 점차 '근육자랑'을 하는 지역 패권국으로 전환되었다. 국가 정체성도 개발도상국에서 책임 있는 대국, 다시 강대국으로 변화를 겪었다.

중국의 행동 변화는 세계 2위로 성장한 경제력만큼 주변 지역에 대한 정치적 이해관계를 반영하기 위한 것이며, 강해진 국력에 상응하는 만큼의 발언권을 국제사회에 행사하려는 의사표시이다.[4] 이처럼 중국의 적극적인 주변국 외교는 그 영역과 범위를 경제에서 출발하여 정치·안보 분야 협력으로 확대시켰다. 가령 2014년 4월 개최된 「아시아 교류 및 신뢰구축회의CICA」에서 시진핑은 아시아안보협력기구 창설을 제안하면서 "아시아인들의 협력 강화로 아시아의 평화와 안정 실현"을 강조하였다. 역내 안보를 강조하는 외교적 행태는 곧 중국의 대북전략에도 투영된다. 역사적으로 중국과 북한은 1970년대 미·중 데탕트로 인해 이미 반쪽 위협이 사라졌고, 탈냉전 이후 한중수교로 인해 나머지 반쪽 위협이 사라지면서 동맹의 구속력은 상실되었다. 반면, 한미동맹과 미일동맹의 경우는 소련과 동구권 공산국가의 붕괴로 공동의 위협이 사라졌지만, 중국과 북한을 위협 대상으로 재설정하고 행위 구속력과 상호 신뢰구축을 통해 동맹을 유지하였다. 북한이 인식하는 위협은 과거와 현재가 그대로인 데 비해 중국의 경우 과거의 위협이 더 이상 현재의 위협이 아니다. 그 이유는 동맹이 체결될 때부터 중국이 동맹을 통해 북한의 미래 행보를 관리하기 위한 수단으로 활용하기를 기대한 반면, 북한은 미국 제국주의의 위협에 균형을 맞추는 기제로 인식했기 때문이다.

따라서 위와 같은 국제적 인식에서 한반도는 중국의 '평화적 발전' 전략과 '핵심이익 수호' 방침이 교차하는 지점이라고 할 수 있다. 중국은 대외 영향력 확대와 굴기崛起의 출발점을 한반도 및 동북아 지역으로 설정하고, 남북한 요인과 함께 한반도 주변국인 미국, 러시아, 일본 등과의 이해관계를 종합적으로 검토하여 전략적 행동을 하며, 사안에 따라 미국과의 관계를 최우선적으로 고려한다. 특히 대남북한의 세력 균형을 통해 남북한의 공존 및 한반도에서의 영향력 극대화를 추구한다.

역사적 시기별로 구분해보면 첫째, 냉전 시기 중국의 대북한 전략적 선택의 기제는 동맹과 개입, 그리고 조정의 틀 속에서 작동되었다고 할 수 있다. 당시 선택의 근거는 역사적 전통을 이어받은 지정학과 이념적 전략동맹을 뒷받침하는 이데올로기에 뿌리를 두고 있다. 이 시기 중국과 북한의 동맹관계는 북·중이 연합군으로 한·미와 전쟁을 치른 현실적 토대에서 비롯되며, 「조중 우호원조조약」의 법적 장치가 보장되어 양국이 안보와 위험을 공유하는 군사·안보적 동맹 관계였다. 이후 제도적 동맹을 맺고 최고의 밀월기를 구사하지만, 그 기간은 10년을 초과하지 못하며, 미·중 데탕트를 맞아 북중관계의 내부적인 이해관계 조정이 뒤따르게 된다.

둘째, 탈냉전 이후 시기에는 중국의 대북한 전략적 선택이 새로운 국가 관계의 틀 속에서 방관자 → 조정자 → 균형자로의 단계적인 역할 조정 형태로 나타난다. 북중관계는 한중수교 이후 8년 동안 정상 간 상호 방문이 없었다가 2000년 김정일이 처음으로 중국을 방문하면서 비로소 회복되었다. 그러나 북한의 핵개발 고집과 중국의 유엔 제재 결의 동참으로 관계가 경색되기 시작했고, 2013년 2월 북한이 제3차 핵실험을 강행하면서 북중관계는 다시 냉각되었다. 중국 내에서는 '북한 부담론', '북한 포기론'이 부상하기도 했다. 하지만 중국은 악화된 북중관계하에서 방관적 관망의 태도를 벗어나 북한에 대한 안정적 관리의 조정자 역할을 회복한다. 가령 2009년 8월 중국은 「창지투長吉圖 개발계획」을 발표했다. 창지투 계획은 창춘~지린~투먼圖們을 연결하는 대규모 두만강 유역 개발 프로젝트로서, 이 지역을 단일 경제벨트로 묶어 국제적 산업단지와 동북아 물류 거점으로 만들겠다는 구상이다. 동 구상은 동북3성의 낙후된 경제를 살리기 위한 목적뿐만 아니라 한반도 북부와 북·중 접경지역에 대한 안정적 관리를 위한 전략적 고려가 작용했다고 봐야 한다. 북한의 존립에 위해가 되지 않는 범위에서 자국의 국제적 위상과 국익을 동시에 얻으려는 중국의 선택은 북한이 임명한 신의주특구 행정장관 양빈의 체포사건, 황장엽 비서의 한국 망명 허용, 중국 내 탈북자의 처리 방식 등의 사례에서 잘 나타난다.

셋째, 시진핑 집권 시기에 들어와서 중국의 대북한 정책과 전략적 기조는 기존의 '동반자 관계'의 틀에서 한 단계 격상되어 비대칭 국가 사이의 '전략적 협력관계'로서 협력 기제의 재조정이 이루어졌다. 대북한 전략적 역할에 있어서도 기존에는 균형자의 입장에서 북핵 고도화를 억지하기 위한 대북 압박의 '길들이기' 전략을 실행했지만, 급변하는 국제체제 환경의 전환에 부응하여 중국은 다시 북한의 전략적 가치의 필요성을 수용했다. 양국 관계는 새로운 전략적 협력의 신북중관계, 뉴노멀New Normal 시대로 접어들었다. 물론 이에 앞서 북한의 핵무장과 미사일 고도화 강행에 대한 길들이기 차원의 대북 압박과 갈등의 시기는 길었다. 18차 당대회 이후 시진핑 정권은 유엔의 대북제재 조치를 더 엄격히 집행하고 한국의 先방문 및 김정은과의 회담을 유예하는 방식으로 분명한 불만을 표시했다. 중국은 제 18차 당대회 이래, 미국과는 "충돌하지 않고, 대항하지 않고, 서로 존중하며, 협력하여 상생하는(不衝突, 不對抗, 相互尊重, 合作共贏)" '신형 대국 관계'를 제안하고, 주변국에 대해서는 "상호존중, 공평정의, 협력공영(相互尊重, 公平正義, 合作共贏)"의 '신형 국제 관계' 구축에 나서고 있다. 한반도는 '신형 국제 관계'를 실행하고 검증하는 실험장이며, 이러한 이중 구조의 세계 질서관과 글로벌 통치 이념은 중국에게 한반도에서의 국가이익에 이중성을 부여하였다. 즉 중국은 한반도에서 자신의 국가이익을 지키는 동시에, 제로섬零和 관계가 아닌 일종의 '상호존중과 협력공영'의 공동이익 관계를 실험하고 있는 것이다.

동북아 전략 측면에서도 이러한 이중 구조가 적용된다. 중국은 한반도에 영향력을 확대함으로써 미국의 중국 봉쇄전략에 대비하는 한편, 동북아 역내 국가들과 경제협력을 통해 '사회주의 현대화' 목표를 추구한다. 이러한 목표를 위해 중국은 발전공간의 확장, 국가

경쟁력의 강화, 지역경제 활성화 등의 전략목표를 동북아 역내 국가들과 협력체를 구축하여 해결하려 하고 있으며, 동북아 전략의 기본적인 목표는 동북아 지역 각국과의 양자, 다자협력의 복합 구조로 설계되어 있다. 이에 따라 중국의 동북아 역내 외교 목표는 기존의 안정유지를 넘어 '지역패권' 추구로 전략의 전환을 꾀하고 있다. 중국의 주변국 외교전략은 동아시아 주변 지역에서 자국의 이익을 침해받지 않고 '핵심이익'을 확고하게 지키면서 미국과의 이익 균형 및 자국의 영향력 확대를 달성하려 하는 것이다. 이에 따라 미국의 대중국 견제전략에 개입하여 영향력을 행사하거나, 해양영토 분쟁 당사국에 대한 물리적 압박 등 적극적인 외교행위를 실행함으로써 자국의 핵심이익을 수호하려는 행동이 나타났다. 과거 중국의 동북아 전략은 미일동맹 등 미국 중심의 국제질서에 대한 편승과 견제였다. 그러나 21세기 이후 중국의 부상에 대한 미국의 견제전략이 구체화되면서 중국은 '반접근Anti-Access'과 '지역거부Area Denial' 차원에서 동아시아의 다자협력을 주도적으로 이끌어가는 방향으로 전략의 전환이 이루어졌다.

물론 미·중 전략 경쟁이 파탄의 수준까지 격화된 현재 상황에서, 북·중 간 합의된 기제가 실제적으로 발휘될 수 있는 공간과 역할은 제한되어 있다. 중국의 소극적 대응 원인은 중국이 북한과 한반도에 가지고 있는 전략적 이해관계에서 비롯되는 것이며, 이러한 중국의 대응방식은 미·중 간 전략적 경쟁관계가 해소되지 않는 한 지속될 것이다.

2
북한의 대중국 대응:
자주, 의존, 거부, 편승, 이탈

    북한은 항일전쟁 시기 및 한국전쟁을 통해 중국과 '이념적 전략동맹' 관계를 맺었지만, 이후 중·소 분쟁에 따른 사회주의 노선 분화를 겪었고, 탈냉전 시기에서는 동맹 무력화와 북핵 실험에 대한 전략적 갈등을 드러내는 등 대중국 관계에서 부침을 거듭해왔다. 역사적인 견지에서는 미·중 데탕트, 개혁개방, 탈냉전이라는 북중관계의 주요 변곡점에서 미국 변수가 크게 작용했고, 한중수교 이후에는 남북관계 변수도 적지 않은 작용을 했다. 이 같은 일련의 변화를 겪으면서 양국 관계 내면에는 복합적 요인이 혼합된 '특수관계'가 형성되었다. 현재도 국제질서와 지역문제의 영향 속에서 북중관계는 기복을 거듭하며 진화를 계속하고 있다. 양국 간 정치적 신뢰와 이념적 연대는 갈수록 약화되는 반면, 현실정치의 핵심인 국가이익 관계가 자리를 잡으면서 북·중 간 전략적 균형을 맞추어 나가고 있다. 일본의 호

시노Masahiro Hoshino와 히라이와Shunji Hiraiwa는 공동연구에서 중국과 북한의 "특별한 관계"를 지탱하는 요소가 △국가안보 △사회주의 이데올로기 △지도자의 개인 유대 △경제적 요인 등 네 가지를 기반으로 하지만, 그중에서 양국을 묶는 힘은 사회주의 이데올로기보다는 국가안보 문제가 궁극적으로 더 우세하게 작용했으며, 지도자의 개인적 유대도 점차 약화되고 경제적 요인이 북중관계를 점차 의존과 밀착으로 유도하고 있다는 결론을 제시한다.[5]

북한이 여섯 차례 핵실험을 강행하고 핵보유국 선언을 하는 동안 중국은 북핵 반대 입장을 대북정책의 3대 원칙의 하나로 내세우고 있으면서도 이를 막는 데는 실패했다. 북한에 대한 관여와 영향력의 한계를 드러내는 부분이다. 만약 북중관계가 실질적 동맹관계에 있다면 이는 '비대칭 동맹'에 해당되는데, 사실 북·중 간에는 비대칭 동맹의 일반적인 형태인 '자율성과 안보의 교환'이 전혀 이루어지지 않고 있다. "비대칭 동맹에서는 강대국이 약소국에 안보를 지원해주는 대가로 약소국은 강대국에 의해 자율성을 어느 정도 제약을 받는다"[6]는 이론적 검증이 북중관계에는 유효하지 않다는 뜻이다.

그럼에도 북중관계가 특수한 관계를 유지할 수 있었던 배경에는 북·중 상호 간 국가이익 측면에서 많은 부분의 이해관계가 서로 일치했기 때문이다. 북한은 경제난과 체제안보 위협에 대처하기 위해 중국의 경제지원과 정치적 후견이 필요했고, 중국은 한반도 안정과 완충지대 유지를 통해 경제발전을 도모한다는 국가 전략적 측면에서 상호 이해관계가 일치하기 때문에 전략적 협력관계가 성립될 수 있다. 다시 말하면 중국의 대북정책은 북한체제의 유지와 안정을 위해서는 적극 개입하지만, 핵문제를 포함한 여타 현안에 대해서는 전략적 판단에 따라 결정하는 '선택적 관여'의 행태를 취하고 있으며, 북한은 이러한 중국의 의도를 간파하고 있기 때문에 이를 선별적으로 수용하기도 하고 거부하기도 하는 '선택적 편승'으로 방어할 수 있는 것이다.

북한의 대중국 태도와 정책적 대응방식에 대해서도 단순한 양자관계 차원이 아니라 미국 등 여타 주변국과의 대립과 협력, 그리고 국제체제의 환경요인을 복합적이고 거시적으로 바라봐야 한다. 분명한 것은 북중관계를 "기존의 동맹관계로 이해하여 정적static으로 바라볼 것이 아니라 북·중 간 사안별 전략적 이해관계에 따라 갈등과 협력을 병행"[7]하는 '선택의 문제'라는 관점에서 접근이 필요하다. 북한의 중국에 대한 불신과 경계심은 북중관계 역사의 전편을 관통하며 지속된다.

우선, 냉전 시기에는 동맹관계를 기본으로 하면서도 자주와 협력 사이를 오갔다. '전통적 우의'로 포장되어 있는 북중관계는 내면적으로 끊임없는 갈등과 긴장관계의 연속이었다. 특히, 한국전쟁의 지휘권 갈등과 작전의 호흡 문제, 문화대혁명에 대한 태도와 반목, 북핵 문제에 대한 인식과 처리 문제 등에 있어서 불신의 골은 더욱 깊었다. 이러한 불신 때문에 김일성은 중국과 관련된 사안은 자신이 직접 처리하고 결정했다. 유쾌하지 않은 역사적 경험과 굴욕, 그리고 불신에서 나온 경계심의 발로다. 김일성은 정권 출범 당시 아직 기반이 취약한 상태에서 소련의 지원을 받아 권력을 잡았지만, 조선 노동당 내 최대 계파였던 '연안파'를 축출하는 과정에서 중국과 소련의 내정간섭을 받아 굴복했던 '트라우마'가 남아 있다. 휴전 이후까지 잔류하던 중국 인민지원군의 철수 과정에서 보인 북·중 갈등도 바로 중국의 외압을 우려하여 표출된 북한의 전략적 대응이다. 중국이 주둔군 철수와 함께 「북·중 수뇌방문에 관한 협정」(1958. 2)을 체결하여 중대 사항의 상호 '통보'제도를 설치했지만, 김일성은 대리인을 통한 고위급 교류보다는 자신이 직접 방중하는 '친정 교류방식'을 고집했다. 중국이 자신의 유일체제를 위협하는 정치적 도전세력을 후원할 가능성을 차단하기 위함이다. 북한 정권 수립 이후 주중 북한 대사 12명, 외무상 10명 중에 친중 인맥이 단 한 명도 없다는 점은 그만큼 중국의 내정간섭을 경계했음을 반증해준다.[8] 북한 외교라인의 고위 인사에는 연안파 계열을 앉히지 않았고, 김정일 시기에도 역시 매부인 장성택 인맥을 앉히지 않았다.[9]

둘째, 탈냉전 이후 북한은 중국으로부터 이탈과 편승을 반복하면서 기본적으로는 대중국 의존관계를 유지했다. 김정일 시기 북중관계는 더 이상 과거와 같은 안보협력관계가 아니며, 중국의 북한에 대한 영향력 또한 제한되어 있었다. 북한의 지정학적 가치를 감안하여 중국은 북한에 대해 양보와 타협을 지향했고, 북한은 중국의 이러한 약점을 최대 활용하여 대중국 '이니셔티브'를 행사하는 데 익숙해 있었다고 볼 수 있다. 1996년 5월 홍성남 총리가 방중하여 「경제기술협력협정」을 체결함으로써 북·중 교역의 우대가격 적용을 재개했다. 1999년 김영남의 공식 방중에 이어, 2000년 5월 김정일 방중에서 양국 관계가 복원되었음을 공식화했지만, 그러나 이러한 복원이 과거의 동맹관계로의 회귀를 의미하는 것은 아니다. 혁명투쟁 과정에서 피를 나눈 형제관계로 인식하는 혁명 1세대 지도자들은 이미 역사 속으로 사라졌다. 따라서 중국의 포스트 혁명세대 지도자들에 게 있어 북한은 더 이상 동맹이 아니라 자국의 이익과 동북아 전략 에 맞추어 관리해 나가야 할 지정학적 변방일 뿐이다.[10] 2006년 1월 김정일 방중 시 후진타오는 북중관계의 전략적 성격을 강조했다. 이 는 중국이 장쩌민 시기 김정일의 첫 방중에서 합의한 '동반자 관계' 를 격상하여 '전략적 관계'로 전환하려는 첫 신호였다.

셋째, 김정은 정권 시기에 들어와서 북한은 대미 편승과 대중국 거 부 형태로 현상타파를 시도했지만, 결국 중국에 의한 후견 역할 필요 성과 경제적 의존관계에서 벗어나기 어려운 현실적인 한계로 인해 중국과의 관계 재정립을 모색하고 편승과 거부의 양면성을 절충하 여 병진하는 형태의 '전략적 협력관계'를 지향하고 있다. 이러한 선 택의 배경에는 미·중 전략 경쟁의 격화로 인해 북한의 대외전략 운 용의 공간이 크게 축소된 원인이 작용한다. 중국이 미국과 전략적 협 력을 하던 시기에는 북한이 안보 불안을 어느 정도 완화하여 타협을 모색할 수 있었다. 북한이 중국의 이해를 넘어서는 수준의 북·미 대 화를 추진하여 안보 불안을 타개하기는 어렵다. 북한으로서는 중국 으로부터 안보 불안에 대한 보장을 확보하면서 미국과의 대결 관계 를 벗어날 공간을 찾아야 한다. 역사적으로 봐도 북한은 중국에 대한 전적인 의존을 일관되게 거부해왔다. 김정은도 집권 이후 6년간 중 국 방문을 회피하면서 중국과의 거리두기 끝에 극적인 전략 전환으 로 관계를 회복했다. 그 과정에서 중국을 소외시킨 채 독자적인 정치 권력을 안정화시켰고, 대외적으로 자주외교 노선의 전통을 계승하는 지도자 이미지를 구축했다. 김정은은 2018년 세 차례 몰아치기 방중과 이듬해 추가 방중을 통해 중국을 대미협상의 후견국으로 끌어들였고, 이어진 2019년 6월 시진핑 방북을 성사시켜서 최대의 정치적, 경제적 이익을 챙겼다. 중국의 외교적, 경제적 지원에 의존해야 할 김정은이 강대국인 중국을 소외시킨 후, 다시 자신의 방식으로 중국과의 '후견-피후견' 관계를 맺는 데 성공한 것은 "놀라운 업적"이다.[11]

북한은 시진핑 방북을 계기로 정치적 이익뿐만 아니라 경제적인 이득도 함께 챙겼다. 가령, 시진핑은 2019년 6월 방북에서 "신압록강대교의 개통을 위한 북한 측 연결도로와 부대시설 건설비용 부담을 약속했다"고 알려져 있다.[12] 신압록강대교는 2009년 원자바오 총리가 방북했을 때 약속한 프로젝트로서, 길이 3km 전 구간의 건설비 18억 위안을 중국이 부담하여 2014년 완공했지만, 북한이 통관시설 및 연결도로 건설을 거부하면서 개통이 지연되어왔다. 북한 쪽 진입도로의 건설비용까지 중국에게 부담하라는 북한의 요구는 상호주의에 대한 무시이면서도 중국의 전략적 의도를 역이용하는 북한의 '선택적 편승'을 잘 보여준다.

3
북·중 간 전략이익의 공통분모:
공생

북·중 동맹관계가 사실상 해체된 시점은 1991년으로 판단된다. 중국 정부는 그해 9월 9일 북한 정권 창건 기념일 축전에 처음으로 '전통적 우호협력관계'라는 표현을 사용했다. 기존의 '순치관계', '공동투쟁으로 맺어진 친선' 등의 표현에서 벗어났고, 더 이상 '동맹'이란 용어를 공식적으로 사용하지 않았다. 1991년 5월 북한을 방문한 리펑 총리는 북한과의 무역결제 방식을 사회주의 우호가격제와 구상무역(물물교환)에서 경화결제 방식으로의 변경 방침을 북측에 정식 통보했다.[13] 이는 사회주의권 동맹국 사이에 통용되던 우대교역을 취소하는 것으로, 단순한 교역방식의 국제기준 적용 의미를 넘어 동맹관계의 특혜를 취소한다는 뜻을 내포한다. 다시 말하면, 명시적으로 공표를 하지는 않았지만 이 시점을 전후하여 북중동맹이 사실상 무력無力화되었다고 봐야 한다. 또한 '전통적 우호협력관계'에 대해서도 지나치게 의미를 부여하는 경향이 있는데, 이는 북중관계를 과거 전통적인 관계의 연속으로 이어간다는 뜻일 뿐, 새로운 내용이 없고 미래 지향적인 비전 제시도 부족하다.[14]

북중관계의 성격은 큰 기복 속에서 변화를 거듭하여 현재는 신형 국제 관계의 뉴노멀에 맞추어 '특별한' 전략적 협력관계로 재정립되었다고 정리할 수 있다. 그 변화 과정을 보면, 북중관계는 정권 초기 이데올로기 전략동맹으로 시작하여 1961년 정식 국가동맹 관계를 공식화한 이후, 1990년대 이르러 동맹이 무력화되었다. 이후 1999년 양국 관계를 회복하여 동반자 관계로 다시 시작됐고, 2010년 전후 김정일의 세 차례 집중 방중을 계기로 양국 관계는 '전략적 관계'로 격상되었다고 평가할 수 있다.

북·중 간 전략적 이해관계를 파악하려면 '이념'과 '국익'의 두 가지 차원에서 판단을 해야 한다. 중국이 주변국 관계 처리에서 활용하는 '구동존이求同存異'의 접근방법은 북한에게도 동일하게 적용될 수 있다. '구동존이'는 공통점을 먼저 찾아 협력하고 이견이 있는 부분은 남겨두는 유연하고 실용적인 문제 해결 방법이다. 중국은 2010년 이후 동북아 '지정학의 귀환'에 따른 북한의 전략가치 재평가를 바탕으로, 사회주의 체제를 공통분모로 하는 동질성을 추구하면서(求同) 국가의 지향과 발전노선의 차이에서 비롯되는 정체성의 상충 부분은 일단 남겨두는(存異) 선에서 전통적인 우호관계를 회복하는 방향으로 '전략적 관리'에 들어간 것으로 보인다. 그런데 이러한 접근방식은 중국만의 전유물이 아니다. '구동존이' 식 외교방식은 역설적으로 북한이 더 잘 활용하고 있는 측면도 나타난다. 최근 북한은 '이념'에 대한 인식이 바뀌고 '국익'에 대한 요구가 증가하면서 북중관계에 대해 '이념' 구동에서 '국익' 존이에 이르기까지 새로운 시대적 변화와 전략적 요구에 맞추어 유연한 대응을 보이고 있다.[15]

또한 북중관계의 상호작용에는 미국, 일본, 러시아 및 한중관계 등 외생변수가 개입되어 있기 때문에 양자관계만으로 결정되는 것이 아니다. 북한의 입장에서도 북미관계는 물론 북러관계, 북일관계 및 남북관계가 상호 밀접하게 얽혀 있다. 게다가 핵문제가 추가되면서 동북아 역내 국가 관계가 더욱 복잡해졌다. 중국이 북한을 포용적으로 관리하기 위해서 즐겨 사용하는 외교적 수사, 가령 북·중 간 "전통적 우의"의 경우, 중국은 이를 "선대 지도자들이 친히 키워낸 보배로운 자산이자, 양국 인민의 선혈이 엉켜서 이루어진 것"이라며 역사성과 이념적 유대를 강조하지만, 실제로는 '비동맹 원칙'을 깨지 못하는 상황에서 북한을 특별한 관계의 틀 속에 가두려는 의도일 뿐이다. 이에 반해, 북한은 더욱 적극적으로 '혈맹'과 역사적 전통을 팔아서 오히려 중국을 동맹의 틀 속에 결박하려는 경향을 보인다. 즉, 북한은 중국과 지향하는 목표가 엄연히 다르고 체제의 정체성에서 차이가 있음에도 불구하고 이를 서로 인정하면서 공통의 가치를 추구하려 하는 것이다. 요컨대, 북한은 이념과 전통에서 중국과 동질성을 추구하는 한편, 국익과 경제 지향에 있어서는 서로의 차이점을 인정하면서 양국 관계를 실리적으로 발전시켜 나가려는 전략을 구사한다고 할 수 있다. 또한 북한은 대미 접근과 북·미 협상을 중국과의 갈등 해소 및 경제지원 획득의 지렛대로 활용하고 있으며, 중국으로서는 김정은을 포용하는 것이 중국의 이익을 증대시키는 데 도움이 되기 때문에 북한의 핵거래 줄다리기를 사실상 묵인하는 상호 이해 공유관계가 성립하는 것이다.

이와 같이 중국과 북한이 국가 정체성 및 지향하는 목표가 서로 다르지만 전략적 협력을 회복한 배경은 바로 상호 전략이익을 공유할 수 있는 공통분모가 존재하기 때문이다. 중국은 국가의 중요한 전략이익을 '핵심이익'이라는 개념으로 규정하고 있다. 중국 국무원 신문판공실은 2011년 9월 공표한 「중국의 평화발전」 백서에서 국가의 핵심이익으로 ①국가주권, ②국가안보, ③영토완정完整, ④국가통일, ⑤국가 정치제도와 사회안정, ⑥경제사회 지속발전 보장의 여섯 가지 요소를 제시하고 있다.[16] 이러한 중국적 관점에 상응하여 북한의 핵심이익을 추론해보면, 북한으로서도 당연히 체제유지와 발전이 핵심이익이 되며, 당면한 북한 전략노선인 '경제·핵무력 건설 병진노선'이 그 중요성을 함축한다고 할 수 있다.

이러한 상황에서 중국과 북한은 핵심이익이 상호 교차되는 부분을 공유하고 있고, 그 중첩 공간은 【도표 26】에 제시한 바와 같이 북한의 체제안정 유지와 그에 따른 전략이익을 공유하는 부분이다. 중국은 북한의 핵 및 미사일 개발이 일정한 레드라인을 넘지 않는 범위에서 인내와 잠정 묵인으로 대처하고 있으며, 북한은 체제안전을 일정 부분 보장받으면서 중국에게 한반도 및 동북아의 평화와 안정이라는 안보이익을 제공해주는 구조가 되는 것이다. 본 저자는 이와 같이 북·중이 상호 전략이익을 공유하는 부분을 '공생의 공간'이라고 규정하며, 그 '공생의 공간'의 성격을 규정하는 개념을 '전략적 공생'이라고 명명하고자 한다. 중국은 필요에 따라 자의로 선택할 수 있는

[도표 26] 북·중 간 전략이익의 공유 구조(공생의 공간)

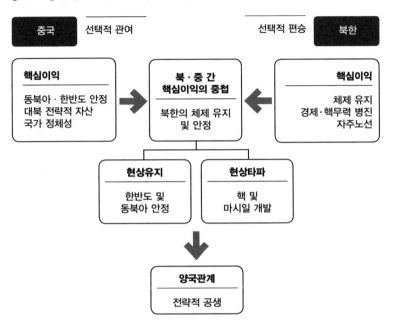

* 출처: 박형준, 2017, p. 183 참조, 재구성.

공생(Selective Symbiosis) 구조를, 북한은 여러 가지 정책적 대안을 창출하는 선택으로서의 공생(Optional Symbiosis) 구조를 각각 가지고 있으면서 서로 공존을 하는 것이다.

이와 같은 '전략적 공생' 구조에 비추어보면, 김정은의 최근 대외정책은 시진핑 집권 초기 북한의 '안보이익'을 미국에게 걸고 핵거래를 시도하던 노선에서 벗어나 다시 북·중 '공생의 공간'으로 회귀했다. 물론 북중관계는 이미 '안보이익'을 공유하던 과거의 노선에서 탈피한 지 오래되었지만, 최근의 북중관계 지향점은 새로운 절충점을 향하여 전략적 균형을 추구하고 있다. 이러한 현상을 중국 외교의 실사구시적 접근방법인 '구동존이'[17]로 비유하면, 북중관계는 과거 이데올로기의 구동노선에서 이제 전략이익의 구동노선으로 전환된 경로를 가고 있다고 할 수 있다.

4
북·중 '전략적 공생'의 함의:
이익 배분의 균형

　이상에서 본 연구는 북중관계를 지배하는 내재 규율을 '전략적 공생'의 모형으로 설명했다. '전략적 공생'이라는 틀 속에서 관찰하면, 중국과 북한의 관계는 과거에 그랬듯이 앞으로도 양국 간 이익 배분과 전략적 균형의 원칙에 의거하여 부단히 조정을 거칠 것이며, 결국은 '전략적 공생'이라는 공유 구조 때문에 점차적으로 전략이익의 균형과 공존을 향해 나아갈 것이다.

　이에 북중관계에 대한 통시적이고 전략적인 이해를 돕는 데 유용한 방법으로서 '전략적 공생' 모형이 제공할 수 있는 함의를 정리해보면 다음과 같다.

　첫째, 중국이 북핵문제 해결에 있어서 책임 있는 대국의 역할을 주저하고 미온적인 태도를 보이는 이유를 설명해준다. 북한의 핵보유가 중국의 국익에 반하는 것은 분명하지만, 그렇다고 해서 북한 정권의 붕괴나 교체를 지지할 수도 없는 것이 중국이 처한 최대의 딜레마다. 이러한 딜레마에서의 전략적 해법이 바로 '북핵 이슈'와 '북한문제'를 분리하는 이중적 대응이며, 대표적인 '선택적 관여'의 산물이다. 북한과의 전략적 관계에서 중국의 대응은 ①북한체제 생존을 좌우하는 문제에서는 북한을 옹호하고, ②북한의 존립에 위해가 되지 않는 범위에서는 국제 관계에 따라 실리를 취하며, ③중국의 이해관계와 저촉되지 않는 문제에서는 북한의 의사를 수용하는 정책을 추구하는 3단계의 가이드라인을 두고 있다.[18] 개방적인 듯 보이지만 원칙은 일관되며, 선택option은 유연하기 때문에 정세 변화에 따른 전략적 대응에 매우 효과적이다.

둘째, 중국의 북한문제에 대한 우선순위가 갖는 함의를 해석할 수 있다. 중국의 대북정책에서 '不戰-不亂-不核'의 배열은 곧 전략적 우선순위를 보여준다. 우선 전쟁은 절대 안 되고, 한반도 안정을 해치는 것도 안 되며, 이 두 가지 전제 위에서 비핵화를 점진적으로 달성해 나가겠다는 의지가 내포되어 있다. 중국의 이와 같은 우선순위 선택과 배열은 미중관계와 밀접하게 연관되어 있다. 북한문제를 둘러싸고 중국은 평화와 안정을 유지해야 한다는 입장에서 미국과 다르지 않다. 그러나 북한의 전략적 가치에 대한 이해관계와 해결방법을 놓고는 서로 어긋나는 부분이 확연히 드러난다. 미국은 북한의 비핵화를 우선 목표로 하고 있지만, 중국은 북핵문제보다 북한문제에 더 중점을 두기 때문에 중국과 미국은 북한에 대해 '동상이몽同床異夢'의 한계를 벗어나기 어렵다.[19] 미국은 북한문제를 미국의 패권 유지와 관련된 국제규범과 세계질서의 유지라는 측면에서 접근하고 있는 반면, 중국은 북한문제를 미국의 중국 포위전략을 완화하는 완충지대 또는 미·중 전략 경쟁에서 해양진출의 출구라는 전략적 자산으로 활용하려 하기 때문에 북한문제는 더 복잡해지고 해결이 어렵게 되는 것이다.

셋째는 북한이 채택하는 대중국 태도인 선택적 편승의 성격이다. 북한은 신안보전략 노선이 정착될 경우, 중국 측 전략적 의도에 부응하여 신형 북중관계에 동참을 하고 미·중 전략 경쟁에서 기본적으로 중국 편을 들겠지만, 중국경제의 영향권에 완전 편입되거나 정치적으로 종속되지는 않을 것이다. 자율성을 확보할 최소한의 보장 장치로서 핵무장은 절대 내려놓지 않겠다는 의지도 확고해 보인다. 그런 점에서 과거 북중관계의 전통적 특징인 '비대칭적 상호의존'[20]이라는 특수한 전략적 협력관계를 재소환할 가능성도 있다.

넷째는 중국과 북한의 상호 전략적 선호와 그 정체성을 드러내 보여준다. 중국 학자들은 탈냉전 이후 한반도의 지속적인 긴장과 북중관계의 악화를 경험하면서 중국이 "복잡한 재인식 과정"을 거쳤다고 주장한다.[21] 그 과정을 통해서 한반도 정세와 양자관계의 정체성定位, 그리고 상대방의 국가 전략적 선호를 재인식하게 되었다는 것이다. 중국의 입장에서는 방관도 관여도 압박도 모두 그 영향력이 제한적이라는 교훈을 얻었다. 북핵문제 해결에 있어서 중국이 미국과 일시 공조체제를 유지하면서도 결정적인 압박에서 차이를 드러내고, 궁극적으로는 '중국 책임론'을 놓고 갈등이 벌어지는 이유가 바로 여기에 있다. 15개월 사이에 북·중 정상이 다섯 차례 만났다. 시진핑은 2019년 6월 방북하여 김정은과의 정상회담에서 북중관계의 '3불변三

不變' 방침을 재차 강조했다. ①북·중 우호협력관계를 공고히 발전시키겠다는 견고한 입장은 불변이고, ②양국 인민의 친선과 우의가 불변이며, ③사회주의 북한에 대한 지지도 변하지 않을 것이라는 다짐이다. 이러한 중국의 대북 인식 변화에 대해 북한도 역시 중국과 공통의 이해관계를 가지고 대중국 접근으로 호응을 했다. 이는 향후 북중관계의 정책적 기반이 될 것이 분명하다. 이에 대해 미국 측 학자들은 중국이 북한을 핵보유국으로 전제하고 양국 관계를 재설정하였으며, 그에 따른 결과로 북중관계가 다시 정상화renormalization되었다는 평가를 한다. 특히 ①동아시아에 대한 미국의 영향력 약화, ② 한미동맹 문제, ③한미일 3국 지역안보 협력 축소 등 지역동맹에 대한 미국의 수동적인 접근passive approach이 중국에게 북중관계의 새로운 설정과 전략적 변화를 도모할 기회를 만들어주었다고 본다.[22]

다섯째, 전략적 선택은 시대 상황에 따른 핵심적인 결정요인의 우선순위를 반영하며, 그 지속성 여부는 상대방 국가의 대응 태도와 유효성에 따라 결정된다고 할 수 있다. 이러한 구조는 외교정책론의 입장에서 보면 지극히 당연한 얘기이지만, 국가와 국가 사이의 상호작용에 대해 통일된 프레임에서 통합적인 해석을 시도하는 것은 국가관계의 정합성을 이해하는 데 유용하다. 시진핑이 김정은과의 회담에서 북·중 간 대代를 이은 전통적 우의를 소환하면서 양국 관계 회복에 공을 들인 것도 결국 역사와 현실을 바탕으로 하는 전략적 선택이다.[23] 북중 정상회담 재개를 계기로 북한과 중국은 전통적 우의와 완충지대로서의 전략적 가치를 확인하고, 7년 이상 단절되었던 불편한 심기를 털어버리려는 노력을 보였다.

여섯째, 미래 북중관계의 전개 방향을 예측하는 데 근거를 제공해 줄 수 있다. 최근 미·중 간 전방위 전략 경쟁과 갈등이 격화되는 가운데, 북한과 미국의 북핵 대화 중단이 장기화되면서 북·중 양국 간 전략적인 밀착이 이루어지고 있다. 선택은 필요할 때 하는 것이고, 전략은 선택의 결과이다. 중국과 북한은 국제사회로부터 상대적 고립이라는 '동병상련同病相憐'의 입장에 처해 있기 때문에 이러한 전략적 밀착은 당분간 이어질 전망이다. 그러나 분명한 것은 전략적 선택은 필요의 산물로서 영원불변이 아니라는 점이다. 다시 말해 외적 환경이 바뀌면 다시 이익의 균형점을 찾아 새로운 전략적 선택을 하게 된다. 이에 따라 북·중 간 '전통적 우호협력관계'의 변용도 계속될 것이다. 공식적인 북중관계의 개념에는 변함이 없을지라도 현실적인 적용에는 전략적 변화가 뒤따를 것이라는 의미다. 중국과 북한은 서로 상대방을 필요로 하는 관계로서, 각각 대미 전략 경쟁과 한반도 정세 변화에 대처할 레버리지로서의 전략적 가치를 공유하면서 상호 특별한 관리대상으로 관리를 해나갈 것이다. 중국은 북한에 대한 '선택적 관여'를, 북한은 중국에 대한 '선택적 편승'을 통해서 양국 관계를 재정상화하고 '공생의 공간the space of symbiosis'을 확대해 나갈 것이다.

2장

'전략적 공생'과 북핵 위기
(1992~2005)

북·중 전략적 선택과 대응의 구조에서 '전략적 공생' 모형이 가지는 유용성을 실증하는 사례로서 우선 1992~2005년까지 두 차례의 북핵 위기를 검토해보자. 북한의 핵개발은 고립된 상황을 일거에 반전시키려는 '벼랑 끝 전술brinkmanship'이다. 경제적 침체, 적대 체제에 대한 우위의 상실, 이념 및 안보 파트너들의 붕괴라는 3중의 위기 속에서 선택의 폭이 넓지 않았던 북한의 전략적 선택은 이념의 포기나 개방이 아니라 바로 핵무기 개발이었다.[24]

'북핵 위기'는 1993~1999년간의 제1차 위기와 2002~2007년간의 제2차 위기로 구별된다. 두 차례의 핵위기는 당시 북한이 직면한 국제체제의 구조 측면에서 큰 차이가 있으며, 이에 대한 국제사회의 대응에 있어서도 차이가 있다. 1993년 3월 제1차 북핵 위기가 촉발됐을 때 중국은 목소리를 낮추고 직접 개입을 자제하는 입장을 취했다. 즉 북·미 간 양자협상을 통해서 평화적으로 해결하도록 방관하는 태도였다. 미국이 1차 북핵 위기에서 기민하게 대처했다가 2차 위기에서는 속도를 늦추고 '전략적 인내'와 동북아 역할 확대의 레버리지로 활용하는 장기전 태세로 대응했다면, 중국은 1차 위기에서는 오히려 방관적이고 소극적인 입장을 견지하다가 제2차 북핵 위기 이후부터 중재자 역할을 자처하며 주최국으로서 6자회담 추진에 적극 나섰다.

중국의 대북 영향력에 대한 평가는 다양하게 엇갈린다. ①북핵 해결 의지보다는 영향력 확대에만 관심을 둔다는 평가에서부터 ②대북 영향력의 한계로 인해 제한된 역할에 머물 수밖에 없다는 의견, ③영향력은 있으나 국익을 고려한 대북관계 속에서 선택적으로 영향력을 행사하려 한다는 분석 등이 있고, ④심지어 북한의 붕괴보다는 차라리 북핵을 용인하는 쪽을 더 선호할 것이라는 주장도 있다. 그중에서도 중국이 표면상 북핵을 용인하지 않고 비핵화 입장을 견지하지만, 실질적으로는 국익에 유리한 해결방향을 설정하여 실행하고 있으며, 따라서 제한적인 영향력을 행사할 수밖에 없다는 견해[25]는 매우 타당성이 있다.

북한의 핵개발은 일반적인 군사력 증강과는 차원을 달리하는 문제로서, 그 자체로서도 동북아시아에 커다란 안보위협이 될 뿐만 아니라 주변국들에 대한 파급 효과가 엄청나다. 일본의 핵무장을 자극하고 한국과 대만 등 주변국으로 '핵 도미노'가 확산될 우려가 제기되는 것은 물론이다. 북한의 핵도발은 국제적인 고립에서 국가 생존을 위해 벌이고 있는 전략적 게임의 수단으로서, 현재는 이미 단순한 핵과 안보의 교환을 목적으로 하는 단계를 넘어서 '핵'과 '생존' 두 가지를 다 얻는 핵무기 보유 기정사실화를 시도하고 있다는 평가가 대세다. 이것이 현재 당면한 북핵문제의 본질이다. 북한에게 있어 핵은 체제 생존이라는 근본적인 국가이익과 결부되어 있기 때문에 현재로서 북한이 핵을 포기할 가능성은 거의 없다.

이에 본 장에서는 북한이 실제로 핵실험을 강행하기에 앞서 핵개발 의혹과 국제사회의 사찰 압박을 둘러싼 두 차례의 '핵위기'에서 북중관계가 가지는 성격과 특징, 중국의 역할 변화 및 북·중 간 선택적 대응과 편승의 구조를 살펴보기로 한다.

1
방관자:
제1차 북핵 위기

　세계질서의 구조 측면에서 1차 북핵 위기 시기에는 소련의 붕괴로 미국이 압도적인 힘의 우위를 갖기는 했지만, 국제질서 관리에 대한 명확한 비전이 결여되어 힘의 유동성이 큰 과도기였던 데 비해, 2차 북핵 위기는 미국의 경제·군사적 헤게모니가 가장 강력한 시점에 발생하였다. 1992년 1월 김용순 당 국제부장과 아놀드 캔터Arnold I. Kanter 국무차관 간 최초 고위급 회담에서 미국이 IAEA 핵사찰 이외 북미관계 개선에 무관심한 태도를 보이자, 북한은 1993년 3월 「핵비확산조약」탈퇴를 선언했다. 이후 북미 양자협상을 통해 NPT 탈퇴를 보류하는 북-미 공동선언이 나왔고, 1994년 10월에는 '제네바 합의'가 이루어졌다.

　하지만 이러한 1차 북핵 위기 해결 과정에서 중국은 사실상 방관자bystander의 입장에 안주했다. 당시 중국은 북·미 간 중재라는 외교

【도표 27】1차, 2차 북핵 위기 전개 과정 개요

시기 구분	1차 위기 (1993.2-1999.8)	2차 위기 (2002.10-2007.2)
시작	IAEA 대북 특별 사찰, 북한 NPT 탈퇴	2001.10 켈리 방북, 북한 HEU 시인 발표
과정	1998.8 대포동 1호 발사, 금창리 의혹	2005.2 핵보유 선언, 2006.10 제1차 핵실험
종료	제네바 합의, 4자회담 제6차 본회담(제네바)	9.19 공동성명, 2.13 합의
중국의 정책	관망	예방적 개입

적 부담을 떠안기보다는 대외적으로 국제사회의 대북 압박과 제재에 반대 입장을 표명하는 수준에서 소극적인 행보로 일관한다. 중국은 한반도에 어떠한 핵무기의 출현도 원하지 않으며, 당사자인 북한과 IAEA 양자가 인내심을 갖고 협상을 통해서 해결할 것을 주장했다. 그리고 북한이 NPT 탈퇴를 선언한 1993년 3월 12일 이후에야 중국은 북핵 사찰 문제는 직접적으로 IAEA 및 한국·미국 사이의 문제로서 각 측이 대화를 통해 해결하기를 희망하며, 중국은 건설적인 역할을 할 것이라고 발표했다. 물론 이 당시 중국은 한중수교 이후 북한과의 소원한 관계하에서 실질적인 대북 관여의 통로가 막혀 있었던 점도 소극적 행보의 이유에 해당된다. 이 시기 북한의 대외정책은 거의 전적으로 대미외교와 이를 가능하도록 중재해주는 대일외교 및 남북관계에 집중되어 있었다.

2
중재자와 이익상관자:
제2차 북핵 위기

　1998년 북한의 비밀 핵시설 논란에서 비롯된 '금창리 위기'와 연이은 사거리 1,000km가 넘는 대포동 미사일 발사의 위기는 2000년 10월 올브라이트-조명록 회담의 '북미 공동코뮈니케'로 봉합되는 듯했지만, 2002년 북한이 NPT에서 탈퇴하면서 제2차 북핵 위기가 시작되었다. 2차 위기가 발생하자 중국은 적극적인 관여정책으로 전환했다. 핵문제에 대한 입장을 전향적으로 변경하여 "일관되고 명확한 원칙에 입각, 지역의 평화안정의 필요성과 국제사회의 공동이익에 부합해야 한다"는 입장을 천명하고 ①한반도 평화와 안정 유지에 진력, ②한반도 비핵화 찬성, ③대규모 살상무기의 한반도 확산에 반대의 원칙을 제시했다.[26]

　이와 같이 제2차 북핵 위기에 대한 중국의 입장이 적극적인 외교노력으로 전환된 배경에는 중국의 국력 상승에 따른 국제지위 변화와 글로벌 국제질서에 편승한 경제발전 목표가 작용했다. 중국은 이에 부응하기 위해 '신사고 외교'를 추진했다. 미국도 북핵문제를 단독으로 해결하는 데 부담을 갖고 '중국 역할론'을 제기하던 시점이다. 이에 중국은 부시 행정부의 대북 강경노선의 완충 작용을 위해 북·미 간 '중재자' 역할을 자임하고 나섰고, 2003년 4월 베이징 3자회담을 거쳐 6자회담을 성사시켰다. 그리고 여섯 차례 6자회담 전체회의 개최를 통해 2005년 '9.19 공동성명'을 채택하여 평화협정 체결, 단계적 비핵화, 핵무기 불공격 및 북·미 간의 신뢰구축에 합의했다. 또한 이후에도 영변핵시설 가동중지 및 봉인, IAEA 사찰 수용, 한반도 영구적인 평화 및 북미, 북일관계 정상화를 위한 논의가 진전되고 있었다.

미국과 중국의 북핵문제에 대한 기본 입장은 세력 균형적 대응이라는 측면에서 상호 전략적 이해관계를 공유하고 있지만, 서로 어긋나는 상치성도 있다. 6자회담의 근본 목적에 있어서 중국의 경우 미국의 공세적 협상에 대한 유연화, 동북아권의 중재자로서의 역할 과시, 북한에 대한 보호를 필요로 하는 데 반해, 미국은 다자적 접근을 통해 북한의 대미 직접접촉에 의한 벼랑 끝 협상에 말려들지 않고 중국의 대북 영향력을 이용하여 복잡한 협상구조를 해소하자는 데 목적이 있었다. 이에 따라 중국이 부시 행정부 2기 안보팀의 '새로운 포괄적 접근방안new broad approach'에 동참하면서 중국의 역할은 '이익상관자stakeholder'로 변화되었다. 중국이 북·미 사이의 '정직한 중재자'가 아니라 미국과 이익을 공유하는 입장으로 선회하여 6자회담이 3:3 구도에서 1:5 구도로 전환된 것이다. 외톨이가 된 북한은 이에 반발하여 중국을 불신하고 6자회담의 틀을 무효화시켜버린다.

2차 북핵 위기에서 중국이 1차 위기와 달리 적극 개입하는 정책으로 전환한 이유는 △중국 외교정책의 기본 입장이 '불간섭'에서 '책임대국'으로의 근본적인 변화 발생, △중국의 국가이익과 동북아의 공동이익 수호, △전쟁을 피하고 주변 환경의 안정 유지, △국제 비확산 체제를 지키고 군비경쟁 회피 및 국제규범 준수, △중국의 책임 있는 강대국 이미지 구축 등을 예시할 수 있다.

두 차례 북핵 위기 당시 각각의 동북아 역내 질서 구도는 확연하게 대비가 된다. 1차 위기 시에는 소련 붕괴로 인해 남·북방 3각 동맹체제의 '경성균형'이 붕괴되어 정세의 유동성이 컸고 전쟁으로 비화할 위험이 높았던 데 비해, 2차 위기 시에는 중국의 위상이 강화되어 중국을 중심으로 동북아에서 대미 '연성균형 체제'가 등장한 시기였기

【도표 28】1차, 2차 북핵 위기에 대한 중국의 대응 태도 비교

분야별 주제	제1차 북핵 위기	제2차 북핵 위기
발생 / 잠정 해결	NPT 탈퇴선언 / 제네바 합의	HEU 개발 시인 / 9.19 공동선언
북한의 대중국 입장	자주와 대미(對美) 편승	대중국 전략적 거부와 미-중 등거리 접근
중국의 안보위협 인식	북핵위기 안보위협 부간주, 북한의 자위권 존중	北 의도가 협상용 아닌 핵보유국 지위 획득 판단, 중국 안보이익 직접 위협
중국의 외교적 입장	내정불간섭 원칙, 북-미 간 양자해결 문제	비확산체제 지지, 북핵위기 해소 공동노력, 6자회담 주최국 자임
중국의 대외 행동 결정	원칙적 입장표명, 대북 영향력 행사 거부	적극적 중재자 자처, NPT 탈퇴 반대, 문제해결 공동노력
UN결의에 대한 중국의 태도	NPT 탈퇴 재고 결의안에 기권	IAEA의 안보리 회부 표결에 찬성
중국의 전략적 선택	방관자 (방관적 관망)	중재자 (예방적 개입)

때문에 북미 상호간 강경한 대치와 불안요인이 높았음에도 불구하고 핵위기가 평화적으로 관리될 수 있었다.

제1차 북핵 위기는 냉전시대의 '분단문제'와 탈냉전 이후 '북한문제' 사이의 과도기적 성격을 보여준다. 북핵 위기는 냉전시대와 같은 세계수준의 체제대립 문제가 아니라, 탈냉전 이후 유일 패권국인 미국에 의한 전 세계 핵에 대한 관리차원의 문제였고, 여기에서 북한의 역할은 사회주의 진영의 대리인이 아닌 개별 차원의 자율적 행위자였다. 결국 냉전시대의 '경성균형hard balancing'이 붕괴되었지만 아직 탈냉전 시기 '연성균형soft balancing'을 형성하지 못한 상태에서[27] 북한의 대미 접근과 미국의 현상유지 전략 간 비대칭 관계가 문제 해결을 지연시키는 원인이 되었다고 할 수 있다. 클린턴 행정부가 과거 핵문제를 일단 덮어두고 장기적인 세력 균형을 추구한 반면, 부시 행정부는 북한의 장거리 미사일과 핵탄두 개발 위협을 강조하며 단기적 세력 균형의 변화를 불안한 시선으로 바라보는 입장이었다.[28]

제2차 핵위기가 발생하자 중국은 중재자 역할을 자임하면서 6자회담 프레임을 구축하는 외교노력에 나섰다. 북핵문제 해결을 위해 중재 역할을 수행했다. 물론 중국이 6자회담에서 보여준 연성균형은 미국과의 협조하에 위임을 받은 역할로서의 성격이 강하며, 북한의 비대칭 위협 전략을 억지하려는 것이다. 북한은 중국의 이러한 6자회담 기제에 불신감을 가지고 있었고, 중국의 후견 역할마저 거부했다.

결국 6자회담은 실패로 끝났다. 북한의 불신과 반감으로 인해 6자회담은 많은 합의와 진전에도 불구하고 실행 과정에서 결국 파탄에 이르렀고, 이는 충분히 예견된 결과라고 할 수 있다. 북한은 북·미 양자구도를 선호했기 때문에 수시 돌출행동으로 6자회담의 판을 흔들어놓았다. 그때마다 중국은 북한을 달래고 경제적 지원을 해야 하는 상황에 몰렸다. 이러한 북중관계의 딜레마에는 오히려 북한의 전략적 의도가 주도적으로 작용했다고 할 수 있다.

3
북한의 대응:
대미 편승에서 신등거리외교로

 탈냉전 이후 국제질서는 미국 중심의 단극체제로 재편되었다. 국제적 고립과 국내 경제의 붕괴에 직면한 북한은 기존의 '일변도' 전략과 중-소 등거리외교 정책에서 탈피하여 새로운 탈출구를 찾아야 했다. 결국 동맹외교를 포기하고 편승전략으로 돌아서지 않을 수 없었다. 하지만 미국식 국제질서에 대책 없이 굴복하여 의탁할 수가 없는 북한으로서는 나름의 보험이 필요했고, 이러한 보험카드로 선택한 것이 바로 핵외교인 셈이다. 냉전 종식 이래로 북한은 사실상 미국과의 '전략적 관계' 설정을 통해 안보 딜레마를 해결하려는 시도를 끊임없이 해왔다. 북미관계 정상화가 이루어지면 주한미군의 주둔을 인정하고 대중국 견제에도 협조할 수 있다는 시그널을 수차례 미국에 전달한 바도 있다.[29]

 북한의 NPT 탈퇴로 야기된 제1차 북핵 위기는 1994년 '북미 제네바 합의'로 일단 봉합되었고, 북한의 비밀 핵시설 논란에서 비롯된 '금창리 위기'와 연이은 대포동 미사일 위기는 2000년 '북미 공동코뮈니케'로 봉합되는 듯했다. 그러나 제1차 북핵 위기 기간 동안 중국은 방관자 역할에 머물렀다. 중국의 방관적 태도는 당사자가 아니라며 내정 불간섭의 원칙을 내세우지만, 사실은 당시 북·중 간 고위급 대화채널이 단절되어 한반도 문제에 개입할 직접적인 통로가 없었기 때문이기도 하다. 이 시기 북한의 대외정책은 중국과 교류를 끊고 북한판 '남방외교'에 집중하던 시점이다. 북중동맹으로부터 배신을 당한 김일성은 대미 접근을 위한 우회전략으로 한국과 일본에 접근하는 남방정책을 전개했다. 북한의 남방정책은 궁극적으로 대미관계 개선을 위한 과도적인 외교 행태로서, 대미협상 통로가 막혀 있는 상황에서 '서울과 도쿄를 거쳐 워싱턴으로' 우회하고자 했던 것이다.[30]

북한의 남방외교는 일시적으로 상당한 성과를 거두기도 했다. 1990년 9월부터 남북한 총리급 회담을 개최하여 1991년 12월에는 '남북기본합의서'와 '한반도 비핵화 공동선언'을 채택했다. 이를 바탕으로 북한은 1992년 1월 김용순 노동당 비서와 아놀드 캔터 국무차관 간 북미 고위급 회담을 가질 수 있었다. 일본과도 교류의 길을 열어 1990년 9월 자민당과 사회당의 고위특사가 방북하여 '조선 노동당·자민당·사회당 3당 공동선언'을 채택하는 성과가 있었다.

북한의 2단계 남방외교는 북미수교로 직행하려는 미국과의 핵담판이었다. 핵 강압외교를 통해 미국과 직거래를 성사시키려는 본격적인 대미 편승전략이 2000년대 초까지 펼쳐진다. 북한으로서는 1994년 '제네바 합의'와 2000년 10월 '북미 공동코뮈니케'를 얻어내는 일부 성과도 있었다. 그리고 결국 미국의 무시정책으로 실패하기는 했지만, 이러한 대미 편승전략을 지렛대로 삼아 한국 및 일본과의 교역 증대 및 경제적 지원 획득의 효과를 거뒀고, 러시아와의 관계도 개선했다. 그리고 무엇보다 중국과의 정상적인 관계를 회복함으로써 미국과 밀고 당기는 벼랑 끝 외교를 지탱해주는 후견국을 확보할 수 있었다. 또한 2000년 6월 남북 정상회담을 지렛대로 하여 2000년 5월 김정일의 방중을 성사시켰고, 2000년 7월 푸틴 대통령의 방북을 매개로 하여 9월 북일 정상회담도 이끌어낼 수 있었다.

중국으로 하여금 한반도 문제의 방관자에서 벗어나 적극적인 중재자로 나서도록 자극한 것도 북한의 대미 편승전략의 결과물이라고 할 수 있다. 2002년 12월 제2차 북핵 위기가 발발하자 중국은 북·미협상의 중재자 역할을 자임하고 나서서 6자회담을 성사시켰다. 물론 중국의 6자회담 성사와 주최국 역할 수임이 중국의 역할 확대로 쟁취한 것이라기보다는 미국의 부시 행정부가 중국을 끌어들여 대북 제재에 동참시키려는 '처벌을 위한 국제연대coalition for punishment' 정책으로 전환했기 때문에 가능했다는 평가도 있지만,[31] 아무튼 중국은 북핵문제에 관여하는 길을 열었고, 북한문제의 이해당사자로서 잃었던 영향력을 회복할 수 있는 길을 열어준 것이 사실이다.

그런데 북한은 처음부터 6자회담을 별로 선호하지 않았다. 다자의 틀이 복잡하고 타결이 쉽지 않은 데다, 중국이 주도적으로 개입하는 것을 원하지 않았다. 북한은 미국과의 직접 담판을 통해 핵 프로그램과 안전보장을 일거에 맞바꾸는 '빅딜'을 추구해왔다. 2003년 시작된 6자회담이 '9.19 공동성명'을 도출하기 이전까지 아무런 진전을 보지 못하고 있었고, 어렵게 도출된 '9.19 공동성명'마저도 미국의 BDA 제재에 막혀 구체적 로드맵을 도출하지 못하고 있었다. 중국은 6자회담에 소극적인 북한을 달래기 위해 수차례 고위층 인사를 북한에 파견하고 경제원조를 약속해야 했다. 북한은 6자회담에서 중국과 러시아가 북한의 편에 서지 않고 '1:5 구도'로 고립되는 회담 구도에도 불만이 컸다. 이에 북한은 다시 미국과 1:1 직접 담판으로의 국면 전환을 노리면서 2006년 10월 제1차 핵실험이라는 또 한 번의 전략적 선택을 결행하게 된다.

하지만 탈냉전 이후 북한의 북핵 위기 조성을 통한 대미 편승전략이 최종적인 성공을 거둔 것은 아니다. 미국은 북한을 6자회담 틀 속에 가두어놓고 '전략적 인내'로 일관했다. 미국으로부터의 안전보장과 관계 정상화를 얻어내려던 북한의 핵외교는 탈냉전 초기 미국 중심의 단극체제에 적응하려는 전략적 선택이었지만, 전략적 이해의 상충이라는 한계에 직면하면서, 결국 동북아의 미-중 전략 경쟁 체제에 편승하는 방향으로의 전환이 불가피했다. 북한이 일방적인 대미 편승전략에서 벗어나 중국을 다시 등거리외교의 한 축으로 받아들이는 입장으로의 전환은 제2차 핵실험 이후에 좀 더 분명해졌다.

이제 미·중 전략 경쟁 체제가 고착화되면서 다시 북한에게는 미-중 패권 경쟁에 편승하여 등거리외교를 구사할 만한 공간이 형성되었다. 미-중 갈등이 격화되면 될수록 북한은 유리한 입장에서 협상과 거래를 할 수가 있고, 전략적 선택의 공간이 넓어진다. 현재 북한의 대미·중 등거리 접근법이 분절적인 형태로 나타나는 것은 북한의 대중국 의존과 거부의 양면성이라고 할 수 있다.

4
중국의 대북 역할 한계:
균형자 역할 회귀

제2차 북핵 위기에서 중국은 기본적으로 북한에 대해 포용적이고 균형 잡힌 중재자 역할을 수행함으로써 문제의 궁극적인 해결보다는 상황의 안정적 관리에 정책의 방점을 두었다. 당시 북한에 대한 양자협상을 회피하고 다자협상 방식을 선호했던 미국이 중국에게 연성균형 형성의 공간을 제공해줬다. 미국 부시 행정부는 2001년 9.11테러 이후 '예방적 선제공격' 전략을 채택하고 북한을 '악의 축', '불량국가' 중의 하나로 지목하고 있었다. 이에 대해 중국은 북한의 핵개발과 미국의 대북제재 조치에 모두 반대하면서 6자회담 의장국 입지를 활용하여 북·미 양측에 타협안을 거부하지 못하도록 압박을 가하는 협상력을 보여줬다. 그러나 미국의 마카오 BDA은행 계좌 동결에 대한 북한의 반발로 「제네바 합의」 이행에 차질이 생기고, 미국과 1:1 양자협상을 통해 안보문제를 해결하려는 북한의 비대칭 위협

전략이 이어지면서 6자회담은 무력화되고 말았다.

그 이후 중국의 대응방식은 '중재자'에서 '균형자' 역할로 바뀌었다. 북한에 대해서는 '전통적 우의'를 내세워 양국 관계 회복을 도모하는 반면, 여타 관련국에 대해서는 이미 동력을 상실한 6자회담의 유용성을 계속 강조하는 일종의 '상황 관리'에 몰입했다는 평가다. 6자회담이라는 기제에 관련국을 묶어둠으로써 돌발변수의 등장을 최대한 억제하는 수단으로 활용한 것이다. 후진타오 정권은 동북아 정세와 한반도의 상황이 격화되지 않도록 방지하는 데 주력했다. 북한과는 고위급 교류를 통해 신뢰를 유지하고, 경제적 협력과 지원을 통해 6자회담에 나오도록 지속적으로 설득했다. 이러한 대북정책들은 중국이 국가와 국가의 갈등을 조정하는 균형자 역할을 맡으려 한다는 점을 보여준다. 후진타오의 대북정책은 다자대화의 중재자이자 평화의 조정자로서 역할을 자임했지만, 흐름을 끌어가는 리더십에 있어서는 한계가 있었다. 중국의 중재자 역할에도 불구하고 북한은 계속해서 핵도발로 위기를 더욱 악화시켰다. 이로 인해 국제사회에서는 중국이 소극적인 역할에 안주하고 있다는 비판과 의구심이 제기되기도 했다. 후진타오 정권은 주변국 외교를 중시하면서 주변 국가와의 조화로운 관계를 유지하는 '포용적 관리'에 주력했으며, 이러한 노력은 대북정책에서도 나타난다. 그러나 북한이 실제 핵실험에 착수하면서부터 북·중 양측은 막후에서 힘겨루기가 시작됐다. 북한은 중국이 추구하는 한반도 비핵화와는 정반대 방향으로 향했고, 북·중 사이에 크고 작은 갈등과 충돌이 이어졌다.

이후 북한의 연이은 핵실험으로 북중관계는 새로운 미묘한 관계에 빠져들게 된다. 핵실험과 대북 경제제재의 악순환 속에서 북중관계는 제2의 침체기를 맞았다. 북·중 간 최고지도자의 교환 방문이 장기간 중단되고, 시진핑이 이례적으로 북한을 제쳐놓고 한국을 먼저 방문하는 일이 벌어졌다. 한반도 정세에서 두 차례의 북핵 위기 파동을 겪은 중국은 그동안의 비핵화 우선 해결 전략에서 '한반도 평화와 안정'을 최우선으로 하는 방향으로 안보전략을 수정했다.[32] 중국은 한반도 북핵문제와 북한문제를 이원화하여 관리하는 방식을 취했다. 우선 평화문제에 대해서는 남북 화해와 긴장완화가 선행되고 한반도의 항구적 평화를 미·중이 보증하는 '2+2' 기제를 통해서 해결하는 한편, 북핵문제는 6자회담 기제를 통해 해결하는 구도를 선호한다.

반면에 북한은 남북관계 개선 그 자체에도 관심이 없고 다자 기제의 등장도 원하지 않는다. 다자 대화체제의 공고화는 곧 국제사회의 대북관리 체제의 등장을 의미하는 것으로, 협상과 타협의 과정이 복잡할 뿐만 아니라 국제적으로 고립된 북한에게 절대적으로 불리하기 때문이다. 그러한 이유에서 북한은 미·중에 의해 다자대화의 프레임이 마련될 때마다 '모험주의'라는 돌출행동으로 그 판을 흔들었다. 북한은 일관되게 핵이슈를 포함한 한반도 문제가 미국의 대북 적대시 정책의 소산이므로 미국과 논의할 대상이라는 논리로 대응해왔다. 이에 따라 "핵문제는 미국, 경제협력은 한·중"이라는 이중적 대응전략을 유지했다. 요컨대 중국의 한반도 현상유지 전략에 대해 북한은 '현상변경'의 대응전략을 구사하고 있는 것이다.

3장

'전략적 공생'과
북한 핵실험(2006~2017)

북핵문제는 북·중 간 긴장관계를 조성하는 핵심요인 중의 하나이다. 그동안 총 여섯 차례 북한의 핵실험에 대해 중국은 기본적으로 반대 입장에 서서 유엔 안보리 대북제재 결의에 동참하면서도, 각각의 북핵 실험에 대해서는 유연하게 혹은 강력하게 서로 다른 방식으로 대응해왔다. 그 대응방식은 나름 복잡한 고민을 거친 결과물이다. 북한의 핵실험이 반복될수록 국제사회의 중국에 대한 대북 역할 요구의 수준은 더욱 높아졌다. 이에 중국은 원하든 원치 않든 북핵문제에 관여를 하지 않을 수 없었고, 그 관여의 정도를 점진적으로 높여왔다.

중국의 북핵문제 관리방식은 최초 북핵 위기 당시의 '방관자'적 관망 태도와 제2차 북핵 위기에 6자회담의 중재자 역할을 벗어나, 북한 핵실험을 계기로 본격적인 '관여'를 시작했다. 1, 2차 핵실험의 '소극적 관여'를 시작으로 3차 핵실험에서는 북한의 핵실험 의도를 재평가하기에 이르렀고, 4차 핵실험 이후에는 UN 안보리 대북제재 결의에 기꺼이 동참하면서 '적극적 관여'를 추구했다. 마지막 제6차 핵실험을 계기로 중국이 강압적인 제재에 나서면서 북중관계는 최악으로 치닫는 듯 보였지만, 2018년 신년사에서 김정은이 '핵·경제 병진'에서 '경제발전 총력 노선'으로의 전환을 선언함으로써 북핵을 둘러싼 북·중 간 갈등구조에도 극적인 반전을 가져왔다.

그러나 북한은 중국의 관여에 굴복하지 않고 핵실험과 탄도미사일 능력 고도화를 계속하면서 독자행보를 견지해왔다. 때로는 중국과의 협력 및 의존도를 강화하기도 하고, 때로는 중국의 유엔 대북제재 동참에 반발하여 이탈과 자주의 노선을 추구하기도 했다.

【도표 29】 북핵 실험에서 중국의 대응과 북한의 반작용의 전략구조

계기별	중국의 대응방식		북한의 반응과 대책		UN 제재
	대외 행동 및 정책	전략	대외 행동 및 정책	전략	
제1차 핵실험 (2006. 10. 9)	• 대북제재 결의안 동참 • 대북 군사옵션 반대 • 북한의 체제 안정	관망적 관여	• 자위적 전쟁 억지 조치 • 대중 경제지원 요청 • 편승: 외교 고립 극복	협력과 의존	결의 1718호 (2006. 10. 14)
제2차 핵실험 (2009. 5. 25)	• 경제원조 및 협력 확대 • 北사치품 도입 不통계 • 北 후계체제 불안 해소		• 강대국 슬로건 추진 • 북·중 교류 확대 추진 • 중국의 안전보장 필요		결의 1874호 (2009. 6. 18)
제3차 핵실험 (2013. 2. 12)	• 대북 금융제재 동참 • 대북 원유 금수조치 반대 • 제재의 형식적 동참	포용적 관여	• 대결의 주도권 전환 • 핵·경제 병진노선 • 체제 결속 필요성	전략적 거부	결의 2094호 (2013. 3. 31)
제4차 핵실험 (2016. 1. 6)	• 민생 거래, 제재 제외 • 핵 미사일 제재 수용 • 압박과 설득 병행		• 핵·경제 병진, 한구 전략 • 핵 보유국 헌법 명기 • 中 간섭에 전략적 거부		결의 2270호 (2016. 3. 2)
제5차 핵실험 (2016. 9. 9)	• 원유 금수조치 반대 • 노동자 고용금지 약화 • 제한적 영향력 순응 유도	강압적 관여	• 벼랑 끝 전술로 맞대응 • 압박 거부, 러시아 접근 • 생존 차원 강력 반응	자주와 이탈	결의 2321호 (2016. 11. 30)
제6차 핵실험 (2017. 9. 3)	• 경제제재 실질적 동참 • 대북 원유 금수 반대 • 美대북 압박요구 딜레마		• 중국 강압 제재 비난 • 대미 노선 전환 시사 • 美中 등거리 외교 시도		결의 2375호 (2017. 9. 11)

이러한 점에서 북핵 실험을 둘러싼 북·중 간 갈등과 긴장관계의 변화는 북중관계의 성격을 측정하는 좋은 바로미터가 될 수 있을 것이다.

우선 중국의 북한 핵실험에 대한 정책적 수단과 북한의 외교적 대응 패턴이 상호작용하는 형태를 각각의 핵실험 시기별로 구분하여 작성해보면 [도표 29]와 같다.

이에 본 장에서는 [도표 29]에 나타나는 바와 같이 북한의 여섯 차례 핵실험에 대해 중국이 보여준 정책적 선택과 그에 대한 북한의 대응방식을 근거로 하여 북·중 간에 펼쳐지는 구체적인 전략게임의 함의를 검토해보기로 한다. 이를 위해 독립변수로서의 중국 측 정책수단을 ①관망적 관여, ②포용적 관여, ③강압적 관여로 유형화하며, 북한의 대응 수단으로는 ①협력과 의존, ②전략적 거부, ③자주와 이탈 등 3개 유형으로 개념 정의를 한다. 북·중 간 다층적인 정책대응 구조를 각각 3개 변수로 유형화하는 방법은 지나친 단순화의 위험을 감수하는 것이지만, 이들 간 상호작용을 총체적으로 접근함으로써 주요한 특징을 입체화하는 분석은 나름 충분한 효용성이 있을 것이다.

1
북핵 실험에 대한
중국의 대응

(1) 관망적 관여

2006년 10월 9일 북한의 제1차 핵실험에 대한 중국의 첫 반응은 매우 격렬했던 것이 사실이다. 중국 외교부는 핵실험 2시간 20분 만에 신속한 성명을 통해 "북한이 국제사회의 광범위한 반대에도 불구하고 '제멋대로悍然的' 핵실험을 했다"고 비판했다. 또한 10월 10일 외교부 대변인은 북·중 동맹관계에 대한 질문에 대해 "중국은 비동맹 정책을 추구하며, 어떤 나라와도 동맹을 추구하지 않고, 북중관계는 정상적인 국가 대 국가를 기반으로 한다"고 밝혔다.[33] 중국은 유엔 안보리 제재결의안 1718호 채택에 찬성표를 던지지만, 북한에 대한 군사행동에는 반대했다. 그리고 이어지는 대북한 태도는 사실상 북핵문제를 관망하는 입장으로 되돌아간다. 이후 중국은 북핵문제 해결에 책임 있는 당사자는 미국과 북한이라면서 일정한 거리를 유지했다. 이러한 태도는 북한 붕괴나 이탈과 같은 현상변경의 위험에 노출되지 않는 한, 섣불리 개입하지 않고 관망하는 것이 현실적으로 유리하다는 판단에서 비롯된다.

2007년 초 6자회담에서 2.13 합의서가 채택되면서 북중관계는 완화되었고, 2008년 6월 시진핑 부주석의 공식 방북에서 양국 우호관계의 "신세기 진입"을 선언함으로써 1차 핵실험에 따른 북중관계 긴장은 없었던 일처럼 되었다. 이어서 2009년 3월 북한의 김영일 총리가 방중하여 수교 60주년 '조·중 우호의 해' 선포와 함께 완전 정상화되었다. 이러한 중국의 대북 태도는 이미 내부 논의를 통해서 충분한 검토를 거친 결과이다. 2007년 2월 당중앙 외사영도소조의 '조선의 핵문제 및 반도 정세를 둘러싼 조사연구회의'는 "현상유지가 가장 바람직하다"는 결론을 내렸다.[34]

이후 2009년 5월 북한의 제2차 핵실험으로 북중관계는 다시 냉각되는 듯했다. 중국 외교부는 최진수 주중 북한 대사를 불러 강한 유감을 표시하고, 천즈리陳至立 전인대 부위원장의 방북 계획을 취소하는 한편, 유엔 안보리 제재결의안 1874호에도 찬성을 했다. 그러나 중국은 형식적으로 대북제재에 동참하면서도 존중과 형평성을 내세워 북한을 변호하는 입장을 취했고 북한체제 안정을 우선시하는 모습을 보였다. 중국의 대한반도 정책 3원칙인 ①비핵화, ②평화와 안정, ③대화를 통한 문제 해결 중에서 '평화와 안정'의 순서를 '비핵화'보다 앞에 놓기 시작한 것도 이 시점이다. 이는 대북관계에서 정책적 우선순위의 전환을 의미한다. 중국은 오히려 경제협력 확대정책을 구사하기 시작했다. 2009년 10월 원자바오 총리의 방북을 계기로 교착상태의 양국 관계를 회복하면서 북핵문제와 북한문제를 분리 대응하는 대북 전략적 변화를 실행에 옮기기 시작했다. 그해 11월 량광례梁光烈 국방부장 방북에서는 북한의 비핵화에 대해 전혀 거론하지 않았다.

이와 같이 중국의 대응은 북한의 2차 핵실험에도 불구하고 오히려 1차 핵실험 때보다 완화되어 있었다. 그 이유는 우선 중국이 의장국으로서 6자회담을 재개할 필요가 있었고, 둘째, 북핵문제보다 북한체제의 불안정이 초래할 중국의 국가이익에 대한 위험을 감지했으며, 셋째, 대량살상무기 개발에 따른 북한 위협론이 대중국 미사일 방어체계MD 구축의 빌미를 제공하는 것을 막을 필요가 있었기 때문이다. 이듬해 3월 26일 천안함 폭침과 11월 23일 연평도 포격사건에서 유엔 안보리 규탄성명 결의안 상정을 가로막는 등 중국이 북한을 적극 옹호하는 태도를 보인 것도 이러한 맥락이다.[35] 중국은 천안함 사건을 남북한 문제로 국한시키려는 입장이었다. 적어도 3차 핵실험 이전까지 후진타오 정권 시기에는 북핵문제 해결에 능동적인 개입을 회피하면서 방관적으로 관망하는 자세를 취했다.

이러한 '관망적 관여' 정책은 중국의 오랜 비非개입주의 외교원칙에서 비롯된다. 1954년 4월 저우언라이 총리가 인도 및 미얀마와 관계 정상화 합의 시 제시했던 「평화공존 5개 원칙」 중에서 '내정 불간섭' 원칙은 북중관계에도 똑같이 적용된다. 다만, 전략적으로 전통적 우의를 과시할 필요가 있을 때는 당 대외연락부와 북한 노동당 국제부 라인이 나서서 사회주의 국가 간 국제협력으로 대신한다. 중국은 적어도 후진타오 시기까지는 자국의 이익과 관련이 없는 국제 문제나 지역문제에 대해 가능한 한 개입하지 않음으로써 안정적인 국제관계를 유지하고자 했다. 특히 미국 중심 세계질서를 부정하지 않고 미국과의 안정적인 관계를 유지하는 데 세심한 관심을 기울였다.

(2) 포용적 관여

중국에서 시진핑으로의 권력 승계가 진행 중이던 2013년 2월 북한의 3차 핵실험은 북중관계를 기존의 틀에서 벗어나게 하는 전환점이 되었다. 김정은이 먼저 던진 견제구에 대해 시진핑은 새로운 대북정책으로 반응을 보인 것이다. 중국의 신지도부가 공식 출범하는 축제인 양회(兩會: 전인대, 정협) 직전에 발생한 북한의 훼방은 시진핑의 심기를 건드렸다. 중국 정부는 안보리 대북제재 결의안 제2094호 채택에 동의는 물론 이를 엄격히 이행하라는 통지문을 산하기관에 하달했으며, 중국 4대 국유은행은 북한의 핵·미사일 개발자금으로 의심되는 북한계좌를 폐쇄하였다. 이에 대한 반발로 북한이 일방적인 '정전협정 백지화'와 '통일전쟁' 발동을 선언하자, 왕이 외교부장은 "중국의 문 앞에서 말썽을 일으키는 것을 용납하지 않겠다"는 경고성 발언을 쏟아내기도 했다.[36] 양제츠 국무위원은 존 케리 국무장관을 만난 자리에서 북핵문제를 적절히 처리하는 것이 각 관련국의 공동이익에 부합하며, 이는 모두의 공동 책임이라고 미국과의 '공동책임론'을 제시한 것도 이전과 달라진 모습이다.

이러한 중국의 불만을 달래기 위해 2013년 5월 북한의 최룡해 총정치국장이 김정은의 친서를 들고 중국을 방문했지만, 시진핑은 최룡해 특사를 노골적으로 홀대했다. 최룡해는 귀국 항공기 이륙시간을 연기하면서까지 출발 직전에야 시진핑을 예방할 수 있었고, 그것도 인민군 군복을 벗고 인민복으로 갈아입은 이후에야 가까스로 성사가 되었다. 그러나 이러한 강수는 중국이 대북관계를 적대적으로 몰아가려는 의도된 대응을 의미하지는 않는다. 상황 관리를 위한 '길들이기'가 필요했을 뿐이다. 체면이 깎인 중국으로서는 적당한 징계와 수위 조정이 필요했다. 무엇보다 북한의 3차 핵실험이 당시 동북아 안보정세에 불리한 파장을 가져올 것을 우려했다. 중국은 김정은 정권을 의식적으로 홀대하며 양국 관계를 격하할 수 있다는 시그널을 발산하기도 했다. 왕자루이 정협 부주석은 한국 여야 국회대표단에게 북중관계를 설명하면서 "일반적인 국가 관계"라는 표현을 사용했다. 고위직 책임자로서는 처음 언급한 사례이다. 이를 계기로 일견 중국의 대북정책이 크게 변화된 것처럼 보였고, 실제로 그러한 평가가 한동안 저널리즘의 주류를 이뤘다.

하지만 일정 기간이 지나도록 대북제재가 실행에 옮겨진 것은 조선무역은행과의 금융거래 중단 정도에 불과하고, 실제로 달라진 것이 별로 없었다. 2013년 중국의 대북 교역액은 역대 최고인 65억 6천만 달러를 기록했다. 그해 12월 대표적 친중파인 장성택이 처형되었을 때도 중국 외교부는 홍레이洪磊 대변인을 통해 "조선 내부의 일"이라며 북한을 자극하지 않으려는 모습이었다. 다시 말해 3차 북핵 실험을 계기로 중국의 대북정책에 분명한 '조정'이 있었지만, 역내 안정과 북한 정권 유지를 우선으로 하는 포용적인 성격에는 변함이 없었다. 그 후 중국은 북한과의 관계 회복을 위해 적극적인 행보를 보인다. 2015년 10월 북한 노동당 창건 70주년 기념식에 중국의 권력 서열 5위인 류윈산 정치국 상무위원을 파견한 것은 핵문제 해결을 위한 압박보다는 훼손된 우호관계 회복을 위한 '포용적 관여'의 행태라고 할 수 있다. 이후에도 중국은 북한의 안보 불안에 대한 동시 해결을 주장하면서 후견국 행세를 보인다. 이는 중국이 주변국 외교에서 높아진 국력과 위상을 배경으로 전략이익 수호에 나서기 시작한 것과 같은 맥락이다.

중국 외교가 전통적인 '내정 불간섭' 원칙에서 벗어나 국제정치에 어떻게 개입할 것인가 하는 문제를 검토하기 시작한 것은 시진핑 집권 이후부터다. 신형 대국외교 정책에 걸맞게 "새로운 시대적 배경하에서 중국은 세계에 대한 창조적 개입이 필요하다"는 주장이 호응을 얻기 시작했다.[37] '창조적 개입'론은 기존의 비동맹 정책의 포기나 '도광양회' 노선 전환 주장[38]에서 한 단계 더 나아가, 조정과 지원을 통해 상대국의 "자주적인 발전방향 결정 능력을 증강하는 데 도움을 줘야 한다"는 주장을 내세우고 있다. 이는 바로 '포용적 관여' 정책을 뒷받침하는 근거가 될 수 있으며, 후진타오 시기 조화외교에서 한 단계 진전된 형태라고 할 수 있다.

2016년 1월 북한은 3년 만에 또다시 제4차 핵실험을 강행했다. 조선중앙TV는 '수소탄' 핵실험을 성공적으로 실시했다고 발표했다. 유엔 안보리는 56일이 지나서 어렵게 대북제재 2270호 결의안을 내놨다. 광물 수입 제한, 은행 폐쇄조치, 선박 검색, 대북 항공유 제공 금지 등이 포함되어 과거에 비해 크게 강화된 제재안이다. 그러나 중국은 시간이 갈수록 구체적인 대북제재에 소극적인 모습을 보였다. 여기에는 북핵 실험 일주일 후 한국 정부가 사드배치 검토를 발표한 데 따른 중국 내부 논란도 작용했을 것이다. 이후 왕이 부장이 내놓은 '쌍중단, 쌍궤병행' 방안은 중국의 '외교 저울추'가 이미 비핵화보다 한반도 안정화 쪽으로 기울었음을 의미한다. 중국으로서는 미국의 대중 견제 및 압박 회피, 미·중 갈등 증대에 따른 북한의 전략적 가치 중시, 북한을 대화의 장으로 유도 등 자국의 이익 수호를 위한 대응 행동에 나선 것이다. 실제로 2016년 5월 말 특사로 방중한 리수용 북한 정치국원 겸 외무상을 접견하는 시진핑 주석의 태도는 3년 전 최룡해 특사 접견 당시에 비해 매우 우호적으로 변했음을 보여준다. 시진핑은 '비핵화'에 대해 한 마디의 언급도 없이 노세대 영도자들이 마련하고 키워준 조·중 친선관계를 대를 이어 발전시켜 나갈 것임을 강조했다. 이는 시진핑이 3년 전 최룡해 접견에서 비핵화를 세 차례 강조한 발언과 확연히 대비가 된다. 이처럼 중국은 4차 북핵실험 이후에도 비핵화를 위한 강력한 대북제재 개입보다는 북한 안정화를 우선하는 '포용적 관여' 접근법을 선택하고 있음을 알 수 있다.

그해 9월 북한은 파격적으로 8개월 만에 또 5차 핵실험을 강행했다. 중국 정부는 유엔 합의는 준수해야 되지만 개별 국가의 단독제재에는 반대한다는 입장을 표했다. 여전히 북한의 비핵화보다 북한체제의 안정에 더 큰 무게를 두고 있음을 의미한다. 북한이 1년에 두차례 핵실험으로 핵무기 경량화, 상용화가 현실화되어가고 있음에도 중국 정부의 '포용적 관여' 기조는 여전히 변함이 없음을 알 수 있다. 시진핑 정부에서 북중관계가 역대 보기 드문 수준으로 경색된 것은 사실이지만, 미국과의 전략 경쟁 및 한반도에 대한 영향력 유지 차원에서 '북핵카드'를 대가 없이 소진할 이유가 없었을 것이다.

(3) 강압적 관여

2017년 9월 제6차 북핵 실험 이후 중국 외교부 대변인의 첫 반응은 지난 5차 핵실험 때와 별로 다를 것이 없어 보였다.[39] 그러나 중국의 내부 기류는 빠르게 바뀌고 있었다. 중국 정부의 대응 패턴은 기존의 '북핵 실험 시 소극적인 대응'과 '긴장국면 소강 시 관계 회복 모색'을 반복하던 패턴에서 벗어나 고강도의 대북제재 결행으로 방향 전환이 이루어졌다. 중국은 전례 없이 신속하게 9일 만에 유엔 안보리 대북제재 결의안 2375호의 통과에 동의했다. 4차 핵실험에 대해서는 56일, 5차 핵실험에는 83일이 걸렸던 데 비해 제6차 핵실험에 대한 결의안 채택은 속전속결로 통과된 것이다. 그리고 이전과 달리 강력한 경제제재 조치로 북한에게 핵무기 고집과 군사적 모험을 포기하도록 '강압적 관여'의 행태를 보이기 시작했다. 물론 연이은 북한의 ICBM(화성-14형) 미사일 시험발사로 인해 상황이 훨씬 악화된 점도 작용한다. 미국의 대북 군사옵션 사용만큼은 막아야 하는 중국 입장에서 최대한 구사할 수 있는 실력 행사가 바로 강력하고 실질적인 경제제재 압박이다.

이에 앞서 2017년 5월 『인민일보』 자매지 『환추시보』의 사설은 대북제재의 '강압적 관여'로의 전환을 암시하는 시그널로 보기에 충분했다. 사설은 「조·중 우호협력 및 상호원조조약」의 효력에 대한 중국 학계의 논란과 제2조 군사개입 조항의 중요성 및 북·중 간 핵문제를 둘러싼 이견이 격화되고 있음을 거론하면서 2021년 조약의 유효기간 만료 시 재연장을 장담할 수 없다고 동맹조약 해제 가능성을 직접 겨냥했다.[40] 2016년 조약 체결 55주년 계기에 북·중 최고지도자가 축전을 교환했던 것과 비교할 때, 중국 내부의 큰 변화의 기류를 감지할 수 있는 대목이다.

과거 중국은 북한이 핵을 개발하려는 목적이 체제안전을 보장받기 위한 협상카드일 뿐이며, 대화와 타협을 통해 해결이 가능하다는 인식을 가지고 있었다. 그러나 2016년 잇달아 두 차례 핵실험과 역대 최대 폭발력을 보여준 제6차 핵실험을 거치면서 중국의 안보전문가들은 생각이 바뀌었다. 이제 북한의 핵무기 개발은 기정사실화되었고 대화를 통해 핵보유 의지를 꺾는 것은 기대하기 어렵다는 비관론이 팽배하였다. 중국 정부도 북한이 핵카드를 엄포용이 아니라 '절대 안보' 차원의 억지수단으로 사용하고 있고, 사실상의 핵무기 보유국가로 향하고 있다는 판단을 갖게 되었다. 이에 따라 북한에 대해 직접적으로 개입하지 않으면 안 되는 상황이 되었고, '강압적 관여'를 시작하게 된 것이다.

중국이 '강압적 관여'로 입장이 바뀐 것은 2017년 4월 마라라고 미중 정상회담 이후 미·중 간 북핵 공조가 그 시작이지만, 실질적인 고통이 뒤따르는 강력한 제재조치가 실행에 옮겨진 것은 6차 핵실험 이후부터다. 물론 북한이 중국에게 적대적인 감정을 표출하고 체면을 손상시킴으로써 중국의 강압적 대응을 자초한 측면이 크다. 북한은 중국의 중요 외교행사 기간 또는 직전에 핵실험을 실시하여 '남의 잔칫상에 재 뿌리기' 식 자극을 반복했다. 6차 핵실험 이후 '강압적 관여' 정책이 실행에 옮겨지기 시작한 것은 중국 상무부의 대외무역법 '공고문 제52호'가 그 신호탄이었다.[41] 그동안 북한의 주요 수출품목인 무연탄 수입쿼터 제한, 철광석 수입금지로 휘청거리던 북한경제는 이 조치로 섬유제품 수출이 완전히 막히고, 북·중 합작기업까지 120일 이내 폐쇄명령을 받으면서 더 이상 제재 그물망을 빠져나갈 출구를 잃게 됐다. 단둥 소재 하저河底 송유관을 통해 무상 공급하는 연간 52.5만 톤의 원유와 연 50만 배럴(6만 톤) 수준의 정제유 수입을 예외적으로 허용했을 뿐, 모든 종류의 제재 항목 거래가 완전히 중단된 것이다. 선양 주재 북한 총영사관의 지정호텔 겸 연회장으로 사용하던 칠보산호텔이 2018년 초 폐쇄된 것은 '강압적 관여'의 가장 상징적인 조치라고 할 수 있다. 그리고 대북 압박에 따른 구체적인 정책효과는 북·중 교역 통계에서 확연히 드러난다. 2017년도 북·중 교역은 전년 대비 14.6% 감소한 49.8억 달러로 줄었고, 2018년에는 24.3억 달러로 전년 대비 51.4%나 감소하여 총 교역액이 절반 이하로 떨어졌다.[42] 이와 같이 6차 핵실험 이후 중국은 시시각각 대북제재의 그물망을 조이면서 북한에 대해 치명적인 압박을 가하는 '강압적 관여' 정책을 취했다. 예상을 뛰어넘는 중국의 강력한 압박과 실질적인 제재 동참은 김정은에게 특단의 선택을 강요했고, 남북 정상회담 및 북미 정상회담으로 이끄는 데 방아쇠와 같은 역할을 했다고 할 수 있다.

2
북한의
대중국 전략적 대응

(1) 협력과 의존

2004년 4월 김정일 방중 이후 북·중 간 기업 차원의 다양한 호혜 협력을 적극 장려한다는 입장이 정리되었고, 이후 양국은 북한의 핵 개발 강행과 국제사회의 제재 압박이라는 대결구도에도 불구하고 시진핑 집권 시기까지 '협력과 의존' 관계를 비교적 순탄하게 이어왔다. 제1차 북핵 실험 직후 예기치 않은 상황 전개에 일시 긴장관계가 조성되는 듯했지만, 「2.13 합의」로 다소 완화된 북핵 위기와 수교 60주년에 편승하여 북중관계는 곧 정상화되었다.

특히, 2009년 이후 북미관계 악화와 남북관계 중단 상황은 김정일로 하여금 그때까지 지속해온 대외전략의 실효성에 의문을 갖고 전략적 변화를 모색하게 만들었다. 2008년 8월 뇌졸중으로 쓰러졌다가 일어난 김정일로서는 압축적인 후계체제 준비가 필요했다. 안전보장과 경제지원 획득이라는 양대 목표를 안정적으로 이뤄낼 수 있는 새로운 고민도 필요했다. 이에 김정일은 중국에 귀의하는 길을 선택했고 제2차 핵실험으로 인해 드러난 북·중 간 입장 차이는 곧 해소되었다. 2010년 원심분리기 공개 이후 「2.29 합의」가 파기에 이르는 북미관계의 강대강 대치 상황과 함께, 2010년 3월 천안함 폭침과 11월 연평도 포격에 따른 남북 간 긴장관계도 북한으로 하여금 중국 의존으로 기울도록 만들었다. 당시 중국은 천안함 폭침의 공격 주체가 북한이라고 규정하려던 유엔 결의를 무산시킨 바 있다. 이는 북한이 중국을 보호막으로 하는 안보편승의 실증적인 사례이다. 북한의 대중국 의존과 협력이라는 선택은 결국 탈냉전 이후 북한이 추구했던 대미 안보 의존과 대남 경제 의존이라는 '대미 편승전략'의 실패로부터 새로운 대체재를 찾은 결과물이었다.[43]

탈냉전과 한중수교 이후 소원했다가 완전 회복된 북중관계는 2010~2011년 김정일의 세 차례 방중을 통해 역사상 몇 차례에 불과한 '밀월기'를 맞는다. 중국은 한반도 안정적 관리차원에서, 그리고 북한은 대내외적 위기극복 차원에서 상호간 협력과 의존이 절실히 필요한 상황이었다. 김정은 후계체제 안착은 북한의 붕괴 방지와 안정 유지라는 중국의 중요 이익에 부합하며, 북한도 3대 세습의 연착륙을 위해 중국에 의존할 수밖에 없었기 때문이다. 또한 천안함 폭침 이후 강화되고 있던 한미동맹에 대한 대응도 공동의 목표가 될 수 있었다.

2011년 12월 17일 김정일의 돌연 사망에서 비교적 순탄하게 권력을 승계한 김정은에게는 당분간 중국과의 협력 및 의존관계가 필요했다. 중국과의 관계를 잘 관리해야 할 필요성은 무엇보다 아직 불안정한 김정은 체제의 대내적인 요인에 있었다. 김정은으로서는 2012년 7월 리영호 총참모장 해임을 시작으로 2013년 12월 장성택 처형 등 김정일 장례식 6인방을 차례로 제거하는 내부 권력 안정화 작업을 거쳐야 했기 때문에 그 기간에는 후견국인 중국과의 대립 갈등을 최소화하는 노력이 필요했다. 또한 경제위기 해소와 인민 생활 향상이라는 대내정치 목표도 중국과의 협력노선을 지탱하는 주요 요인이라고 할 수 있다. 다시 말해 집권 초기 정치적, 경제적 안정을 필요로 하는 김정은 체제의 대내적 환경이 이 시기 중국과의 '협력과 의존' 관계를 견인하고 있었던 것이다.

(2) 전략적 거부

북한은 과거부터 그랬듯이 중국에 대해 절대적인 신뢰를 가지고 의존하는 것이 아니다. 김정일은 2006년 7월 초 방북한 미국 측 인사에게 "중국은 믿을 수 없는 나라"라고 하면서 배신감을 표출하여 미국의 조야인사들을 놀라게 한 적이 있다.[44] 양호한 협력과 의존관계를 유지하던 시기에도 북한의 중국에 대한 뿌리 깊은 불신은 해소된 적이 없다. 다만 체제 보위와 경제 생존을 위해 본심을 드러내지 않았을 뿐이다. 오히려 북한은 중국의 간섭과 정치적 영향력을 철저히 견제하면서도 중국의 외교력과 경제력을 최대한 활용한다. 북·중 간 상호 불신의 이유는 국제정세의 변화에 적응하는 방법의 차이에서 비롯된다. 중국은 북한이 개혁개방을 거부한 채 핵개발을 고집하여 역내 긴장을 야기하는 것을 이해할 수 없었고, 북한 입장에서는 형제적 우의를 외면한 채 강대국 논리에 굴복하여 자국을 압박하는 중국의 처사가 불만이다. 상호 불만 표출 징후는 오래전부터 나타나고 있었다. 제2차 북핵 위기 발생 초기인 2003년 2월 말 중국이 '기술적인' 이유를 들어 대북 송유관을 3일간 폐쇄하면서 핵개발에 대한 경고를 날린 데 대해, 북한은 이미 예정된 우방귀 전인대 상무위원장의 공식 방북 일정을 무기한 연기시키는 조치로 대응한 적이 있다.

북한은 북중관계에서 매우 영리하고 유연하게 대처해왔다. 이러한 대응방식은 편승전략으로 설명이 된다. 동 견해에 의하면, 북한은 체제안정과 경제회복, 미국의 적대시 정책에 대한 견제 등의 복합적 목적을 위해 중국에 대해 동맹과 유화정책을 취하지만, 중국의 요구를 전적으로 수용하는 것이 아니라 이해가 일치하는 부분에서만 선별 협력하는 현안별 지지정책을 취한다. 또한 국제무대에서 중국을 등에 업고 자신의 전략이익을 극대화하면서도 자주적인 입장을 고수한다. 북한은 자신의 전략적 이익에 어긋날 경우 언제든지 독자적 결정을 선택할 수 있다는 태도를 가지고 있다. 이는 곧 '전략적 거부'를 의미한다. 북한이 중국에 대해 '전략적 거부' 전략을 견지하는 것은 양국 관계가 원만하고 협력이 양호할 때도 일관되게 나타난다. 심지어 김정일의 방중 기간에도 갈등이 드러난 사례가 있다. 천안함 사건 조사결과 발표를 앞두고 한·미의 대북 압박이 강화되자, 김정일은 2010년 5월 3일~5월 7일간 중국을 방문하여 외교적, 경제적 지원을 얻고자 했다. 이때 후진타오는 환영사에서 5개 분야 협력을 제의하며 '전략적 의사소통 강화'를 포함시켰다.[45] 북한에 대해 국가적 현안과 중대 외교 사안에 대해 미리 알려줄 것을 요구한 것이다. 또한 원자바오 총리는 김정일과의 별도 면담에서 그동안 금기로 여겨왔던 '개혁개방'이란 단어를 직접 거론하는 강수를 두었다. 이에 대해 심기가 불편했던 김정일은 예정보다 하루 앞당겨 귀국길에 올랐고, 귀국 직후 핵융합 반응에 성공했다고 주장했다.

북한은 중국과의 전략적 협력과 동시에 중국의 영향력에서 벗어나려는 이중적 태도를 가지고 중국과 미국 사이에서 균형을 취하려는 시도를 해왔다. 그러나 동북아에서 미·중 간 대립이 날로 심화되고 또한 북한이 핵무기 보유를 통한 자주안보 노선을 추구하는 상황에서 북한에게는 더 이상 진영을 바꿔가며 균형외교를 추진할 공간과 행동의 자유가 허용되지 않았다. 그래서 북한은 부득이 중국에 의존하는 편승정책을 취하지만, 최선의 선택은 아니기 때문에 내부 정책 결정 과정에는 항상 '전략적 거부'의 자세가 저변에 깔려 있는 것이다.

2013년 2월 제3차 핵실험 이후에는 북핵문제의 성격이 본질적으로 바뀐다. 김정은이 권력 장악에 자신감을 가지면서 드러낸 외교전략의 큰 변화이다. 북한은 이미 2012년 4월 개정헌법에 '핵보유국'임을 명시한 바 있다. 미국에 협상을 압박하는 '벼랑 끝' 전술로서의 핵실험이 아니라, 북한 스스로 제 갈 길을 가겠다는 의미로서의 핵보유 노선이다. 이는 미국에 대해 머리를 숙이지 않겠다는 의사 표현이지만, 중국에 대해서도 독자적 태도를 견지하는 '전략적 거부'의 버팀목인 것이다.

(3) 자주와 이탈

북한과 중국 사이에는 함께 피를 흘린 한국전쟁 참전에도 불구하고 역사적으로 긴밀한 우호관계를 유지했던 시기가 별로 길지 않다. 실제로 우호적인 동맹관계는 1960년대 초 및 1970년대 중반의 두 차례 7~8년 정도에 불과하다는 평가도 있다.[46] 특히 1992년 한중수교 이후에는 동맹관계가 무의미할 정도로 상호 뿌리 깊은 불신구조가 자리 잡고 있다. 그래서 일부 중국 학자는 한중수교를 계기로 북·중 간 동맹관계가 이미 와해되었다고 주장한다.[47]

북한은 핵개발을 정권의 자주권과 생존의 문제라고 주장한다. 그리고 중국 내 다수 한반도 전문가들이 이에 동조하는 논리를 취한다. 하지만 "핵개발은 단순한 자위권 차원을 넘어 북한의 복합적인 목적에서 의도된 전략적 선택"이라는 견해[48]가 오히려 타당성이 있다. 그런데 북한의 안보 상황은 이로 인해 오히려 악화되고, 경제와 민생이 더욱 낙후되는 모순에 빠지게 된다. 이와 관련 중국은 제3차 북핵 실험으로 인해 미국과의 갈등에 연루되어 상당한 안보 불이익을 받게 되었고, 이에 따라 북한에 여러 가지 압박과 제재를 가했지만, 오히려 북한은 중국을 배신하고 '이탈'을 할 수 있다는 시그널이 함축된 외교적 행동을 보였다. 2014년부터 북한은 러시아와 협력을 강화하려는 태도를 드러냈다. 러시아의 '2차 세계대전 승전 70주년 기념행사'에 김정은의 참석을 고려했던 것으로 알려지는데, 이는 북한이 첫 정상회담 대상으로 푸틴 대통령을 고려했다는 의미로서, 중국에 대한 불신의 표시이다. 중국이 과도하게 압박을 해오면 이탈을 하여 러시아로 돌아설 수 있다는 시위인 셈이다. 심지어 일본과 관계 정상화를 시도하려는 움직임도 있었다. 이와 같은 행보는 '전략적 거부'를 넘어서 '자주와 이탈'을 꾀하는 실제 행동으로 해석된다.

이러한 북한의 '이탈' 움직임에 대해 중국은 결국 2015년 10월 류원산 정치국 상무위원을 평양에 보내 북한을 달래야만 했다. 중국의 상무위원급 고위인사 방북으로는 5년 만이고, 시진핑 체제 들어서는 처음 있는 일이다. 북한이 과거 중·소 사이에서 등거리외교를 펼쳤던 모습을 재현하려는 것이 아닌가 하는 예측도 나왔다. 물론 당시 북한의 친러 행보 시도는 러시아의 경제적 역량과 외교적 관심사에 비추어 현실성이 별로 없기는 하지만, 북한에게는 중국에 대한 불만을 표출하는 전술적 카드가 될 수 있었다. 중국에게 있어서 북한은 인내의 한도를 벗어나지 않는 한 여전히 끌어안을 수밖에 없는 대상이다. 이 때문에 오히려 북한이 중국에게 이니셔티브를 행사할 수 있는 것이다.

북한은 중국으로부터 지나친 관여나 원치 않는 요구를 받을 때 중국을 강박할 수 있는 수단을 가지고 있다. 첫째, 핵·미사일 실험을 다시 감행하는 '벼랑 끝' 전술이다. '연루의 딜레마'에 빠지지 않으려는 중국의 대미 전략에 타격을 줄 수 있다. 둘째, 북·중 국경지대에서 경제적 혼란이나 대량 탈북사태를 일으킬 경우 중국 역시 피해를 감수해야 한다. 셋째, 친미親美노선으로 전환하는 것이다. '그레이트 딜great deal' 차원의 동북아 안보지도의 변경도 가능한 시나리오이다. 그동안 북한은 주어진 안보 상황에서 취할 수 있는 선택의 폭이 매우 제한적이었다. 중국과의 동맹관계 편승이 여의치 않고, 중립적인 선택도 곤란했다. 미·중 대립에서 균형자 역할이 가장 이상적이지만 미국의 수용이 없이는 불가능했다. 이러한 막다른 상황이 북한을 '갈 데까지 가보자'는 자포자기 식 핵개발 드라이브 정책으로 이끌었다. 그래서 북한은 궤도 이탈을 할 수밖에 없었을 것이다.

이후에도 북한은 2017년 4월 마라라고 미중 정상회담 이후 중국의 대북제재가 점차 강도를 높여가는 데 대해 수시로 강력한 반발과 함께 중국으로부터 '이탈' 가능성을 경고했다. 북한 관영 조선중앙통신은 4월 21일 「남의 장단에 춤을 추기가 그리도 좋은가」 제하의 논평에서 미국의 압박에 굴복하여 대북제재의 전면에 나서는 중국에 대해 '파국적 후과'를 위협하면서 기존질서의 '판 깨기' 가능성을 암시한 바 있다.

김정은의 대외전략은 핵무력 완성을 선언한 2017년 11월 이후 경제적 실리를 확보하면서 국제제재를 피하는 데 초점을 맞추는 방향으로 전환되었다. 중국의 대북제재 동참과 압박 강화에도 '전략적 거부'로 일관했던 북한은 미국에 편승하여 비핵화와 안전보장을 교환하는 방법으로 중국으로부터의 이탈을 시도한 것이다. 이 같은 전략적 전환은 북중관계 악화, 경제제재 효과의 가중에 따른 국내 정치적 어려움 때문에 선제적 대응 차원에서 결정된 전략적 선택일 것이다. 그런데 이는 북한이 압력에 굴복한 것이 아니라 스스로 결단을 한 것이기 때문에, 언제든지 그 선택을 바꿀 수 있다는 뜻이 된다. 실제로 김정은은 트럼프와의 하노이 제2차 정상회담에서 비핵화-안보 교환의 협상에서 실패한 뒤, 다시 중국에 편승하는 전략적 전환을 선택한 바 있다.

3
북핵 전략게임의 결과 분석:
전략적 이익균형

상기 분석은 국가와 국가 사이의 관계가 기본적으로 게임의 원칙에 의해 작동된다는 관점에서 출발하여, 중국과 북한이 선택한 전략의 이득(성과)을 이익과 비용의 측면에서 살펴보았다. 양국이 모두 합리적 선택 행위로서의 전략을 취한다고 보면, 그 이익과 비용의 정산 결과는 【도표 30】과 같이 정리할 수 있다. 중국과 북한이 상호 전략 선택에 따라 발생할 수 있는 기회비용에서 이익과 비용을 구분했다. 그리고 서론의 【도표 6】에 제시한 전략게임의 틀에 따라, 핵실험을 둘러싼 북·중 간 갈등과 이해 상관관계를 분석하여 추출한 결과를 '전략적 상호주의'[49] 관점에서 도식화했다.

이와 같은 이익과 비용의 선택적 균형 관점에서 북한의 총 여섯 차례 핵실험 직후에 드러난 중국과 북한 사이의 전략대결을 추상화하여 성과표를 산출해보면, 【도표 31】과 같은 결과를 얻을 수 있다. 중

【도표 30】 중국과 북한의 상호 전략 선택에 따른 이익과 비용*

		이익	비용
중국	강압	핵 확장 억제	북한 도발 리스크
	포용	국가위상 개선, 국제 기대 부응	협력 유도 위한 경제부담
	관망	북한의 완충지대 유지	국제사회의 압박
북한	의존	후견국 확보, 안보와 경제이익	체제 정체성 약화
	거부	경제적 이익 확보	대외 안보비용 상승
	이탈	'자주' 정체성 강화	경제적 고립

* 중국과 북한의 전략 평가에 대한 이익과 비용을 계량화하는 데는 한계가 있지만, 그러나 적어도 양국이 각각 얻을 수 있는 이익과 비용을 전략가치에 의거하여 개념적으로 접근하면, 나름 타당한 결과를 도출할 수 있다. 이에 관해서는 Darren J. Lim & Zack Cooper가 동아시아 역내 국가들의 전략 선택에 따른 이익과 비용을 설명하면서 제시한 군사적·경제적 비용 발생 여부에 근거를 두는 개념 정립과 수치가 아닌 전략가치로 국가이익과 비용을 규정하는 접근법이 시사점을 제공할 수 있다.[50]

【도표 31】 북핵 실험에 대한 북·중 전략게임 성과표 산출

핵실험 차수	1차	2차	3차	4차	5차	6차
중국의 북핵 대응 강도	1.5	1.0	2.5	1.5	2.0	3.0
북한의 대중국 반응 정도	1.0	1.0	2.0	2.0	2.5	3.0

국 측 선택 수단(①관망적 관여 ②포용적 관여 ③강압적 관여)과 북한의 대응 수단(①협력과 의존 ②전략적 거부 ③자주와 이탈)의 강도를 각각의 변수가 양국 관계 안정과 안보위협에 미치는 영향의 정도에 따라 3단계(상, 중, 하)로 추론한 후, 1점~3점까지 상대적인 점수를 부여한 결과물이다.

추론의 근거는 가령, 제1차 핵실험에 중국이 강력한 반발을 했다가 원상회복된 점은 관망적 관여의 1.5단계로 평가했고, 3차 핵실험이 중국 국내 정치 요인을 자극하여 외교부장이 직접 강한 경고에 나선 점은 2.5단계를 부여했다. 또한 북한이 8개월 만에 또 5차 핵실험을 실시한 뒤 중국의 경제제재를 거부하고 러시아 접근을 시도하면서 핵보유 강행을 추구하는 대응의 경우도 2.5단계로 평가했으며, 6차 핵실험은 중국이 최고의 실질적인 경제압박을 실행했고 북한도 극단적인 반발과 험한 비난 성명으로 양국 갈등이 최고점에 이른 점에서 각각 3.0단계를 부여했다.

이와 같은 전략게임에 근거하여 상기 3장 1항~2항에서 분석한 중국과 북한의 북핵 실험을 둘러싼 전략게임의 성과표를 좌표로 환산하면, 【도표 32】의 분포도로 나타난다.

【도표 32】 전략게임 결과(성과표) 분포도

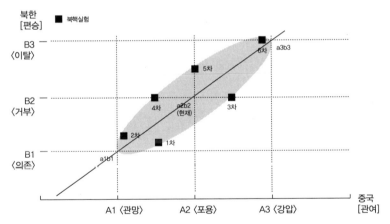

【도표 32】에 드러난 것처럼, 북·중 양자 간 전략대결은 복잡한 불신 구조와 이해관계에도 불구하고 실제 나타날 수 있는 정책의 선택은 제한적이며, 그 범위도 일정한 틀을 벗어나지 못한다는 점을 확인

할 수 있다. 그리고 북한 핵실험에 대한 중국과 북한 간 이해상충과 갈등구조는 TFT 전략게임 형식의 상승작용을 보이며, '상호주의'의 협력 방향으로 나아간다. 이렇게 표출된 결과 분포도는 북중관계의 미래 방향을 예측하는 데 도움을 줄 수 있다.

첫째, 복잡하고 다양해 보이는 양자 간 정책적 수단들은 결국 긴 타원형(복숭아씨 모양)의 상호주의 게임 결정라인 내부에 분포된다. 게임 값을 산정할 때 이론상으로는 9개의 시나리오가 성립되지만, 실제 표출되는 정책적 수단은 분포도의 음영부분인 복숭아씨 범위를 벗어나지 않는다. 북핵 실험으로 양국 관계에 강한 변인이 발생하지만, 초기 갈등과 내부 전략조정을 거쳐 채택된 정책은 상호 수용 가능한 경계지점 이내에서 결정된다.

둘째, 북·중 간 고도의 신경전을 통해 표출되는 전략적 선택의 좌표는 균형과 공존이 합치되는 지점인 사선의 게임 결정라인 위에 나타나게 되며, 양자관계가 가장 우호적인 상황도 'a1b1'보다 앞서지 않고, 최악의 상황도 'a3b3'를 벗어나지 않는다. 다시 말하면 양자 간 뜻이 맞아 우호 분위기가 고조되더라도 과거의 전통적 동맹관계로 회복되지 못하며, 북핵 갈등이 아무리 악화되어 상호 비방과 교류 단절 위기를 맞은 것처럼 보이더라도 결국 판을 깨는 일은 없다는 것이다.

셋째, 장기적인 측면에서 본다면 북중관계는 전략적 포용과 거부(또는 순응)의 내재적 긴장관계를 함축한 채 전략적 균형을 지향하게 된다. 즉 양자관계에는 구심력이 작동하여 결국 이익 균형점인 'a2b2'를 향하는 회귀성 집결 현상을 보인다는 것이다. 왜냐하면 동

균형점이 양자가 상호 전략적 이익을 최대한 많이 공유할 수 있는 지점이기 때문이다. 북한의 여섯 차례 핵실험에 따른 국제사회의 제재 압박과 북·중 간 갈등 고조에도 불구, 결국 양국 관계는 6년여 만에 시진핑-김정은 정상회담 성사 및 북미회담 대책 사전조율 등 재정상화를 향해 회귀했다는 점은 바로 이러한 현상을 입증해준다고 할 수 있다.

4장
북중관계의 '전략적 공생'과 회귀 구심력

　위 전략게임에서 드러난 행태를 종합하면, 북중관계는 상호 '선택적 관여'와 '선택적 편승'이 공존하는 방향으로 부단한 변화와 회귀를 반복하게 될 것이라는 가설이 성립될 수 있는 근거가 된다. 결국 중국과 북한의 상호 전략적 선택에는 전략게임 결정라인의 범위를 벗어나지 않으면서 '전략이익'의 균형점을 향하는 회귀 구심력이 작동될 것이며, 서로의 필요에 의해 '전략적 공생' 관계를 지속해 나갈 것이다. 요컨대 북중관계는 서로 전략적 포용과 거부(또는 순응)의 내재적 긴장관계를 함축한 채 '전략이익의 균형점'으로 향한다는 것이 상기 전략게임의 핵심이다.

　중국은 북핵문제의 성격을 미국과 북한 간 전략적 안보이익의 대립, 한국과 일본의 동맹이익과 자국 이익 간의 모순적 선택, 중국과 러시아의 지역책임 및 지연地緣이익에서 찾아왔다. 이러한 인식에 근거하여 중국은 북핵문제 해결을 비핵화 협상을 통한 평화적 해결과 북한의 합리적 안보 우려 해소라는 균형의 틀에서 해법을 찾고 있다. 결국 중국의 북핵정책은 비핵화와 체제안정을 동시에 달성하기 어려운 전략적 딜레마 상황에서 미중관계와 북중관계 및 과거 정책의 학습효과라는 요인에 의해 결정되고 있다는 관점에 타당성이 있다.[51] 중국이 북핵문제를 바라보는 셈법은 동 문제를 미·중 간 동아시아 전략 경쟁의 하위구조로 인식한다는 점에서 미국과 마찬가지다. 즉, 미국이 북핵문제 자체에 집중하기보다는 대중국 전략과 아시아 안보전략의 차원에서 접근하는 것과 마찬가지로, 중국도 역시 미국에 대한 레버리지 확보 및 전략적 자산 유지의 관점에서 북핵문제를 바라보고 있는 것이다. 그런 점에서 중국의 북핵 해법은 북한의 이해관계와 거리가 있고, 북한도 이 점을 잘 알기 때문에 북·중 사이에 끊임없는 '밀당'이 반복된다.

북한체제의 생존이 중국에 크게 의지하고 있다는 것은 3부에서 살펴본 바와 같다. 그런데 중국은 이러한 조건을 어느 정도의 범위에서 장악하고 관리를 할 수 있을까? 일부에서는 중국이 북한에 대한 영향력을 활용하면 언제라도 북한 핵문제를 해결할 수 있음에도 책임을 회피하는 것 아니냐는 의문을 갖는다. 그러나 중국의 대북한 영향력 행사에는 제약이 따른다. 그리고 무엇보다 중국의 대외전략이 한반도에서의 현상변경을 원하지 않는다. 따라서 중국으로서는 불확실성을 증대시키게 될 영향력 행사에는 매우 신중할 수밖에 없다.

반대로 북한도 중국의 이러한 제약을 적극적으로 활용하는 대응전략을 구사한다. 중국이 압력을 행사할 경우 북한은 중국의 의도에 순응하기보다는 '전략적 거부'의 행태를 보여왔다. 결국, 현실적으로 중국의 대북한 영향력이 압도적이기는 하지만, 중국의 의도가 일방적으로 북한에 관철된다는 보장은 없다. 그만큼 중국의 대북한 영향력은 제한되어 있는 것이다.

이에 따라 중국은 북한에 대해 '전략적 딜레마'에 빠져 있다. '전략적 딜레마'란 북한의 체제안정을 통해 '전략적 자산'을 유지할 필요성과 북핵 실험이 미중관계의 안정에 불리하게 작용하는 '전략적 부담' 사이에 발생하는 모순적인 상황을 의미한다. 중국으로서는 상반된 목표를 동시에 달성하기 어렵고, 그렇다고 포기하기도 어려운 전략적 딜레마에 처하게 되는 것이다. 이러한 딜레마의 사이에서 최적의 선택지는 이익의 균형이다. 최소의 리스크와 최대의 이익 사이에서 균형점을 향해 회귀 구심력이 작동하는 것이다. 그런 점에서 북중관계는 아무리 밀착된다 해도 과거의 동맹으로 되돌아갈 수 없으며, 아무리 악화되더라도 파탄에 이를 정도의 극단적인 단계까지 가지는 않는다. 다시 말해 이익의 균형은 북중관계를 지배하는 기본 원칙이라고 할 수 있다.

중국은 북미관계에서도 균형을, 남북한 관계에서도 균형을 추구한다. 중국은 대외전략에서 균형적 사유와 균형적 판단, 균형적 행동을 중시한다. 중국의 북핵 실험에 대응하는 정책적 처리 입장도 일관되게 균형을 잃지 않으려는 방향으로 움직였다. 일시적으로 전술적 변화를 보이기는 했지만 총체적으로는 일관되며, 근본적으로 변하지 않았다. 그동안 중국이 보여준 북핵에 대한 태도는 북·미 사이에서 중간자의 입장을 지키면서 국제 비확산체제의 규범을 지키고, 북한에게 핵을 포기하기 유리한 국제환경을 조성해주면서 북한을 국제 사회에 편입시키려는 노력을 견지해왔다.

이러한 이익균형의 원리는 북한에게도 마찬가지로 적용된다. 북중 관계의 변화무쌍한 갈등요인에도 불구하고 북한의 중국에 대한 이 익균형의 구심력은 일관되게 지속적으로 작동해왔다. 그 회귀 구심 력의 특성은 네 가지 요인에서 비롯된다고 할 수 있다. 첫째, 북한에 게 있어 중국은 개혁개방의 시장경제를 추구하고 있음에도 여전히 같은 사회주의 체제를 유지하는 국가라는 점, 둘째, 북한에게 중국은 국제무대에서 외교적 지지와 지원을 얻을 수 있는 거의 유일한 국가 라는 점, 셋째, 북·중 양국이 여전히 한미일 3국에 대한 불신과 안보 이익을 공유하고 있는 점, 넷째, 북한으로서는 식량, 원유 등 전략물 자를 절대적으로 중국에 의존하고 있다는 점 때문이다.[52] 북한의 최 대 국가목표는 체제의 생존 그 자체라 할 수 있다. 체제 생존을 위해 서는 현재 거의 유일한 우방국인 중국의 도움이 절실한 입장이며, 북 한의 체제 생존 전략의 핵심적인 한 축을 중국이 맡고 있다. 그만큼 중국은 북한의 대외관계에서 특별한 위치를 차지하고 있다.

그런데 중국에게 있어 북핵문제는 '양날의 검'이다. 북한이 핵을 개발해 미국과 한국을 상대로 세력 균형을 잡아주는 것은 중국에게 유리한 측면도 있다. 강하게 막을 이유가 없는 것이다. 그러나 그 핵 때문에 북한이 미국에게 가까워지고 북·중 간에 마찰이 일어난다면 북한은 거꾸로 중국을 위협할 수도 있다. 중국이 북한을 조심스럽게 다루는 이유이다. 북한이 친미국가가 되는 것은 중국에게는 가장 부 담스러운 시나리오다. 시진핑이 2018년 3월 말 트럼프와 김정은의 북미 정상회담에 앞서 서둘러 김정은을 베이징으로 불러들여 극진하게 환대하고, 40일 만에 또다시 다롄에서 회동을 가진 이유도 바로 여기에 있다. 북한은 자신의 체제안전을 보장해줄 수 있는 나라가 미국이라는 사실을 잘 안다. 핵을 개발하는 것도 미국의 관심을 끌기 위한 목적이고, 궁극적으로 핵으로 안전보장을 구매하려는 대상국도 미국이다. 역설적이게도 북한은 친미를 위해 반미를 해왔다. 미국이 '전략적 인내'를 한다면서 들은 척을 안 하니까 '벼랑 끝'까지 모험을 고집한 것이다.

중국은 북한의 4차 핵실험 이후 비핵화와 평화협정 체결 병행론을 주장하는 등 대화와 협상에 특별히 무게를 둔 바 있다. 5차 핵실험 이후에도 북한의 핵보유에 반대하지만 압박 일변도보다는 대화와 협상을 통한 해결에 무게를 두었다. 그리고 제6차 핵실험 이후 강압적인 관여가 구체화되었음에도 결국은 이익균형의 교차점으로 회귀할 것이라는 예측은 김정은의 네 차례 방중과 시진핑의 답방을 통해서 이미 확인된 바 있다. 북·중 사이에는 공생에 필요한 공통의 이익이 있다. 양국 간 협력에 따른 공동이익이 갈등과 이탈로 인한 손실보다 더 큰 현상이 유지되는 한, 북중관계는 언제든지 이익 균형점을 향해 회귀하게 될 것이다. 이에 따라 북중관계는 동맹과 정상관계, 과거와 미래가 공존하는 형태로 진전을 계속하고, 국익 극대화의 차원에서 선택적, 탄력적으로 양자의 균형을 모색하는 방향을 지향하게 될 것이다. 다시 말해 북중관계의 전략적 선택은 이해利害와 공존이 합치되는 '전략적 이익균형'의 게임라인 선상에서 결정되며, 그 결정에는 '선택적 균형전략의 최적화'[53]를 향한 회귀 구심력이 작동한다고 볼 수 있다.

1990년대에는 북핵문제에 대해 소극적인 태도를 보이던 중국이 제2차 북핵 위기와 6자회담을 계기로 북·미 사이의 '중재자' 역할에 나섰지만, 이후 북한 핵실험 고도화에 대한 국제사회의 압박에 연루되어 결국 6차 핵실험과 19차 당대회 이후에는 적극적인 해결자 입장으로 전환을 했었다. 하지만 강압적인 대북제재 동참 속에 최악으로 향하던 북중관계는 또 한 번 극적인 반전을 보였다. 남북 정상회담과 북미 비핵화 협상의 국면에서 네 차례 전격적인 방중을 결행한 김정은에 대해 중국은 최고의 환대로 화답했다. 또한 중국은 싱가포르 개최 북미 정상회담에 참석하는 김정은에게 최고지도부 전용기(2호기)를 지원하고, 하노이 개최 제2차 북미 정상회담 때는 김정은 전용열차를 이끌 기관차와 철로를 제공하면서 후견국의 면모를 과시했다. 2019년 6월 시진핑의 방북이 후진타오 방북 이후 14년 만에 성사되어 북중관계는 마치 최고의 밀월관계라도 된 것 같은 성급한 보도가 나오기도 했다. 그러나 이후 북·미 비핵화 협상의 답보와 함께 북중관계에도 별다른 진전이 없다. 그 이유는 북·미 협상이 급진전되면 중국의 자체적인 '대북 프로세스'도 진행이 빨라지고, 북·미 협상이 결렬 또는 지연되면 중국도 속도를 늦추는 접근방식과 관련이 있다. 북·중 정상 간 다섯 차례 '몰아치기' 교환 방문에도 불구하고 이는 '정상적인 국가 관계'로의 환원일 뿐이며, '밀월관계'의 회복은 아니다. 그런 점에서 최근 북중관계 회복은 바로 양자 간 공동이익 균형점으로의 전략적 귀환을 의미한다.

2017년까지도 김정은은 핵·미사일 고도화를 추구하면서 트럼프 행정부와의 갈등을 '화염과 분노'의 극한대결로 몰아가고, 중국에 대해서 '잔칫상 재 뿌리기' 식으로 시진핑을 자극하여 대북제재 강화를 자초하기도 했지만, 2018년에는 한반도 정세를 일거에 반전시키는 안보 대전환을 가져왔다. 특히 북미 정상회담과 비핵화 빅딜 가능성은 중국으로 하여금 한반도 신질서에서의 소외 우려를 자극함으로써 결국 중국과 북한의 관계를 정상화 단계로 되돌려놓았다. 그러나 문제는 단순히 원상회복이 아니라 중국이 북한을 핵보유국으로 전제하고 양국 관계를 재설정했다고 봐야 하는 점이다. 미국 내 전문가들도 중국이 북한의 핵과 미사일을 용인하는 입장에서 관계 회복을 받아들였다고 간주하고 있다.[54] 이러한 북중관계 재설정의 전략적 선택은 결과적으로 동아시아에 대한 미국의 영향력 약화, 한미동맹 문제, 한미일 3국 지역안보 협력 축소 등 지역 동맹에 대한 미국의 수동적인 접근 때문에 가능했고, 중국은 이러한 전략적 공백에 편승해서 북중관계 변화의 새로운 기회를 만들어냈다고 할 수 있다. 또한 북한의 입장에서도 북·미 협상이 난관에 처한 상황에서 역내 질서 변화에 대해 중국과 공동의 이해를 가지고 있다고 봐야 한다.

종합해볼 때, 북중관계의 성격은 특정한 영역에서 복수의 영향요인이 상호 모순적이고 모호한 형태로 공존할 수 있지만, 상호 전략이익의 공유 구조에 내재된 '전략적 공생'의 특성에 주목한다면 그 국가 행위의 지배적인 결정요인을 좀 더 명료하게 짚어낼 수 있다. 만약 중국이 북한의 안정과 비핵화 중에서 양자택일을 해야 할 입장에 처한다면, 전략적 선택의 우선순위는 자명하다. 전략적 가치에서 북한문제가 상수이고 북핵문제는 변수에 해당된다. 북핵 이슈는 장기적으로 관리할 수 있는 해결과제이지만, 북한문제는 핵심적인 국가 안보이익과 관련되어 있다. 물론 중국의 대북 관리방식은 이 같은 양자택일의 극한상황에 이르지 않도록 '포용적 관여'에 중점을 두고 선제적으로 위기관리를 해나갈 것이다.

주석_4부

1 국제 관계의 전략적 상호작용은 David A. Lake and Robert Powell, *Strategic Choice and International Relation*, Princeton: Princeton Univ. Press, Chapter 1, 1999. ; Bruce Bueno de Mesquita, *Principles of International Politics*, Washington D.C. CQ Press, 2006을 참조.

2 '구조화Framing'의 사전적 의미는 사진을 찍을 때 피사체를 파인더의 테두리 안에 적절히 배치하여 화면의 구도와 구성을 정하는 것을 말한다. 고프만Erving Goffman은 1974년 〈프레임 분석〉을 제시하며, 어떤 사건을 이해하거나 반응하기 위하여 일화적 지식이나 전형적 기억 등을 바탕으로 그 사건을 해석하기 위한 함의를 형성하는 행동에 관한 이론을 발표하였다. 즉, 구조화한다는 것은 곧 '해석의 설계'를 말하며, 이는 의미를 부여하고 경험을 조직화하여 조작된 행동을 만들어내도록 하기 위한 기법이다. 결국, 만들어진 '프레임'은 곧 우리가 세상을 바라보는 방식을 형성하는 정신적 구조물이며, 정치·사회적 의제를 인식하는 과정에서 본질과 의미, 사건과 사실 사이의 관계를 정하는 '직관적 틀'이라고 할 수 있다.: Erving Goffman, *Frame Analysis: An essay on the organization of experience*, Cambridge: Harvard University Press, 1974, p. 21. ; George Lakoff, *Don't Think of an Elephant: Know Your Values and Frame the Debate*, White River Junction, Vt.: Chelsea Green Publishing, 2004. ; 조지 레이코프George Lakoff, 유나영 옮김, 『코끼리는 생각하지 마: 진보와 보수, 문제는 프레임이다』, 서울: 와이즈베리 미래엔, 2015.

3 한석희, "중국 주변국 외교의 성공전략", 『성균차이나브리프』 제2권 2호, 2014, pp. 80–84. ; "中国与周边环境的关系: 从'适应者'转向'构建者'", 『中国新闻网』 2013年 12月 26日. http://www.chinanews.com/gn/2013/12–26/5668506.shtml

4 중국의 발언권 확대 관련 논의는 梁凯音, 「论中国扩展国际话语权的新思路」, 『国际论坛』 第11卷 3期, 2009, pp. 43–47. ; 王啸, 「国际话语权与中国国际形象的塑造」, 『国际关系学院学报』, 第6期, 2010, pp. 60–67.

5 Masahiro Hoshino · Shunji Hiraiwa, "Four factors in the 'special relationship' between China and North Korea: a framework for analyzing the China – North Korea Relationship under Xi Jinping and Kim Jong-un", *Journal of Contemporary East Asia Studies*, Vol. 9, Iss. 1, 2020, pp. 1–11.: 결론으로 추출한 네 가지 테제는 "①국가안보 문제가 궁극적으로 북–중 양측을 하나로 묶는 힘으로 더 우세하게 작용했다, ②사회주의 이데올로기 문제는 훨씬 약화되고 양국을 하나로 묶는 힘을 상실했다, ③전통적 유대 영역에서는 두 지도자가 친밀한 관계 유지를 위해 개인적인 유대를 사용하려 하지만 오래 지속되지는 않는다, ④경제관계는 베이징과 평양을 더욱 의존하게 만들었고, 서로 밀접한 관계를 갖도록 하는 강력한 힘이다"로 요약된다.

6 Glenn H. Snyder, *Alliance Politics*, Ithaca and London: Cornell University Press, 1997, p. 12.

7 문성준, "시진핑 · 김정은 체제를 중심으로 북중관계 진단 및 전망", 『군사발전연구』 제11권 2호, 2017, pp. 124–140.

8 최명해, "중국의 대북 정책: 변화와 지속", 『JPI 정책포럼』 No 2010–22, 2010, pp. 2–3.

9 장성택의 경우 공식 외교라인을 잡지 못했기 때문에 측근을 무역참사부에 파견하여 대중국 무역업무를 관리하고, 경제개발 합작구 사업도 직할 방식으로 운영하다가, 김정은의 승계 이후에 활동 중단

의 견제를 받았다. 황금평 개발구 사업은 장성택 처형 이후에 중단된 것이 아니라, 그 이전인 김정은 승계 직후에 이미 활동이 사실상 중단된 상태였다. 당시 황금평 현지 관리인은 사업 중단 이유에 대해 "장성택의 위신을 세우는 사업은 보류하라"는 지시가 있었음을 시인한 바 있다.

10 현성일, 『북한의 국가전략과 파워엘리트』, 서울: 선인, 2007, pp. 343-344.

11 Daniel Wertz, NCNK Report, November, 2019.

12 Yoshikazu Hirai, "China to Fund Costs so Bridge to North Korea Can Open to Traffic", *The Asahi Shimbun*, July 29, 2019. ; Colin Zwirko, "Homes Demolished in Path of Long-Stalled Sino-DPRK 'Bridge to Nowhere': Imagery", *NK Pro*, September 26, 2019.

13 1992년 1월 경화결제로 전환하는 '조중 무역협정'이 체결되었으며, 동 변경 방침은 1991년 5월 일본을 방문한 리란칭李嵐淸 부총리가 나카야마 일본 외상과의 회담에서 처음 언급함.: 『요미우리신문』 (1991. 05. 16). ; 『중앙일보』(1991. 05. 16)가 인용 보도. https://news.joins.com/article/2563234

14 문정인, "장샤오밍(張小明): 중국의 주변국 정책—목린(睦隣)의 지정학", 『중국의 내일을 묻다』, 서울: 삼성경제연구소, 2010, pp. 188-191.

15 王谊平, 2015. pp. 1-3. ; 赵立新,「中朝关系曾经的'同盟'还能延续吗?」,『延边大学学报(社会科学版)』第50卷 第3期, 2017, pp. 35-36.

16 중국이 공식 표방하는 핵심이익의 포괄적 주제별 구체적 이슈들을 살펴보면, 북한문제도 넓은 의미에서 핵심이익의 범주에 넣을 수 있다. 각각 핵심이익별 구체 이슈는 다음과 같다. ①국가주권: 티베트, 마카오, 신장, 홍콩 그리고 독립과 역사 문제 등, ②국가안보: 영공안보, 조국평화, 한반도 문제 등, ③영토완정: 댜오위다오(센카쿠 열도), 국경권익, 해양권익, 남중국해, 동중국해 문제 등, ④국가통일: 대만 문제, ⑤중국 헌법이 확립한 국가 정치제도와 사회의 전반적 안정: 핵심가치관, 민족단결, 민족존엄, 이데올로기, 파룬궁, 국가정권, 대중문화 등이 포함, ⑥경제사회의 지속적 발전을 위한 기본보장: 토지, 데이터 주권, 정보 강역, 국가현대화, 인민복지, 중대형 국유기업의 핵심상업기밀, 과학기술혁신 등이 포함된다.: 이민규, 2017a, p. 41.

17 '구동존이求同存異'란 공통된 부분을 함께 추구하고 이견이 있는 부분은 남겨둔다는 뜻이다. 1955년 당시 총리 겸 외교부장 저우언라이가 「아시아 아프리카 국제회의」에서 평화공존 5원칙을 제시하면서 '큰 뜻에서 공통점을 찾아보고 작은 차이는 일단 보류해두자'는 의미로 인용한 논리로서, 이후 '구동존이' 정신은 중국 외교협상의 기본 원칙이 되었다. 논어 자로子路 편에 군자는 '화이부동和而不同'하고 소인배는 '동이불화同而不和'라고 했는데, 여기의 '화이부동'이 곧 상대방과 서로 차이점은 있지만 그것을 인정하며 같은 목적을 추구한다는 의미로서 '구동존이'와 일맥상통하는 지혜의 정수이다.

18 오용석, "중국의 대북한정책 기조와 경제협력", 이창재 편, 『한반도 주변 4국의 대북한정책』, 서울: 대외경제정책연구원, 1996, p. 18.

19 구본학, "미국과 중국의 대북정책: 진단과 처방", 제2차 대북정책 심포지엄 〈최근 북한 정세와 변화 전망: 고립의 심화인가?〉, 세종연구소 주최(2012. 5. 10), 2012, pp. 77-79.

20 이와 관련 이종석은 북중관계에는 일반적인 비대칭 동맹의 핵심 특징인 강대국의 약소 동맹국에

대한 '자율성 제약'이 보이지 않는 "내정 불간섭형 비대칭 동맹"의 형태가 나타난다고 평가했다.: 이종석, "중·소의 북한 내정간섭 사례연구: 8월 종파사건", 『세종정책연구』 제6권 2호(통권 제12호), 2010, pp. 383–385.

21 时永明, "中朝关系七十年: 历史与现实的选择", 『北京周报网』, (2019–07–01), CIIS(中国国际问题研究院). http://www.ciis.org.cn/chinese/2019–07/03/content_40807860.html

22 Evans J. R. Revere, *Brookings Report*, November, 2019.

23 Frank Aum, "North Korea–China Summit: The 'Strategic Choice' by Both Sides", *United States Institute of Peace*, March 28, 2018. https://www.usip.org/publications/2018/03/north–korea–china–summit–strategic–choice–both–sides

24 정재호, 『중국의 부상과 한반도의 미래』, 서울: 서울대학교출판문화원, 2011, p. 324.

25 전병곤, "중국의 북핵 해결 전략과 대북 영향력 평가", 『국방연구』 제54권 1호, 2011, p. 26.

26 "中国重申在朝鲜核问题上的一贯原则立场", 『新华网』 (2002. 11. 29)

27 여기에서 언급한 '연성균형soft balancing'은 탈냉전 이후 국제 관계에서 나타나는 제한적 세력 균형 현상을 설명하기 위한 개념으로서, 강대국에 대응하여 여타 국가들이 군사적 수단이나 동맹 등 대항세력을 형성하는 기존의 '경성균형hard balancing'과 견주어 외교와 국제제도, 국제법에 의지하여 문제를 해결하고자 형성한 국가 간 세력형성을 말한다.: Joseph Nye, "Limits of American Power", *Political Science Quarterly* 117(4), 2002, pp. 557–559.

28 전재성, "관여(engagement)정책의 국제정치이론적 기반과 한국의 대북정책", 『국제정치논총』 제43권 1호, 2003, p. 241.

29 1991년 북·미 고위급 대화에서의 김용순의 발언, 2000년 6월 남북 정상회담 시 김정일의 발언, 동년 10월 올브라이트 미 국무장관 면담 시 김정일의 발언, 2007년 3월 코리아 소사이어티 주최 비공개 토론회에서의 김계관의 발언, 2009년 10월 전미외교정책협의회NCAFP·코리아 소사이어티 주최 비공개 세미나에서의 리근의 발언 등을 통해 유추해볼 수 있다.: 최명해, 2010, pp. 5–6.

30 임수호, 2012, p. 151. ; 전병곤 외, 2017, p. 128.

31 당시 미국에게 6자회담은 북한의 비타협성을 부각시킴으로써 본격적인 대북제재를 추진하기 위한 명분 축적 장치에 가까웠다는 평가임. 중국을 북핵문제 해결의 협상 일원으로 끌어들여서 대북제재 국면에서 이탈하지 못하게 만들려는 목적이 있었다는 것임.: Victor Cha, "Korea's Place in the Axis", *Foerign Affairs*, Vol. 81, No. 3, 2002, pp. 81–83. ; Victor Cha, "Why We Must Pursue 'Hawk Engagement'", in Victor Cha and David Kang(eds.), *Nuclear North Korea: A Debate on Engagement Strategies*, New York: Columbia University Press, 2003, CH. 3.

32 刘雪莲·霍雪辉, 「中国在朝鲜半岛的地缘安全战略分析」, 『东北亚论坛』 第16卷 5期, 2007, pp. 50–56.

33 "刘建超：中国从未同朝鲜进行过任何形式的核合作", 『人民日报』 2006年 10月 10日. http://world.people.com.cn/GB/8212/9491/57325/4901987.html

34 어우양산歐陽山, 박종철·정은이 옮김, 『중국의 대북조선 기밀파일』, 서울: 한울아카데미, 2008, p.

181.

35 동 사건에 대한 유엔 안보리와 의장성명 채택 과정에서 중국은 공격 주체 명시 거부, 연평도 포격에 대해서는 양측의 냉정과 자제 요구, 이어서 김정은 후계체제에 대한 동의와 지지 등을 통해 북한의 안전보장 후견국 역할을 적극 수행하였다.: 중국 외교부 대변인 정례브리핑(2010. 5. 6). http://www.fmprc.gov.cn/web/

36 정덕구·추수룽 외, 『기로에 선 북중관계: 중국의 대북한 정책 딜레마』, 서울: 중앙북스, 2013, p. 143.

37 왕이저우王逸舟, 김상순 옮김, 『창조적 개입: 중국의 글로벌 역할의 출현』, 서울: 북코리아, 2016, pp. 238-245.

38 '비동맹 정책 포기'는 옌쉐통閻學通, '도광양회' 노선의 포기는 덩위원鄧聿文의 주장을 참고함: 閻学通, "中国崛起也有历史惯性", 『国际先驱导报』 2013年 7月 27日 ; http://ihl.cankaoxiaoxi.com/2013/0729/246742.shtml ; 邓聿文, "中国外交应放弃韬光养晦, 并要利益并重", 『联合早报』 2013年 5月 24日. https://bbs.tiexue.net/post_6744266_1.html

39 2017년 9월 3일 제6차 북핵 실험에 대해 중국 외교부 대변인은 즉각 이를 규탄하는 성명과 함께 유관국들에게 재차 냉정과 자제를 강조하고, 쌍중단(雙暫停: 북한 핵·미사일 도발 중단과 한미 연합 훈련 잠정중단) 및 쌍궤병행(雙軌並行: 한반도 비핵화와 북미 평화협정 체결) 이행을 촉구했다. 이른바 전형적인 양비론적 행태다.

40 "社评 : 中朝友好互助条约 中国是否应当坚持？", 『环球时报』 2017年 5月 4日. https://mil.huanqiu.com/article/9CaKrnK2qSl

41 상무부·해관총서 공고 2017년 제52호: 유엔 안보리 2375호 결의 집행에 관한 공고(2018. 9. 22).: http://www.mofcom.gov.cn/article/b/c/201709/20170902648729.shtml

42 북·중 교역액은 기관별로 통계에 차이가 있는바, 본 서술은 '유엔 컴트레이드' 통계에 의거함.: 『RFA』(2019. 4. 9) https://www.rfa.org/korean/in_focus/food_international_org/ne-kh-04092019163158.html

43 김근식, "김정은 시대 북한의 대외전략 변화와 대남정책: '선택적 병행' 전략을 중심으로", 『한국과 국제정치』 제29권 1호, 2013, pp. 200-201.

44 "'중국 믿을 수 없다' 북 김정일, 방북 미국인사에 불만 토로", 『중앙일보』 2006. 7. 18. https://news.joins.com/article/2356259

45 동 정상회담에서 후진타오 주석은 "△고위층 교류 강화, △당·국가 관리경험 교류, △상호 이익이 되는 협력 확대, △문화교육체육 교류 심화, △국제 및 국내정세와 중대문제에 있어서 소통협조 강화 등 다섯 가지 방안을 제시했으며, 김정일 위원장은 이에 동의한다고 답변하고 있으나, 이는 마음으로 신뢰하고 승복한다는 뜻이 아니라 중국 외교정책을 전략적으로 활용하려는 측면이 강하다고 봐야 한다.

46 션즈화 화동사범대 교수가 국립외교원 세미나(2017. 8. 17)의 "1980년대 북중관계" 주제 발표에서 언급한 내용임.

47 장롄구이張璉瑰 중앙당교 교수는 한중수교로 '조·중 우호원조조약'은 유효성이 약화되었다고 평가하며, 션즈화 교수는 "냉전이 끝난 뒤로 양국 1세대가 맺은 조중 동맹관계는 이미 존재하지 않으며, 한중수교에 따라 조중 양국의 이익은 서로 배리背離되고 동맹의 기반도 와해되어, 조중 동맹조약은 이미 휴지 조각이 됐다"고 평가한다.: 「NK평화학 세미나」, 서울대 통일평화연구원 주최(8. 7–9) 회의 내용 참고.

48 张沱生, 「朝核问题与中国的政策」, 「国际安全研究」 第5期, 2013, pp. 57–59.

49 국제협력의 조건에 있어서 행동가치의 등가성에 덜 엄격한 '포괄적 상호주의'를 좀 더 발전시켜 북중관계의 정책 결정에 작동하는 유연한 '선택의 비등가非等價'를 인정하는 개념으로서 '전략적 상호주의'를 상정했다. 즉 자신의 이익을 극대화하기 위한 행위자 상호 간의 전략적인 계산의 결과를 지칭하는 개념이다. ; '포괄적 상호주의'에 대해서는 Robert O. Keohane, "Reciprocity in International Relations", International Organization, vol. 40, no. 1(Autumn 1986), p. 8 참조.

50 Darren J. Lim & Zack Cooper, "Reassessing Hedging: The Logic of Alignment in East Asia", Security Studies, Vol. 24, Iss. 4, 2015, pp. 696–702.

51 이기현·김애경·이영학, 「중국의 주변외교 전략과 대북정책: 사례와 적용」, KINU 연구총서 15–09, 2015, p. 82.

52 이희옥, 「북·중관계의 변화와 한국의 대응」, 서울: 세종연구소, 2008, p. 190.

53 북중관계의 '선택적 균형'은 "자국 핵심이익의 확대 유지를 최우선적으로 고려하면서 동맹관계와 정상관계의 범위 내에서 상호 정책의 좌표와 수위를 탄력적으로 선택"하는 것으로서, "사안의 성격, 주변 국제질서 변화 추이, 국제사회의 반응, 중국의 내부 여론, 북한의 반응 정도 등을 고려하여 정책을 선택적으로 운용"하는 의미를 갖는다.: 문흥호, "시진핑 집권 이후 중국의 대북정책: 동맹관계와 정상관계의 선택적 균형", 「중소연구」 제38권 3호, 2014, pp. 25–33.

54 Evans J. R. Revere, Brookings Report(November 2019).

전략적
공생

1
북중관계에 내재된
본질적 성격

　본 연구의 중점은 중국과 북한의 상호 전략적 선택과 대응의 전개 방식, 그리고 그 상호작용의 관계성에 드러나는 특징 및 구조적 속성을 분석하려는 데 있다. 이러한 연구는 기존 연구가 소홀했던 북중관계 상호작용의 구조를 역사적으로 전체 시기를 관통하는 맥락에서 설명할 수 있는 모형을 찾으려는 시도라는 점에서 의의가 있다. 또한, 본 연구에서는 북중관계의 결정과 이익 배분의 구조를 '전략적 균형'의 관점에서 규명하고자 했다. 이와 같은 연구 목표에 따라 북중관계의 전략적 구조를 각각 중국의 '선택적 관여' 요인과 북한의 '선택적 편승' 요인의 2개 동력이 상호작용하면서 원하든 원하지 않든 '전략적 공생'의 틀 속에서 서로 공존하고 이익의 균형을 도모하는 관계로 규정하고 있다. 이는 중국과 북한이 각각 '관여'와 '편승'을 기본 동인으로 하여 '작용 → 반작용reaction → 상호작용inter-action'

으로 끊임없이 대응하면서 다양한 형태로 양국 관계를 구성해왔다는 인식에 근거한다.

이에 따라 1부와 2부에서 '전략적 선택'의 관점에 의거하여 중국과 북한이 역사적으로 상호 채택했던 대외정책들이 어떠한 전략적 선택의 결과로 표출되었는지를 통합적으로 검토한 이후, 3부에서는 1단계 연구에서 추출한 전략적 선택의 분석 수준별 특성을 바탕으로 북·중 간 상호 정책 결정의 핵심요인과 이익균형의 역학관계를 규명하였다. 그리고 4부에서는 그 선택과 대응의 상호 구조에 전략이익을 공유하는 공생의 공간이 있으며, 공생의 공간을 지배하는 논리가 바로 '전략적 공생'이라는 결론을 추출하였다. 또한 그에 대한 검증은 북핵 실험을 둘러싼 양국 간 갈등과 회복의 진행 과정을 사례로 적용하여 논리적 뒷받침을 했다. 북핵 관련 북·중 전략게임을 통해서는 중국이 왜 한반도 비핵화 원칙을 견지하면서도 대북제재와 문제 해결에는 소극적인지를 설명할 수 있는 모형을 추출했다. 전략적 선택에 대한 성과표는 경험적 자료조사 분석과 전략게임을 통해 일정한 평가표를 얻었고, 이를 근거로 '전략적 공생'이라는 선택 모형을 찾을 수 있었다.

이러한 연구 결과, 중국의 대북한 전략은 동맹과 정상국가 관계의 균형, 밀월과 냉각의 조절을 유지하는 가운데, 북한체제 안정과 영향력 유지라는 '예방적 관리'에 방점을 두고 있으며, 이를 실행하기 위한 수단으로 '북핵'과 '북한문제'를 분리하여 접근하는 '투-트랙' 전략이 유효하게 작동하고 있다는 점을 확인했다. 반면에 북한의 대중국 대응전략은 동맹과 불신 구조의 양면성, 편승과 이탈의 이중적 접근이 기본적으로 정착된 가운데, '안보-경제 병진'에 의거한 자주노 선으로 독자적인 생존 공간 확보를 추구하는 특성을 보인다는 점을 확인할 수 있었다. 이에 따른 북·중 양자 간 전략적 선택의 결정은 결국 상호 이해충돌을 접어두고 서로 필요로 하는 공동의 이익을 공통분모로 하여 '공생'의 협력관계가 지탱되는 형태의 '전략적 공생' 모형으로 설명할 수 있었다. 이러한 공생관계의 틀 속에서 중국은 자신의 정체성과 북한의 지정 전략적 가치를 함께 고려하여 '포용적 관여'라는 절제된 접근으로 영향력 확대 유지에 주력하는 반면에, 북한은 대중국 의존과 거부의 딜레마 속에서도 '자주'의 정체성을 지키면서 '선택적 협력'을 병행하는 대응법을 유효하게 활용하고 있음을 확인했다. 역사적으로 중국의 대북한 역할은 군사개입, 동맹 파트너, 방관자, 조정자, 균형자, 전략적 후견국 등의 형태로 변화를 겪었고, 북한의 대중국 역할은 동맹, 자주, 이탈, 편승, 거부, 전략적 접근의 형태로 반전을 거듭해왔지만, 결국 양국 간 상호 정책 결정의 바탕에는 각 시대별 국가이익의 총합에 기초한 전략적 선택의 원칙이 일관되게 작동했다는 사실에 주목하는 것이 본 연구의 핵심이다. 그리고 이와 같은 연구 결과는 곧 북·중 양국 관계에 '공생의 공간'과 회귀의 구심력이 존재한다는 연구가설의 적실성을 뒷받침할 수 있다.

연구의 접근방법에 있어서는 양자 전략게임 모형을 기본으로 하여 실제 북·중 상호간에 전개되는 정책적 대응 형태를 주목했다. 양국 간 역사적 전개 과정에서 드러나는 전략적 선택과 대응의 흐름은 북핵 실험에서 그 전략대결의 특성을 함축적으로 잘 보여준다. 중국의 관망적 관여, 포용적 관여, 강압적 관여 방식에 대해 북한이 협력과 의존, 전략적 거부, 자주와 이탈의 행태로 대응하는 게임의 결과는 탈냉전 이후 북중관계의 성격 변화를 설명하는 근거가 될 수 있다. 이와 같은 전략게임의 결과, 북중관계는 다른 국가 간 관계와 마찬가지로 끊임없는 갈등과 협력의 반복이라는 구조적 특성을 보였으며, 그 귀결점은 결국 '전략이익의 균형'이라는 결론에 이르렀다. '북한'이라는 전략적 자산과 '북핵'이라는 전략적 부담 사이의 '안보 딜레마'를 해결하기 위해 중국은 '투-트랙'의 이중 접근법을 취하지만, 궁극적인 선택지는 결국 최소의 안보 리스크와 최대의 이익 사이에서 전략적 균형점을 지향한다고 본 연구는 주장한다.

현재 북중관계의 성격은 이미 기존의 동맹이나 '전통적 우의'라고 하는 고정관념에서 완전히 벗어나 있다. 중국은 북한에 대한 포용과 지원을 포기한 적이 없지만, 그렇다고 해서 상식에 맞지 않고 타국의 입장을 고려하지 않는 북한의 억지 행동까지 포용하지는 않는다. 그런 점에서 북중관계의 현재적 성격은 좀 더 거시적인 측면의 전략적 선택의 구조 속에서 바라볼 필요가 있다. 그리고 이에 따른 북중관계 전략적 선택과 공생에 관한 연구는 아래와 같은 종합적인 결론에 도달할 수 있다.

첫째, 중국과 북한의 상호 정책수단은 전략적 합목적 행위로서, 정책적 선택은 국제체제의 영향으로 인해 강화되거나 약화되지만, 그렇다고 양국 관계의 지정학적 성격과 전략적 가치의 본질이 바뀌는 것은 아니다. 시대와 환경의 변화에 따라 북중관계의 강약에 큰 변화가 있지만, 양국 간 정상적인 국가 관계는 지속적으로 작동되며, 기본적인 지정 전략적 가치는 변함이 없다.

둘째, 중국이 비핵화를 위해 북한에 관여하면 할수록 북중관계의 '전통적 우의' 기반은 약해진다. 따라서 중국은 북한에 대해 직접적인 개입보다는 우회적인 관여를 통해서 영향력을 계속 유지하고자 한다. '8월 종파사건'의 내정간섭 실패 등 교훈에서 포용적인 관여의 필요성을 체득했으며, 중단 없는 원유 공급 등 경제지원으로 후견국가 지위를 유지해왔다.

셋째, 북한은 중국에 대한 불신으로 영향권에서 이탈을 꿈꾸지만 현실적인 대안은 제한되어 있으며, 정책 결정은 대중국 의존과 거부의 딜레마 속에서 결국 자국의 생존에 유리한 방향으로 합리적 외교행태를 보인다. 북한은 등거리외교와 선택적 병행으로 주변 강대국 틈에서도 독립 자주노선을 굳건히 견지하는 듯하지만, 본질적으로는 편승과 이탈을 반복하면서 '선택적 편승'의 형태로 실용적 헤징(위험회피)을 추구한다.

넷째, 북·중 양측은 한반도 안정 및 북한체제 유지라는 이해관계를 공유하고 있다. 중국은 불확실한 '현상변경'보다는 예측이 가능한 '현상유지'를 선호하며, 북한도 체제 보장과 민생 안정을 위해서 당분간 남북 분단의 '현상유지'가 최선이다. 이러한 공통의 이해관계는 '공생의 공간'이라는 전략이익 공유 구조에 결속되어 있기 때문에 대체가 불가하며, 따라서 현상유지가 최선의 이익에 부합된다.

다섯째, 북중관계는 상호 대립보다 우호와 공존의 이익이 크기 때문에 결국 큰 충돌을 피하고 전략적 균형을 선택할 것이며, 결국 전략이익의 최대화를 위해서 상호 '유연한 관여'와 '호혜적 공존관계'를 수용하는 방향으로 끊임없는 이탈과 환원을 반복하게 될 것이다.

즉, 중국과 북한의 상호 전략적 선택에는 이익 균형을 지향하는 '전략적 공생'과 회귀 구심력이 작동한다.

2
북중관계의 총체적 함의와
미래 전망

본 연구를 통해서 중국과 북한의 전략적 이해관계의 공통분모, 즉 공생의 공간을 분석하면서 양국 관계의 속성을 좀 더 명료하게 이해할 수 있었다. 전략이익의 중첩 구조는 양국이 필요에 따라 상호 '관여'와 '편승'을 하면서도 결국 왜 '공생'관계를 추구할 수밖에 없는지를 설명해준다. 이에 마지막으로 결론에 대한 보완적 의미에서 본 연구의 결과가 북중관계의 심층 이해와 미래 변화에 제공해주는 함의를 ①이론, ②정책, ③미래 전망의 세 가지 측면에서 정리하는 것으로 마무리한다.

(1) 이론적 함의

본 연구에서 도출한 북중관계의 전략이익 공유 구조와 '전략적 공생' 관계의 모형이 가져다주는 이론적 함의는 아래 여섯 가지로 요약된다.

첫째, 북중관계 연구에서 전략적 선택의 접근방법은 국제체제, 국내 정치, 정책결정자 등 다층적인 영향요인이 어떻게 양자관계의 틀 속에 작용을 하여 국가의 행위와 정책 결정의 합리적 대안을 이끌어 내는지에 대한 설명력을 제공한다. 북중관계는 역사적으로 갈등과 긴장관계의 연속이었다. 협력과 의존의 시기보다 거부와 갈등의 기간이 더 길었다. 그럼에도 불구하고 북중관계가 파국에 이르지 않고 회복의 동력을 찾아서 다시 우호관계를 유지할 수 있었던 동인을 찾는 데는 전략적 선택의 관점이 유용한 도움을 준다.

둘째, 북중관계의 역사적인 맥락을 전략이익 균형의 틀에서 재구성하는 시각을 제공해준다. 그리하여 장구한 역사적 변화 속에서도 일관되는 흐름을 읽을 수 있게 해준다. 중국의 대북한 전략의 선택은 세력 균형, 데탕트와 공존, 국제질서 편승, 신형 대국 관계를 반영하는 형태를 보였고, 이에 대한 북한의 전략적 대응은 균형과 편승, 다변화와 대미 편승, 핵-안보 교환전략 등으로 나타났다. 그리고 북한의 역대 최고권력자들은 각각 등거리 자주노선, 거부와 실용의 병행, 위기조성과 편승의 행보를 통해서 안보와 경제의 선택적 교환을 도모하고, 자주와 편승의 전략적 유연성을 발휘할 수 있었다. 이 같은 유형화가 특정한 시기의 지배적 성격을 온전하게 모두 담아내는 것은 아니지만, 큰 흐름의 맥락을 짚어내는 데 있어서 충분히 유용한 시각을 제공해줄 수 있다. 만약 각각의 시기별 특정한 사건 또는 영역별로 접근할 경우 통시대적인 지배담론을 간과할 수 있고, 핵심요인이 국가의 행위와 국제사회에 미친 영향과 그 배경을 놓칠 수 있다.

셋째, 북중관계는 비대칭 동맹임에도 불구하고 상호 명확한 '안보와 자율성 교환'이 성립되지 않는 이유에 대한 설명력을 제공해준다. 그 이유는 약소국인 북한의 자주성 때문이기도 하지만, 더 큰 틀에서 보면 미·중 데탕트 이후 북·중 간에는 공동의 적이 사라졌고, 중국의 개혁개방 이후 서로 다른 발전 경로를 선택하면서 사회주의 기반의 이념적 정체성이 더 이상 양자관계를 지배하기 어려워졌기 때문이다. 현재 북·중 사이에는 사실상 동맹관계가 존재하지 않으며, 오직 인접한 주변국 간의 정상적인 국가이익의 균형관계가 존재한다. 동맹으로서 갖춰야 할 연합 군사훈련, 주둔군과 군사기지, 첨단무기 판매 지원 등 어떠한 군사적 구속에도 묶여 있지 않다.

넷째, 북중관계가 협력과 갈등의 전략적 균형의 역사였다는 관점에서 보면, 최근 김정은과 시진핑 사이의 다섯 차례 정상회담에도 불구하고 이는 정상적인 국가 관계로의 회귀일 뿐, '동맹 복원'을 의미하지는 않는다는 시사점을 얻을 수 있다. 향후 중국의 대북관계는 '신형 주변국 관계'의 틀에서 다시 설계될 것이다. 이는 시진핑 시기 중국의 '신시대 중국식 대국외교' 전략의 일부이고 그 연장선이다. 중국은 여전히 비동맹 외교 원칙을 준수하고 있다. '피를 나눈 혈맹', '순치의 관계'는 필요할 때 강조하는 수식어일 뿐이다. 그런 점에서 새롭게 설계될 북중관계도 서로를 필요로 하는 전략적 공동이익을 그 기반으로 할 것이다. 요컨대 '신형 북중관계'는 바로 전략적 이익균형에 근거하여 결정될 것이다.

다섯째, 북한의 대중국 전략적 선택도 마찬가지로 전략적 이익균형에 근거하여 결정되고 선택적 편승 행위로 나타날 것이란 점을 충분히 예견할 수 있게 해준다. 김정일이 중국의 진영 이탈에 대한 반발로 대미 편승을 시도했지만 결국 실패하고 만년에 중국의 '선택적 관여'의 틀 속에 순응하는 길을 택했던 것처럼, 김정은의 경우에도 핵-안보 교환을 목적으로 '갈등을 통한 대미 편승'을 시도했지만, 결국 중국의 후견과 지원을 거부할 수 없는 현실적 인식에서 새로운 대중국 관계 회복의 길로 복귀했다. 이 같은 북한의 대중국 편승은 역사적으로 국내외적인 환경요인의 변화에 따라 선택적으로 결정되기는 하지만, 기본적인 방향성에는 변함이 없다. 전략이익이 존재하는 한, 양국 간 '공생의 공간'을 향한 회귀 구심력이 작동하기 때문이다.

여섯째는 양국 간 이익균형의 프레임에 따라 한반도 현상유지는 당분간 계속될 것이라는 점이다. 북·중 사이에는 전통적으로 '체제유지'라는 공통분모가 작동한다. 북핵 실험에 따른 갈등에도 불구하고 북한이 가지고 있는 지정학적 자산은 줄어들지 않는다. 북·중 간 전략적 협력의 필요성은 과거부터 변함이 없었던 것처럼 미래에도 변함이 없을 것이다. 중국의 대북전략은 북한체제 안정과 현상유지 status-quo가 최우선 목표다. 비핵화는 그다음이다. 중국으로서는 불확실한 '현상변경'보다는 예측과 관리가 가능한 '현상유지'가 자국의 이익에 부합된다. 북한의 입장에서도 체제유지가 최우선이고 당면한 현실 상황에서는 현상유지가 최선이다. 핵·미사일 개발의 목적도 궁극적으로 체제안전 보장에 있다. 이를 위해 핵-안보 교환을 시도하면서 미국과 중국을 상대로 등거리 접근 행태를 보이는 것이다.

(2) 정책적 함의

북중관계의 변화 발전은 한중관계는 물론 남북관계, 한미관계와도 상호 밀접하게 연계되어 있기 때문에, 본 연구의 전략적 선택과 공생의 관점에서 얻은 성과는 한국의 외교와 남북관계 대응에도 일정한 정책적 함의를 가진다.

첫째, 최근 북중관계의 좌표에 대한 정확한 해독이 향후 한중관계 재조정에 가져다줄 수 있는 함의이다. 극도로 악화됐던 북중관계가 김정은의 네 차례 방중과 시진핑의 답방이라는 '몰아치기' 수뇌회동으로 정상화되었지만, 그렇다고 완전히 회복되었다고는 할 수 없다. 그동안 중국의 강압적인 제재 압박으로 인해 북한에게 남겨진 상흔이 하루아침에 치유되기 어려울 뿐만 아니라, 미국에 대한 구애를 모색하는 북한이 언제라도 배신을 할 수 있다는 중국의 불신감도 완전히 해소되기 어렵기 때문이다. 북·중이 온전한 신뢰를 회복하는 데는 상당한 시간과 노력이 필요할 것이다. 또는 완전한 신뢰 회복은 사실상 불가능할 수도 있다. 북중관계는 새로운 상황 변화가 있을 때마다 잠시 '밀월기'가 있었지만, 오래 지속된 적이 없다. 북중관계를 지배하는 논리는 북한의 지정학적 가치에 국제체제 영향의 전략적 가치가 더해질 때 일시적인 '밀착'관계가 조성되는 지정 전략적 성격이 가미된 형태의 특별한 공생관계이다.

둘째, 주변국 외교의 일부분으로서의 북중관계에 대한 함의이다. 북중관계를 '뉴노멀' 시대 주변국 외교의 틀에서 관리하려는 중국의 대북정책은 '비동맹' 원칙을 파기할 이유가 없다. 중국으로서는 한국을 포함하는 한반도 정책의 균형유지를 통해서 완충지대를 관리하는 편이 더 전략적 효용가치가 크다. 또한 중국은 한반도 비핵화와 국제 비확산체제를 견지하는 것이 자국의 국가발전 이익을 구현하는 데 유리하다는 점에서 대북한 외교를 제도적인 틀 속에 편입시키고 국제 관계의 질서 속에서 관리해 나가려고 할 것이다. 결국 공동의 위협이 소멸되어 동맹관계의 특성을 보이지 않는 현재의 프레임은 쉽게 바뀌지 않을 것이라는 뜻이다.

셋째, 남북한 사이에서 중국이 향후 어떤 입장을 취할 것인가 하는 점도 중요한 정책적 포인트이다. 북중관계와 한중관계의 균형이라는 측면에서 그동안 중국 외교의 기본 프레임이 크게 변한 것은 사실이다. 중국은 그들의 핵심 국가전략인 경제발전의 지속을 위해 한국과의 관계를 전략적으로 강화하면서 남북한 등거리외교를 추구했다. 그러나 최근 미·중 전략 경쟁이 극한대결로 치닫고 있는 상황은 불가피하게 한반도 안보 지형에 변화를 불러올 수 있다. 중국은 당장 안보이익이 크게 걸려 있는 북한을 공동협력의 대상으로 삼을 가능성이 크다. 이는 중국의 대북한 협력 요인이 과거 단순한 중·소 세력 균형이나 경제발전을 위한 안보 환경을 추구하던 시기보다 더 커졌기 때문이다. 현재 시진핑의 선택은 강대국 정체성에 근거한 전략이익을 우선적인 국가목표로 삼고 있으며, 향후 미·중 전략 경쟁에서 타협하거나 물러설 여지도 많지 않아 보인다. 물론 북·중이 과거의 동맹시대로 돌아가는 것은 불가능하다. 북한으로서도 역사적 교훈을 통해 이를 잘 알기 때문에 현실적 한계를 인정하고, 새로운 전략이익 확보에 맞춰 새로운 북중관계 설정에 나설 것이다.

넷째, 중국의 남북관계 및 통일에 대한 접근 방향을 읽을 수 있게 해준다. 탈냉전과 한중수교 이후 중국의 한반도 전략은 남북한 균형으로 전환되었다. 북한의 한중수교에 대한 배신감과 냉전구조의 청산 과정에서 북중관계가 일시 '디커플링'의 진통을 겪었지만, 다시 회복되었다. 현재 중국은 남북한 양측을 한반도 문제의 당사자로 인정하고, 남북 간 합의를 중시한다는 입장을 취하고 있다. 중국은 한반도 통일에 대해 줄곧 원론적인 지지를 표명하고, 자주적·평화적 통일을 주장해왔다. 하지만 한반도 통일이 중국의 국가이익에 유리할 것인지 여부에 대한 확신이 부족하기 때문에 남북한이 구체적인 통일 과정에 진입하기까지는 평화공존을 지지하면서 현상유지를 선호한다. 다만, 중국이 북한을 자신의 지배적 영향권에 두려고 했던 역사적 선택이 실패했던 것처럼, 미래에도 오직 북한을 완충지대로 삼아 현상유지를 하려는 선택에 안주할지는 미지수이다. 북핵 협상이 교착상태에 빠지고 적대적인 미·중 전략 경쟁 향배가 불투명한 상황에서 당장은 북중관계가 관망과 현상유지에 치중하고 있지만, 향후 강대국 정체성으로 무장한 중국은 한반도를 지정학의 '주변지대'로 인식하고 한반도 전체를 대상으로 전향적인 전략적 선택에 나설 가능성도 있다.

다섯째, 북한 비핵화 목표의 실현 가능성 여부에 대한 함의이다. 현재 비핵화를 위한 국제사회의 공조와 추진 동력이 떨어지면서 비핵화는 점차 비현실적인 목표가 되어가고 있다. 중국은 북한이 핵을 포기하기 어려운 현 상황을 어떻게 인식하고 향후 어떤 전략을 선택할 것인가 하는 점도 관심사가 아닐 수 없다. 중국은 표면상 북한의 핵보유국 주장을 절대 인정하지 않는다는 입장이다. 그러나 본 연구에서 실행했던 북핵 전략게임의 결과 분포도(복숭아씨)에 의거하여 해석을 하면, 사실상의 핵보유국이 되어버린 북한을 통제할 수 있는 물리적 수단이 없는 상황에서 중국은 아무리 관계가 악화되더라도 장기적으로는 결국 관계 회복의 구심력이 작동할 것이고, 정책적 선택의 범위가 '복숭아씨'를 벗어나지 못할 것이라는 점은 예측이 가능하다. 다시 말해, 중국은 역사적으로 북한이 기정사실화해버린 사안을 뒤집은 적이 없었다는 점에서, 북한이 제조한 핵무기를 물리적으로 제거할 전략적 의지가 있을지 회의적이다.

여섯째, 중국의 대북 영향력 유무에 관한 논란에서 핵심적인 판단의 논거를 제공해줄 수 있다. 중국이 북핵문제를 해결하는 데 역할이 부족하다는 지적과 관련, 의지가 부족한 것인지 아니면 영향력의 한계로 해결 능력이 없는 것인지 서로 다른 견해가 상존한다. 하지만 이 문제는 북중관계의 본질적인 특성에서 답을 찾아야 한다. 만약 북중관계가 군사동맹으로 엮여 있다면, 중국의 입장에서 동맹 국가의 핵무장은 위협이 되지 않으며, 당연히 중국은 북핵을 반대할 필요가 없을 것이다. 그런데 중국은 6자회담을 주도했고, 유엔 대북제재 결의안에 빠짐없이 찬성했다. 북핵문제가 중국의 평화적인 부상에 불리한 영향을 미치는 것은 사실이지만, 북·중이 공유하는 전략적 '공생의 공간' 측면에서 보면, 중국이 북핵을 해결하지 못하는 것이 아니라, 해결을 하지 않는 것이다. 이는 북핵이 대미 세력 균형을 위해 북·중 공생의 이익 공간에서 전략적으로 관리될 수도 있음을 시사한다.

일곱째, 북중관계와 한중관계를 균형적으로 병행하려는 중국의 이

중성이 한중관계 발전 방향에 정책적 함의를 제공한다. 중국으로서는 한국과 경제무역의 지속 발전은 물론, 적어도 중립적인 안보환경을 조성하는 것이 국가 전략이익에 필수적이다. 중국에게는 북한과의 정상적인 경제무역 관계와 한·중 교역의 선순환 발전이 자국의 국가발전 요구에 부합된다. 사드 갈등을 계기로 한국에 강력한 힘을 투사했던 중국은 현 수준에서 제재 압박의 역량 투사를 잠정 동결했다. 이는 한국을 포함한 대한반도 현상유지를 최적의 방어선으로 설정하고 그에 따른 공세적 방어전략을 구사하려는 의도를 반영한다.

(3) 미래 전망에 대한 함의

미래 북중관계의 변화에 대한 전망은 예단하기가 조심스럽기는 하지만, 그럼에도 '전략적 선택'의 관점에 의거하여 거시적이고 장기적인 방향을 예측하는 것은 가능하다. 본 연구에서 도출했던 '전략적 공생' 모형과 북·중 양자 전략게임의 '복숭아씨' 분포도에서 분명한 기준점과 변화 방향에 대한 시사점을 얻을 수 있다.

첫째, 북중관계의 미래는 지속적인 회귀 구심력이 작동하면서 전략적 이익균형으로 향하는 협력관계를 유지해 나갈 것이라는 전망이 가능하다. 본 연구의 전략게임 결과에 나타난 '전략이익 균형'과 '회귀 구심력'이라는 역학관계에서 보면, 중국의 역대 최고 수준의 강압적 제재조치로 한때 최악의 단계에 이르렀던 북중관계가 남북한 긴장완화와 북·미 비핵화 협상 국면에 편승하여 극적인 반전을 통해 재정상화 단계로 회귀하는 것은 전혀 이상할 것이 없고, 오히려 예견된 수순이라고 할 수 있다.

둘째, 중국의 미래 북한 관리 방향에 대한 함의이다. 본 연구의 '전략적 공생' 모형은 중국의 북한에 대한 미래 선택적 포용과 관리방법에 대한 예상을 가능하게 해준다. 북한이 중국에게 전략적 자산이냐, 전략적 부담이냐 하는 논란은 이제 거의 사라졌다. 최근 미·중 전략경쟁이 격화되는 상황에서 북한의 가치는 부담보다는 자산으로서의 역할이 더 커졌다. 중국은 북한이 가지고 있는 전략적 자산을 대미 카드로 활용하면서도 한반도에 신뢰할 수 있는 대안세력이 등장할 때까지는 '최대한 현상유지' 방향에서 상황 관리를 해나가려 할 것이다. 한반도에 대한 영향력을 제고하려는 시진핑과 대미협상 레버리지로서 강력한 '우군'이 필요한 김정은 사이에 전략적 이해가 일치하기 때문이다.

셋째, 향후 중국의 대북정책은 경제 명맥을 열어주는 제재 완화조치를 통해 대북 영향력을 증대하고, 평화협정 프로세스에서 한반도 문제 당사자로서의 입지 강화를 노릴 것으로 예상된다. 북한체제 안정과 한반도 현상유지는 여전히 중국에게 핵심적인 전략이익을 가져다주는 자산이다. 중국이 북한문제에 대한 위기관리에서 시종일관 온정적이고 포용적인 이유이다. 중국은 북한의 일탈 행위로 인해 미국과의 충돌에 연루되는 위험성을 극력 회피하지만, 과도한 압박으로 북한이 자신의 영향권을 이탈하는 것도 원하지 않는다.

넷째, 북한의 대중국 접근 태도에 대한 예측을 해볼 수 있다. 북한은 앞으로 어떤 형식이든 중국과의 연계 및 공조를 시도할 가능성이 높다. 미국과의 비핵화 담판에서 안전판과 버팀목이 필요한 북한의 입장과 북한을 지렛대로 미국의 포위를 탈피하려는 중국의 입장은 서로 이해관계가 맞아떨어진다. 물론 향후 양자 간 전략적 이해의 선택 기준이 흔들리고 국제정세가 요동칠 경우 양자관계가 새로운 변화에 직면할 수 있겠지만, 현 단계는 북중관계가 전략적으로 서로를 필요로 하는 시점이며, 동북아의 지정학적 대립과 미·중 전략 경쟁이 격화될수록 북·중 간 전략적 협력관계는 한층 더 밀착될 수 있다.

다섯째, 북한의 미래 전략적 가치가 한층 더 높아질 것이라는 점이다. 북한은 중국에게 대미 전략적 돌파의 지렛대일 뿐만 아니라, 다른 한편으로 미국에게도 대중국 포위의 지렛대로서 가치가 크다. 한반도에서 미·중 대립이 격화될수록 중국에 대한 북한의 전략적 가치는 상승하게 되고, 미국에게 있어서도 대중국 전략적 레버리지로서 북한의 가치는 더욱 부각된다. 중국은 그만큼 북한체제 안정과 현상유지를 위해 정치적·경제적 후견 역할을 강화함으로써 영향력 확보를 시도할 것이다.

여섯째, 최근 코로나19 사태에 따른 북·중 국경봉쇄로 인해 최악의 경제위기를 겪고 있는 북한으로서는 정권의 생존을 위해 대중국 접근과 의존을 강화해 나갈 가능성이 높다. 대중국 의존은 북한이 원하는 바가 아니지만, 국제환경은 당장 북한에게 여하한 다른 전략적 선택을 허용하지 않는다. 미국이 유엔의 대북제재를 해제해주지 않는 한, 북한경제는 근본적으로 어려울 수밖에 없고 결국 의존할 수 있는 나라는 오직 중국뿐인 것이 현실이다. 그러나 북한의 장기적인 대중국 전략적 선택은 그동안 북한의 대응방식에 비추어보면, '전략적' 편승과 거부를 선택적으로 병행하는 수준에서 결정될 것이라는 예측이 합리적이다.

종합적으로 볼 때, 그동안 북중관계의 수많은 우여곡절과 불신의 역사를 감안하면, 양국 관계가 장기간 안정적으로 유지되는 것이 오히려 비정상적인 일이다. 북중관계는 '좋은 시절'이 오래가지 않는 것처럼, 반대로 '나쁜 시절'도 오래가지 않는다. 중국과 북한은 전략이익을 공유하는 '공생의 공간'에서 선택적 관여와 선택적 편승을 교환하는 전략게임을 반복하며 유연한 '공생관계symbiotic relationship'를 지속 유지해 나갈 것이다.

참고문헌

1. 논문

【국문】

강정일. 2012. "북중동맹의 공고성에 관한 연구." 『전략연구』 제51권.

구본학. 2012. "미국과 중국의 대북정책: 진단과 처방." 제2차 대북정책 심포지엄 〈최근 북한 정세와 변화 전망: 고립의 심화인가?〉 세종연구소 주최. 서울. 5월 10일.

구영록. 1994. "대외정치의 핵심개념으로서의 국가이익." 『한국과 정치』 제10권 1호.

구현우·이정애. 2009. "합리적 선택 이론의 새로운 지평." 『한국사회와 행정연구』 제19권 4호.

김근식. 2002. "북한의 체제보전과 대외정책의 변화: 진영외교에서 전방위 외교로." 『국제정치논총』 제42집 4호.

김근식. 2013. "김정은 시대 북한의 대외전략 변화와 대남정책— '선택적 병행' 전략을 중심으로." 『한국과 국제정치』 제29권 1호(통권 80호).

김기정·나웅하. 2009. "관망과 개입: 1, 2차 북핵위기에 나타난 중국의 대북정책 변화요인 분석." 『중소연구』 제33권 1호.

김남성. 2016. "3, 4차 북핵실험 이후 북중관계와 동맹 딜레마." 『Journal of North Korea Studies』 제2권 2호(통권 3호).

김성배. 2014. "미중시대 북한식 국제정치 독해: 자주외교 불패신화의 유산." 「NSP 리포트-68호」. EAI(동아시아연구원).

김성한. 2015. "동북아 세가지 삼각관계의 역학구도: 한중일, 한미일, 한미중." 『국제관계연구』 제20권 1호.

김신. 2020. "북한체제 시장화와 불가역적 체제변화 가능성 분석." 『통일과 평화』 제12집 1호.

김애경. 2004. "중국의 대외정체성 인식 변화." 『국가전략』 제10권 4호.

김연각. 2007. "북한의 통치 이데올로기: 1955~2007." 『한국정치연구』 제16집 제1호.

김영근. 2008. "중국의 대북 투자 동향과 정책적 시사점." 『통일경제』. 서울: 현대경제연구원.

김예경. 2007. "중국의 부상과 북한의 대응전략— 편승전략과 동맹, 유화 그리고 현안별 지지정책." 『국제정치논총』 제47권 2호.

김예경. 2010. "중국의 영향력 균형 전략과 제3세계 외교: 과거의 경험, 그리고 오늘날의 함의." 『국가전략』 제16권 1호.

김용호. 2001. "비대칭동맹에 있어 동맹신뢰성과 후기 동맹딜레마: 북·중동맹과 북한의 대미접근을 중심으로." 『통일문제연구』 제13권 2호(통권 36호).

김유은. 2004. "북핵문제에 대한 중국의 입장: 6자회담을 중심으로." 『중소연구』 통권 103호.

김윤정·정종필. 2018. "중국 강대국 정체성과 강대국 외교의 지속성." 『21세기 정치학회보』 제28권 2호.

김웅서. 2012. "1960년대 중반 북한의 자주외교노선 채택에 관한 연구." 『세계정치』 16권.

김재철. 2005. "중국의 강대국 대외정책." 『국가전략』 제11권 3호.

김태경. 2012. "자주와 동맹 사이에서— 북한의 핵보유와 북중 결박동맹." 『사회과학연구』 제28권 1호.

김태운. 2004. "주체사상의 지도원칙과 북한의 대외정책."『정치정보연구』제7권 1호.

김태현. 2002. "상호주의와 국제협력: 한반도 핵문제의 경우."『국가전략』제8권 3호.

김태현. 2011. "비대칭 동맹에서 약소국의 자율성에 대한 연구."『신아세아』제18권 1호.

김태호. 1998. "탈냉전기 중국의 대북 영향력 동향과 전망."『국방논집』제42호.

김흥규. 2015. "시진핑 시기 중국 외교와 북중관계."「JPI 정책포럼」. 2015-04.

김흥규. 2016. "4차 북한 핵실험과 사드의 국제정치."『통일정책연구』제25권 1호.

김흥규·궈슈씨엔. 2016. "시진핑 시기 북중관계―연구동향에서 엿보인 소용돌이와 전환의 갈림길."『국방정책연구』제32권 4호(통권 114호).

김흥규·최명해. 2005. "양빈(楊斌) 사건과 북한·중국 관계."『한국정치학회보』39집 1호.

나영주. 2016. "중국 시진핑 정부의 대북정책과 북핵문제."『민족연구』제65호.

나호선·차창훈. 2018. "북한의 전략적 선택에 대한 동맹이론적 검토."『21세기 정치학회보』제28권 4호.

남북협력실. 2020. "2020 상반기 북한-중국 무역동향과 시사점."「KITA 남북경협리포트」. Vol. 06. 한국무역협회.

남영숙. 2009. "신흥원조공여국으로 부상하는 중국: 중국식 원조모델과 국제원조질서에의 시사점."『국제 지역연구』제18권 4호.

리단. 2003. "북중관계의 변화와 지속성에 관한 연구." 전남대학교 박사학위 논문.

문성준. 2017. "시진핑·김정은 체제를 중심으로 북중관계 진단 및 전망." 『군사발전연구』 제11권 2호.

문흥호. 2009. "후진타오 집권기 중국의 대북한 인식과 정책: 변화와 지속." 『중소연구』 제33권 2호.

문흥호. 2014. "시진핑 집권 이후 중국의 대북정책: 동맹관계와 정상관계의 선택적 균형." 『중소연구』 제38권 3호.

문흥호. 2018. "시진핑 집권 2기 중국의 대북정책: 선택적 균형전략의 최적화와 공세적 한반도 영향력 경쟁." 『현대중국연구』 제20집 3호.

박동훈·이성환. 2015. "북중관계 변화의 동인과 시진핑시대의 대북정책." 『국제정치연구』 제18권 1호.

박병광. 2010. "후진타오시기 중국의 대북정책 기조와 북핵 인식— 1, 2차 핵실험 이전과 이후의 변화를 중심으로." 『통일정책연구』 제19권 1호.

박병광. 2016. "북한 5차 핵실험 이후 대북제재 대응방향." 「동향과 분석: KDI 북한경제리뷰」. 2016년 10월호. 한국개발연구원.

박병광. 2018. "정상외교로 바라본 북중관계: 김정은의 중국방문을 중심으로." 「INSS 전략보고」 2018-07호. 국가안보전략연구원.

박병광. 2020. "시진핑 시기 북중관계 변화 양상." 『월간북한』 통권 580호.

박용국. 2013. "중국의 대북한 동맹안보딜레마 관리: 대미 인식과 북한지정학의 재구성을 중심으로." 『중소연구』 제37권 3호.

박용국. 2014. "북·중관계 재정상화 성격 연구: 제2차 북핵실험 이후를 중심으로-." 성균관대학교 박사학위 논문.

박용수. 2007. "1990년대 이후 한반도 안보환경의 변화— 푸에블로호 사건과 비교해본 제1, 2차 북핵위기의 특징." 『국제정치논총』 제47집 2호.

박인휘. 2019. "비핵평화 프로세스와 대북 관여정책의 지속성: 이론과 정책." 『국가안보와 전략』 제19권 1호(통권 73호).

박주진·김용호. 2014. "북중 동맹관계의 재고찰—제도와 행태분석을 중심으로." 『한국정치학회보』 제48권 1호.

박진아. "중국의 대북투자현황: 광물자원 분야." 『KOTRA 해외시장뉴스』 2018. 08. 24.

박창근. 2006. "북한의 미사일 발사와 중·북 관계의 변화." 『사회과학논집』 제37집 2호.

박창희. 2007. "지정학적 이익 변화와 북중동맹관계: 기원, 발전 그리고 전망." 『중소연구』 제31권 1호(통권 113호).

박철진. 2013. "중국의 국제정치, 경제력 신장이 동북아 안보질서에 미치는 영향." 『컬처 컨버전스』 제4권 1호.

박형준. 2015. "중국의 대북정책 결정요인 연구: 북한 핵실험을 중심으로-." 『평화학연구』 제16권 4호.

박형준. 2017. "중국의 대북정책 결정요인 연구: 북한 생존전략과의 상관관계." 『북한학연구』 제13권 제2호.

박홍서. 2006. "북핵위기 시 중국의 대북 동맹안보딜레마 관리 연구: 대미관계 변화를 주 동인으로." 『국제정치논총』 제46집 1호.

박휘락. 2010. "천안함 사태 이후 동북아시아 세력정치의 잠재성과 한국의 정책방향." 『외교안보연구』 제6권 제2호.

백성호. 2005. "국가수립시기 북한 외교의 특징 연구: 후견-피후견 국가관계의 시각을 중심으로." 『북한연구학회보』 제9권 2호.

서보혁. 2003. "전략적 선택이론에 의한 북-미 미사일 협상 분석." 『평화연구』 제11권 3호.

서승렬. 2012. "북한정권의 본질과 대외협상 목표: 고립의 심화인가, 변화의 시작인가?" 제2차 대북정책 심포지엄 〈최근 북한 정세와 변화 전망: 고립의 심화인가?〉. 세종연구소 주최. 서울. 5월 10일.

서정경. 2015. "북중관계의 새로운 변화와 동맹의 딜레마." 『성균차이나브리프』 제3권 1호.

션즈화(沈志华)·박종철. 2012. "중·북 국경문제 해결에 대한 역사적 고찰 (1950-1964)." 『아태연구』 제19권 1호.

송원즈. 2019. "정치주도에서 시장주도로: 북중 경제관계 70년." 『성균차이나브리프』 제7권 4호.

스칼라피노, 로버트 A.(Robert A. Scalapino). 1997. "한국과 미래의 도전." 제12회 인촌기념 강좌. 고려대학교. 12월 15일.

신상진. 2005. "중국의 북핵 6자회담 전략: 중재역할을 통한 영향력 강화." 『국가전략』 제11권 2호.

신상진. 2006. "후진타오 집권 초기 중국의 대북정책 결정요인 분석." 『북한연구학회보』 제10권 제1호.

신상진. 2017. "시진핑 집권 1기 중국의 대북정책 조정— 중미관계 변화와 관련." 『통일정책연구』 제26권 2호.

신성원. 2014. "중국의 대외정책과 주변국관계." 「정책연구과제 2014-01호」. 국립외교원 외교안보연구소.

신욱희. 2017. "체계, 관계, 복잡성/복합성, 삼각관계—지역의 이론과 실천." 『세계 정치』 Vol. 26.

신종호. 2016a. "시진핑 시기 중국의 대외전략 변화와 한반도 정책에 대한 영향." 『통일정책연구』 제25권 2호.

신종호. 2016b. "미·중 갈등구조와 제5차 핵실험 이후 한반도." 제5차 통일한

국포럼(평화문제연구소 주최). 서울. 9월 23일.

신종호. 2020. "최근 북-중 밀착 배경과 한반도 평화프로세스." 『KINU Online Series』 CO 20-27호.

안경모. 2016. "북한의 대외전략 분석(2008~2016): '편승'에서 '균형'으로의 변화를 중심으로." 『국가전략』 제22권 4호.

양문수. 2019. "북중 경제관계 70년: 회고와 전망." 『성균차이나브리프』 제7권 4호.

원동욱. 2010. "중국의 대북정책과 동맹의 딜레마: 천안함 사건을 중심으로." 『현대중국연구』 제12집 1호.

유동원. 2020. "외교정책 변화에 대한 연구— 유형과 영향 요인을 중심으로-." 『대한정치학회보』 제28집 2호.

유세희. 1988. "중·소의 북한에 대한 영향력 경쟁에 관한 연구." 『중소연구』 제12권 2호.

유현정. 2018. "시진핑 2기 중국의 한반도 정책과 우리의 대응방향." 「INSS전략보고」 2018-07호. 국가안보전략연구원.

윤대엽. 2019. "체제안전보장과 북한의 비핵화 협상 시나리오—한미동맹과 미중관계를 중심으로." 『국방연구』 제62권 3호.

이기현. 2011. "중국의 대북정책과 북·중동맹의 동학." 「JPI 정책포럼」. 2011-15호.

이동률. 2011. "중국의 대북전략과 북중관계: 2010년 이후 김정일의 중국방문 결과를 중심으로." 『세계지역연구논총』 제29집 3호.

이동률. 2013. "중국의 대북 정책 변화 가능성에 대한 비판적 검토." 『성균차이나브리프』 제1권 2호.

이동률. 2014. "중국의 1972년 대미 데탕트: 배경, 전략, 역사적 함의." 『국가전략』 제20권 3호.

이동률. 2017. "북핵 위기 대응의 '중국역할론'에 대한 비판적 평가와 대안 모색." 『통일정책연구』 제26권 2호.

이동찬. 2018. "김정은 성향과 정책 결정 방향성 연구." 『전략연구』 제25권 2호.

이민규. 2017a. "중국의 국가핵심이익 시기별 외연 확대 특징과 구체적인 이슈." 『중소연구』 제41권 1호.

이민규. 2017b. "한국의 사드배치 결정과 중국의 대한반도 정책 인식변화 연구: 중국의 '핵심이익' 논쟁을 중심으로." 『국방정책연구』 제33권 2호.

이상만·김동찬. 2017. "핵심 국가이익의 충돌과 타협의 메커니즘: 미중관계 분석 중심으로." 『21세기정치학회보』 제27집 2호.

이상숙. 2008. "북미관계 개선 이후 북한의 대중정책: 미중관계 변화를 중심으로." 『북한학연구』 제4권 1호.

이석. 2010. "대북 경제제재와 북한무역 — 2000년대 일본 대북제재의 영향력 추정." 『한국개발연구』 제32권 2호(통권 제107호).

이석호. 1992. "약소국 외교정책론." 이상우·하영선 편. 『현대 국제정치학』. 서울: 나남.

이성봉. 2009. "중국과 북한의 상호 인식과 대응전략." 『21세기정치학회보』 제19집 1호.

이성현. 2017. "북중 '혈맹' 논란을 계기로 살펴본 현재의 북중관계." 『정세와 정책』 2017년 8월호.

이성현. 2020. "김정은·시진핑 다섯차례 정상회담 복기(復棋)를 통해 본 당대 북중관계 특징과 한반도 지정학 함의." 『세종정책브리프』 No. 2020-05. 세종연구소.

이신. 2015. "중국의 국가 정체성과 북핵 정책의 변화: 상대적 지위, 국가성격, 국가이익을 중심으로." 서울대학교 박사학위 논문.

이영학. 2013. "북한의 세 차례 핵실험과 중국의 대북한 정책변화 분석." 『국제정치논총』 제53집 4호.

이영학. 2015. "중국의 북핵 평가 및 대북핵 정책의 진화." 『KINU 통일+』 2015년 겨울호.

이영훈. 2006. "북중무역의 현황과 북한경제에 미치는 영향." 『금융경제연구』 제246호.

이우정. 2006. "미·중국간 북핵 전략의 선택: 공유성과 상치성." 『한국동북아논총』 제38집.

이우정. 2018. "UN안보리 대북제재의 국가별 이행보고서 제출현황." 「북한 경제리뷰」 2018년 9월호.

이재영. 2020. "하노이 북미 정상회담 이후 북중, 한중 관계 변화와 한반도 평화체제 구축." 『한국과 국제정치』 제36권 3호(통권 110호).

이정남. 2011. "냉전기 중국의 대북정책과 북중 동맹관계의 동학." 『평화연구』 제19권 1호.

이종석. 2010. "중·소의 북한 내정간섭 사례연구: 8월 종파사건." 『세종정책연구』 제6권 2호(통권 제12호).

이현조. 2007. "조중국경조약체제에 관한 국제법적 고찰." 『국제법학회논총』 제52권 3호.

이호철. 2017. "중국의 부상과 지정학의 귀환." 『한국과 국제정치』 제33권 제1호.

이희옥. 2010. "북중관계의 새로운 발전." 『동아시아 브리프』 제5권 2호.

이희옥. 2018. "중국의 대북한 영향력과 북중관계의 '재정상화'." 『중소연구』

제42권 제3호.

임수호. 2020a. "김정은의 '자기부정 리더십'과 경제정책 수정 가능성." 「INSS 이슈브리프」 통권 208호. 국가안보전략연구원.

임수호. 2020b. "북한경제의 '퍼펙트 스톰' 가능성과 시사점." 「INSS 이슈브리프」(통권 제213호). 국가안보전략연구원.

장노순. 1999. "약소국의 갈등적 편승외교정책: 북한의 통미봉남 정책." 『한국정치학회보』 제33집 1호.

장노순. 2006. "국제정치이론의 통합을 위한 시론: 남북한 관계의 정체성 변화와 전략적 선택." 『세계지역연구논총』 제24집 1호.

장용석. 2012a. "중국의 부상에 대한 북한의 헤징 전략." 『통일문제연구』 2012년 상반기(통권 57호).

장용석. 2012b. "북·중관계의 성격과 중국의 부상에 대한 북한의 인식." 『통일과 평화』 4집 1호.

장형수·김석진. 2019. "북한의 외화수급 및 외화보유액 추정과 북·미 비핵화 협상에 대한 시사점." 『현대북한연구』 제22권 제1호.

전병곤. 2011. "중국의 북핵 해결 전략과 대북 영향력 평가." 『국방연구』 제54권 1호.

전재성. 2003. "관여(engagement)정책의 국제정치이론적 기반과 한국의 대북정책." 『국제정치논총』 제43권 1호.

전재성. 2004. "동맹이론과 한국의 동맹정책." 『국방연구』 제47권 2호.

정병호. 2013. "주체사상과 북한외교정책—사상적 기조가 외교정책에 미친 영향을 중심으로-." 『인문사회 21』 제4권 1호.

정성윤. 2014. "김정은 정권의 대외관계와 안보전략." 『21세기정치학회보』 제24권 1호.

정재흥. 2017. "6차 북핵실험 이후 중국의 대응과 한국의 안보딜레마." 「CSF 전문가칼럼」 2017-77. 대외경제정책연구원.

정주신. 2006. "중국 내 탈북자의 처리문제와 해결방안." 『한국동북아논총』 제40호.

조동호·이상근. 2008. "북한경제 중국예속론의 비판적 고찰." 『국제지역연구』 제12권 3호.

조영남. 2009. "21세기 중국의 동맹정책." 「EAI 국가안보패널(NSP) 보고서 No. 32」. 동아시아연구원.

조영남. 2012. "한중관계 20년의 안보 쟁점 분석: 북중동맹과 한미동맹에 대한 전략적 고려." 『국제지역연구』 제21권 4호.

주효가·김상규. 2017. "북핵문제에 관한 중국 학계의 논쟁 분석." 『동아연구』 제36권 2호.

최명해. 2008a. "중국의 대미 데탕트 시도와 북중 동맹관계의 재조명." 『아세아연구』 제51권 3호.

최명해. 2008b. "북중 동맹조약 체결에 관한 소고." 『한국정치학회보』 제42집 제4호.

최명해. 2010. "중국의 대북 정책: 변화와 지속." 『JPI 정책포럼』 No 2010-22.

최명해. 2011. "북중 조약의 현대적 함의와 북중관계 전망." 『중북 우호협조 및 상호원조조약과 한미동맹』 NSS 세미나(2011. 09. 01) 발표 자료집.

최영관. 1997. "북·중 군사협력 실태와 전망 그리고 대책." 『한국동북아논총』 제5집.

최영관. 2002. "북한의 대미 비대칭 억제, 강제전략: 핵과 미사일을 중심으로." 서강대 박사학위 논문.

한상준. 2017. "안보위협에 대한 공동인식과 북중관계의 '탄성'." 『대구사학』

제129집.

한석희. 2014. "중국 주변국 외교의 성공전략." 『성균차이나브리프』 제2권 2호.

함명식. 2016. "북한-중국 동맹관계에 대한 이론적 재고찰: 약소국의 비대칭 전략과 자율성 증가." 『동북아연구』 제31권 1호.

황지환. 2014a. "김정은 시대 북한의 대외전략― 지속과 변화의 '병진노선'." 『한국과 국제정치』 제30권 1호(통권 84호).

황지환. 2014b. "북중관계와 북한의 대중정책." 『성균차이나브리프』 제2권 3호.

황지환. 2018. "북한은 핵실험 이후 더 공격적인가: 현상타파 대외전략과 현상유지 대외정책의 결합." 『한국정치학회보』 제52집 1호.

황태희. 2013. "국제관계에서의 전략적 선택과 구조적 통계모형." 『평화연구』 제21권 2호.

【영문】

Allison, Graham·Halperin, Morton H. 1972. "Bureaucratic Politics: A Paradigm and Some Policy Implications." World Politics. Vol. 24. NY: Cambridge University Press.

Aum, Frank. 2018. "Xi Jinping and Kim Jong-Un Meet to Seek Leverage with the United States." North Korea-China Summit: The 'Strategic Choice' by Both Sides. USIP Analysis and Commentary.

Byman, Danial·Lind, Jennifer. 2010. "Pyongyang's Survival Strategy: Tools of Authoritarian Control in North Korea." International Security. Vol. 35. No. 1.

Cha, Victor. 2002. "Korea's Place in the Axis." Foreign Affairs. Vol. 81. No. 3.

Cha, Victor. 2003. "Why We Must Pursue 'Hawk Engagement'." in Cha. Victor · Kang David(eds.). Nuclear North Korea: A Debate on Engagement Strategies. New York: Columbia University Press.

Chen, Jian. 2003. "Limits of the 'Lips and Teeth' Alliance: An Historical Review of Chinese-North Korean Relations." Asia Program Special Report. No. 115.

Cheng, Xiaohe. 2012. "From Jiang Zemin to Hu Jintao: The Evolution of China's Policies toward the Korean Peninsula." Korea Observer. Vol. 43. No. 4.

Emirbayer, Mustafa. 1997. "Manifesto for a Relational Sociology." American Journal of Sociology. Vol. 103. No. 2.

Glaser, Bonnie S·Medeiros, Evan S. 2007. "The Changing Ecology of Foreign Policy Making in China: The Ascension and Demise of the Theory of 'Peaceful Rise'." The China Quarterly. 190.

Gong, Keyu. 2009. "Tension on the Korean Peninsula and Chinese Policy." International Journal of Korean Unification Studies. Vol. 18. No. 1.

Gray, Colin S. 1999. "Strategic Culture as Context: The First Generation of Theory Strikes Back." Review of International Studies. Vol. 25 Iss. 1.

Haggard, Stephen·Noland, Marcus. 2007. "North Korea's External Economic Relations." PIIE Working Paper Series. WP 07-7.

Hayes, Peter·Cavazos, Roger. 2015. "North Korea in 2014: A Fresh Leap Forward into Thin Air?" Asian Survey. Vol. 55. No. 1(Jan/Feb).

He, Kai. 2009. "Dynamic Balancing: China's Balancing Strategies towards the United States, 1949-2005." Journal of Contemporary China. Vol. 18. No. 58.

Holsti, Kalevi Jaakko. 1974. "The Study of International Politics Makes Strange

Bedfellows: Theories of the Radical Right and the Radical Left." APSR. Vol. 68.

Holsti, Kalevi Jaakko. 1982. "Restructuring Foreign Policy: A Neglected Phenomenon in Foreign Policy Theory." in Kalevi Jaakko. Holsti. Why Nations Realign: Foreign Policy Restructuring in the Postwar World. London: George Allen & Unwin.

Hopf, Ted. 1998. "The Promise of Constructivism in International Relations Theory." International Security. Vol. 23. Iss. 1.

Hoshino Masahiro·Hiraiwa Shunji. 2020. "Four factors in the 'special relationship' between China and North Korea: a framework for analyzing the China－North Korea Relationship under Xi Jinping and Kim Jong-un." Journal of Contemporary East Asia Studies. Vol. 9. Iss. 1.

Hu, Weixing. 2016. "Xi Jinping's 'Big Power Diplomacy' and China's Central National Security Commission (CNSC)." Journal of Contemporary China. Vol. 25. No. 98.

International Crisis Group. 2009. "Shades of Red: China's Debate Over North Korea." Asia Report. No. 179.

Jackson, Patrick Thaddeus · Nexon, Daniel H. 1999. "Relations before States: Substance, Process and the Study of World Politics." European Journal of International Relations. Vol. 5. No. 3.

Jervis, Robert. 1969. "Hypotheses on Misperception." World Politics. Vol. 20. Iss. 3.

Johnston, Iain Alastair·Evans, Paul. 1999. "China's Engagement with Multilateral Security Institutions." in Johnston. Alastair Iain & Robert S. Ross(eds). Engaging China the Management of an Emerging Power. New York:

Routledge.

Keohane, Robert O. 1971. "The big influence of small allies." Foreign Policy. No. 2.

Keohane, Robert O. 1986. "Reciprocity in International Relations." International Organization. Vol. 40. No. 1.

Kim, Samuel S. 2006. "China's Conflict – Management Approach to the Nuclear Standoff on the Korean Peninsula." Asian Perspective. Vol. 30. No. 1.

Kim, Samuel S. · Lee, Tai Hwan. 2002. "Chinese-North Korean Relations: Managing Asymmetrical Interdependence." in Samuel S. Kim & Tai Hwan Lee(ed.). North Korea and Northeast Asia. Lahham: Rowman and Littlefield.

Kim, Sung Chull. 2010. "North Korea's Relationship with China: From Alignment to Active Independence." in Lam Peng Er and N. Ganesan. Colin Dürkop(eds.). East Asia's Relations with a Rising China. Seoul: Konrad-Adenauer-Stiftung Korea & Japan Office.

Koh, B. C. 1965. "North Korea and Its Queat for Autonomy." Pacific Affairs. Vol. 38. No. 3/4.

Koo, Gloria. 2005. "China and North Korea: A Changing Relationship." Stanford Journal of International Relationship. Vol. 6. Issue. 1.

Lake, David A. 2007. "Escape from the State of Nature– Authority and Hierarchy in World Politics." International Security. Vol. 32. No. 1.

Lanteigne, Marc. 2007. "the Developmentalism/Globalization Conundrum in Chinese Goernance." in André Laliberté & Lanteigne. Marc(eds.). The Chinse Party-State in the 21st Century: Adaptation an the Reinvention of Legitimacy. London: Routledge.

Levi, Margaret. 1997. "A model, a method, and a map: Rational choice in comparative and historical analysis." in Lichbach. Mark Irving · Zuckerman. Alan S.(eds.). Comparative politics: Rationality, culture, and structure. Cambridge: Cambridge University Press.

Lim, Darren J. · Cooper. Zack. 2015. "Reassessing Hedging: The Logic of Alignment in East Asia." Security Studies. Vol. 24. Iss. 4.

Mehmetcik, Hakan · Belder, Ferit. 2019. "China's role in the regional and international management of Korean conflict– an arbiter or catalyst?" Third World Quarterly. Vol. 39. No. 12.

Nye, Joseph S. 2002. "Limits of American Power." Political Science Quarterly. Vol. 117. No. 4.

Oye, Kenneth A. 1985. "Explaining Cooperation Under Anarchy: Hypotheses and Strategies." World Politics. Vol. 38. No. 1.

Office of the Secretary of Defense. 2020. "Military and Security Developments Involving the People's Republic of China 2020." Annual Report to Congress.

Peng, Guanqian · Yao, Youzhi. 2005. "Determinants of Strategy." in Peng, Guanqian · Yao, Youzhi(eds.), The Science of Military Strategy. Beijing: Beijing Military Science Publishing House.

Pollack, Jonathan D. 2002. "Chinese Security in the Post–11 September World: Implication for Asia and the Pacific." Asia–Pacific Review. Vol. 9. No. 2.

Powell, Robert. 1991. "Absolute and Relative Gains in International Relations Theory." American Political Science Review. Vol. 85. Issue. 4.

Ren, Xiao. 2008. "Korea's New Administration and Challenges for China's Relations with the Korean Peninsula." Asian Perspective. Vol. 32. No. 2.

Ren, Xiao. 2015. "Toward a Normal State-to-State Relationship. China and the DPRK in Changing Northeast Asia." North Korean Review. Vol. 11. Iss. 2.

Revere, Evans J.R. 2019. "Lips and teeth: Repairing China-North Korea relations." Brookings Report. November 2019.

Schweller, Randall L. 1994. "Bandwagoning for Profit: Bringing the Revisionist State Back in." International Security. Vol. 19. No. 1(Summer).

Schweller, Randall L. 2003. "The Progressiveness of Neoclassical Realism." in Colin Elaman and Miriam Fendius Elman(eds.). Progress in International Relations Theory. Cambridge: MIT Press.

Schweller, Randall L. 2004. "Unanswered Threats: A Neoclassical Realist Theory of Underbalancing." International Security. Vol. 29. No. 2.

Scobell, Andrew. 2003. "China and North Korea: The Limits of Influence." Current History. Vol. 102. No. 665(September).

Shambaugh, David. 2003. "China and the Korean Peninsula: Playing for the Long Term." The Washington Quarterly. Vol. 26. No. 2(Spring).

Snyder, Glenn. H. 1984. "The Security Dilemma in Alliance Politics." World politics. Vol. 36. No. 4(July).

Snyder, Glenn. H. 1990. "Alliance theory: A neorealist first cut." Journal of International Affairs.

Snyder, Richard C.·Bruck, H. W.·Sapin, Burton M. 2002. "Decision-Making as an Approach to the Study of International politics." Foreign Policy Decision-Making (Revisited). New York: Palgrave Macmillan.

Strange, Susan. 1987. "The Persistent Myth of Lost Hegemony." International Organization. Vol. 41. No. 4.

Suettinger, Robert L. 2004. "The Rise and Descent of 'Peaceful Rise'." China Leadership Monitor. No. 12.

Suhrke, Astri. 1973. "Gratuity or Tyranny: The Korean Alliances." World Politics. Vol. 25.

Sun Yun. "U.S.-China Economic and Security Review Commission." Roundtable on China's Role in North Korea Contingencies. Washington(U.S). April 12. 2018. 3.

Temby, Owen. 2015. "What are levels of analysis and what do they contribute to international relations theory?" Cambridge Review of International Affairs. Vol. 28. Iss. 4.

Tkacik, John J. 2006. "How the PLA Sees North Korea." Andrew Scobell and Larry M. Wortzel(eds.). Shaping China's Security Environment: The Role of the People's Liberation Army. SSI: Carlisle.

Wertz, Daniel. 2019. "China-North Korea Relations." NCNK Report. (November 2019).

Wohlforth, William C. 1999. "The Stability of a Unipolar World." International Security. Vol. 24. Iss. 1.

Wu, Anne. 2005. "What China Whispers to North Korea." The Washington Quarterly. Vol. 28. No. 2(Spring).

Yan, Xuetong. 2014. "From Keeping a Low Profile to Striving for Achievement." The Chinese Journal of International Politics. Vol. 7. Iss. 2.

You, Ji. 2001. "China and North Korea: a fragile relationship of strategic convenience." Journal of Contemporary China. Vol. 10. No. 28.

Zhang, Weiqi. 2018. "Neither friend nor big brother- China's role in North

Korean foreign policy strategy." Palgrave Communications. Vol. 4. No. 16.

Zhang, Xiaoming. 1998. "The Korean Peninsula and China's National Security: Past, Present and Future." Asian Perspective. Vol. 22. No. 3.

Zhang, Xiaoming. 2002. "China and Inter-Korean Relation." Asian Perspective. Vol. 26. No. 3.

Zhou, Xiaojia. 2017. "The North Korean Nuclear Issue and the Views of Chinese Scholars." Peace and Development. June 20.

Zwirko, Colin. 2019. "Homes Demolished in Path of Long-Stalled Sino-DPRK 'Bridge to Nowhere': Imagery." NK Pro. (September 26. 2019)

【중문】

蔡建. 2006. 「中国在朝核问题上的有限作用」. 『国际观察』 2006年 3期.

程卫华. 2010. 「地缘战略与中国周边安全的思考」. 『江南社会学院学报』 第12卷 3 期.

成晓河. 2009. 「主义与安全之争: 六十年代朝鲜与中-苏关系的演变」. 『外交评论』 第2期.

胡利平. 2002. 「论国际环境变化与中国的外交政策取向」. 『前沿』 第4期.

姜龙范. 2005. 「中朝关系的历史, 现状与发展: 关于朝鲜半岛问题上的中国战略. 多元视野中的中外关系史研究」. 第六届会员代表大会论文集. 中国中外关系史学会, 延边大学历史系与东北亚研究院, 沈阳东亚研究中心. 吉林延吉. 8月 18~19日.

姜龙范. 2011. 「朝鲜半岛的地缘政治意义与中朝关系的未来走向」. 『东北亚研究』 2011年 第1期.

金灿荣. 2012. 「东北亚新变局与后金正日时代的朝鲜半岛」. 『现代国际关系』 2012年 第1期.

金景一. 2007. 「关于中国军队中朝鲜族官兵返回朝鲜的历史考察」. 『史学集刊』 第3期.

金景一. 2016. "북중관계와 한반도의 미래(China-North Korea Relations & The Future of the Korean Peninsula)." IFANS 중국연구센터 국제학술회의. 외교안보연구원주최. 서울. 9월 29일.

金景一·金强一. 「朝鲜半岛的地缘政治意义及其对我国的影响研究」. 『延边大学学报(社会科学版)』 41(4).

金强一. 2012. 「解决朝鲜半岛问题的方法, 视角及路径选择」. 『东北亚论坛』 第2期.

金哲. 2008. 「中朝经贸合作现状分析」. 『北韓經濟動向』 5月.

李成日. 2019. 「新时代的中朝关系: 变化, 动因及影响」. 『现代国际关系』 第12期.

李海文. 1993. 「中共中央究竟何时决定志愿军出国作战?」. 『党的文献』 第5期.

李金辉. 2018. 「中朝关系结构的流变及其启示: 以地缘政治学及其结构为分析视角」. 『东疆学刊』 第35卷 第4期.

李南周. 2005. 「朝鲜的变化与中朝关系」. 『现代国际关系』 第9期.

李權鎬. 2016. "G2時代中國對北韓的政經戰略新趨勢." 『한중사회과학연구』 제14권 1호(통권38호).

梁凯音. 2009. 「论中国扩展国际话语权的新思路」. 『国际论坛』 第11卷 3期.

刘洪洋·陈登勇. 2010. 「试析朝鲜核问题对中国的影响及其应对战略选择」. 『政治研究』 上.

刘会清. 2009. 「朝鲜半岛问题研究的地缘价值取向因素」. 『内蒙古民族大学学报(社会科学版)』 第35卷 第3期.

刘金质. 2007. 「中国对朝鲜半岛国家的政策」. 『世界经济与政治论坛』 第5期.

刘雪莲·霍雪辉. 2007. 「中国在朝鲜半岛的地缘安全战略分析」. 『东北亚论坛』 第16卷 5期.

孟庆义. 2013. "地缘政治研究角度下的朝鲜半岛." 한국평화연구학회학술회의 2013 하계국제세미나. 광주. 5월. pp. 447-456.

孟庆义. 2018. 「朝鲜半岛统一进程及中国战略选择」. 『延边大学学报(社会科学版)』 第51卷 4期.

庞朕·杨鑫宇. 2008. 「从同盟到伙伴: 中朝关系的历史演变」. 『重庆社会主义学院学报』第3期.

朴承宪. 2003. 「朝鲜经济的现状与展望」. 『东北亚研究』增刊.

仇发华. 2013. 「新时期朝鲜国际化的现实需求与制度障碍分析」. 『世界经济与政治论坛』第2期.

仇发华. 2014. 「新时期中国朝鲜半岛战略调整的变化:动因与趋势」. 『国际关系研究』第6期.

权红. 2010. 「中朝政治外交关系研究(1949-2009)」. 延边大学 博士论文. 2010年 11月.

任晓. 2009. 「经验与理念: 国对外政策思想三十年的发展及其意义」. 『复旦学报(社会科学版)』第3期.

任洪生. 2016. 「国家战略, 经济周期与中朝关系的政治经济学」. 『外交评论』第6期.

沈志华. 2008. 「朝鲜战争期间中朝高层的矛盾, 分歧及误解」. 『晚霞』第1~3期.

沈志华. 2011. 「朝鲜战争期间的中朝同盟」. 『历史教学问题』2011年 第1期.

沈志华. 2012. 「试论朝鲜战争期间的中朝同盟关系」. 『历史教学问题』2012年 第1期.

沈志华. 2016. 「破镜重圆：1965-1969年的中朝关系」. 『华东师范大学学报(哲学社会科学版)』第4期.

沈志华. 2017. 「中朝关系的历史回顾」. 『战略参考』第7期(2017. 9. 15).

沈志华·董洁. 2011. 「朝鲜战后重建与中国的经济援助」. 『中国党史研究』第3期.

石源华. 2009. 「中朝关系与中国的朝核政策」. 『국제지역학논총』 제3집.

田一隆. 2019. 「新时代背景下中朝关系的展望」. 『法制与社会』10月(下).

王俊生. 2016. 「中朝 '特殊关系' 的逻辑: 复杂战略平衡的产物」. 『东北亚论坛』第1期.

王生·凌胜利. 2016. 「朝核问题解决的 '双轨制' 新思路探讨」. 『东北亚论坛』第3期.

王啸. 2010. 「国际话语权与中国国际形象的塑造」. 『国际关系学院学报』第6期.

王義挽. 2014. "한·중동맹론: 선린우호조약체결." 아주대중국정책연구소개원 세미나(2014. 9. 26) 발표문.

王谊平. 2015. 「新形势下中朝关系走向及对策」. 湘潭大学硕士论文.

吴德烈. 2008. 「中朝经贸关系与东亚区域合作」. 『国际贸易』2008年 第3期.

阎学通. 2014. "中韓能建立同盟關係嗎?" 『韓美關係與中韓關係如何共存?』. 성균중국연구소-한중문화협회공동국제학술회의자료집.

阎学通. 2016. 「政治领导与大国崛起安全」. 『国际安全研究』第4期.

杨希雨. 2017. 「朝鲜核问题与中国的对朝政策」. 『现代国际关系』2017年 第1期.

杨希雨. 2019. 「朝鲜半岛的危机周期与长治久安」. 『东疆学刊』第36卷 第1期.

袁学哲. 2012. 「朝鲜半岛新形式与和平发展战略影响力」. 『北华大学学报』第3期.

袁学哲·黄凤志. 2012. 「21世纪初中国朝鲜半岛政策的多维审视」. 『辽宁大学学报(哲学社会科学版)』第5期.

张曙光. 2009. 「国家海外利益风险的外交管理」. 『世界经济与政治』2009年 第8期.

张沱生. 2013. 「朝核问题与中国的政策」. 『国际安全研究』第5期.

张英. 2003. 「中朝关系与朝鲜半岛和平统一」. 『东北亚研究』增刊.

赵立新. 2017. 「中朝关系曾经的 '同盟' 还能延续吗」. 『延边大学学报(社会科学版)』第50卷 第3期.

赵立新·金昌庆. 2016. 「中朝关系的现实基础与前景展望」. 『中國學』第57辑(12

月).

周东辰·赵文彬. 2019.「20世纪60年代朝鲜在中苏之间的外交倾斜: 基于威胁制衡论的探讨」.『鲁东大学学报』第36卷 第5期.

周琦·李巧玲.「朝鲜半岛的地缘战略结构与大国关系」.『求索』2006年 第9期.

朱锋. 2004.「中国朝核政策的变化与发展」.『中国战略』2004年 第3期.

朱锋. 2011. "中朝关系中的同盟因素: 变化与调整."『중북우호협조및상호원조조약과한미동맹』. 국가안보전략연구소주최학술회의(2011년 9월 1일).

朱芹. 2019.「新时代中国的朝鲜半岛战略与角色」.『延边大学学报(社会科学版)』第52卷 2期.

【일문】

倉持一. 2018. "習近平政権の対北朝鮮外交の特徴に関する考察."『危機管理研究』日本危機管理学会誌(26).

李熙玉. 2010. "脱冷戰期の中朝關係: 連續と非連續."『KEIO SFC JOURNAL』Vol. 10. No. 2.

2. 단행본 및 저서

【국문】

고성준. 1989. "주체사상의 김일성주의화에 관한 연구." 『주체사상연구』. 서울: 도서출판 태백.

김계동. 2003. 『북한의 외교정책: 벼랑에 선 줄타기외교의 선택』. 서울: 백산서당.

김계동. 2016. "북한의 외교정책." 김계동 외. 『현대외교정책론』. 서울: 명인문화사.

김동성 외. 2016. 『동북아시아 국제질서의 변화와 대응』. 수원: 경기연구원.

김일성. 1972. 『우리당의 주체사상과 공화국 정부의 대내외정책의 몇 가지 문제에 대하여: 일본《마이니치 신문(每日新聞)》기자들이 제기한 질문에 대한 대답』. 도쿄: 재일본조선인총련합회중앙상임위원회.

김일성. 1980. "사상사업에서 교주주의와 형식주의를 퇴치하고 주체를 확립할 데 대하여." 『김일성 저작집 9』. 평양: 조선노동당출판사.

김일성. 1987. "조선로동당 제6차대회에서 한 중앙위원회사업총화보고(1980년 10월 10일)." 『김일성 저작집 35』. 평양: 조선로동당출판사.

김정일. 1982. 『주체사상에 대하여』. 평양: 조선로동당출판사.

김진무·성채기·전경만. 2011. 『북한과 중국: 의존과 영향력』. 서울: 한국국방연구원 KIDA출판부.

김태현. 2004. "세력균형이론." 우철구·박건영 편. 『현대 국제관계이론과 한국』. 서울: 사회평론.

김흥규. 2013a. "중국의 동반자외교와 한중관계." 『중국 신외교전략과 당면한 이슈들』. 서울: 오름.

김흥규. 2013b. "새로운 북중관계의 시대. 어떻게 인식할 것인가?" 장덕구·추수룡 외. 『기로에 선 북중관계 : 중국의 대북한 정책 딜레마』. 서울: 중앙북스.

리신. 2015. "중국은 북한을 어떻게 인식하는가? 제2차 북핵실험 이후 중국 엘리트의 인식과 선택." 성균중국연구소 편. 『북중관계 다이제스트: 한중 소장학자들에게 묻다』. 서울: 다산출판사.

문정인. 2010. "장샤오밍(張小明): 중국의 주변국 정책: 목린(睦隣)의 지정학." 『중국의 내일을 묻다』. 서울: 삼성경제연구소.

문흥호. 2006. 『중국의 대외전략과 한반도』. 서울: 울력.

문흥호. 2019. 『동아시아 공동번영과 한반도 평화』. 파주: 한울아카데미, 한울엠플러스.

박순찬. 2005. 『북한과 중국간 무역이 경제성장 및 소득에 미치는 영향 분석』. 서울: 대외경제정책연구원.

박용국. 2015. "북한은 중국의 부상에 대하여 어떠한 전략을 취하는가?" 성균중국연구소 편. 『북중관계 다이제스트: 한중 소장학자들에게 묻다』. 서울: 다산.

박재규. 1997. 『북한의 신외교와 생존전략』. 서울: 나남.

박후건. 2019. 『DPRK의 경제건설과 경제관리체제의 진화(1949-2019)』. 서울: 선인.

밸러리 허드슨(Valerie M. Hudson) 저. 신욱희 외 옮김. 2009. 『외교정책론: 다양한 외교정책 분석의 소개와 검토』. 서울: 을유문화사.

북한 사회과학원. 1970. 『정치용어사전』. 평양: 사회과학출판사.

서대숙. 2000. 『현대 북한의 지도자: 김일성과 김정일』. 서울: 을유문화사.

서상문. 2013. 『중국의 국경전쟁(1949~1979)』. 서울: 국방부 군사편찬연구소.

서재진. 2002. "김정일시대 통치이념의 변화: 주체사상에서 강성대국론으로." 『북한체제의 현주소』. 서울: 통일연구원.

서진영. 2006. 『21세기 중국외교 정책: '부강한 중국'과 한반도』. 서울: 폴리테이아.

서훈. 2008. 『북한의 선군외교』. 서울: 명인문화사.

성균중국연구소 편. 2015. 『북중관계 다이제스트: 한중 소장학자들에게 묻다』. 서울: 다산.

션즈화(沈志华) 저. 김동길·김민철·김규범 옮김. 2017. 『최후의 천조(天朝): 모택동·김일성 시대의 중국과 북한』. 서울: 선인. 2017.

송봉선. 2017. 『김정은 체제 장기화는 지속될 것인가?』. 서울: 선인.

안인해. 1995. 『탈냉전기 북중관계 변화 연구』. 서울: 민족통일연구원.

어우양산(歐陽山) 저. 박종철·정은이 옮김. 2008. 『중국의 대북조선 기밀파일』. 서울: 한울아카데미.

오용석. 1996. "중국의 대북한정책 기조와 경제협력." 이창재 편. 『한반도 주변 4국의 대북한정책』. 서울: 대외경제정책연구원.

오진용. 2004. 『김일성 시대의 중·소와 남북한』. 서울: 나남 출판.

왕이저우(王逸舟) 저. 김상순 옮김. 2016. 『창조적 개입: 중국의 글로벌 역할의 출현』. 서울: 북코리아.

이교덕. 2003. 『북한의 후계자론』. KINU 연구총서 03-12. 서울: 통일연구원.

이기현. 2015. "시진핑 시기 중국은 북중관계를 어떻게 보고 있는가?" 성균중국연구소 편. 『북중관계 다이제스트』. 서울: 다산.

이기현·김애경·이영학. 2015. 『중국의 주변외교 전략과 대북정책: 사례와 적용』. KINU 연구총서 15-09.

이남주. 2010. "중국의 전략과 한반도의 선택." 임동원·백낙청 외. 『다시 한반도의 길을 묻다』. 서울: 삼인.

이상옥. 2003. 『전환시기의 한국외교: 이상옥 전 외무장관 외교회고록』. 서울:

삶과꿈.

이석·전병곤. 2016.『대북경제제재의 영향력 추정과 실효성 증진방안』. KDI정책연구시리즈 2016-06호. 세종: 한국개발연구원.

이석 외. 2017.『동북아 국제질서의 변화와 우리의 대응전략』. KDI 연구보고서 2017-01호. 세종: 한국개발연구원.

이신. 2020.『중국의 국가 정체성과 대북정책의 신진대사』. 고양: 인간사랑.

이종석. 2000.『북한-중국관계: 1945-2000』. 서울: 중심.

이종석. 2004. "탈냉전기의 북한·중국 관계." 장달중·이즈미 하지메 편.『김정일 체제의 북한:정치·외교·경제·사상』. 서울: 아연출판부.

이종석. 2012.『2차 핵실험 이후 북한-중국 관계의 변화와 함의』. 성남: 세종연구소.

이희옥. 2008.『북·중관계의 변화와 한국의 대응』. 서울: 세종연구소.

임혁백. 1994.『시장·국가·민주주의: 한국 민주화와 정치경제이론』. 서울: 나남.

장경준. 2017.『김정은의 정신세계』. 서울: 한솜미디어.

전병곤. 2010.『통일환경 및 남북한관계 전망: 2010-2011』. 서울: 통일연구원.

전병곤 외. 2017.『뉴노멀 시대 미중 전략 경쟁관계와 한반도에의 함의(2부)』. 서울: 통일연구원.

정덕구·추수룽 외. 2013.『기로에 선 북중관계:중국의 대북한 정책 딜레마』. 서울: 중앙북스㈜.

정재호. 2011.『중국의 부상과 한반도의 미래』. 서울: 서울대학교출판문화원.

주시후·이영우. 2011.『한국전쟁사』. 파주: 한국학술정보.

철학연구소. 2000.『사회주의 강성대국 건설사상』. 평양: 사회과학출판사.

최명해. 2009.『중국-북한 동맹관계: 불편한 동거의 역사』. 서울: 오름.

최수영. 2010.『북중 경제관계와 남북경협의 대북 파급효과 비교분석』. KINU 연구총서 10-13호.

키신저(Henry Kissinger). 권기대 옮김. 2012.『헨리 키신저의 중국 이야기』. 서울: 민음사.

통일연구원. 2010.『중국의 대북한 정책: 영향력 평가와 대응방향』. 서울: 경제 인문사회연구회 통일연구원.

허문영. 2001.『북한외교의 특징과 변화 가능성』. 서울: 통일연구원.

허문영. 2012.『북방삼각관계 변화와 지속: 북한의 균형화 전략을 중심으로』. KINU 정책제안서 12-09. 서울: 통일연구원.

허문영·마민호. 2011.『중국의 부상에 대한 북한의 인식과 대응』. 서울: 통일 연구원.

허재철. 2007.『중국의 외교전략과 국제질서』. 서울: 폴리테이아.

현성일. 2007.『북한의 국가전략과 파워엘리트』. 서울: 선인.

히라이와 슌지(平岩 俊司). 이종국 옮김. 2013.『북한·중국관계 60년: '순치관 계'의 구조와 변용』. 서울: 선인.

【영문】

Albright, Madeleine. 2003. Madam Secretary: A Memoir. New York: Hyperion Books.

Axelrod, Robert. 1984. Evolution of Cooperation. New York: Basic Books.

Bisley, Nick. 2012. Great Powers in the Changing International Order. Boulder, CO: Lynne Rienner.

Bueno de Mesquita, Bruce. 2006. Principles of International Politics. Washington D.C.: CQ Press.

Bull, Hedley. 1977. The Anarchical Society: A Study of Order in World Politics. London: Macmillan.

Byman, Daniel · Waxman, Matthew. 2002. The Dynamics of Coercion: American Foreign Policy and the Limits of Military Might. New York: Cambridge University Press.

Chen, Jian. 1994. China's Road to the Korean War: The Making of the Sino-American Confrontation. New York: Columbia University Press.

Chen, Jian. 2001. Mao's China and the Cold War. Chapel Hill: The University of North Carolina Press.

Christenson, Reo M. 1975. Ideologies and Modern Politics(2nd ed). New York: Harper & Row.

Dittmer, Lowell · Kim, Samuel S. 1993. China's quest for national identity. Cornell University Press.

Deng, Yong. 2008. China's Struggle for Status: The Realignment of International Relations. New York: Cambridge University Press.

Gilpin, Robert. 1981. War and Chang in World Politics. Cambridge: Cambridge University Press.

Gilpin, Robert. 1987. The Political Economy of International Relations. Princeton: Princeton University Press.

Goffman, Erving. 1974. Frame Analysis: An essay on the organization of experience. Cambridge: Harvard University Press.

Goncharov, Sergei N. · Lewis, John W. · Xue. Litai. 1995. Uncertain Partner. California: Stanford University Press.

Gross, Feliks. 1954. Foreign Policy Analysis. New York: Philosophical Liberary.

Harrison, Selig S. 2002. Korean Endgame: A Strategy for Reunification and U.S. Disengagement. Princeton: Princeton University Press.

Hey, J. 2003. Small States in World Politics: Explaining Foreign Policy Behavior. London: Lynne Rienner Publishers.

Hobson, John M. 2000. The State and International Relations. Cambridge: Cambridge University Press.

Holsti, Kalevi Jaakko. 1983. International Politics. A Framework for Analysis(4th edition). New Jersey: Prentice Hall.

Jepperson, Ronald L.·Wendt, Alexander · Katzenstein, Peter J. 1996. The Culture of National Security: Norms and Identity in world politics. New York: Columbia University Press.

Johnston, Alastair Iain. 2008. Social State: China in International Institutions. 1980-2000. Princeton: Princeton University Press.

Katzenstein, Peter J. 1996. Cultural Norms and National Security: Police and Military in Post-War Japan. Ithaca. New York: Cornell University Press.

Kaplan, Mortan A. 1957. System and Process in International Politics. New York: Wiley and Sons.

Keohane, Robert O.·Nye, Joseph S. 1977. Power and Interdependence: World Politics in Transition. Boston: Little Brown.

Lake, David A.·Powell, Robert. 1999. Strategic Choice and International Relation. Princeton: Princeton University Press.

Lakoff, George. 2004. Don't Think of an Elephant: Know Your Values and Frame the Debate. White River Junction. Vt.: Chelsea Green Publishing.; 조지 레이코프(George Lakoff) 저. 유나영 옮김. 2015. 『코끼리는 생각하지 마: 진보와

보수, 문제는 프레임이다』. 서울: 와이즈베리 미래엔.

Lanteigne, Marc. 2013. Chinese Foreign Policy. An Introduction. London: Routledge.

Levy, Jack S. 1983. War in the Modern Great Power System: 1495-1975. Lexington: University Press of Kentucky.

Modelski, George. 1962. A Theory of Foreign Policy. New York: Praeger.

Modelski, George. 1972. Principles of World Politics. New York: Free Press.

Nye, Joseph S. 1991. Bound to Lead: The Changing Nature Of American Power. New York: Basic Books.

Rubinstein, Alvin Z. 1975. Soviet and Chinese influence in the Third World. New York: Praeger.

Snyder, Glenn H. 1997. Alliance Politics. Ithaca and London: Cornell University Press.

Snyder, Scott. 2009. China's Rise and the Two Koreas: Politics, Economics, Security. Lynne Rienner Publishers.

Snyder, Scott · Glaser, Bonnie · Park, John S. 2008. Keeping an Eye on an Unruly Neighbor: Chinese Views of Economic Reform and Stability in North Korea. United States Institute of Peace Working Paper. CSIS(January 3).

Shirk, Susan. 2007. China: Fragile Superpower. Oxford: Oxford University Press.

Sigal, Leon V. 1998. Disarming Strangers: Nuclear Diplomacy with North Korea. Princeton: Princeton University Press.

Walt, Stephan M. 1987. The Origins of Alliances. Ithaca: Cornell University Press.

Waltz, Kenneth N. 1959. Man, the State, and War. New York: Columbia University Press.

Waltz, Kenneth N. 1979. Theory of International Politics. Boston. Mass: MaGraw-Hill.

Wendt, Alexander. 1999. Social theory of international politics. New York: Cambridge University Press.

Wolfers, Arnold. 1962. Discord and collaboration: essays on international politics. Baltimore: Johns Hopkins Press.

【중문·일문】

『中国外交辞典』. 2000. 北京: 世界知识出版社.

陈峰军·王传剑. 2002.『亚太大国与朝鲜半岛』. 北京: 北京大学出版社.

成晓河. 2019.『新中国同盟外交』. 新加坡: 八方文化企业.

邓小平. 1993.『邓小平文选』第三卷. 北京: 人民出版社.

韩念龙 主编. 1990.『当代中国外交』. 北京: 中国社会科学出版社.

胡耀邦. 1982.『全面开创社会主义现代化建设的新局面—在中国共产党第十二次全国代表大会上的报告』. 北京: 人民出版社.

军事科学院军事历史研究部. 2000.『抗美援朝战争史(第3卷)』. 北京: 军事科学出版社.

高放. 2005.『科学社会主义的理论与实践』. 北京: 中国人民大学出版社.

刘金质. 1998.『当代中韩关系』. 北京: 中国社会科学出版社.

刘金质·潘京初·潘荣英·李锡遇. 2006.『中国与朝鲜半岛国家关系文件资料汇编(1991-2006)』. 北京: 世界知识出版社.

刘金质·杨淮生. 1994.『中国对朝鲜和韩国政策文件汇编(1949-1994)』(第1集~第

5集). 北京： 中国社会科学出版社.

楼继伟. 2000. 『新中国60年财政统计』. 北京： 经济科学出版社.

牛军. 2013. 『中国对外政策分析：历史与前景』. 北京： 世界知识出版社.

裴坚章. 1994. 『中华人民共和国外交史(1949-1956)』. 北京： 世界知识出版社.

钱其琛. 2003. 『外交十记』. 北京: 世界知识出版社.

沈志华. 2004. 『毛泽东, 斯大林和朝鲜战争』. 广州： 广东人民出版社.

石志夫. 1994. 『中华人民共和国对外关系史(1949-1989)』. 北京: 北京大学出版社.

外交部政策研究室 主编(1999). 『中国外交』1999年版. 北京： 世界知识出版社.

王泰平. 1999. 『中华人民共和国外交史：1970-1978』. 北京: 世界知识出版社.

王逸舟. 2003. 『全球政治和中国外交: 探寻新的视角与解释』. 北京：世界知识出版社.

习近平. 2017. 『中国共产党第十九次全国代表大会文件汇编』. 北京： 人民出版社.

徐焰. 1990. 『第一次较量: 抗美援朝战争的回顾与反思』. 北京： 中国广播电视出版社.

徐焰. 2004. 『毛泽东与抗美援朝战争』. 北京： 解放军出版社.

王俊生. 2012. 『朝核问题与中国角色:多元背景下的共同管理』. 北京: 世界知识出版社.

吴冷西. 1999. 『十年论战: 1956-1966 中苏关系回忆录(上)』. 北京: 中央文献出版社.

阎学通. 1996. 『中国国家利益分析』. 天津: 天津人民出版社.

阎学通. 2013. 『历史的惯性：未来十年的中国与世界』. 北京: 中信出版社.

關川夏央·惠谷治. NK會 편저. 김종우·박영호 옮김. 1999. 『김정일의 북한, 내일은 있는가: 김정일, 비상시 탈출로를 읽는다』. 서울: 청정원 ; (원서) 關川夏央·惠谷治. NK會. 1998. 『北朝鮮の延命戰爭: 金正日, 出口なき逃亡路を讀む』. 東京: ネ

스그.

3. 언론 자료

【국문】

"김명호 교수의 북중교류 60년: 북중 합작 '평양이민공사' 설립." 『한겨레신문』 2014. 7. 14.

김명호. "김일성 경제난 밝히자 마오 탁자 치며 '우리 형제들… 뭐든지 다 보내주겠다'." 『한겨레신문』 2014. 11. 2.

김수정. "덩샤오핑 만난 김일성 '붉은 기는 과연 얼마나 더 나부낄까'." 『중앙일보』 중앙선데이. 2010. 11. 28.

김영권. "세계적 심리학자들 '김정은 심리 매우 위험한 상태'." 『VOA뉴스』 2017. 2. 22.

김은지. "북핵문제, 미중경쟁 하위개념 전락 우려." 『RFA 뉴스』 2020. 8. 13.

김일성. "사회주의는 과학이다." 『로동신문』 1994. 11. 4.

김정은. "신년사." 『로동신문』 2013. 1. 1.

김흥규. "코로나 19 이후 국제정치의 변화." 『세계일보』 2020. 4. 2.

김흥규. "[세계와 우리] 흔들리는 세계질서와 지도자의 자질." 『문화일보』 2020. 6. 11.

김흥규. "김흥규의 Deep Read: 北 '불가역적 핵보유, 新자력갱생' 선언… 향후 1년은 '도발의 시간'." 『문화일보』 2020. 6. 23.

노재환. "김일성 또다시 무력통일 꿈꿨다." 『자유아시아방송』 2016. 9. 7.

박기성. "김일성-덩샤오핑 최후의 만남 뒷얘기." 『연합뉴스』 2004. 10. 12.

박병광. "마오쩌둥, 베트남전쟁에 들뜬 김일성에 '그 얘긴 그만'." 『중앙일보』

「차이나인사이트」 2018. 6. 5.

박선호. "中시진핑 체제 첫 특사 방북…'미사일' 자제요청?"『문화일보』 2012. 11. 29.

박진. "중국 부상에 대처할 최선의 헤징 전략은."『중앙일보』 2015. 4. 9.

시진핑. "제5차 아시아교류 및 신뢰구축 회의." (CICA) 외교장관회의 축사.『新华网』 2016. 4. 29.

신봉섭. "비핵화 담판 무대로 김정은 등 떠민 건 시진핑."『중앙일보』「차이나인사이트」 2018. 5. 15.

이근평. "'중국 세계위협론' 꺼낸 美 '핵탄두 200기, 10년 뒤 두배 증가'."『중앙일보』 2020. 9. 2.

이승렬. "모험적 '생존 전술'은 계속된다."『시사저널』 2010. 12. 20.

이정헌. "김일성, 1975년 마오쩌둥 만나 한반도 무력통일 의욕."『중앙일보』 2016. 9. 1.

장세정. "덩샤오핑 '동맹은 믿을 수 없다'- 한·중수교 1년 전 김일성에 훈수."『중앙일보』 2013. 10. 21.

채인택 외. "트럼프도 시진핑도 글로벌 리더십 없는 'G0시대' 가속화."『중앙일보』 2020. 6. 22.

【영문】

Aum, Frank. "North Korea-China Summit: The 'Strategic Choice' by Both Sides." United States Institute of Peace. March 28. 2018.

Hirai, Yoshikazu. "China to Fund Costs so Bridge to North Korea Can Open to Traffic." The Asahi Shimbun(Englishversion). July 29. 2019.

Jin, Kai. "A New Normal for China-North Korea Relations." The Dipromat.

May 19. 2015.

Kahn, Joseph. "China offers its Help in US-North Korea Nuclear Talks." The New York Times. April 24. 2003.

Liu, Linlin. "Released Fishermen Back to Sea After NK Kidnapping." Global Times. May 22. 2013.

O'Carroll, Chad. "As Chinese Tourism to North Korea Soars. Local Operators Feel the Strain." NK News. October 31. 2019.

【중문】

常爱玲·常璐. "中联部举行胡锦涛总书记访朝成果新闻发布会." 『新华网』2005. 10. 30.

邓聿文. "中国外交应放弃韬光养晦,并要利益并重." 『联合早报』2013. 5. 24.

贾庆国. "中国为何坚决反对朝鲜拥核." 『环球时报』2014. 2. 25.

金雨. "八年后才公开的照片." 『世界知识』第19期. 2014.

林锡星. "朝核危机的背后." 『联合早报网』2006. 10. 10.

沈志华. "中朝边界争议的解决(1950-64)." 『二十一世纪双月刊』2011年 4月号.

沈志华. "中朝关系的惊天内幕." 『共識網(香港)』2013. 9. 3.

沈志华. "1950年代中朝关系惊天内幕." 『新浪历史』2013. 9. 3.

时永明. "中朝关系七十年: 历史与现实的选择." 『北京周报网』2019. 7. 1.

时殷弘. "中国如何面对朝鲜." 『中国新闻周刊』2009年 第3期.

阎学通. "中国崛起也有历史惯性." 『国际先驱导报』2013. 7. 27.

부록
북한-중국 무역 통계(1950-2019)

(단위: 천 불)

	중·북 교역액	수출 (북▶중)	수입 (중▶북)	무역수지	전년대비 증감(%)	북한의 총 교역액	對중국 의존도
1950	6,510	2,750	3,760	−1,010			
1951	18,110	880	17,230	−16,350	178.2%		
1952	23,410	2,000	21,410	−19,410	29.3%		
1953	46,340	1,290	45,050	−43,760	97.9%		
1954	82,310	2,600	79,710	−77,110	77.6%		
1955	76,060	3,470	72,590	−69,120	−7.6%		
1956	68,550	6,730	61,820	−55,090	−9.9%		
1957	56,010	19,510	36,500	−16,990	−18.3%		
1958	90,550	42,810	47,740	−4,930	61.7%		
1959	115,840	44,950	70,890	−25,940	27.9%		
1960	120,370	52,970	67,400	−14,430	3.9%		
1961	116,930	53,110	63,820	−10,710	−2.9%		
1962	134,570	54,140	80,430	−26,290	15.1%		
1963	151,380	64,320	87,060	−22,740	12.5%		
1964	155,330	65,040	90,290	−25,250	2.6%		
1965	180,260	83,250	97,010	−13,760	16.0%		
1966	203,220	88,460	114,760	−26,300	12.7%		
1967	176,630	82,990	93,640	−10,650	−13.1%		
1968	113,060	45,870	67,190	−21,320	−36.0%		
1969	92,150	44,940	47,210	−2,270	−18.5%		

	중·북 교역액	수출 (북▶중)	수입 (중▶북)	무역수지	전년대비 증감(%)	북한의 총 교역액	對중국 의존도
1970	115,080	54,200	60,880	−6,680	24.9%		
1971	166,730	72,410	94,320	−21,910	44.9%		
1972	283,070	118,630	164,440	−45,810	69.8%		
1973	335,950	118,400	217,550	−99,150	18.7%		
1974	389,590	146,300	243,290	−96,990	16.0%		
1975	481,870	197,810	284,060	−86,250	23.7%		
1976	395,040	145,040	250,000	−104,960	−18.0%		
1977	374,380	147,210	227,170	−79,960	−5.2%		
1978	454,330	223,630	230,700	−7,070	21.4%		
1979	647,220	330,210	317,010	13,200	42.5%		
1980	677,570	303,340	374,230	−70,890	4.7%		
1981	532,747	232,100	300,647	−68,547	−21.4%		
1982	588,656	305,651	283,005	22,646	10.5%		
1983	528,854	254,854	274,000	−19,146	−10.2%		
1984	529,870	288,730	241,140	47,590	0.2%		
1985	488,390	256,920	231,470	25,450	−7.8%		
1986	509,390	276,000	233,390	42,610	4.3%		
1987	513,300	236,190	277,110	−40,920	0.8%		
1988	579,020	233,670	345,350	−111,680	12.8%		
1989	562,720	185,350	377,370	−192,020	−2.8%		

	중·북 교역액	수출 (북▶중)	수입 (중▶북)	무역수지	전년대비 증감(%)	북한의 총 교역액	對중국 의존도
1990	482,740	124,580	358,160	−233,580	−14.2%	4,170,000	11.6%
1991	610,450	85,670	524,780	−439,110	26.5%	2,584,000	23.6%
1992	696,570	155,460	541,110	−385,650	14.1%	2,555,000	27.3%
1993	899,640	297,290	602,350	−305,060	29.2%	2,646,000	34.0%
1994	623,740	199,220	424,520	−225,300	−30.7%	2,100,000	29.7%
1995	549,650	63,610	486,040	−422,430	−11.9%	2,051,921	26.8%
1996	565,670	68,640	497,030	−428,390	2.9%	1,976,293	28.6%
1997	656,290	121,610	534,680	−413,070	16.0%	2,176,854	30.1%
1998	413,020	57,310	355,710	−298,400	−37.1%	1,442,194	28.6%
1999	370,410	41,710	328,700	−286,990	−10.3%	1,479,547	25.0%
2000	488,010	37,210	450,800	−413,590	31.7%	1,969,537	24.8%
2001	739,860	166,730	573,130	−406,400	51.6%	2,270,499	32.6%
2002	738,230	270,690	467,540	−196,850	−0.2%	2,260,388	32.7%
2003	1,023,090	395,350	627,740	−232,390	38.6%	2,391,374	42.8%
2004	1,385,160	585,660	799,500	−213,840	35.4%	2,857,111	48.5%
2005	1,580,240	499,140	1,081,100	−581,960	14.1%	3,001,678	52.6%
2006	1,700,080	467,760	1,232,320	−764,560	7.6%	2,995,803	56.7%
2007	1,976,330	583,840	1,392,490	−808,650	16.2%	2,941,077	67.2%
2008	2,792,840	760,410	2,032,430	−1,272,020	41.3%	3,815,691	73.2%
2009	2,679,470	792,550	1,886,920	−1,094,370	−4.1%	3,413,818	78.5%

	중·북 교역액	수출 (북▶중)	수입 (중▶북)	무역수지	전년대비 증감(%)	북한의 총 교역액	對중국 의존도
2010	3,471,820	1,194,540	2,277,280	−1,082,740	29.6%	4,174,404	83.2%
2011	5,641,500	2,476,770	3,164,730	−687,960	62.5%	6,357,059	88.7%
2012	6,036,160	2,503,760	3,532,400	−1,028,640	7.0%	6,811,277	88.6%
2013	6,557,580	2,927,500	3,630,080	−702,580	8.6%	7,344,786	89.3%
2014	6,387,580	2,867,930	3,519,650	−651,720	−2.6%	7,610,881	83.9%
2015	5,510,610	2,567,690	2,942,920	−375,230	−13.7%	6,251,816	88.1%
2016	5,653,000	2,572,460	3,080,540	−508,080	2.6%	6,531,692	86.5%
2017	4,976,090	1,730,990	3,245,100	−1,514,110	−12.0%	5,549,903	89.7%
2018	2,430,210	213,150	2,217,060	−2,003,910	−51.2%	2,843,484	85.5%
2019	2,804,371	215,514	2,588,857	−2,373,343	15.4%	3,244,944	86.4%

* 출처 : 연도별 중국 통계연감 종합

감사의 글

이 책은 필자가 만년에 취득한 박사 논문을 기본으로 하여 현장 관찰에서 비롯된 경험을 함께 반영한 결과물이다. 평생 중국을 터전으로 국가안보 정책과 외교 현장에 참여했고 가까이에서 북중관계 실태를 관찰했던 필자의 입장에서는 북중관계의 본질적 속성을 꿰뚫어 통찰할 수 있는 거시적인 프레임에 대한 욕구가 간절했다. 그리고 기존의 동맹과 '전통적 우의'로 포장된 북중관계의 불편한 진실에 대해서도 냉철한 직시와 객관적인 관전법이 꼭 필요했다. 이 같은 욕구는 필자로 하여금 논문 작업과 함께 서둘러 출판에 나서는 용기를 갖게 해줬다. 2021년은 중국과 북한이 '우호협력 및 상호원조조약'을 체결한 지 60주년 되는 해이다. 이를 계기로 일생의 관찰 결과를 한 권의 책으로 출판하는 감회는 각별하고 남다를 수밖에 없다.

필자는 평생 중국과 깊은 연緣을 쌓았다. 중국 대륙과 홍콩, 대만의 재외공관에서 외교관으로 근무하며 대중국 외교안보의 구석구석을 살폈다. 중국 및 북한 업무에 특화되어 한중수교 분위기 조성을 위한 비공식 교류활동 참여를 시작으로, 공직 생활 33년간 중국 현장을 누비면서 대북한 통일외교에 참여하는 한편, 남북관계 진전과 위기의 반복에 따른 동북아 안보문제를 심도 있게 관찰했다. 특히 북중관계의 상호 불신과 갈등, 협력과 거부, 관여와 이탈이라는 특수한 관계를 가까이에서 통찰할 수 있는 기회를 가졌다.

되돌아보건대, 이중적인 북중관계의 모순적 행태는 결국 끊임없는 이해관계의 조정과 전략적 균형에 이르는 과정일 뿐이다. 그런 점에서 관심 있는 독자들에게 이 책이 북중관계의 본질을 정확하게 간파하며, 표면적인 현상에 이끌려 좌표를 잃고 편향에 빠지는 오독誤讀을 방지하는 데 미력이나마 도움이 되었으면 하는 바람이다.

이 책이 나오기까지 많은 분들로부터 귀한 도움을 받았다. 먼저 뒤늦게 학문의 길로 새 출발을 이끌어주신 문흥호 교수님께 무한한 경의와 감사를 드린다. 풍성한 강의 시간을 함께하면서 공감을 나눴던 민귀식 교수님의 지도에도 사의를 표한다. 또한 논문의 심사를 맡아 연구의 목표를 명료하게 바로잡아주셨던 김유은 교수님, 이동률 교수님, 신종호 박사님에게 큰 은혜를 입었다. 이분들의 자상한 손길이 없었다면 온전한 책으로 탄생하기 어려웠을 것이다. 그리고 집필의 편집과 교정은 물론 창의적인 아이디어까지 아낌없는 도움을 준 서수빈 연구생에 대한 각별한 고마움을 빼놓을 수 없다. 논문이 탈고되어 햇빛을 볼 때까지 푹 파묻혀 연구에 전념하는 데 안식처가 되었

던 한양대 중국문제연구소는 필자에게 또 하나의 추억의 공간으로
기억될 것이다.

마지막으로 출간에 앞서 부족한 글을 흔쾌히 발행해주신 김영곤
사장님께 감사의 말씀을 드리며, 출판 작업을 꼼꼼하게 챙겨주신 출
판사 21세기북스의 편집진 여러분에게도 각별한 감사의 뜻을 표하
고자 한다. 아울러 남편의 외곬 공직 인생의 동반자로서 한결같이 따
뜻하게 곁을 지켜준 아내 정섭과 외동 지나에게도 마음으로부터의
고마움을 전한다. 사랑스러운 가족을 떠올릴 때면 언제나 가슴이 뭉
클하다.

2021년 5월

대치 고갯마루 서재에서

KI신서 9740

갈등과 협력의 동반자

1판 1쇄 인쇄 2021년 6월 11일
1판 1쇄 발행 2021년 6월 18일

지은이 신봉섭
펴낸이 김영곤
펴낸곳 (주)북이십일 21세기북스

TF팀 이사 신승철
TF팀장 김익겸
영업팀 한충희 김한성
제작팀 이영민 권경민

진행·디자인 놀이터
교정교열 구경미

출판등록 2000년 5월 6일 제406-2003-061호
주소 (10881) 경기도 파주시 회동길 201(문발동)
대표전화 031-955-2100 **팩스** 031-955-2151 **이메일** book21@book21.co.kr

© 신봉섭, 2021

ISBN 978-89-509-9583-6 (03340)

(주)북이십일 경계를 허무는 콘텐츠 리더

21세기북스 채널에서 도서 정보와 다양한 영상자료, 이벤트를 만나세요!
페이스북 facebook.com/jiinpill21 포스트 post.naver.com/21c_editors
인스타그램 instagram.com/jiinpill21 홈페이지 www.book21.com
유튜브 youtube.com/book21pub

- 책값은 뒤표지에 있습니다.
- 이 책 내용의 일부 또는 전부를 재사용하려면 반드시 (주)북이십일의 동의를 얻어야 합니다.
- 잘못 만들어진 책은 구입하신 서점에서 교환해드립니다.